Sammlung Vandenhoeck

Christian Schärf

Geschichte des Essays

Von Montaigne bis Adorno

Vandenhoeck & Ruprecht

Dr. Christian Schärf ist Privatdozent im Fachbereich Philologie I
an der Universität Mainz.

Die Deutsche Bibliothek – CIP-Einheitsaufnahme

Schärf, Christian:
Geschichte des Essays: von Montaigne bis Adorno/
Christian Schärf. –
Göttingen: Vandenhoeck und Ruprecht, 1999
(Sammlung Vandenhoeck)
ISBN 3-525-01224-1

Umschlagbild: Jean Huber: Le Lever de Voltaire à Ferney,
Musée Carnavalet No Po 168, Paris.

 Satz: Competext, Heidenrod. Druck und Bindung: Hubert & Co., Göttingen

Inhalt

Einleitung

Eine Geschichte des Essays zu schreiben, die auch nur annähernd so etwas wie Vollständigkeit aufwiese, erscheint so gut wie unmöglich. Aus zwei Gründen: Zum einen wegen der Überfülle des Materials, zum anderen wegen der unklaren Bestimmung dessen, was überhaupt unter *Essay* zu verstehen wäre. Die Vielzahl, ja Unzahl der Essays und der Essayisten aller Jahrhunderte läßt einen inflationären Zug im Gebrauch der Genrebezeichnung vermuten, wie er bei keiner anderen literarischen Gattung anzutreffen ist. Der Impuls zur nichtfiktionalen Prosa scheint vor allem in den vergangenen fünfzig Jahren den Oberbegriff *Essay* bei jeder noch so knappen Erörterung und jeder noch so nebensächlichen Angelegenheit herauszufordern. Genau besehen wird beinahe alles zum Essay, größere Abhandlungen im Feuilleton ohnehin, aber auch fachwissenschaftliche Schriften nennen sich schließlich in ihrer Mehrzahl Essay. Dokumentarfilme werden zu Filmessays, es entsteht der Essayroman und der Romanessay; das essayistische Gedicht, der Versessay, war vorwiegend im 18. Jahrhundert populär und ist vielleicht die einzige Art von Essay, die im 20. Jahrhundert nicht mehr praktiziert wird. Heute kann man den Eindruck gewinnen, daß der Essay allgegenwärtig ist. Jede Illustrierte enthält einen oder mehrere, der sogenannte Kulturbetrieb gleicht einem Auftrieb von Essayisten. *Essay*, das scheint das Passwort zu einer literarischen Haltung zu sein, in der jeder alles auf seine Weise tun kann; es bedeutet ganz einfach, sich an einem Thema zu *versuchen* und sich dabei zu seiner eigenen Subjektivität zu bekennen. Die Beliebigkeit im Formalen scheint im Bereich der Essayistik einen idealen Ansatzpunkt zu finden. Das Essayistische der öffentlichen Publizistik scheint gegenwärtig auf den kleinsten gemeinsamen Nenner bezogen zu sein, daß zum Essayschreiben jeder zugelassen ist, weil hier künstlerische und wissenschaftliche Qualitätskriterien gleichermaßen außer Acht bleiben können.

Die Literaturwissenschaft hat angesichts dieser verwirrenden

Lage längst die Segel gestrichen. Seit gut dreißig Jahren macht man – von wenigen Ausnahmen abgesehen – einen angemessenen Bogen um die Gattung, die keine werden wollte. Von den marxistischen und linksorientierten Autoren der sechziger und siebziger Jahre wurde der Essay ohnehin mit dem Verdikt konservativer Selbstgefälligkeit belegt. Im Essayisten sah man nur allzu gern den Bildungsbürger konservativster Prägung, der sich selbst in seinem Wissen und seiner zweckfreien Darstellung bespiegeln wollte. Essays galten als die letzten und schlimmsten Zumutungen, die der bürgerliche Literat an sein geduldiges Publikum herantragen konnte, stickige Selbstbeweihräucherungen einer rückwärtsgewandten Elite. Heute sieht man klar, daß dieses Verdikt selbst ganz und gar ideologisch motiviert war und einer echten Prüfung nicht standzuhalten vermag.

Doch konnte man sich auch auf den universitären Lehrstühlen nicht recht mit dem Essay anfreunden. Nach einigen zaghaften Anstrengungen in den frühen sechziger Jahren schlief das Interesse am Essay von universitärer Seite her weitgehend ein. Ein Grund dafür dürfte in der Untauglichkeit des Essays zu Zwecken der Gattungsbestimmung zu sehen sein. Für den Essay gab es kein Programm, das als Orientierungshilfe bei der Beurteilung nach Gelingen oder Scheitern herhalten konnte. Den Gegensatz dazu bildet das Drama, das in der Poetik des Aristoteles von Anfang an eine Meßlatte besaß, deren Autorität unangreifbar schien. Mit Montaigne ist zwar der Urvater des Essays namentlich exakt zu bestimmen und damit der Zeitpunkt des Auftauchens dieser Schreibweise in der Neuzeit. Doch schreibt nach Montaigne genau genommen niemand mehr wie dieser, glänzt der Essay als Gattung durch nichts mehr als durch die Abweichung von sich selbst. Entsprechend mußten die Bemühungen, die den Essay historisch-systematisch, wenn auch unter Verzicht auf ein allzu enges Gattungskorsett, aufarbeiten wollten, notwendig scheitern. Überschüttet Ludwig Rohner in seiner Darstellung von 1966 den Leser mit einer Fülle von dokumentarischem Material, das auf die theoretische, poetologische und kulturhistorische Dimension des Essays bezogen ist und das kaum mehr als die allgemeine definitorische Konfusion widerspiegelt, so bleibt Bruno Berger in seiner weitaus knapperen Darstellung des Themas in perspektivischen Ansätzen stecken[1] – wobei er betont, sein Buch verstehe sich als ersten Ansatz zu einer Sondierung des Geländes. Es erscheint bezeichnend, daß die Forschung über dreißig Jahre lang die Meinung hochgehalten hat, diesen beiden Aufarbeitungen von Essay und Essayistik sei nichts wesentliches hinzuzufügen. Auch sah man keinen Grund, sie zu ersetzen. Während die Literatur zur Theorie des Romans oder zur Definition der Novelle in diesen drei Jahrzehnten eine gleichbleibend hohe Frequenz aufwies, schien die Diskussion um den Essay so gut wie eingeschlafen.

Die vorliegende Darstellung versucht die großräumigen Ansätze eines Ludwig Rohner keineswegs zu ersetzen. Sie will statt dessen einen etwas anderen Umgang mit dem Thema *Essay*, seiner Geschichte, der Genealogie seines Begriffs und seiner unterschiedlichen Relativierungen vorschlagen. Essay, Essayistik und Essayismus werden dabei nicht mehr als literarische Formen neben anderen aufgefaßt, sondern als Ausdrucksmomente einer produktiv-existentiellen Grundproblematik in der Neuzeit seit dem 16. Jahrhundert. Diese Problematik ist durchgehend virulent, wird aber auf jeweils ganz unterschiedliche Art und Weise manifest. *Essay* bezeichnet auf diesem Terrain den immer wieder offenen, immerfort schwierigen Raum, in dem das Subjekt und der Wille zum Ausdruck aufeinanderstoßen. Das ist ein Konstellationsrahmen, der ständig neu ausgefüllt werden muß und dessen Problemstellungen nach originären und originellen Lösungen verlangen. Es geht also darum, die offene Struktur der Produktivität, die sich im Verlauf der Neuzeit unter stets neuen Vorzeichen dem Subjekt immer wieder darbietet, durch den variablen Begriff des Essays auszuleuchten. Dabei kann auf die Wurzel des Essayschreibens bei Montaigne in idealer Weise zurückgegangen werden. Wie bei Aristoteles der Auftakt zu einer jahrhundertelangen Geschichte der Regelpoetik zu sehen ist, so findet sich bei Montaigne der Sprung in einen offenen poetischen Raum vollzogen, den das Subjekt, das sich mit diesem Raum konfrontiert sieht, jeweils neu auszufüllen hat. Essay und Essayismus beherbergen als Begriffe die energetischen Potentiale, durch die die alten Gattungsgrenzen aufgesprengt werden konnten und das autoritäre Phantasma der Regelpoetiken überwunden wurde. Diesen Begriffen liegt ein epochaler geistesgeschichtlicher Bruch zugrunde. Wie Cervantes für den Roman und Shakespeare für das Drama, so bildet auch Montaigne mit seinen *Essais* das Signum einer Kehre in die ästhetische Modernität, die sich im späten 16. Jahrhundert vollzogen hat. Alle drei Autoren tragen mit ihren Werken dazu bei, die Vorstellungen einer normativen Denkweise in Fragen der Literatur und der Kunst zu beseitigen. Es ist genau diese Überwindung, die das nach allen Seiten hin problematische Subjekt auf den Plan ruft, Don Quijote, Hamlet, Montaigne. Wobei sofort ins Auge sticht, daß im Falle des Essays der fiktive Bruch ausbleibt. Montaigne ist sich selbst sein eigener Gegenstand, wird sich selbst zu dem fiktiven Ich, das sich in der Schrift konstituiert. Damit ist im Essay ein Phänomen initiiert, das in der Literatur bis dahin nur andeutungsweise vorgekommen ist und das zum bestimmenden Faktor der Neuzeit werden sollte: die Faktizität des Ichs als literarisches Ereignis. Damit das Subjekt die fiktionale Rolle spielen konnte, die ihm spätestens im Bildungsroman endgültig zugesprochen wurde, mußte es sich als Faktum präsentieren, auf das diese Fiktionen beziehbar werden konnten. Die Entwicklung wird durch Montaigne eingeleitet, auch wenn der Landedelmann aus dem Périgord von solchen Folgeerscheinungen nichts wissen konnte.

Diese Dimension des Essays für die Neuzeit und insbesondere für die Moderne ist von der Forschung noch kaum untersucht worden. Zu strikt wurde der Essay auf seine einzelnen Manifestationen, die Essays, bezogen, die häufig nur als Nebenprodukte der sogenannten Hauptgattungen Lyrik, Drama und Epik betrachtet wurden. Es fiel schwer, die Eigenständigkeit des Essays zu begründen. Dies scheint tatsächlich erst dann möglich, wenn man den Essay auf seinen mentalitätsgeschichtlichen Hintergrund, den Essayismus, bezieht. Denn der Essay erschöpft sich nicht in seinen einzelnen Erscheinungsformen, sondern ist unterfüttert von einer ihn bedingenden Haltung, die zuweilen auch ganz ohne die exakt feststellbare Manifestierung eines konkreten Essays auskommen kann. Der Essayismus, darauf hat Robert Musil in besonderer Weise aufmerksam gemacht, bildet das Experimentierfeld des Menschen ohne normatives Weltbild, des sich selbst perspektivisch erforschenden Subjekts, das bei Musil bezeichnenderweise als Mann ohne Eigenschaften auftritt. Wie bei Musil, so finden wir vorher schon bei Nietzsche einen Essayismus ohne unmittelbaren Drang zum Essay als einer klar abgrenzbaren literarischen Form. Im Übergang zur Hochmoderne lösen sich diese beiden Ebenen voneinander ab. Unter Essayismus ist nicht mehr in erster Linie die Geisteshaltung zu begreifen, die hinter einem konkreten Essay steht. Und die literarische Form des Essays ist nicht immer das Ziel des Essayismus. Gerade dieser Umstand muß hier in Betracht gezogen werden. Essay und Essayismus zerstören nicht bloß das Denken in normativen ästhetischen Strukturen, sie löschen auch den Grenzverlauf zwischen Literatur und Leben tendenziell (und in manchen Fällen ganz manifest) aus. In sie eingelagert findet sich ein Utopismus der exklusiven Art. Der Glaube der Modernen, die Kunst beherberge das letzte Potential einer heilsgeschichtlichen Dimension, die ehemals religiös gebunden war und nunmehr in die Immanenz getreten ist, schlägt sich nicht zuletzt auch im Essayismus und seiner Praxis nieder.

Es geht also in der vorliegenden Darstellung um eine Gattung ebenso wie um ein Syndrom, und zwar deshalb, weil die Gattung oft nur als Syndrom in Erscheinung tritt. Es geht um die verwickelte Geschichte einer wechselseitigen, weltweit sich ausdehnenden Einflußnahme seit dem 16. Jahrhundert, von Bordeaux nach London, von London über Genf nach Paris, von Paris nach Wolfenbüttel, von Wolfenbüttel nach Jena und von dort nach Boston, von Boston nach Berlin. Um 1870 war der Essay als klassische Schreibweise der historisch Gebildeten anerkannt. Mit Nietzsches Zerschlagung des Historismus zerfiel diese Klassizität recht schnell. Die ästhetische Dimension des Essayistischen trat dafür immer deutlicher in den Vordergrund. Sie bestimmt das 20. Jahrhundert im Kontext der angesprochenen utopistischen Problematik. An der Geschichte des Essays läßt sich zudem die Internationalisierung des neuzeitlichen Denkens nachvollziehen, die sich über die internationale Geltung des Lateinischen und seine klerikalen Grundierung stülpte. Es gilt also, die Genealogie einer Schreibweise zu rekonstruieren, die das moderne Subjekt ebenso geprägt hat, wie es die Lyrik oder der Roman taten. Dabei kann das Hauptaugenmerk nicht auf der vollständigen historischen Aufarbeitung der essayistischen Produktionen liegen. Vielmehr geht es um die immer wieder neu zu gestaltende Auslegung des Zusammenhangs von Essay und Essayismus bei einzelnen in dieser Weise besonders hervorgetretenen Gestalten der Literatur- und Geistesgeschichte seit Montaigne. Bei ihnen ist nachzuvollziehen, wie sich die nichtfiktionale Prosa des Essayistischen zu einer Kunstform entwickelt, die als

Experimentierforum für andere Kunstformen anzusehen wäre. Der Essay als Kunstform ist so offen wie die Kunst überhaupt, gerade jetzt, da die Moderne ihre prägende Geltung in Fragen des Ästhetischen eingebüßt hat. Aus der Tatsache, daß der Essay eine Schreibweise darstellt, die den Aufbruch in die Neuzeit und damit in die Moderne wie keine andere signalisiert, kann vielleicht die Vermutung abgeleitet werden, daß er auch noch den Zusammenbruch der ästhetischen Moderne im engeren Sinne überdauert. In welcher Weise sich dies vollzieht oder bereits vollzogen hat, wäre allerdings Gegenstand einer anderen Untersuchung.

Essay und Essayismus

Die elementare Annäherung über die Wortbedeutung führt leicht in die Irre. Übersetzt man Essay als *Versuch,*[1] so gerät man auf unübersichtliches Gelände. Zumal in der Moderne, in der die Künste insgesamt zum Experimentellen tendieren, der Versuch also zur Regel wird. Bertolt Brecht zum Beispiel bezeichnete alle seine Hervorbringungen als *Versuche,* und darunter sind die eigentlichen Essays wahrscheinlich nicht die bedeutendsten. Die Zerstörung der ideellen Werkeinheit durch die Künstler selbst ließ die Opposition von vollendeter Schöpfung und Versuch zusammenbrechen. Mit dem Essay hatte all das noch höchst wenig zu tun. Längst hatte der Begriff eine eigenständige Semantik erlangt und stand für eine bestimmte, oder besser: grundsätzlich unbestimmte Schreibweise, deren Charakter als Versuch sich nicht aus der Wortübersetzung herleiten ließ, sondern komplex aus der Geschichte der Sache erwuchs.

Die Literaturwissenschaft, vornehmlich die germanistische, entdeckte nach dem Zweiten Weltkrieg allmählich die Vernachlässigung des Essays als literarische Gattung im Horizont der Forschung.[2] Festgestellt wurde so etwas wie eine deutsche Essayfremdheit, oder besser gesagt, ein Befremden gegenüber Schreibweisen, die sich als Essays verstanden wissen wollten. Die Unfähigkeit der Deutschen, den Essay als Form anzuerkennen und ihn anderen Formen gleichzustellen, wurde zu einem Topos. Zusätzlich litt die Philologie unter einer Art Kurzsichtigkeit gegenüber ›Gattungen‹, die nicht zu den *Naturgattungen des Dichterischen,* wie Goethe sie in den *Noten und Abhandlungen zum West-Östlichen Divan* vormals ausgewiesen und wie sie die Germanistik sich zu eigen gemacht hatte, passen wollten. Insgesamt erlebte man die Abständigkeit der Forschung gegenüber dem Essay besonders in den frühen sechziger Jahren als eindeutiges Signum deutscher wissenschaftlicher Provinzialität und als einen der Gründe für ein gewisses Stagnieren in den traditionellen, textimmanenten und klassizistisch ausgerichteten Interpretationsmaschinen. Diesem Zustand sollte Abhilfe geschaffen werden. Man wollte den Essay als Gattung erfassen und nachweisen, daß dies ebensogut wie bei den anderen literarischen Genres möglich sei. Die Ergebnisse dieser Unternehmung müssen allerdings zumindest zweifelhaft stimmen. Im Jahre 1966 erschien ein Werk, das als Höhepunkt philologischer Beflissenheit bezüglich des Essays gelten kann und das in einer Orgie von Zitaten die Vorstellung dessen, was denn nun ein Essay sei, endgültig verwirrt.[3] Ludwig Rohner, der Autor dieses einerseits sehr verdienstvollen, andererseits inkommensurablen Buches, versucht zusammenzutragen, was an Bestimmendem oder gar Definitorischem jemals über den Essay gesagt worden ist, um dem Leser zuletzt zu verstehen zu geben, daß ein Essay alles sein kann und nichts, ein lyrisch eingestimmter Dithyrambus in Prosa oder ein verzogener Abkömmling der Epik, ein Spaziergang und eine Meditation, ein literarisches Kuckucksei und ein Chamäleon unter den eigentlichen Kunstformen. Immerhin bemerkt Rohner letztlich dazu: »Bezeichnungen wie ›Mischprodukt‹, ›unselbständige, unreine Gattung‹, ›zwitterhaft von Wesen‹ ... relegieren den Essay in ein ästhetisches Niemandsland; sie diskreditieren ihn als literarische Gattung.«[4] Das Ästhetische, über das man zu verhandeln hatte, sollte sich dem Schematismus beugen können, den die Literaturwissenschaft als Wissenschaft auszuweisen hatte; verwirrend blieb nur, daß es sich um diese Aufgabe nie besonders geschert hat und daß gerade der essayistische Charakter sich in besonderem Maße als uneinsichtig erwies. Zoologisch gesprochen erwies sich der Essay als eine Gattung, die man phylogenetisch auf dem Papier glaubte festhalten zu können, deren Phänotypen sich jedoch allein in Abweichungen präsentierten, wobei man noch nicht einmal genau sagen konnte, wovon sie eigentlich abwichen. Das heißt, das eigentliche Problem der Literaturwissenschaft in ihrer Auseinandersetzung mit dem Essay lag zweifellos in ihrem manischen Willen zur Klassifikation, zur gattungspoetischen Ordnung, was letztlich dazu führte, daß ihr der Essay unweigerlich entgleiten mußte.

Eines hat man auf wissenschaftlicher Seite vollständig verkannt, die Tatsache nämlich, daß der Essay gerade aus der Opposition gegen die klassifikatorischen Ordnungen aller Art entstanden ist und sich auch dann nicht domestizieren lassen wollte, als sich die Klassifikatoren selbst als seine Fürsprecher ausgaben. Die Quadratur des Kreises ist wieder einmal ausgeblieben, der Essay führte weiter sein widerborstiges, extraphilologisches Vagantenleben und ließ sich bedenkenlos auf alles ein, was ihn intelligenter, raffinierter und glänzender erscheinen lassen konnte. Die Literaturwissenschaft hat in der Folge ihre Bemühungen, dem Essay eine gewisse akademische Häuslichkeit anzuerziehen, aufgegeben und ihn aus ihrer Aufsicht praktisch entlassen. Die Umbrüche im kulturellen Diskurs nach 1968 taten ein Übriges zum Erlöschen der literaturhistorischen Energie bei der Erfassung des Phänomens. Gleichzeitig jedoch gediehen dessen eigene Energien auf allen Gebieten immer weiter und um so ausgiebiger. In den Feuilletons der größeren Zeitungen, den Kulturzeitschriften und in den Werkstätten der Schriftsteller nimmt der Essay seit geraumer Zeit schon einen zentralen, unersetzbaren Ort ein. Er repräsentiert als offene Form Kommunikationsbereitschaft im Gegensatz zum einstigen fundamentalistischen Kathedermonolog, er dient als Experimentierfeld in der Sache und für die Arbeit des Autors als Ebene der Selbsthinterfragung. Seine Leistungsfähigkeit ist nicht abhängig von der geistesaristokratischen Abspaltung des Seins vom Schein, sondern beruht auf der Einsicht, daß das Sein auf den Schein derart angewiesen ist, daß im Notfall der Schein auch ohne das Sein auskommen könnte. Es sieht so aus, als sei der Essay zur Jahrtausendwende besonders aktuell, und das nicht zuletzt deshalb, weil er als flexible Ausdrucksform im Pluralismus der Sprachspiele zu fungieren vermag, als imaginäre Fokuslinse der kurzen Schnittfolgen, die die Projektionsflächen der Träume und Wünsche gnadenlos zerhacken. Im Essay, meint man, könne die an sich selbst irre werdende Produktion von Kultur noch einmal schlaglichthaft zur Vernunft kommen, werde zusammengefaßt, was nicht mehr zusammenpassen will, melde sich der überall längst abgeschriebene Räsoneur noch einmal selbstbewußt zu Wort und werde gehört. Vielleicht betont deshalb kaum noch jemand die exklusiven Eigenschaften des Essays als Form, die die Literaturwissenschaftler der sechziger Jahre so gern hervorgehoben haben, weil prinzipiell bereits *alles* in einem kruden Sinne essayistisch geworden ist.[5] Der kalte Krieg der Fachwissenschaftler gegen das Halbseidene literarischer Diskursivität gehört der Vergangenheit an; die Germanistik hat keine Fundamentalien mehr zu verteidigen wie das *organische Kunstwerk* oder die *Sprache als Haus des Seins* oder wie all die anderen mit klingendem Spiel einherziehenden Selbsterreger hießen. Das »Protheische« des Essays, das Reinhart Baumgart in einem Aufsatz von 1957 akzentuiert und mit Sympathie bedacht hat,[6] muß heute nicht mehr eigens hervorgehoben werden; die Literarisierung auch jener Zonen, die früher als Horte der Wissenschaftlichkeit galten, hat sich längst vollzogen, und zwar aus guten Gründen. Die Überzeugung, daß Kultur sich einer Vielzahl einander bedingender und widerstreitender Sprachspiele verdanke, daß mithin das literarische Moment Grundlage jeglicher Ausdrucksleistung sei, holt die vom Essay lange vorausprojizierte Haltung ein, daß Spiel und Erkenntnis nicht einander feindlich, sondern füreinander unvergleichlich förderlich seien. Das ist die eine Seite. Auf der anderen Seite verleitet der Aufbruch in die totale Informationsgesellschaft eine Großzahl der Interagierenden dazu, sich bewußt und vorbehaltlos jenem endlosen weißen Rauschen auszusetzen, von dem sich nur noch punktuell bestimmte ephemere Blickpunkte und Aussagen zusammenmontieren lassen. Zweifellos geht dabei jener *Perspektivismus* zugrunde, den Nietzsche als Medium moderner Relativität proklamiert hatte. Noch ist kaum ersichtlich, inwieweit das Surfen in den digitalen Netzen die Bedingungen und Möglichkeiten des Denkens verändert und ob möglicherweise das Provisorium multimedialer Zerstreuung an die Stelle mündiger Subjekte treten kann, ohne daß dies noch als Verlust empfunden wird. Die zeitgenössische Literatur und hier vor allem die Lyrik in ihren avanciertesten Manifestationen repräsentiert bereits eine Bewußtseinslage, die jeden Orientierungspunkt aufgegeben hat. Wie kein anderer demonstriert Durs Grünbein in seinen Gedichten einen Essayismus des digitalen Zeitalters. In ruinösen und absurden Sprachspielen werden auch noch die letzten Reste subjektiver Illusionistik zermahlen und im Wortwitz aufgelöst. Ein Sarkasmus ohne Zentrum, ein Weltsarkasmus gewissermaßen, überzieht die Zivilisationswüsten der Postmoderne, in denen armselige neuronale Systeme hektisch aneinander vorbeiagieren und unablässig damit beschäftigt sind, die Falten ihrer Nichtigkeit zu überspielen und den Fallen ihrer Sterblichkeit zu entgehen.[7]

Das ist offensichtlich der Essayismus der Gegenwart. Er steht deutlich jenseits des von Montaigne ausgegangenen Unternehmens, das Subjekt als Herr und Knecht im eigenen Haus zu profilieren, er ist dabei, das Subjekt oder auch nur seine Restbestände mit affirmativer Geste endgültig zu löschen.[8] In der Konfrontation mit der Masse des vorhandenen Wissens und der medialen Wucht seiner Präsentation mußte das Subjekt einfach kapitulieren. Von diesem Punkt aus bleibt ihm nichts anderes übrig, als sich zurückzuziehen in eine Stille und Leere, die dem Rückzug Montaignes in seinen Turm nicht unähnlich scheint. Dort, in einem Jenseits der Sprache, müßte eine neue Sprache entstehen, die Verbindlichkeit im Horizont der Selbstbehauptung des denkenden Ichs transportiert. Aus dieser Leere heraus könnte das Subjekt wieder zu sprechen anfangen, in ihr könnte der Essay als Form das Surfing und Browsing der Netzwerkphantome überleben.

Auch wenn man solche Spekulationen beiseite läßt, stehen wir heute in einer widersprüchlichen Situation. Was als Durchbruch zum totalen Essayismus im gegenwärtigen Kulturzustand erscheint, ist gleichbedeutend mit der radikalen Destruktion des Essays, wie er über vierhundert Jahre gewachsen war. Dieser Befund legt einen Schluß nahe, der die Thesen und Ausführungen dieser Darstellung einer Poetik des Essays in bestimmter Weise nährt. Offenbar geht es beim Essay von Anfang – und das heißt hier ganz klar von Montaigne – an *gerade* um die Selbstbehauptung des Subjekts im Kontext seines Wissens. Montaignes schlichte Frage »Que sais-je?« mochte im Jahre 1576, dem Jahr, in dem Montaigne eine Münze mit der Aufschrift dieses Satzes prägen ließ, noch einen rekapitulierenden Charakter aufweisen mit der Betonung auf dem Wissen, heute wäre ihr panischer Beiklang mit der bangen Betonung des Ich nicht zu überhören. Seit sich das Subjekt zur Sprache bringt, bildet die Basis seines Sprechens eine Skepsis, die zugleich die Basis des Essays ist. Diese Haltung aber ist keineswegs selbstbezogene Grübelei, sondern repräsentiert eines der wichtigsten Gärungsphänomene der Neuzeit. Die Skepsis des Ich bildet die gegenläufige Melodie zum Ostinatobaß des naturwissenschaftlich-technischen Fortschritts, der die Neuzeit in die Moderne hineingetrieben hat, und wirkt darin als kraftvoller Dynamismus der Emanzipation dieses Ichs, der immer erneut versucht, es in einer unaufhaltsam komplexer werdenden Welt zu orientieren. Haben am Scheitelpunkt von Mittelalter und Neuzeit Kolumbus, Galileo und Newton die Welt so entscheidend verändert, daß ein Zurück nicht mehr möglich war, so findet sich in Montaigne der erste Denker, der die Katastrophe einer unmöglichen Umkehr zu seinem einzigen Thema macht, gewiß ohne sich voll darüber bewußt zu sein. Woher aber rührt diese plötzliche Aufmerksamkeit für das Konkrete der Existenz, nach all den Jahrhunderten der Vorbildlichkeit der Alten und ihrer Spruchweisheiten, die ja auch Montaigne noch übernimmt und auf die Balken seines Turmzimmers malen läßt, des Vergleichens mit den großen Vorbildern als einzigem Modell einer Rechtfertigung von Ich-Bewußtsein? Muß man diesen Sprung in eine andere Geschichte wirklich nur der Unbedarftheit des Landedelmannes anlasten, der im übrigen, seine politischen Ämter und seine Reisen legen es nahe, gar so unbedarft nicht gewesen sein kann? Aber möglicherweise war es gerade dies, das Heraustreten aus der Linie der traditionellen Bildungselite und ihrer Gewohnheiten, mithin die Tatsache, daß hier von vornherein ein Mensch schrieb, der in letzter Instanz nur sich selbst verpflichtet war und eben kein Transzendenzpflichtiger aus der Zunft der professionell Demütigen. Schwer zu sagen, wie ein Anfang zustande kommt. Daß er etwas gemacht hatte, das in seiner Zeit unvergleichlich war, dürfte Montaigne jedenfalls bewußt gewesen sein, auch wenn er den Wert seines Schreibens toposartig herunterspielt. Ein Widerstandsgeist aus den Substanzzonen des Körpers betrat hier den Plan und bildete zum Geist der Zeit keine eigentlich politische oder philosophische Opposition, sondern eine existentielle; von der Tatsächlichkeit des eigenen Daseins her die Dinge zu denken, bedeutet, sie aus der Unbedingtheit des Bewußtseins für den eigenen Tod zu denken: *Philosopher, c'est apprendre à mourir*. Das war sein Credo, das er von Cicero übernommen hatte und das, hineingestellt in die eigene Zeit und mit aller Erfahrung und Belesenheit, die er aufzubieten hatte, ausgestattet, zum Programm werden sollte für eine neu-zeitliche Haltung, die unerschütterlich wäre. Die neue Zeit, die sich immer wieder aus sich selber regenerieren sollte, hatte von Anfang an die Irritationen des skeptischen Subjekts am Scheitelpunkt ihrer Abgründigkeit. Die Krisis als Dauerzustand war dem progressistischen Tenor der Epoche und seiner Akzeleration ursächlich eingeprägt.

Diese von Montaigne hervorgerufene Konstellation wird sich fortsetzen bis weit ins 20. Jahrhundert hinein. Das bedeutet, der

Essay und seine Poetik können nicht primär Gegenstand von literarischen Gattungsfragen sein; sie haben vielmehr eine unverkennbar kulturgeschichtliche Dimension, die die geistigen Entwicklungsverläufe der Neuzeit in ihren notwendigen Metamorphosen durchgehend prägt. Während die Gattungspoetik unweigerlich auf bestimmte Schemata zurückgreifen muß, die ihren Gegenstand klassifizieren sollen, wäre eine Poetik des Essays der Nachzeichnung einer Derivanz verpflichtet, die das Schematische und Klassifikatorische als den kontraproduktiven Endpunkt des Schreibens überhaupt begreift. Demgegenüber öffnet sich das essayistische Schreiben dem Perspektivismus eines selbstverantwortlichen Subjekts in einer ständig sich verändernden Umwelt. Das vollzieht sich auf einer Ebene, die nicht primär den symbolischen Charakter fiktionaler Repräsentation anstrebt wie andere, etablierte Schreibweisen, sondern auf reflexiven, meditativen und argumentativen Wegen immer zuerst die Frage nach dem konkreten Leben, der Rolle des Ichs beim Denken und Handeln und insgesamt nach einer ethischen Haltung der Welt gegenüber stellt. Der Essay bleibt damit in jeder noch so schwierigen Situation verfügbar. Die Frage nach der Motivation, nach Thema und Stoffwahl richtet sich zweifellos nach der persönlichen Neigung des Schreibers, nach seiner intellektuellen oder auch affektiven Gestimmtheit in einer konkreten Situation. Daher wird verständlich, was Just bemerkt: »Eine Stoffgeschichte des Essays verfassen hieße also recht eigentlich seine Wesensgeschichte schreiben. Die Stoffwahl bedeutet für den Essayisten jeweils einen Ort vollverantwortlicher Entscheidung. [...] Denn ein Essay kann nur aus Liebe oder Haß, aus intensiver Zuneigung oder heftiger Ablehnung entstehen.«[9]

Man sollte hinzufügen, daß auch andere Gefühls- und Existenzlagen den Essay bedingen können, daß aber immer die jeweilige Einfügung des Denkens in das Leben eine Grundvoraussetzung bildet, die in das Essayschreiben einfließt. Das betrifft den großen kulturgeschichtlichen Essay sicherlich weniger als den – im anderen Extrem – ironisch-kulturkritischen, und doch sind diese Faktoren in beiden Zonen virulent, entscheidet sich an ihrem Vorhandensein oder Nichtvorhandensein das Essayhafte gegenüber der reinen Geschichtsschreibung. Gerade das Komplexe und Unübersichtliche von Situationen, von Problemkonstellationen und von Bewußtseinszuständen treibt den essayistischen Impuls hervor, der Wille zur Übersicht, die Notwendigkeit, wenn nicht zur Lösung, so doch zur Artikulation von Problemen. Das kann soweit gehen, daß noch das dichterische Verstummen in letzter Instanz einen Essay produziert, der dessen Unumgänglichkeit erläutert.

Wir finden einen solchen, die Möglichkeiten und Grenzen dieser Schreibweise auslotenden Essay – im übrigen eine der berühmtesten Manifestationen seiner Art – an der Schwelle zum 20. Jahrhundert bei einem Autor, in dessen Gestalt und in dessen Werk die schmerzliche Unumkehrbarkeit von Modernität ebenso eingeschrieben ist wie das Abschiednehmen aus den Gärten von Klassik und Romantik, in Hugo von Hofmannsthals kurzer Schrift *Ein Brief* aus dem Jahre 1902. Dieser gewöhnlich als *Lord-Chandos-Brief* titulierte Wurf dokumentiert, so erfährt man es in den Literaturgeschichten, die Sprachkrise des modernen Subjekts, dem die »abstrakten Worte, deren sich doch die Zunge naturgemäß bedienen muß« wie »modrige Pilze«[10] im Mund zerfallen, das zu literarischer Arbeit, im Sinne eines unmittelbaren, gewissermaßen natürlichen Bezugs der Wörter zu den Sachen, nicht mehr in der Lage ist und das in einen Zustand der Sprachauflösung verfällt, in dem es keine Rettung zu geben scheint. Merkwürdig nur, daß Hofmannsthal diese Situation, die doch, das sei nochmals betont, stets als eine genuin *moderne* interpretiert wird, um dreihundert Jahre zurückdatiert, genauer auf den 22. August 1603, daß er sie in eine Briefform faßt und diesen Brief an Sir Francis Bacon, später Lord Verulam und Viscout St. Albans, (und wir dürfen hinzufügen: neben Montaigne Mitbegründer des Essays), richtet. Hofmannsthal zeichnet die Sprachkrise nicht als ein Epochenphänomen seiner Gegenwart, sondern als unverhofftes Schicksal eines einzelnen Adligen mit literarischen Ambitionen inmitten einer intakten Sprachkultur, die sich in einem lebendigen Kontakt mit der Antike sieht. Dadurch verleiht er dem Ereignis eine unvergleichliche Gravidität; es wirkt wie das plötzliche Auftauchen einer bislang unbekannten, unheilbaren Krankheit, deren Ausbreitung möglicherweise nicht zu stoppen ist. Auf genau diesen Effekt hat Hofmannsthal abgezielt. Das Verstummen des Dichters sollte nicht als modisches Zeitphänomen zur Sprache kommen, sondern als singuläre Katastrophe, die letztlich doch immer nur den einzelnen trifft und ihn seines eigentlichen Vitalorgans, seiner

Sprache, beraubt. Dennoch erlangt der Bezug auf Lord Bacon als Adressat des Briefes eine besondere Bedeutsamkeit. Bacon hat offenbar im Zirkel der literarischen Aristokratie die Rolle des Präzeptors inne, stellt eine Leitfigur dar und scheint in der Lage, auch für dieses für die Zeit ungewöhnliche Problem Verständnis aufzubringen. Denn Chandos' Krise besteht nicht nur im Sprachzerfall hinsichtlich der Funktionsfähigkeit der »abstrakten« Wörter und Satzgefüge; zugleich kommt es in ihm zu einem Andrang einer anderen Sprache, die sich aber gerade nicht in Wörter und Sätze übertragen lassen will. Er schreibt: »Das Ganze ist eine Art fieberisches Denken, aber Denken in einem Material, das unmittelbarer, flüssiger, glühender ist als Worte. Es sind gleichfalls Wirbel, aber solche, die nicht wie die Wirbel der Sprache ins Bodenlose zu führen scheinen, sondern irgendwie in mich selber, in den tiefsten Schoß des Friedens.«[11] Es sei dies eine Sprache, »von deren Worten mir auch nicht eines bekannt ist, eine Sprache, in welcher die stummen Dinge zu mir sprechen, und in welcher ich vielleicht im Grabe vor einem unbekannten Richter mich verantworten werde.«[12]

Das ist mehr als der Wunsch nach einer Sprache, in der Semantik und Semiotik zusammenfielen. Mit semiologischen Termini ist dem Problem nicht recht beizukommen, zumal die Linguistik seit Saussure wie selbstverständlich auf der Arbitrarität der sprachlichen Zeichen alles weitere aufgebaut hat. Es geht auch gar nicht in erster Linie um eine Analyse dieses beschriebenen Zustandes, wie sie ein kulturgeschichtlich sensibler Interpret vornehmen könnte. Diese andere Sprache, von der Lord Chandos spricht, gibt sich als Ahnung einer Ausdrucksfähigkeit zu erkennen, die die intellektuellen Transformationsprozesse tilgt und eine emotional unmittelbare Mediatisierung ermöglicht. In ihr drängt der Traum des Poeten zum Durchbruch, den Informationsgehalt und den Argumentationscharakter von Sprechen und Schreiben überhaupt hinsichtlich einer subjektiven Einheit von Erfahrung und Mitteilung zu überwinden. Diese Vision stellt die Grundverfaßtheit von Sprache in Zweifel. Der Autor formuliert damit eine Utopie, die sich als gleichsam metaliterarische Erlösung von der Sprache präsentiert. Seit der Lord diese Utopie vor Augen hat, will ihm der Gebrauch der ursprünglichen Sprache nicht mehr gelingen. Es geht Hofmannsthal um einen Bruch zwischen zwei Sprachauffassungen, die einander ausschließen, die jedoch in die Lebenssphäre ihres Subjekts mit Macht hineindrängen und sie bedrohen.

Hofmannsthal verfaßt den *Chandos-Brief* nicht, um das Problem der Sprachkrise in seiner Zeit darzulegen, sondern vor allem, um dem damit einhergehenden Geisteszustand einen unverwechselbaren Ausdruck zu verschaffen. Das heißt, die Darstellung der Sprachkrise bei einem bestimmten Ich erhält eine sprachliche Form, die die pure Mitteilungsintention übersteigt und sie auf ein ästhetisches Phänomen hin transzendiert. In diesem Augenblick tritt das ästhetische Moment als Manifestation einer sprachlichen Form vor alle anderen Impulse, die der Text vermittelt, ohne diese allerdings abzuschwächen, sondern um diese im Gegenteil zu verstärken. Dadurch wird der Sprachverlust des Lords aus dem frühen 17. Jahrhundert zu einem phänomenalen Eindruck und bleibt nicht auf der Stufe des analysierten Problems im Sinne eines historischen Faktums zurück. Dort nämlich gehört die Angelegenheit den Philosophen, den Linguisten, den Wissenschaften überhaupt, in Hofmannsthals Schrift aber wird daraus eine den Menschen über den sinnlichen Eindruck erschütternde, umfassend existentielle Erfahrung.

Hofmannsthals raffinierter Schachzug setzt sich aus mehreren Elementen zusammen. Er wählt die Form des Briefes, die im 17. und auch noch einige Zeit im 18. Jahrhundert vor allem in England die gängige Textsorte bildete, in welcher sich das essayistische Temperament der Epoche entladen konnte. Unzählige englische Essays des 17. Jahrhunderts sind formal Episteln an einen hohen Gönner, die Ursprungsgemeinschaft des Essays mit dem Brief ist vor allem im Angelsächsischen breit belegt.[13] Als Adressat tritt Lord Bacon auf den Plan, der stets als Inaugurator dessen berühmt war, was man spätestens seit seinen eigenen Veröffentlichungen den *Essay* genannt hat. Die Form des Essays, die diese Prosa kennzeichnet, wird von Hofmannsthal gleich zweifach historisch determiniert. Gerade dieser Umstand aber trägt entscheidend zur Ästhetisierung des Textes bei. Hofmannsthal setzt somit den Essay in doppelter Codierung ein: als historisch überlieferte Form und als eine Form, die sich dieser Form bedient. Damit erzielt er den gesteigerten Effekt, der den Essay vor jeder wissenschaftlich-argumentativen und gegenständlich-diskursiven Textgestalt auszeichnet, die Überformung der Gedankenführung durch die ästhetische Verfeinerung. Ziel ist es, ein Problem nicht nur in seinen Strukturen und Konstellationen mit seiner Umwelt zu skizzieren, sondern vermittels der Lektüre dieses Problem in die primären Zonen des Erlebens vordringen zu lassen. Darin liegt der Unterschied zwischen der geistesgeschichtlichen Erfassung einer *Sprachkrise* und der Tatsache ihres unmittelbar sprachlichen Durchlebens durch ein Ich.

An einem Meister der essayistischen Prosa wie Hofmannsthal offenbart sich augenfällig, was den Essay poetisch gegenüber anderen Schreibweisen auszeichnet und was ihn gleichzeitig immerfort der Kritik ausgesetzt hat. Gewiß neigen Hofmannsthals Essays mehr als die anderer Autoren ins Dichterische, ja sind zum Teil schon reine Dichtung. Doch damit öffnen sie den Blick für die Konstitutionsgesetze einer Textgestalt, die immer wieder jene Unbekannte mit auf die Rechnung bringt, die aus dem gedachten Gedanken einen ästhetischen Gegenstand werden läßt. Diese Extremauslegung des Genres *Essay* läßt erahnen, was ihn als Medium so faszinierend erscheinen lassen konnte. Eine besondere Art der Versuchung nämlich, das Versprechen auf ein Surplus an Erfahrung, die erotische Spannungslage zwischen Denken und Form in einer existentiellen Entscheidungsszene.

Eine solche These mag verwundern, denkt man an bestimmte Essays, die man gelesen hat, sei es gestern in der Zeitung oder vor Jahren im Seminar. Übriggeblieben ist etwa im Feuilletongebrauch meist nur das Moment der grundsätzlich freien Gestaltung des Textes; andererseits hat der wissenschaftliche Essay häufig eine solche Breite und Trockenheit, daß man Begriffe wie *Poesie* oder *Erotik* in diesem Zusammenhang als Blasphemie auffassen könnte. Und genau das ist dem Essay von Anfang an widerfahren. Von wissenschaftlicher Seite bestritt man vehement seine Ernsthaftigkeit, woran sich wiederum der Essayismus, der als Haltung dem Essayschreiben immer schon zugrunde gelegen hat, stets aufrichten konnte. Nach der Austreibung des spirituellen Ernstes aus den Geisteswissenschaften – gewiß hatte Nietzsche mit »Fröhlicher Wissenschaft« etwas anderes gemeint – hat auch der Essay seinen angestammten Ort in der elegantverspielten Oppositionsecke verloren. Ein Geisteswissenschaftler, der heute keinen Essay schreibt, wenn er denn schreibt, macht sich einer stilistischen Verkümmerung verdächtig, die in die

Abseitigkeiten wissenschaftlichen Spezialistentums verweist. Die Ästhetisierung der Diskurse hat dazu geführt, daß das Essayistische die wissenschaftliche Sphäre erobern konnte, ohne noch nennenswerte Widerstände vorzufinden. Dennoch muß gerade angesichts des *Lord Chandos-Briefes* hervorgehoben werden, daß sich das von Hofmannsthal eingesetzte Verfahren gerade nicht zur allgemeinen Nachahmung eignet, daß es sich vielmehr fremder Aneignung verweigert, gerade indem es als ästhetisches Verfahren auftritt. Auch hierin sehen wir wieder die Kluft, die sich zwischen dem Essayismus der Gegenwart und dem Essay als Kunstform auftut. Hofmannsthals *Brief* ist bei allem Sachgehalt, den er transportiert, letztlich in sich abgekapselt und unausdeutbar. Gerade darin aber ist er als poetischer Essay zu erkennen. Er bildet sogar die besonders intensiv durchgeformte Manifestation einer solchen Schreibweise. Die Generalästhetisierung der Diskurse auf wissenschaftlich-publizistischem Sektor entbehrt demgegenüber grundlegend des visionären Moments, des utopistisch-existentiellen Impulses. Auch darauf hat eine Geschichte des Essays zu achten, auch diese Unterscheidung zwischen Gegenwart und Vergangenheit wird für sie zu einem kategorialen Faktum.

Überall haben sich die Fronten verwischt. Von den Schlachten, die am Ende des zweiten Jahrtausends hinter uns liegen, kann Inventur gemacht werden, das betrifft auch den Essay. Deshalb soll diese Darstellung bei Adorno enden. Danach wird alles sehr unübersichtlich, vor allem aber verändern sich die Wertsetzungen. Der utopische Impuls verschwindet, das Ästhetische erlebt eine exorbitante Ausdehnung auf die Gesamtlebenswelt, die es dazu auserkoren hat, das Empirische zu ersetzen. Zwischen den die Lebenszeit aufsaugenden informellen Ablaufreihen der Bewußtseinsindustrie erlebt man Ereignisse wie Geburt oder Tod als Heimsuchungen aus einer atavistischen Dimension. Der utopische wie der ästhetische Impuls aber bildeten in ihrer Kontamination Hauptelemente des Essays wie des Essayismus seit Jahrhunderten. In diesen Impulsen dehnt sich die Konkretion des Existentiellen in kritischer wie selbstkritischer Art und Weise auf die Form aus, wird aus der skeptischen Grundhaltung eine geschichtsphilosophische Dynamik. Darin liegt, neben anderem, die fundamentale historische Bedeutung des Essays und seiner antiideologischen, dem schönen Schein der

Blendungen gegenüber widerständigen Geistesgrundlage, des Essayismus.

Noch etwas läßt sich an Hofmannsthals *Brief* ablesen. Der Essay scheint hier in einem umfassenden Sinne als ein *Symptom der Krise* gedeutet zu sein. Die Krise treibt ihn offensichtlich sogar erst hervor. So war Montaignes Rückzug in seinen Turm Ausdruck einer persönlichen Krise, zugleich aber auch Ausdruck der katastrophalen Zeitläufte inmitten der Religionskriege. Die Zeit hatte jeden Fixpunkt verloren, Orientierung war gerade auch in der Religion nicht mehr möglich, das Elend, das die Menschen zu erleiden hatten, überschritt jedes Maß – an dieser Stelle setzt der Essay ein. Seine Voraussetzungen bestanden in der tabula rasa aller Illusionen, in der radikalen Selbsthinterfragung des Ich und in dem Versuch, eine neue Art von Realismus an die Stelle der Verklärungsmodelle der Religion und der Vernunftgebäude der Philosophie zu setzen. Die Skepsis des Essayisten montaignesker Ausprägung erwächst aus dem aufgegebenen Glauben an die Modelle des Geistes und der Gesellschaft, aus einer bis auf den Grund ausgeschöpften Erfahrung der Negativität der Existenz und zugleich aus dem heißen Wunsch, das Leben in vollen Zügen genießen zu können. Deshalb, aus diesem letzten Grund, begleitet den Essayismus nicht die Totalnegation des Nihilismus, gibt sich der Essayismus gerade nicht als ein gleichsam negativer Ersatz für das Religiöse zu erkennen, sondern etabliert eine Haltung außerhalb der Dialektik von Glauben und Glaubensverlust. *Gnostisch* ist diese Haltung daher nicht in dem Sinne, daß einer gefallenen Welt eine Sphäre wahrer Transzendenz entgegengehalten würde – sie ist vielmehr *agnostisch*,[14] indem vom Nichtwissen her sich punktuelle Zonen des Denkens ausbreiten, die sich gerade wieder um das Leben und nicht in erster Linie um sein Anderes bemühen.

Derart eng also ist der Essay an den Menschen, der ihn hervorbringt, geknüpft, daß eine Beschreibung der ›Gattung‹ ohne diese menschliche Dimension von vornherein zum Scheitern verurteilt wäre. Eine Systemtheorie des Essays kann es so betrachtet per se nicht geben, oder doch nur als transsubjektive Schematisierung von Geschichte.[15] Da wir mit der Geschichte und der Poetik des Essays gewissermaßen an die neuzeitliche Wurzel aller Schreibmotivationen zurückgeführt werden, erscheint ein allzu voluminöser Theorieaufsatz als überflüssige

Irritation. Essayismus ist eben keine Theorie, sondern eine Lebensform, das hat Robert Musil wohl am eindringlichsten an seiner Figur Ulrich demonstriert. Die Erde, namentlich Ulrich, huldige der Utopie des Essayismus, so heißt es im 62. Kapitel des *Mann ohne Eigenschaften,*[16] und das bedeutet, daß der Essayismus an der Stelle ansetzt, an der im Bewußtsein Ulrichs wie im Wirkungszusammenhang der ›Erde‹ alle Theorien und Systeme im Grunde ihren Geist aufgegeben haben. Das ist einer der poetologischen Angelpunkte für die besessene Arbeit Musils an diesem unabschließbaren Buch. Hierin mochte er das unvergleichlich Neue seines Ansatzes erblicken. Das Abendland hatte sich erschöpft, und die Donaumonarchie, das altehrwürdige Kakanien, repräsentierte den tiefsten Grad von Erschöpfung, der sich denken ließ. Dort ist der Mann ohne Eigenschaften angesiedelt, der jedem Glauben abgeschworen hat, jedoch noch immer dem Möglichkeitssinn huldigt, aus dem dann die Utopie des Essayismus erwächst. Genauer als an Musils Romankonstruktion läßt sich die Logik des Essayistischen wohl nicht nachvollziehen. In dem Augenblick, da die Theorien und Systeme den Tod des Subjekts verkünden und feiern, feiert das Subjekt seine Resurrektion im Essayismus. Daß dieser weder mit Aktionismus noch mit Anarchismus verwechselt werden darf, liegt auf der Hand. Musils Roman zeigt gerade auch das in aller Breite und Deutlichkeit. Die Utopie des Essayismus ist gleichbedeutend mit der Utopie vom *exakten Leben*. Musils Forderung nach einer gleichsam naturwissenschaftlichen Exaktheit der Sprache entspricht dem Modelldenken seiner Figur Ulrich, die den eigenen Lebensprozeß als ein großangelegtes Experiment begreift. Bei Musil wird Sprache zu einer Droge der Genauigkeit und gerade darin kristallisiert sich die Dominanz des Subjektiven: nicht als Willkür und Beliebigkeit, sondern im Willen zur Formfindung vom Selbstdenken her, das sich nicht mehr anders denn als Experiment verstehen kann.

Deshalb erscheint die grundlegende Kontextualität von Erfahrung und Experiment, wie sie W. Müller-Funk in seiner Habilitationsschrift zum Essayismus[17] herausgearbeitet hat, als irreduzibel für die Figurationen von Essay und Essayismus. Es zeigt sich, daß das Experiment zur unerläßlichen Voraussetzung für die Erfahrung des Subjekts wird, ja daß dieses den Versuch zum prozessualen Modell seiner Selbstkonzeption erhebt. Damit stehen sich Subjektivität und naturwissenschaftliche Exaktheit nicht mehr unversöhnbar gegenüber, vielmehr unternimmt das Subjekt in der autorekursiven Hinterfragung seiner selbst eine Art Analogieschluß zum Vorgehen der Naturwissenschaften. Ziel ist es, das Subjekt als Gegenstand von Erfahrung zu fassen und es nicht im psychosozialen Kompensationsraum purer Selbstbezogenheit aufzugeben. Dieser Vorgang ist genuin mit der ästhetischen Komponente verkoppelt. Immer wenn das Subjekt als Ausgangspunkt und Zielpunkt von experimentellen Verfahren in Erscheinung tritt, kommt es zu einer Akzentuierung der Wahrnehmung, die sich allein auf ästhetischem Terrain verwirklichen läßt. Das zeigt sich als Bemühung wohl nirgends eindringlicher als in Goethes naturwissenschaftlichen Arbeiten, die selbst so etwas wie ein Unternehmen zur Objektivierung sinnlicher Wahrnehmung darstellen, mit dem Ziel, das Ästhetische mit einer wissenschaftlichen Perspektivik abzufedern, welche die Subjekt-Objekt-Spaltung via Erfahrung aufheben soll.

Es kann nicht verwundern, daß Goethe neben allen anderen Auszeichnungen, die man ihm hat zukommen lassen, nicht zuletzt auch als der größte deutsche Essayist bezeichnet worden ist.[18] Dennoch widerstrebt es, mit Blick auf Goethes Gesamtwerk, einen grundlegend essayistischen Zug zu konstatieren. Zu klassizistisch geschlossen mutet diese Schöpfung an, zu sehr auch auf eine organische Einheit mit dem eigenen Leben abzielend und damit gegen die Unabgeschlossenheit und Offenheit essayistischen Denkens gerichtet. Dennoch beherbergt Goethes Werk untergründig ein prägendes Element, dem man ohne weiteres seine Abkunft aus dem Essayismus ansehen könnte. Daß dieses im Spätwerk und dort vor allem in den *Wanderjahren* zum Vorschein kommt und sich zentral im Begriff des *Wanderns* niederschlägt, scheint bei näherer Betrachtung unverkennbar. Weniger einleuchtend mutet die These an, daß es gerade an der Basis von Goethes Naturwissenschaft zu finden sein soll. Wenn allerdings Goethes naturwissenschaftliches Denken etwas von allen anderen Ansätzen in dieser Richtung abhebt, so wäre es zweifellos die Einbeziehung des Subjekts und seiner Wahrnehmung in das Modell von Natur und Naturerforschung. Gerade darin offenbart sich der Bruch zur mathematisch objektivierenden Naturwissenschaft seit Newton, den Goethe denn auch leidenschaftlich bekämpft. In Goethes Unternehmen eines *gegenständlichen*

Denkens dokumentiert sich der Widerstandsgeist des Subjekts inmitten der Fortschrittsbewegungen des Wissens, und zwar als offene Kampfansage gegen ein Denken ohne Anschauung. Immer wieder kommt es Goethe darauf an, »auszusprechen, wie ich die Natur anschaue, zugleich aber gewissermaßen mich selbst, mein Inneres, meine Art zu sein, insofern es möglich wäre, zu offenbaren.«[19] Wer dächte bei diesen Worten nicht unwillkürlich an die Sätze Montaignes, die er seinen *Essais* vorangestellt hat, und in denen er das Programm vorgibt, sich so zu geben, wie er eben sei, ohne Verstellung und Künstlichkeit.[20] Während aber das Objekt von Montaignes Betrachtungen tatsächlich nur er selbst ist, soll es in Goethes Naturwissenschaft zu der Anschauung der Gesetze kommen, die die Natur im Innersten zusammenhalten, wobei allerdings die Betonung auf der Anschauung liegt. In ihr haben sich das Subjekt und seine Unhintergehbarkeit aufgehoben, das heißt, gerettet und auf eine höhere Stufe katapultiert. Das Ineinanderwirken von Anschauung und Erkenntnis wird Goethe zum unumstößlichen Grundsatz seines Denkens und zum höchsten Anliegen seiner wissenschaftlichen Ambition: »Der Mensch kennt nur sich selbst, insofern er die Welt kennt, die er nur in sich und sich nur in ihr gewahr wird. Jeder neue Gegenstand, wohl beschaut, schließt ein neues Organ in uns auf.«[21]

Vielleicht liegt in dieser Grundsatzhaltung das eigentlich Bemerkenswerte der Goetheschen Naturwissenschaft. In jedem Fall aber wird sie dadurch unverwechselbar. Der *Versuch* wird in ihr zum »Vermittler von Subjekt und Objekt«,[22] eben indem er das Subjekt nicht unterschlägt, sondern auf seine Wahrnehmungsfähigkeit ausgerichtet ist. Bekannt ist Goethes Ablehnung technischer Hilfsmittel bei der Naturforschung. Die Anschauung ist ihm das Entscheidende und das in der Anschauung Zusammenfließende gleichbedeutend mit Erkenntnis. So schreibt er in der Einleitung zur Morphologie: »Es hat sich daher auch in den wissenschaftlichen Menschen zu allen Zeiten ein Trieb hervorgetan, die lebendigen Bildungen als solche zu erkennen, ihre äußern sichtbaren, greiflichen Teile im Zusammenhange zu erfassen, sie als Andeutungen des Inneren aufzunehmen und so das Ganze in der Anschauung gewissermaßen zu beherrschen.«[23] Diese »Beherrschung in der Anschauung« ist Goethes Zielpunkt, damit nähert er seine Naturwissenschaft jenen Prinzipien der Ästhetik an, die sich von der Antike her überliefert haben, und er fügt in diesem Zusammenhang konsequenterweise hinzu: »Wie nah dieses wissenschaftliche Verlangen mit dem Kunst- oder Nachahmungstriebe zusammenhänge, braucht wohl nicht umständlich ausgeführt zu werden.«[24]

Bei Goethe finden wir eine ganz eigene Umformung jenes Essayismus, der mit Montaigne begonnen hat. Es handelt sich um den monumentalen Versuch, auf der Grundlage der individuellen Anschauung ein ganzes Weltgebäude zu errichten, das Ästhetik und Wissenschaft in eins fassen und den Menschen zum Mittelpunkt haben soll. Goethe richtet sich bewußt und mit Vehemenz gegen die Entwicklungen in den Wissenschaften, die unter Ausstreichung der sinnlichen Anschauung das Auseinanderdriften von Mensch und Welt betreiben. Sein Werk zeigt schließlich eine solche organische Geschlossenheit, welche mehr die Intensität seiner eigenen Bemühungen unterstreicht, als daß sie tatsächlich die Naturwissenschaften in eine eminent neue Bahn gelenkt hätte. Letztlich steht Goethes Schaffen unter dem Leitstern des Ästhetischen und bildet eine große Manifestation des Poetischen in einer sukzessive sich entzaubernden Welt.

Gerade darin aber wurzelt das poetische Unternehmen des Essayistischen bis ins 20. Jahrhundert hinein. Daß Goethes Gesamtwerk den ursprünglichen Anspruch, eine Alternative zum Mainstream der Neuzeit zu sein, durch seine vorgebliche Perfektion total überformt hat, dürfte außer Zweifel stehen. Die Panegyrik der Nachwelt tat ein übriges dazu. Für unsere Zwekke ist an Goethe lediglich noch der Impuls zu beobachten, aus dem heraus er seine Untersuchungen und Dichtungen angestrengt hat. Dieser belegt ein weiteres Mal, wenn man Essay und Essayismus als grundsätzlich zusammengehörige Phänomene versteht, daß eine Geschichte des Essays die fundamentale Unterströmung zu berücksichtigen hat, die die Neuzeit aus ihrer eigenen Entwicklungsdynamik heraus aussendet, auch wenn dabei in der Hauptsache jene Schreibweisen zu betrachten sind, die sich der Unfertigkeit und dem Utopismus des Essayistischen bewußt ausliefern. Ihnen hat sich Goethe mit seinem Werkanspruch entzogen. Man kann sogar sagen, daß er zum genuinen Antipoden des Essayismus darin erwachsen ist, daß er noch einmal versucht hat, die alte Einheit des Abendlandes zu beschwören, in der das Individuum seinen unvergänglichen Ort zugewiesen bekam. In diesem *Noch einmal* liegt die Abneigung Goethes gegen alles Halbfertige und Dilettantische begründet, in ihm schließt sich der Traum von der Ureinheit von Wahrnehmung und Wahrnehmbarem gegen die Eruptionen des Fortschritts auf allen Wissensgebieten ab und begründet das Autonomiereich der Kunst, die sich als für diesen Traum zuständig erklärt.

Goethes Werk bildete lange Zeit eine uneinnehmbare Bastion gegen die Moderne, bei deren Herausbildung der Essay eine entscheidende Rolle spielt. Entsprechend mußten sich die Essayisten der Moderne mit dieser Zitadelle auseinandersetzen. So ist es gerade dieses *Noch einmal*, das Gottfried Benn in einem seiner bedeutendsten Essays, *Goethe und die Naturwissenschaften*, in der ihm eigenen unnachahmlichen Art und Weise hervorgehoben hat: »Noch einmal das Haus und der steingefaßte Brunnen, die Urbeschäftigung auf der Weide und dem Acker, die begleitenden Tiere: Hund und Roß, die Geräte: Ruder, Schaufel und Netz – und dann die Zivilisation. Noch einmal Luna in der großgemessenen Weite, noch einmal die Sterne im alten Raum, noch einmal der Regenbogen, in dem sich ein Gott versöhnte – und dann die optischen Trivialitäten. Noch einmal die ungetrennte Existenz, der anschauende Glaube, die Identität von Unendlichkeit und Erde ...«[25]

Eindringlicher konnte man nicht wiedergeben, was sich an Goethe für die nachfolgenden Generationen kristallisierte. Benn war ein Magier der Moderne, der deren Ort im Jenseits des Magischen immer wieder umkreisen mußte. Benn, der das Signum seiner Modernität wie viele andere gerade im Essay zur Schau stellt, zitiert im Naturwissenschaftler Goethe jene vorzivilisatorische Einheit heran, die er, der Essayist, unwiderruflich verloren hat. Damit befindet sich das Essayistische im 19. und 20. Jahrhundert in einer bewußten Frontstellung gegen die Versöhnungsentwürfe des Klassikers. Diese werden als unerläßliche Folie begriffen, um zu einer zeitgemäßen Zivilisationskritik zu gelangen. Gleichzeitig offenbart sich in ihnen die ideelle Einheit, die der Essayist mit seinem unvermeidlich offenen Denkhorizont und seiner improvisatorischen Schreibhaltung verloren geben muß. Diese Widersprüche und inneren Brüche kennzeichnen den Essayismus der Neuzeit in besonders eindringlicher Weise. Was bei Goethe zum großen Werk geronnen ist, kann als Wunschprojektion durchaus verglichen werden mit den Gegenentwürfen der Modernen, die jenes Phänomen überwinden sollen, von dem Benn immer wieder gesprochen hat – den Nihilismus. Zwischen Goethe und die Modernen stellt sich aber ein Bewußtsein für die nicht verwindbaren Zerreißungsprozesse jener Modernität, die im Verlust aller Glaubensordnungen und aller Wertdispositionen erfahrbar wird. Darin tritt Goethes Schaffen in den Zustand vollkommener Historizität, und es dämmert gleichzeitig die Stunde derjenigen Essayisten herauf, als deren Inaugurator Nietzsche gilt.

Auch bei ihm ist der Rückbezug auf Goethe permanent vorhanden, auch er richtet sich an der Geschlossenheit des Goetheschen Werkes aus. Für die deutsche Entwicklung des Essays, so sehr sie letztlich von ausländischen Einflüssen inspiriert gewesen ist, muß der Bezug zu Goethe als maßstabsetzend angesehen werden. Goethe ist gleichsam der potentielle Essayist, dem es gelungen ist, den radikalen Konsequenzen des totalen – und das heißt: modernen – Essayismus zu entkommen.

Kein Wunder, daß man, im Bemühen, sich an Goethe abzuarbeiten, mehr als ein Jahrhundert lang praktisch übersehen hat, welch epochale Leistung auf dem Gebiet des Essayistischen die Frühromantiker, und hier vor allem Friedrich Schlegel und Novalis, hervorgebracht haben. Beide sind sie noch nicht infiziert von den Gründerzeitemphasen eines Herman Grimm oder den tragisch-apokalyptischen Visionen eines Friedrich Nietzsche. Neben aller metaphysischen Spekulation tritt dem Leser aus den Schriften der Frühromantiker jener republikanische Geist entgegen, der den Essay in England und auch, weniger ausgeprägt, in Frankreich bestimmt hat. Wenige Jahre lang lebt unter ihnen der Wille, in die Enge und Borniertheit der deutschen Kleinstaatlichkeit eine Offenheit einzubringen, durch deren Wirkung das Poetische und das Politische eine fruchtbare Synthese hätten eingehen sollen. Jedoch, was sich bei Novalis schon früh angedeutet hatte und bei Friedrich Schlegel früher als erwartet eingetreten ist, sollte diese Keimlinge in kürzester Zeit hinwegschwemmen: der Trieb der Deutschen zur religiösen Überhöhung ihres Denkens. Darin folgte ihnen Herman Grimm, als er den Prediger Emerson mit seiner amerikanisch-missionarischen Fundamentalität zum Vorbild erkor, ebenso wie Nietzsche, dessen affektiv-polemische Grundhaltung dazu angetan war, den Kern seines Denkens für die ihm nachfolgende Generation derart zu vernebeln, daß sie lange nur den Guru einer Apokalypse der Umwertung in ihm sehen konnte.[26] Daß die sogenannte *Nietzschelage* (Gottfried Benn) den Grundimpuls des Essayistischen in Deutschland bestimmen sollte, darf als charakteristisch für die Dispositionen des Essays im 20. Jahrhundert angesehen werden. Aus dem Abendland als einem Fußnotenteppich zu Platon wird nach 1900 eine Kommentartapete zu Nietzsche. Erst mit ihm kommt jener Drive in das moderne Denken hinein, der mit den Beschleunigungsvorgängen der Zivilisation Schritt halten kann, ja von dem nicht wenige glauben mochten, er könne dieses Tempo noch überflügeln. Mit Nietzsche verändert sich die Funktion und die Aufgabe des Essays so grundlegend, daß man geneigt sein könnte, weder Funktion noch Aufgabe rein auf dem Gebiet des Literarisch-Philosophischen anzusiedeln. Nietzsche verwandelt das philosophische Denken in ein ästhetisches Faszinosum, in dem sich die Aufklärung als mythischer Block vollendet.

Diese Überhöhung des Denkens durch das Ästhetische geht nicht zuletzt auf den essayistischen Furor eines Denkers zurück, der die kritische Analyse mit religiös-mythischen Energien durchtränkt. In seiner Nachfolge arbeitet die Moderne daran, den reinen Schreibvorgang und seine Produkte zu Konfigurationen zu überhöhen, die das Fatum der Signifikation, die Arbitrarität, in Richtung auf einen neuen Mythos überwinden sollte. Auch daran zeigt sich, wie sehr eine Geschichte des Essays über die gattungsgeschichtlichen Zäune des philologischen Schrebergartens hinauszublicken hat. Die Auseinandersetzung der Essayisten mit Nietzsche durchleuchtet das Gebiet, das dieser abgesteckt hatte, aus allen erdenklichen Perspektiven. Wir haben es demnach mit einer »Gattung« zu tun, die sich das Denken immer wieder neu erschafft und die nicht etwa entworfen und etabliert wurde, um dem Denken einen festen Ort zu geben. Im Essay stecken ursächlich die Keime zur Aufsprengung von Gattungsgrenzen, was sich vor allem in der Beziehung von Essay und Roman gezeigt hat.[27] Die Durchdringung des Romans mit den Fermenten des Essayistischen im 20. Jahrhundert kann als Konsequenz einer Entwicklung begriffen werden, die ein naiv-realistisches Erzählen endgültig verabschiedet und den Roman als die Reflexionsmaschine verwirklicht, von der die Romantiker bereits gesprochen und geträumt haben. Wenn man bedenkt, daß gerade diese avantgardistische Konzeption des Romans um die Epochenschwelle des Jahres 1800 den radikalen Durchbruch zur Überwindung einer Jahrhunderte alten Regelpoetik bedeutet hat, so wird klar, was sich mit dem Essay letztlich dort herauskristallisiert: die Freisetzung des Subjekts und seiner Produktivität gegenüber festgefügten Begriffen von Poetik und Gattung, mithin eine Neukonzeption von Literatur überhaupt.

Beinahe rührend klingen die vornietzscheanischen Definitionsversuche des Essays im 19. Jahrhundert, das in seiner zweiten Hälfte durchaus als Jahrhundert des großen kulturgeschichtlichen Essays gelten kann. Liest man, um nur ein Beispiel herauszugreifen, Theodor Fontanes Beurteilung des Goethe-Buches von Herman Grimm von 1877 etwa, so erscheint der Essay, den Grimm ja als Form entschieden vertritt, mehr oder weniger als eine kontemplative Badekur in den Gefilden bürgerlichen Bildungsbesitzes. Wie überhaupt bei Fontane so scheint auch hier alles seine Ordnung zu haben, und dies obgleich Fontane den Essay als Schreibweise unumwunden begrüßt. Der realistische Erzähler, der sich ja erst noch in voller Ausprägung in ihm vorbereitet, vermag den Essaystil Grimms einzig gegen eine umständliche akademische Darstellungsweise abzusetzen, die ihren Gegenstand mit aller Gründlichkeit zu erledigen versucht. Fontane bemerkt: »Was dasselbe von andern ihm voraufgegangenen Goethe-Büchern unterscheidet, ist, daß an die Stelle eines mehr oder minder mühsamen Pflückens ein einfaches Schütteln am Baum eingetreten zu sein scheint. [...] was von Anfang an da war, war: Fülle, Überblick und infolge dieses Überblicks die Möglichkeit unängstlicher Dispositionen.«[28]

Fontane kommt in der Folge zu einer Charakterisierung, die als mustergültige Definition des Essays in dieser Zeit, zu Beginn der zweiten Hälfte des 19. Jahrhunderts, und vor Nietzsche gelten kann. Fontane arbeitet als den eigentlichen Reiz des Werkes die Form des Essays heraus: »Es bewegt sich frei. Aber diese freie Bewegung schließt eine bestimmte Kunstform nicht aus, ja sie führt dieselbe zum Teil herbei. Diese Form, wie sie sich von Kapitel zu Kapitel gibt, ist die des ›*Essays*‹.«[29]

Der Rezensent setzt den Begriff Essay kursiv und in doppelte Anführungsstriche, was sicherlich der Fremdheit des Begriffs für das Lesepublikum Rechnung trägt. Der Essay muß vorsichtig eingeführt werden, seine Wirkungen könnten als verstörend empfunden, die geistige Freiheit, die er suggeriert, als Unredlichkeit abgeurteilt werden. Deshalb muß Fontane behutsam vorgehen. Und so kommt er in seiner eines aus dem anderen organisch erschließenden Art zu einer sehr allgemeinen, jedoch für die Mentalität seiner Epoche ungemein aussagekräftigen Einkreisung des Phänomens: »Das Wesen des Essays besteht darin, in knappster Form, zugleich unter Geltendmachung allgemeiner Gesichtspunkte, eine Gestalt oder eine Frage nicht losgelöst von ihrer Umgebung, sondern im Zusammenhange mit dieser zu betrachten, mit anderen Worten, bei Behandlung des Teils zugleich einen Blick auf das Ganze zu werfen.«[30]

Das entspricht in etwa der Definition, die Herman Grimm selbst gegeben hat. Auch bei ihm handelt es sich um eine im Grunde rein formale Bestimmung: »Zum wirklichen Essay ist heute erforderlich, daß er in fließenden, individuell gehaltenen Gedankenreihen etwas allgemein Verständliches rasch behandle.«[31] Diese Einzäumung ins Formale verdrängt die Problematik der ästhetisch-subjektiven Überformung des Stoffes durch die Ausführung. Zwar bemerkt Grimm über das Wesen der Essayisten zu allen Zeiten: »In Allem, was sie über die Dinge sagen, steht die Sache selbst nicht höher oder niedriger als ihre eigene Person, in deren Geiste sie sich spiegelt.«[32] Doch wird sein emphatisches Umsetzen dieser aus dem Ausland nach Deutschland hineingewehten Freiheit in eine Form bestimmt von einem beinahe unbedarft anmutenden Vermittlungseifer, der die Sprengkraft des Essayistischen schlichtweg zu verkennen scheint. Aufgrund dieses historistischen Optimismus, wonach jedes Zeitalter gleich unmittelbar zu Gott stehe und damit der Historiker in besonderem Maße das Wesen aller Epochen zu überblicken vermöge, erscheinen heute die Essays von Herman Grimm kaum noch interessant. Was ihnen fehlt, ist, bei aller Begeisterung für die Ungebundenheit der essayistischen Rede, die kritische Auseinandersetzung mit der Form, in die sich das Subjektive als ästhetisches Elementarteilchen verwandelt hat und die in diesem Augenblick zum, wie Georg Lukács schreibt, »Schicksalsmoment«[33] wird. Das nämlich unterscheidet den Typus des Essayisten, den Grimm vertritt, von einem explizit geschichtsphilosophischen Denken, wie es wenig später Georg Lukács vorführen sollte; dieses wiederum bildete eine Art Auftakt für die durchgehend prekäre Bedeutung der essayistischen Form im 20. Jahrhundert. Über den Kritiker schreibt Lukács: »Die Form ist sein großes Erlebnis, sie ist als unmittelbare Wirklichkeit das Bildhafte, das wirklich Lebendige in seinen Schriften. [...] Sie wird eine Weltanschauung, ein Standpunkt, eine Stellungnahme dem Leben gegenüber, aus dem sie entstand; eine Möglichkeit, es selbst umzuformen und neu zu schaffen.«[34]

Auch wenn man über das lebensphilosophische Pathos, das Lukács hier walten läßt, einmal hinwegsieht, erkennt man sofort, welche Dynamisierung die Sachlage erfährt. Die war schon mit Nietzsche dort hineingekommen. Lukács argumentiert noch explizit platonistisch und kann von dieser Position aus den Essay zunächst nicht als vollgültige Form akzeptieren.[35] Erst indem Lukács das Prozessuale des Essays als besondere Ausprägung einer ›Wesenschau‹ herausarbeitet, kann er darin eine adäquate Ausdrucksebene erblicken, die in der Lage wäre, das ›Leben‹ zu fassen: »Der Essay ist ein Gericht, doch nicht das Urteil ist das Wesentliche und Wertentscheidende an ihm (wie im System), sondern der Prozeß des Richters. Jetzt erst dürfen wir die Anfangsworte niederschreiben: der Essay ist eine Kunstart, eine eigene restlose Gestaltung eines eigenen, vollständigen Lebens.«[36]

So schwer sich Lukács im Jahre 1910 noch mit der Rechtfertigung des Essays tut, die Notwendigkeit, ihn in den Mittelpunkt einer kulturellen Dynamisierung zu stellen, scheint unausweichlich. Noch kann der Philosoph den Platonismus nicht aufgeben, den Nietzsche kurz zuvor mit Stumpf und Stiel versucht hatte auszurotten. Daher rührt letztlich die Umständlichkeit von Lukács' Argumentation. Die Überwindung des Platonismus oder zumindest seine Zurückweisung jedoch bedingen ursächlich die neue Rolle, die der Essay in der Moderne als genuin immanente Stillage zu übernehmen hatte. Seine Einbindung in die Lebensphilosophie, wie sie Lukács versucht, erscheint vor diesem Hintergrund als einigermaßen redundant. Die Verknüpfung des Ästhetischen mit dem Subjektiven in der Gestaltung, die Akzentuierung der Erfahrungswirklichkeit und des Experimentellen und nicht zuletzt das Prozeßhafte einer prinzipiellen Unabschließbarkeit des Diskurses prädestinieren den Essay dazu, als Essayismus die Grundhaltung eines radikal immanenten, antiplatonistischen Denkens zu repräsentieren. Genau dieses Element fließt mit Nietzsches Schriften, die um 1900 geradezu eine Popularitätsexplosion erfahren, in den kulturellen Haushalt der Zeit ein und führt zu ungeheuren Turbulenzen. Ebensowenig wie Lukács konnte der Expressionismus diese Dimension wirklich begreifen und umsetzen.[37] Erst Robert Musil zieht aus Nietzsches Immanenzdenken die Konsequenz eines fundamentalen Essayismus als kognitive Form modernen Lebens. Zwischen den Essaydefinitionen von Theodor Fontane und Herman Grimm und dem Essayismusbegriff Musils liegt ein eminenter Kultursprung, den eine Geschichte des Essays in seinen Bedingungen und Konsequenzen nachvollziehen muß. Mit der Definition der Sache ändert sich vor allem die ihr zugedachte Aufgabe. Vom Zweifel an der Dynamik der modernen Welt, wie er sich bei Montaigne erhebt, wird der Essay in die Richtung einer Utopie getrieben, die über die Moderne grundsätzlich hinausweisen soll. Es liegt, genau besehen, in dieser Spanne der Spannungsbogen des neuzeitlichen Subjekts begründet, insofern es sich als seiner Zeit unmittelbar, und das heißt, ohne den Fluchtpunkt der Transzendenz, ausgesetzt begreift. Dies wäre von Nietzsche bis zu Musil hin als genuine Neuerung anzusehen. Aber schon bei den Brüdern Mann deutet sich eine Wendung des Essayismus ins Konservative an; der Essayist vertritt zumindest bei Thomas Mann bereits die festgefügte Haltung des ›Kulturschriftstellers‹, der mit seiner Person eine Art moralisch-ethische Institution ausbildet. Auf dieser Linie wird aus dem Essayismus eine unübersehbar kulturkonservative Haltung.[38]

Wir wollen hier dieses Versickern des Essayismus in der Pose des Großschriftstellers nicht in extenso nachverfolgen – die Rekapitulation der Grundzüge dieser Entwicklung bei Thomas Mann dürfte genügen. Dafür nimmt der Essay bei anderen Autoren wieder einen ganz eigenen Weg, löst er erneut den Ruf der überraschenden Setzung und der gestalterischen Wandelbarkeit ein. Bei Gottfried Benn zeigt sich eine originelle Funktion des Essayistischen ebenso deutlich wie, in ganz anderer inhaltlicher Ausrichtung, bei Walter Benjamin. An ihren essayistischen Schriften läßt sich ablesen, daß der Essay als Syndrom der Modernität noch voll virulent war, ein Impuls, den auch Adorno noch einmal in ganzem Umfang aufgreift.

Insgesamt also ist es dieser Geschichte des Essays weniger um philologische Vollständigkeit zu tun als vielmehr um die Metamorphosen der Sache selbst und damit ihrer signifikativen Spielarten im Verlauf der Geschichte seit dem 16. Jahrhundert. Die poetologischen Bedingungen sind unmittelbar an die Geschichtlichkeit des Begriffs geknüpft. Die Gattungsfrage muß also dahingehend modifiziert werden, daß Essay und Essayismus als die eigentlichen, die sogenannten Hauptgattungen untergründig durchziehenden Faktoren anzusehen wären, durch die die Gattungspoetiken aufgebrochen worden sind. Daran wird deutlich, daß die traditionelle Literaturwissenschaft mit dem Phänomen nur einen freundlich-distanzierten Umgang zu pflegen vermochte. Der Essay gehört unmittelbar ins Feld des Produktiven, vor allem jener Produktivität, die auf der Entschlossenheit des Subjekts zur Umsetzung des eigenen Selbst in die Schrift aufbaut. Er ist daher Grundbestandteil einer künstlerischen Haltung, die das Experiment nicht bloß auf die Stoffebene bezogen sieht, sondern an der Schnittstelle zwischen den Stoffen und dem arbeitenden Ich ansiedelt. Kennzeichnend für den Essay ist eben nicht die Identität mit einem Muster, das sich auf der Basis vieler Einzelfälle erarbeiten ließe, sondern, wie schon Adorno angemerkt hat, gerade das Nichtidentische schlechthin, das er vertritt. »Er trägt dem Bewußtsein der Nichtidentität Rechnung, ohne es auch nur auszusprechen; radikal im Nichtradikalismus, in der Enthaltung vor jeder Reduktion auf ein Prinzip, im Akzentuieren des Partiellen gegenüber der Totale.«[39]

Als letzter wohl unternimmt Adorno den Versuch, den Essay in einen Horizont von Totalität einzufügen, jedoch explizit in der *Abwendung* von Präsenzphantasien des Totalen.[40] Adorno unterwirft den Essay einer komplizierten Dialektik, die, auch wenn ihre philosophische Mechanik heute verbraucht scheint, im Kern doch das Prinzip durchscheinen läßt, von dem sich auch diese Poetik des Essays leiten läßt. Es besteht im Sich-Entziehen gegenüber dem Willen zur Identifizierung und damit zur Durchsetzung eines geschichtlichen Prinzips, das die *Differenz* schon lange verwirklicht hat, bevor sie im großen Stil gedacht worden ist. Denn wie wäre Geschichte zu erklären, ohne das permanente Wirken jenes Willens zur Veränderung, der sich in der Verweigerung von Identität niederschlägt? Die Geschichte dieses Willens soll hier nachgezeichnet werden, unterstellend, daß er immer noch wirksam sei, auch nach dem *Ende der Geschichte*. Es ist die Geschichte des Zusammenspiels von Essay und Essayismus, also nicht die Geschichte einer Gattung, die den Aufmarsch all ihrer Vertreter inszenieren würde, sondern die eines geistigen Kraftfeldes, das es zu vermessen gilt.

16. und 17. Jahrhundert

Die Frage nach dem Anfang ist historisch nicht zu beantworten. Anfänge werden gesetzt, nicht gefunden. Das Neue ist nicht plötzlich da, wird nicht mit einem genialen Coup eingeführt, auch dort nicht, wo es so scheint, wo die epochalen Umbrüche kraß ins Auge fallen. Vielleicht hat es in der Geschichte nie einen Anfang gegeben, keinen Ursprung, auch nicht in unserem Fall, beim Essay. Gewiß aber hat es jemanden gegeben, der seine Schriften als erster *Essais* genannt hat, das immerhin. Hier könnte man einen Anfang setzen, einen nominellen Anfang gewissermaßen, allerdings muß man hinzufügen, daß dieser Jemand namens Michel de Montaigne erkennnbar und entschieden anders geschrieben hat als andere vor ihm, die Vergleichbares vorgelegt hatten, Traktate, Briefe, Dialoge. Montaignes Anfang ist zweifellos originär oder sogar autochton, und wir werden sehen, in welchem Sinne. Er hat dem Begriff, den es schon gab, eine neue Bedeutung verliehen. Francis Bacon, der ihn unter anderen Vorzeichen, offenbar begünstigt von einer mehr oder weniger zufälligen Vermittlung durch seinen den Kontinent bereisenden Bruder, aufgenommen hat, erweiterte schon wenige Jahre nach dem Tod Montaignes diese Bedeutung. Man könnte sogar behaupten, Bacon führte den Essay in die Montaigne entgegengesetzte Richtung. Und so ist es sicher nicht falsch zu behaupten, daß am Anfang der Geschichte des Essays zwei einander entgegengesetzte Extreme stehen.

Im Alter von achtunddreißig Jahren, genauer gesagt: am Tage seines achtunddreißigsten Geburtstages, am 28. Februar 1571, bezieht Montaigne seinen Turm, den Rückzugsort, nachdem er sich aus all seinen öffentlichen Amtsgeschäften zurückgezogen hatte, um ein Buch zu schreiben. Für einen Adligen seiner Epoche mußte dies als ein äußerst ungewöhnliches Unterfangen gelten. Die Schriftstellerei war als ernsthaftes Anliegen in der Aristokratie verpönt, Schreiben blieb den Mönchen vorbehalten, oder den vom König eigens beschäftigten Hofpoeten; Schreiben hieß, entweder geistliche oder unterhaltende Aufgaben zu erfüllen, und beides kam der Adelsklasse nicht zu. Schreibende Aristokraten konnten sich nur durch das Argument, ihre Beschäftigung entspringe dem frei gewählten Müßiggang, rechtfertigen. Montaigne aber geht in sein eigenes Kloster – aus welchen Gründen, wird uns weiter unten beschäftigen –, ein weltliches Kloster, abgeschottet von den Familienmitgliedern, umgeben von seinen Büchern, den antiken Autoren. Er geht durch das Wissen der Alten hindurch auf sich selbst zurück, sucht etwas in sich, in seiner Person, die er ablöst aus den Weltzusammenhängen, um die delphische Aufgabe neu und auf bis dahin ungewöhnliche Weise anzugehen, sich selbst zu erkennen. Jedoch keineswegs in mystischer Versenkung oder in der mythischen Auseinandersetzung mit einem Orakel, sondern als Beobachter und kritischer Reflektor des Menschlichen. *Homo sum, humani a me nihil alienum puto,*[1] diesen Satz des Terenz hat er neben sechsundfünfzig anderen antiken Merksprüchen auf die Deckenbalken seines Turmzimmers prägen lassen. Und obwohl er wieder in die Welt zurückkehrt, nach Rom reist und Bürgermeister von Bordeaux wird, obwohl er sich nie ganz aus den weltlichen Geschäften zurückzieht, behält er stets die distanzierendeWirkung der *Essais* für sich zurück, wird er sich fortan immer wieder auf sein Buch berufen, wird ihm dieses Buch zu einer Art zweitem Ich, dem er sich als letztem Zufluchtsort und imaginärem Partner anvertrauen kann.

Anders Bacon. Er verfaßt seine *Essays*, die am Beginn seines philosophischen Werkes stehen, im Zuge einer rücksichtslos verfolgten und daher unaufhaltsamen Karriere, die zunächst mit großen Schwierigkeiten beginnt, dann aber auf dem Höhepunkt in den Ämtern des Großsiegelbewahrers und Lordkanzlers gipfelt, den höchsten Staatsämtern; eine der einflußreichsten Figuren der Adelsgesellschaft im elisabethanischen England. Sein schriftstellerischer Ehrgeiz, dem sein politischer Ehrgeiz in nichts nachsteht, entfaltet sich inmitten einer aufbrechenden Nation, einer aufstrebenden, wirtschaftlich wie imperial expandierenden Gesellschaft. Bacon erkennt, daß die anstehende Umverteilung der Produktivkräfte nur auf der Grundlage einer Neuorganisation des Wissens erfolgen kann. Er zelebriert sich als radikalen Erneuerer der Wissenschaften, gilt als der Erfinder des Satzes *Wissen ist Macht*; königstreu bis zur Selbstverleugnung, dabei aufstiegssüchtig und intrigant, der zwielichtige Höfling als imperialer Wissenschaftsvisionär, als kalter Objektivierer des Empirischen und Inquisitor falscher Idealität: so kommt er uns aus den Geschichtsbüchern entgegen – und auch wenn manches in hypertropher oder verfälschter Weise überliefert ist, ganz dem Reich der Fiktion dürfte diese Einschätzung nicht zuzuschreiben sein.[2] Bacon war und bleibt eine schillernde, unnahbare Figur und ist neben Shakespeare als der bedeutendste Schriftsteller dieser Epoche auf der britischen Insel in die Geschichte eingegangen. Bezogen auf die Initiationsstufe des Essays scheint die Gewichtung klar verteilt. Gemeinhin gilt der französische Edelmann aus dem Périgord als derjenige, der den Essay als schriftstellerisches Verfahren installiert, der englische Lordkanzler jedoch als derjenige, der ihn zu einer literarischen Form ausgestaltet habe.[3]

Das bedeutet, erst Bacon habe den Essay in eine erkennbare literarische Form transformiert, die übertragbar wäre auf andere Schreibsituationen, andere Erkenntnisinteressen und andere Autoren. Die skeptizistische Selbstbezogenheit Montaignes bezeichnete dagegen bloß die schriftstellerische Haltung, die bewußt eingenommene Neigung zum Experimentellen und Offenen, mithin die Öffnung des Autors für die Unwägbarkeiten des Themas und seiner selbst als Person. Diese Grobunterscheidung trifft nur sehr bedingt die Sachlage; zudem birgt die Wirkung der beiden Essayisten in die Moderne hinein angesichts dieses Urteils eine Überraschung. Nicht der Wissenschaftsgeist und der Erneuerungsfuror Bacons werden dort nämlich als Grundlage des Essayismus verstanden, sondern der lebensbejahende Relativismus Montaignes; nicht der Meisterdenker als Funktionär weist den Weg, sondern der illusionslose Menschenkenner, der erste der Moralisten, der die Seinsweise des Menschen in seinem kulturellen Kontext durchleuchtet und die meisten der aus diesem Vorgang entspringenden Fragen unbeantwortet läßt. Die Wirkung von Montaigne und Bacon auf die frühere Nachwelt muß als jeweils ganz eigenständige gesehen werden. Beide prägen eine bestimmte Form des Essayistischen, die stilbildend werden sollte und die das Spektrum des Essays insgesamt ausleuchtet.

Über Bacon wie direkt von Montaigne pflanzt sich der Essay als Form in den angelsächsischen Sprachraum hinein fort und prägt mit seiner flexiblen Einsetzbarkeit in den unterschiedlichsten Situationen die aristokratischen wie die frühbürgerlichen Diskurse einer sich wandelnden Öffentlichkeit. Montaignes Text der *Essais* ist während dieser Phase – auch in Frankreich – so gut wie verschollen. 1753/54 erscheint eine deutsche Übersetzung von Johann Daniel Tietz,[4] einige Jahrzehnte später die Übersetzung von Johann Jakob Bode (1797),[5] doch eigentlich entdeckt ihn erst der Amerikaner Emerson in der Vermittlung über Herman Grimm für den deutschen Sprachraum, ja für Europa insgesamt – nun aber als einen Zeitgenossen. Montaigne wird in der Folge geradezu exhumiert, wiederentdeckt wie eine vergessene Insel, nicht so spektakulär, aber ähnlich maßstabsetzend wie einige Zeit zuvor Shakespeare. Als Mitbegründer der Neuzeit wird er zu einem Gewährsmann der Modernen; überall und immer wieder findet er emphatische Verwandte, die ihren eigenen Essayismus explizit an ihn anknüpfen. Hingegen scheint Bacon zu diesem Zeitpunkt nurmehr eine historische Bedeutung beanspruchen zu können. Als Figur tritt er hinter den zu diesem Zeitpunkt schon als anachronistisch geltenden Erneuerungsgeist seiner Thesen zurück. Dennoch muß man ihm gerade in stilistischer Hinsicht, mehr noch als Montaigne, eine innovative Dimension bescheinigen. Die für die angelsächsische Prosa beinahe schon legendäre Klarheit und Transparenz in der Darstellung auch komplexer Zusammenhänge geht ursächlich auf die Schreibweise Bacons zurück. Unter diesem Aspekt hat ihn nicht zuletzt Egon Friedell in seiner *Kulturgeschichte der Neuzeit* charakterisiert und bemerkt, »daß er der größte Schriftsteller seines Zeitalters und einer der vollkommensten englischen Prosaisten gewesen ist. Er besaß das Geheimnis, Farbigkeit mit Durchsichtigkeit und Fülle mit Klarheit zu verbinden.«[6]

Obwohl Bacons Hauptwerke, vor allem die Fragment gebliebene *Instauratio Magna* (1620), heute kaum noch lesenswert erscheinen und inhaltlich tatsächlich von rein philosophiehistorischer Bedeutung sind, muß die Wirkung Bacons auf die ihm unmittelbar nachfolgenden Generationen als außerordentlich beurteilt werden. »Er war der klare glänzende Spiegel, in dem der elisabethanische Mensch mit Vergnügen sein Porträt erblikken durfte, ja noch mehr: er hat den Typus des englischen Menschen, der sich erst im Laufe der späteren Generationen voll ausprägen sollte, vorauskonzipiert.«[7]

Bacon war der Methodologe schlechthin, ein Phänomen der frühesten Aufklärung, deren Anspruch bis in die Diktion hinein zu spüren ist. Er erwies sich daher für eben die Epoche von der größten Bedeutung, in der Montaigne beinahe vergessen war, für die Zeit der *lumières*. Montaignes Stunde schlug, als die Aufklärung sich verdüsterte. Hierin wären die beiden Extreme, die Montaigne auf der einen und Bacon auf der anderen Seite repräsentieren, skizziert. Montaignes Beliebtheit in den letzten einhundertfünfzig Jahren mag darauf zurückzuführen sein, daß der Essay sich im Sinne jenes Essayismus herauskristallisiert hat, der als genuine schriftstellerische Haltung in den Vordergrund tritt, ohne notwendigerweise auf bestimmte methodologische Vorgaben zurückgreifen zu müssen. Der Mensch steht im Zentrum des Interesses, der schöpferische, sich selbst in seiner Krisis reflektierende; das ist die Ebene, auf die die Moderne bei Montaigne rekurriert. Zugleich liegt darin aber auch die Stilisierung des Franzosen zum *representative man*, wie es Emerson formuliert hat, die Hervorhebung der großen Persönlichkeit, wie sie das gesamte späte 19. Jahrhundert mit Vorliebe betrieb. Der kühle Bacon paßte ebensowenig wie jeder andere Vertreter der Aufklärung zu dem Bedürfnis einer mythischen Erhöhung der historischen Persönlichkeit, deren Umsetzung der Historismus im späten 19. Jahrhundert zur Perfektion gebracht hat. Bacons Wissenschaftsoptimismus wird spätestens seit der Romantik von eben jenen Essayisten untergraben, die sich in letzter Instanz auf den Vorfahren Montaigne glauben berufen zu können. Hierin erkennt man die fundamentale Dichotomie, die die Geschichte des Essay und damit die Strukturierung seiner inneren Verfaßtheit bestimmt. Der Impuls einer methodisch innovativen, der Aufklärung verpflichteten Vermittlung von Wissen und Gedankengängen tritt ins Medium einer grundsätzlich skeptischen Haltung des Subjekts, das sich als schreibendes wie als reflektierendes Ich mit sich identisch weiß. Dadurch erhält essayistisches Schreiben jene eigentümliche Gebrochenheit, die es ins Feld einer primär literarischen Tätigkeit verweist, eines, wenn man will, ›schöngeistigen‹ Verfahrens, das sein eigentliches Ziel im Ästhetischen, das heißt im Prozeß der Ausführung selbst erblickt. Das ist zugleich das Zwitterhafte am Essay, das ihn weder in den Wissenschaften noch in der Poesie heimisch werden läßt. Dieses Wesensmerkmal kann an der Wurzel der Schreibweisen erkannt werden, die den Essay konstituieren, bei Montaigne und Bacon, nur eben noch separiert in zwei Figuren, die beinahe gleichzeitig die historische Bühne betreten und gemeinsam der Neuzeit ein neues Modell liefern. Es wird darauf ankommen zu verstehen, wie dieses Modell aufgegriffen und umgesetzt worden ist durch die Jahrhunderte hindurch und wie es doch stets seine Grunddisposition, die sich am Ende des 16. Jahrhunderts herausgebildet hat, in den unterschiedlichsten Konstellationen und unter den unterschiedlichsten Motivierungen beibehält, wenn auch nicht immer auf den ersten Blick erkennbar.

Goethe stellt in seiner *Geschichte der Farbenlehre* die Frage, woher es kommen möge, »daß Baco so viel von sich reden machen konnte, ohne zu wirken«,[8] und wies damit schon früh auf den rein historisierenden Umgang mit dem Philosophen voraus, wie ihn das 19. und 20. Jahrhundert pflegen sollte. Bacon wird von der Nachwelt zumeist geachtet und als bedeutsam eingestuft, nur fragt man sich zuweilen, wofür und in welcher Hinsicht. Demgegenüber findet man in bezug auf Montaigne euphorische und liebevolle Charakterisierungen, als deren berühmteste wohl diejenige Nietzsches zu nennen wäre, die er in der dritten seiner *Unzeitgemäßen Betrachtungen* gibt: »Ich weiss nur noch einen Schriftsteller, den ich in Betreff der Ehrlichkeit Schopenhauer gleich, ja noch höher stelle: das ist Montaigne. Dass ein solcher Mensch geschrieben hat, dadurch ist wahrlich die Lust auf dieser Erde zu leben vermehrt worden. Mir wenigstens geht es seit dem Bekanntwerden mit dieser freiesten und kräftigsten Seele so, dass ich sagen muss, was er von Plutarch sagt: ›kaum habe ich einen Blick auf ihn geworfen, so ist mir ein Bein oder ein Flügel gewachsen.‹ Mit ihm würde ich es halten, wenn die Aufgabe gestellt wäre, es sich auf der Erde heimisch zu machen.«[9]

Bis heute finden sich solche Bekenntnisse zu Montaigne,[10] während Bacon entrückt ist in ein fernes Jahrhundert, aus dem andere Namen zu uns hereinstrahlen, Shakespeare, Cervantes, Kopernikus, Kepler, Galilei und eben – Montaigne.

Michel de Montaigne

An einigen Stellen der *Essais* äußert Montaigne seine Ratlosigkeit über die Erscheinungsweise seines Buches und die Unordnung des Inhalt. Es kann nicht nur auf einen Bescheidenheitstopos zurückzuführen sein, daß er dieses Unternehmen »töricht«, »ungereimt« und »dem gemeinen Gebrauch so völlig unähnlich« nennt und darüber öfter in eine »trübselige Gemütsstimmung«[11] gerät. Und doch gehören gerade diese Irritationen des Ungewöhnlichen für ihn ursächlich dazu. In dem Essay *Von der Liebe der Väter zu ihren Kindern* bekennt Montaigne seine enge Beziehung zu dem Buch der *Essais* und zu seinem Schreiben, eine Beziehung, die derjenigen der Eltern zu ihren Kindern gleiche. Übergangslos springt er aus der Verzweiflung über das Ungeratene seiner Versuche in die Betonung der Einzigartigkeit der *Essais*: »Es ist das einzige Buch in der Welt von seiner Art, und von einem wüsten und ausschweifenden Vorhaben eingegeben. Es ist denn auch an diesem Machwerk nichts Bemerkenswertes als diese Seltsamkeit: denn einem so eitlen und wertlosen Gegenstand hätte der beste Meister der Welt keine Form zu geben vermocht, die es eines Aufhebens wert machte.«[12]

Was Montaigne hier wie nebenbei anmerkt, stellt eine zwar implizit gesetzte, aber deutlich wahrnehmbare Skizzierung der Doppelbödigkeit seiner Schreibweise vor. Eben weil der Stoff der *Essais* so eitel und wertlos ist – die Durchleuchtung des eigenen Ichs nämlich – kann ihm keine abgerundete Form zukommen, ja ist es menschenunmöglich, solches zu erreichen. Was dies nun wiederum mit der Kindererziehung zu tun habe, liegt nicht sofort auf der Hand. Meist wird in der Literatur zu Montaigne die zitierte Stelle losgelöst von dem gesamten Essay angeführt und als reines Bekenntnis des Autors betrachtet. Montaigne plädiert für eine gewaltfreie Kindererziehung, wie er sie selbst genossen habe, und wendet sich gegen die Vorstellung, man könne die Kinder nach den eigenen pädagogischen Plänen formen. Vielmehr müsse man ihnen ihre freie Entfaltung zugestehen und alles dafür tun, diese zu unterstützen. Nach und nach eröffnet der Essay den Blick für den Zusammenhang zwischen der Kindererziehung und dem Schreiben von Essays. Beides sind die Geschöpfe desselben Urhebers, in beiden pflanzt sich der Mensch

Montaigne fort, beide bilden eine Art zweites Ich und doch nehmen sie ihre ganz eigenen Entwicklungen, gehorchen sie nicht den Formforderungen, die der Vater respektive der Autor an sie stellt. Er selbst will gerade von solchen Forderungen absehen und unterstützt, so schmerzlich es ihm auch zu gewissen Stunden sein mag, diese Selbstläufigkeit der Kinder wie der Schriften. Entsprechend heißt es am Schluß dieses Textes: »Und ich weiß nicht, ob ich es nicht bei weitem vorzöge, ein vollkommen wohlgestaltetes Kind aus dem Schoße der Musen als aus dem Schoße meiner Ehefrau erzeugt zu haben. Diesem hier (den *Essais*; C.S.), so wie es ist, vermache ich, was ich ihm vermache, schlechthin und unwiderruflich, wie man leiblichen Kindern vermacht; das wenige, was ich ihm Gutes geben konnte, ist nicht mehr in meiner Verfügung; es kann vielerlei wissen, was ich nicht mehr weiß, und Dinge von mir haben, die ich nicht behalten habe und gerade so wie ein Fremder von ihm ausborgen müßte, wenn ich ihrer bedürfte. Es ist reicher als ich, auch wenn ich weiser bin als es.«[13]

Der letzte Satz spricht für sich. Er bezeichnet das Verhältnis des Autor zu seinem Buch wie des Vaters zu seinen Kindern. Es handelt sich um eine Art Energietransfusion von einem Organismus auf einen anderen. Was so allerdings transportiert wird, hat keinen festlegbaren Wert, ist zunächst pure Unsicherheit und Ungewißheit, das Schwanken und Zweifeln eines vielschichtigen und widersprüchlichen Ichs und keineswegs das sichere Geleit eines in sich gefestigten Erziehers. Es kommt Montaigne darauf an, diese Tatsächlichkeit seiner Person in den *Essais* offenzulegen, sie seinem Schreiben einzupflanzen, um es einer solchen Darstellung fähig werden zu lassen. Das bedeutet, dem Schreiben keine in irgendeiner Weise stilisierte und geschlossene Form zu geben, es also nicht einem vorgefaßten Plan zu unterwerfen, sondern es wachsen zu lassen, wohin es sich bewegen will. Denn das Ich ist eine schwankende Angelegenheit, es bietet und findet keinen Halt – wie sollten dann die *Essais* Geschlossenheit und Einheitlichkeit in der Form finden?

Mich treibt nicht nur der Wind der Zufälle nach seiner Richtung, sondern überdies schwanke ich und verwirre mich selber, weil ich so unsicher auf meinen Füßen stehe; und wer sich nur recht beobachtet, wird sich kaum zweimal in der gleichen Verfassung finden. Ich gebe meiner Seele bald dieses Gesicht und bald jenes, je nachdem, auf welche Seite ich sie wende. Wenn ich auf ungleiche Weise von mir rede, so geschieht es, weil ich mich auf ungleiche Weise betrachte. Alle Widersprüche finden sich in mir, je nach Gesichtswinkel und Umständen. [...] Ich habe von mir selbst nichts Ganzes, Einheitliches und Festes, ohne Verworrenheit und in einem Gusse auszusagen. Distinguo ist das erste und letzte Wort meiner Logik.[14]

Nicht auf fertig abzuliefernde Ergebnisse zielt der Autor ab, sondern auf die Erkennbarkeit des Prozesses, in dem sein Denken sich beim Schreiben befindet. Daß dieses Denken unmittelbar mit dem Schreibvorgang zusammenhängt, daran läßt er keinen Zweifel: »Dieses Flickwerk von so mancherlei Stücken kommt auf die Weise zustande, daß ich nur dann Hand daran lege, wenn mich eine allzu geschäftslose Muse langweilt, und nur wenn ich zu Hause bin. So hat es sich mit verschiedenen Unterbrüchen und Zwischenräumen angesammelt, je nachdem mich die Gelegenheiten mitunter mehrere Monate anderswo festhalten. Indessen verbessere ich meine ersten Einfälle keineswegs durch die folgenden; oder vielleicht hie und da ein Wort, aber um es abzuwandeln, nicht um es zu streichen. Ich will die Vorgänge meines Denkens darstellen und will, daß man jedes Stück sehe, wie es zur Welt kommt.«[15]

Das Flickwerk (*Fagotage*) gehorcht dem Ablauf der Schreibbewegungen, das Buch, das daraus nach und nach hervorgeht, steht der Person des Autors, seinen Lebensvollzügen, seiner gesamten konkreten Existenz so nahe wie nichts anderes. Kaum einmal dürfte sich jemand derart eng an sein Werk gebunden gefühlt haben wie Montaigne, dürfte ein Schriftsteller das Gefühl, mit diesem Werk zu verschmelzen, als so real empfunden haben. Deshalb verwundert der Vergleich mit der Liebe der Väter zu ihren Kindern keineswegs. Die Beobachtung des Menschlichen und Allzumenschlichen wie die Selbstbeobachtung erwächst Montaigne zu einem eigenen Organ, das sich schrittweise von ihm ablöst, er bringt dieses Buch in einem jahrelangen, schier endlosen Vorgang aus sich hervor, die Zeit nach dem 28. Februar 1571, dem Tag seines Rückzugs, beinhaltet nichts anderes als diese unausgesetzte Geburt.

Montaigne war nicht nur der erste, der konsequent auf die innerweltliche Dimension des empirischen Ich abgehoben,[16] nicht nur derjenige, der die antike Skepsis in Gestalt des Pyrrhonismus in die Neuzeit hineintransponiert hat, er war darüber hinaus auf bestimmte Art und Weise der erste, der sich zu einem vollkommen autonomen Schreibakt aufgeschwungen hat. Diese drei Komponenten sind bei ihm untrennbar miteinander verknüpft, ohne daß man zu sagen vermöchte, in welchem kausalen Verhältnis sie zueinander stehen. Tatsächlich gibt es keine monokausale Wurzel, die das Phänomen Montaigne erklären könnte. Auch der Rückzug in den Turm seines Schlosses wird nicht allein von *einem* Aspekt, von *einem* Anlaß motiviert. Gewiß – er bekennt es selbst – amtsmüde, weltmüde präsentiert er sich am Eingang in sein Refugium, erschöpft und verwirrt von der chaotischen Politik seiner Epoche, von den wirren und unglaublich brutal geführten Glaubenskämpfen seiner Zeit und allein schon deshalb zur Skepsis neigend, zur Feststellung des Schwankens und Driftens aller Dinge als letzter überhaupt noch möglicher Feststellung. Hinzu kommt der Tod des Freundes Étienne de la Boétie, der im Jahre 1563 zweiunddreißigjährig an der Ruhr verstarb. Das war ein Ereignis, das Montaigne nicht glaubte verwinden zu können und das er auch nie wirklich verwunden hat. Diese Freundschaft überstrahlte alles andere in seinem Leben.[17] Sie sei von so außerordentlicher Nähe und Übereinstimmung gewesen, daß selbst die antiken Autoren mit ihren Meinungen über die Freundschaft angesichts dieser Beziehung verblaßten. Seine berühmte Definition der Freundschaft, die selbstverständlich keine Definition ist, sondern nur das Unerklärliche zu benennen versucht, rührt aus eigener Erfahrung: »Weil er er war; weil ich ich war.«[18]

Andererseits war es ein Ideal der Zeit, Einkehr zu halten in meditierender Muße, ein humanistisches Ideal, angelehnt an die Ratschläge der hellenistischen Weisheitslehren der Stoa und des Epikureismus. So ist auch die Auseinandersetzung mit bestimmten antiken Autoren bedeutsamer Bestandteil der *Essais*, vor allem mit Cicero und Plutarch, aber auch Vergil, Seneca und Lukrez nehmen hier zentrale Positionen ein.[19] Selbst wenn man davon ausgeht, daß Montaigne diese humanistische Grundhaltung auf ganz genuine Art ausgefüllt habe, könnte man doch auch daraus die Entstehung der Textformen, die er *essais* nannte, ebensowenig erklären wie aus allen anderen äußeren Tatsachen. Die meditierende Betrachtung der antiken Weisheitslehren erforderte keineswegs eine solche schriftstellerische Leistung, wie sie Montaigne aufbietet. Im Prinzip hätte ein Edelmann aus dem Périgord es beim reinen Lesen und Denken belassen können. Die Entstehung der *Essais*, dieser plötzlich in Angriff genommene und sich mehr und mehr auswachsende Schreibakt, der losgelöst war von allen externen Forderungen des Standes, der Kirche, der Politik, der vielmehr einen individuell-privatistischen Ursprung hatte, wie wäre er zu begreifen, wenn man ihn als echten Anfang von etwas begreifen wollte, als Erfindung aus nichts, als Sprung in eine andere Dimension? Denn alles, was wir über Montaigne und sein Schreiben in Erfahrung bringen können, legt den Schluß nahe, daß es ein solcher Anfang, wenn es denn einen solchen geben könnte, gewesen sein muß.

Kehren wir zu der *Liebe der Väter zu ihren Kindern* zurück. Der Tod seines Freundes La Boétie bildete nicht den ersten Bruch in Montaignes Leben. Früh, im Alter von sechs Jahren liegt ein anderes, aber wohl ebenso prägendes Ereignis. Montaigne war bis dahin gewissermaßen mit Latein als Muttersprache aufgewachsen. Sein von humanistischen Bildungsidealen erfüllter Vater ließ den Jungen von einem deutschen Hauslehrer erziehen, der nur Latein mit ihm sprach und Französisch nicht beherrschte. Auch die Eltern versuchten möglichst nur Latein mit dem Kind zu sprechen. Selbst die Bediensteten in der Umgebung des Schlosses wurden soweit in lateinischer Sprache unterwiesen, daß sie sich mit dem kleinen Michel in diesem Idiom einigermaßen unterhalten konnten. Das führte dazu, daß bestimmte Gegenstände des alltäglichen Lebens, wie Töpfe, Möbel oder landwirtschaftliche Geräte ganz selbstverständlich lateinische Namen erhielten. Montaigne wuchs also mit einer gleichsam toten Sprache auf, die er in den täglichen Lebensvollzügen einsetzte, somit umstandslos zu seiner eigenen Sprache machte und kraft seiner Person verlebendigte. Für ihn war das Latein keine Gelehrten- oder Amtssprache und auch nicht dem liturgischen Rahmen vorbehalten, sondern eine stellvertretende Muttersprache, aus der er mit seinem Eintritt in das Collège de Guyenne in Bordeaux im Alter von sechs Jahren jäh herausfiel. Sein Latein bildete sich dort bis auf eine Schwundstufe zurück, das Französische legte sich darüber wie ein profaner Schleier, der die mühsamen Anforderungen des Heranwachsens und des Lernens zu tragen hatte. Das verlorene Reich der Kindheit und die Sprache der römischen Antike blieben für Montaigne für immer untrennbar miteinander verknüpft; er war und blieb ein aus der Antike verstoßener Römer.[20]

»Montaigne hat die unbestechliche und entwaffnende Intelligenz und Gefühlssicherheit eines gesunden Fünfjährigen. Eltern und Psychologen kennen den Glanz dieses Alters, wissen auch, daß die Menschen in ihm fertig sind – bis auf die Vergesellschaftung und den Werkzeuggebrauch.«[21] Es muß natürlich im Bereich der Spekulation bleiben, aber nahe liegt es dennoch, daß Montaigne über seine Beschäftigung mit den antiken Autoren, vor allem den römischen, zurückfand zu der einfachen und direkten Intelligenz des Fünfjährigen, daß er im Rückzug auf die antike Geisteswelt und damit auf sich selbst sein Denken befreien konnte von den Verzerrungen des Gesellschaftlichen, die sich in die erwachsene Person eingenistet hatten. Was er damit in Gang bringt, ist tatsächlich ein »Unternehmen innergesellschaftlicher Abrüstung«,[22] das auf der Ebene des politischen und religiösen Verhaltens im Grunde gar keine Abweichung von den Forderungen präsentiert, die die Gesellschaft gegenüber einem Adligen vom Schlage Montaignes erhebt. Montaigne bleibt äußerlich konform, ja von heute aus gesehen sogar äußerst konservativ in seinen Ansichten zur Reformation etwa oder in Fragen des Gehorsams gegenüber der weltlichen Herrschaft. Die Abrüstung vollzieht sich vielmehr in einem Rahmen, der einen abgeschotteten und daher autonomen Raum absteckt und in dem alle standesgemäßen oder thematisch vorgegebenen Grenzen im Bedürfnis nach Mitteilung gesprengt werden. Die formale Gestaltung der Schreibbewegungen in den *Essais* offenbart hier in ihrem selbst für den Autor manchmal unbegreiflichen Erscheinungsbild den Durchgang durch ein neu erschlossenes inneres Selbst in eine Wirklichkeit, die mit der gesellschaftlichen Wirklichkeit der Zeit insofern zentral zu tun hat, als sie deren Bedingungen im Menschlichen, ihre ethische und philosophische Disposition jenseits aller Systeme konkret zu fassen versteht.

Diese Konkretheit, diese ungeschönte, illusionslose Offenlegung der eigenen Privatheit, Züge, die in der französischen Literatur bis in unsere Gegenwart hinein eine breite Linie ausbilden sollten, darin liegt das eigentlich Frappierende an den *Essais* begründet, die Rücksichtslosigkeit im psychologischen und moralischen Durchdringen der menschlichen Natur und des eigenen Ich. Bis dahin, so erscheint es einem übergreifenden Rückblick, war die Welt des Wissens und des Denkens eine wehrhafte Zitadelle, deren Abgrenzungen von der Autorität der großen antiken Autoren gebildet wurden. Wer denken wollte, mußte durch sie denken, durch Platon und Aristoteles, Cicero und Epiktet. Die großen Namen hielten den Schlüssel zu dieser Verschanzung unter Verschluß, man war ihnen ausgeliefert und huldigte ihnen; so originell auch einzelne neue Ansätze sein mochten, in dieser geschlossenen Gesellschaft war und blieb alles im umfriedeten Bereich und in übersichtlicher Ordnung. Auch Montaigne widmet sich leidenschaftlich der Lektüre der Alten, auch er ist im Bewußtsein ihrer unbestreitbaren Autorität aufgewachsen und bezweifelt diese keineswegs. Nur öffnet er unvermittelt einen Nebenraum zu den Hallen antiker Vorbildlichkeit, ein vergleichsweise kleines Zimmer im dritten Stock seines Schloßturms, und bezieht es mit derselben Klaustrophilie, die die abendländischen Klostermauern jahrhundertelang umfangen haben. Er wählt ein mönchisches Leben auf Zeit, ohne geistliches Gelübde, aber mit der Entschlossenheit, die überkommenen Rituale zu durchbrechen, nicht mehr nur zu repetieren und zu adorieren, sondern zu schreiben, selbst zu schreiben und zwar – über sich selbst.

Ein monströser Entschluß, hybrid in einem nie gekannten Ausmaß. Die Gegenreformation des 17. Jahrhunderts wird Montaigne aus diesem Grund rundheraus ablehnen, selbst ein genialer Denker wie Pascal wird ihn nicht begreifen.[23] Die Wissenschaften vom Menschen, die sich im Anschluß an Descartes *Cogito ergo sum* auf die Anforderungen der Neuzeit einstimmen, bilden gegenüber Montaignes *Que sais-je?*, aus einer bestimmten Perspektive betrachtet, einen offensichtlichen Rückschritt in einen Dogmatismus der Vernunft, der Montaignes antidoktrinärer Haltung fundamental zuwiderläuft.[24] Er versuchte mit instinktiver Entschlossenheit die scholastische Begriffsdogmatik aufzubrechen, aus dem Summensystem auszubrechen, welches Thomas von Aquin aufgebaut hatte und welches das Ich wegschmelzen ließ wie eine Schneeflocke auf einem warmen See. Aber nicht nur die scholastische Vergangenheit konnte in Montaigne einen Abweichler sehen, sondern auch die rationalistische Zukunft. Wie fremd mußte sein Skeptizismus einem Leibniz sein, wie unerträglich einem Christian Wolff! Erst Kant wird ihn wieder leidlich akzeptieren, ohne jedoch etwas anderes in ihm erblikken zu können als eine Übergangserscheinung, die in Teilen noch weit ins düstere Mittelalter hineinreicht. Montaigne selbst ist sich der Unvergleichbarkeit seines Buches durchaus bewußt, und er spart nicht mit Bescheidenheitsfloskeln und Topoi der Selbstabwertung, die die *Essais* durchziehen, als sollten sie das Extraordinäre ihrer Form und ihres Inhalts ex negativo bekräftigen. Wieder schiebt sich hier die Frage nach dem Neuen in der Vordergrund. Woran wäre es zu erkennen zum Zeitpunkt seines Entstehens und wer garantiert dafür, daß es ein paar Jahre später noch irgend jemand als solches erkennen wird?

Standesgemäß, der Etikette gehorchend, überreicht Montaigne den ersten Teil seines Werkes bei Erscheinen im Jahre 1580 König Heinrich III., der es, wenn überhaupt, wahrscheinlich nicht besonders gründlich studiert hat. Dann bricht Montaigne nach Rom auf, der größten Bastion der Gegenreformation. Erwartungsgemäß werden an der Porta del Popolo beim Eintritt in die Stadt am 30. November 1580 alle Bücher konfisziert, die der Reisende mit sich führt, auch die nagelneue Ausgabe der *Essais*. Erst im März des folgenden Jahres – nachdem er inzwischen am 29. Dezember anläßlich einer Audienz, wie es üblich war, die Fußspitze des Papstes küssen durfte, erhält er seine Bücher, unter denen sich, wie Montaigne vermerkt, zu seinem Glück keine reformatorischen Schriften befunden haben, wieder zurück. Das Ergebnis dieser Rückgabe ist für ihn von äußerster Wichtigkeit. Der Heilige Stuhl nimmt keinen Anstoß an den *Essais*, eine leichte Ermahnung durch den Papst, Montaigne möge seiner antireformatorischen Haltung auch fernerhin treu bleiben, mag als Leerformel zu verstehen sein, zudem ist fraglich, ob die Zensoren, die sich mit Montaignes Büchern befaßten, überhaupt des Französischen in ausreichendem Maße mächtig waren. Immerhin wird ihm nahegelegt, einige Stellen, die von *schlechtem Geschmack* zeugten, zu streichen, was Montaigne jedoch unterließ. Doch sieht er keinen Grund, weshalb er als guter Katholik nicht in der Form weiterschreiben sollte, die er entwickelt hat. Der Fortführung der Selbsterkundung stand nichts im Wege; es folgten bis 1588 die Teile 2 und 3 der *Essais*, die den subjektiven Aspekt noch mehr als Teil 1 in den Vordergrund treten lassen. In Rom hatte er erfahren, daß seine Essais der Grundhaltung der katholischen Kirche nicht unbedingt zuwiderliefen; die Rechtmäßigkeit seines schriftstellerischen Unterfangens wurde ihm, sei es aus Ignoranz, sei es aus Diplomatie, zumindest nicht bestritten. Der Heilige Stuhl war mit schwereren Fällen befaßt, das reformatorische Schrifttum blühte, die Zensoren kamen kaum hinterher, Montaignes *Essais* erschienen erst im Jahre 1674 auf dem berühmten Index »Librorum prohibitorum«.

Nach Abschluß der Romreise war der Schriftsteller Montaigne bereits geboren; sein Weiterschreiben kann als logische Folge dieses Durchbruchs verstanden werden. Mit ihm zur Welt kam in dieser Prozedur das neuzeitliche Individuum, das sich in einem produktiven Akt selbst setzt. Dieser Aspekt ist von entscheidender Bedeutung. Zweifellos ist das Bewußtsein autonomer Produktivität für die Entwicklung intellektuellen Bewußtseins in die Moderne hinein wirkungsmächtiger gewesen als diese oder jene philosophische These. Immerhin dokumentiert die Philosophie auf dem Höhepunkt des subjektivistischen Idealismus bei Fichte genau dies: die produktive Selbstsetzung in einem eigengesteuerten Akt. Montaigne war hier nur ein Vorreiter, allerdings ein äußerst bemerkenswerter. Nach der Geröllwüste des Rationalismus, die das gesamte 17. und große Teile des 18. Jahrhunderts bedeckte, seinen gepuderten Dogmatismen, seinen unverdaulichen Regelpoetiken und seinen pedantischen Abhandlungen, sollte das Individuum im produktiven Akt nochmals erstehen, wovon das Werk des jungen Goethe wie kein anderes zeugt. Doch entspricht, was bei Goethe zur Blüte gelangt, den Tendenzen einer breiten Zeitströmung im späten 18. Jahrhundert, wie sie nicht nur der Sturm und Drang zum Ausdruck gebracht hat, sondern wie sie vor allem auch die Philosophie im Anschluß an Kant weiterentwickelte. Montaignes singulärer Akt dagegen erscheint wesentlich geheimnisvoller, vor allem was die Genealogie seiner Entstehung betrifft. Denn das Ergebnis seines schriftstellerischen Bewußtseins ist von einer geradezu atemberaubenden Klarheit und einer verblüffenden Modernität. Er, das Ich *Montaigne*, das sich unablässig beobachtet und beschreibt, tritt mit diesem Buch, das dieses Ich aufnimmt und formt, in einen wechselseitigen Generierungsprozeß. Die Existenz des Autors und das Medium seines Schreibens bilden auf zwei Ebenen schließlich ein und denselben Körper, der abgelöst von äußeren Einflüssen eine in sich abgeschlossene Entwicklung nimmt. »Indem ich mich für andere darstelle, haben sich meine Züge in mir selber klarer umrissen, als sie es ursprünglich waren. Ich habe mein Buch nicht mehr gemacht, als mein Buch mich gemacht hat, ein Buch vom Fleisch und Blut seines Verfassers, nur mit mir selbst beschäftigt, als ein Teil meines Lebens, nicht mit anderen beschäftigt und auf fremde Zwecke gerichtet wie alle anderen Bücher.«[25]

Der Ursprung des Bewußtseins, das sich im zweiten Teil der *Essais* in dieser Form ausgedrückt findet, liegt im ersten Teil begründet. Dieser erste Teil, der zwischen dem 28. Februar 1571 und dem 1. März 1580 enstanden ist – Montaigne hat beide Daten akribisch festgehalten, hat seinen Einzug in den Turm und das vorläufige Ende seines Schreibens wie in einem Zeremoniell bewußt gemacht und gleichsam begangen – zeigt einen klaren Aufbau. Er besteht aus siebenundfünfzig Kapiteln, wobei das in der Mitte befindliche neunundzwanzigste Kapitel der Schrift des Freundes La Boétie *Von der freiwilligen Knechtschaft* hätte vorbehalten bleiben sollen. Diese Schrift, die La Boétie im Alter von 18 Jahren verfaßt hatte und die unverkennbar einen Gegenentwurf zu Macchiavellis *Principe* darstellt, insofern darin dem Volk die naturrechtlich gegebene Souveränität der freiwilligen Unterwerfung unter einen Herrscher zugeschrieben wird, kursierte lange Zeit nur handschriftlich und galt, wenn nicht als aufrührerisch, so doch als politisch äußerst radikal. Über dieses Werk kam es zu einer ersten Annäherung zwischen Montaigne und dem etwas älteren Freund. Obgleich aber der politische Radikalismus auf der Grundlage des Naturrechts eine Verständigungsgrundlage zwischen den beiden darstellte, sahen sie sich keineswegs als Umstürzler, sondern im Gegenteil als Bewahrer der königlichen Herrschaft. Der spätere La Boétie wird sich ebenso wie Montaigne als unbezweifelbar königstreu und dem Katholizismus ergeben darstellen. Doch liegt in La Boéties Frühschrift der Nährboden zu einer intellektuellen Souveränität und einer individuellen Autonomie, die die beiden Freunde beflügelt und zueinander führt. Sie bildet sozusagen das geistige und ideelle Fundament ihrer Freundschaft. So wird verständlich, daß der Autor der *Essais* seinen Schreibprozeß mit dem Vorhaben einsetzen läßt, La Boéties *Von der freiwilligen Knechtschaft* als Mittelpunkt und Zentralstück seinen eigenen Schreibversuchen einzufügen. Ja mehr noch, die Schrift des Freundes wird zum eigentlichen Anlaß der Arbeit, um den herum sich die krausen Gewächse eines minder bedeutsamen Verfassers wie groteske

Schlingpflanzen ranken; durch den dadurch erzielten Kontrast seien nach Ansicht Montaignes Vollkommenheit und Einzigartigkeit des Aufsatzes von La Boétie erst in ihrem ganzen Ausmaß zu erkennen.

Der Essay *Von der Freundschaft*, der als 28. Stück der einzufügenden Schrift des Freundes vorausgeht, beschreibt genau diese Situation.

Indes ich einen Maler, den ich bei mir habe, bei der Verrichtung seines Werkes beobachtete, kam mich die Lust an, ihm darin zu folgen. Er wählte die beste Stelle in der Mitte jeder Wand, um darauf mit seinem ganzen Können ausgearbeitete Gemälde zu setzen; und die leeren Stellen rundum füllt er mit Grotesken, das sind phantastische Malereien, deren Anmut nur in ihrer Abwechslung und ihrer Wunderlichkeit liegt. Was ist dies hier in Wahrheit auch anderes als Grotesken und Zerrgebilde, aus verschiedenen Gliedern zusammengestückt, ohne bestimmte Gestalt, ohne andere als zufällige Ordnung, Folge und Verhältnis?

[...]

Ich halte wohl in diesem zweiten Teil mit meinem Maler Schritt, aber im andern und bessern Teil bleibe ich stecken; denn mein Können geht soweit nicht, daß ich es wagen würde, ein reiches, ausgefeiltes und nach den Regeln der Kunst gebildetes Gemälde zu beginnen. Ich bin darauf verfallen, eines von Etienne de la Boétie zu entleihen, das den ganzen Rest dieser Arbeit ehren wird. Es ist eine Schrift, der er den Titel gab: ›Die freiwillige Knechtschaft‹.[26]

Daß Montaigne nicht dazu gekommen ist, die Schrift des Freundes ins Zentrum dieser Arabesken gleichsam als Substanzbasis aufzunehmen, hat politische Gründe. Im Jahre 1577, als Montaigne noch mitten in seiner Arbeit steckt, veröffentlicht die hugenottische Opposition in einem Sammelwerk, das unter anderem die Greueltaten der Bartholomäusnacht anklagt, *Von der freiwilligen Knechtschaft* als zentralen Text. Der bekennende Katholik und Anhänger des Königs Montaigne hätte sich politisch ins Zwielicht gesetzt, ja fundamental verdächtig gemacht, hätte er nun seinerseits diese Schrift in die *Essais* aufgenommen. Deshalb rückt er an der Stelle, die dem Text La Boéties vorbehalten war, neunundzwanzig Sonette des Freundes ein und läßt den sein eigenes Schreiben ursprünglich initiierenden Text beiseite.

Eine bestimmte Deutung der Komposition des ersten Teils der *Essais* drängt sich auf, wenn man die Rolle, die La Boéties Text darin spielt, berücksichtigt. Montaigne tritt seinen Rückzug in den Turm und in die Schrift an, um des toten Freundes zu gedenken, jedoch nicht allein in Form eines starren und wiederum toten Denkmals, sondern als Auferstehung ihrer Freundschaft in der Gestalt eines manieristischen Gemäldes, dessen Zentrum die unübertroffene Schrift des Freundes – wenn auch als Leerstelle – beherbergt. Es geht ferner darum, durch diese Komposition hindurch nicht nur die Schrift La Boéties zu würdigen, sondern den Freund als Verkörperung des perfekten Edelmannes hervortreten zu lassen.[27] Entsprechend befassen sich die Themen des ersten Teils mit den Fragen einer humanistischen Ethik aus der Sicht aristokratischen Standesbewußtseins und eines skeptizistischen Menschenbildes. Erst später, im zweiten und dritten Teil wird Montaigne das eigene Ich stärker betonen und zum zentralen Gegenstand seiner Betrachtungen erheben. Am strukturellen Aufbau der *Essais* läßt sich demnach die Ursprungsmotivation des gesamten Unternehmens ablesen. Nach und nach kristallisiert sich das Ich als zentrales und schließlich einziges Thema aus dem Vollzug dieser Schreibweise heraus.

Die posthume Stilisierung des Edelmanns in Gestalt des Freundes entfaltet die Radikalität eines Denkens, das angesichts des größten denkbaren Verlustes durch den Tod weder weltliche noch geistliche Rücksichten mehr gelten läßt. »Es sieht so aus, als hätte der Hingang La Boéties Montaigne plötzlich seinen eigenen Tod enthüllt und jede mit Hoffnung beschilderte und auf die Zukunft gerichtete Unternehmung mit Sinnlosigkeit geschlagen. [...] Die unendliche Muße, die den *Essais* zugrundeliegt, verweist zugleich auf die Intimität des Lebens und die Sinnlosigkeit des Todes.«[28]

Diese affektive Disposition – zwischen der Intimität des Lebens und der Sinnlosigkeit des Todes – repräsentiert die beiden Extrempunkte des Individuums, die immanente Selbstbezogenheit und die Absage an transzendente Hoffnungen nach dem Tode. Von ihr her wird das Schreiben Montaignes mit jener manisch-nekrophilen Energie gespeist, die ein durch keine Ablenkung unterbrochenes, mit aller Kraft und Konsequenz vollzogenes Arbeiten mit dem präfinalen Grab der Turmbibliothek kombiniert, in der es stattfindet. Von 1571 an lebt Montaigne nur noch für dieses Buch. Es ersetzt ihm in gewisser Weise das Leben, weil einzig und allein in ihm die Gefühle aufgehoben sein können, die Montaigne nach dem Tod des Freundes beherrschen. Auch wenn er sich später wieder seinen Geschäften in Politik und Verwaltung zuwendet, bleibt das Buch sein unauslöschlicher Bezugspunkt: eine weltliche, privatistische Bibel, die der Leser und Exeget selbst verfaßt hat. In dieser Tatsache hat sich bereits die subtile Unterwanderung der herrschenden Mächte vollzogen, welche die *Essais* implizieren, ohne sie jemals ausdrücklich zu fordern. Denn was Montaigne im eigentlichen Sinne vollführt, ohne auch nur im Geringsten ein Wort darüber anklingen zu lassen, ist die Herstellung einer alternativen Bibel, einer Ich-Bibel, die sich der Heiligen Schrift nicht mehr unterzuordnen vermag und die sich als für den Autor wesentlicher und seinem Denken und Fühlen näherstehend als diese erweist. War es nicht dies, was die katholischen Denker des 17. Jahrhunderts dem Autor der *Essais* als Frivolität vorgeworfen haben?

Der Anspruch, der aus Montaignes Totenreich, der Turmbibliothek, ans Leben herangetragen wird, ist ungeheuer und beschränkt sich keineswegs auf die private Gefühlslage. Denn die Stilisierung des perfekten Adligen als Autor der unübertroffenen Schrift *Von der freiwilligen Knechtschaft* drängt auf intellektuellem Wege auch auf das Terrain der weltlichen Macht und betritt es auf zunächst unmerkliche Art und Weise. Die Stilisierung des toten Freundes durch ein ganzes Buch, seine Themen und Stile, sein leuchtendes Zentrum und die Grotesken der Peripherie, durchbrechen eine imaginäre Grenze, die jahrhundertelang zwischen der Autorität des Denkens und der Autorität von Herrschaft gezogen war. Die klösterliche Zurückgezogenheit der Mönche bedeutete die Wahrung dieser Grenze, Montaignes Einsamkeit des Schreibens arbeitet auf ihren Fall zu. Montaignes Turm wird zum Sinnbild einer neu entdeckten Freiheit des Ichs, deren Anspruch vor nichts und niemandem mehr Halt macht. Michel Butor bringt diesen Aspekt auf den Punkt, wenn er schreibt: »Il ne s'agit nullement de montrer que La Boétie aurait pu tenir un tel office à la cour de tel ou tel grand, être le domestique littéraire d'un noble, mais au contraire, par intermédiaire de ses écrits, qu'il aurait dû être à la place de ce grand.«[29] Hierin offenbart sich der Autonomieanspruch der *Essais* und der in ihnen aufgehobenen Geistigkeit erst ganz. Er wäre als Anspruch auf eine Machtposition im Jenseits politischer Herrschaftsverhältnisse zu begreifen, entsprungen aus der selbstbestimmten

Arbeit in der Schrift, überlagert von emotionalen Grundformen, die so prägend sind, daß sie durch nichts abgeschwächt werden können, und legitimiert durch ein Todesbewußtsein, das sich nicht in den Schoß der Kirche zurückbiegen läßt, sondern in dem das Subjekt in rein immanenter Haltung der Tatsache des Todes standzuhalten versucht.

Um es klar zu sagen, die weltliche Herrschaft wird weder von Montaigne noch von La Boétie in Frage gestellt, geschweige denn angetastet. Doch etabliert sich neben deren gottgegebenem Grundanspruch und dem Fundamentalanspruch der Kirche auf den Bereich des Spirituellen eine dritte Kraft, die zwar ganz nach innen gerichtet ist, die jedoch den explosiven Stoff enthält, mit dem die alte Weltordnung aufgesprengt werden wird; nur können das im Jahre 1581 weder Heinrich III. noch Papst Gregor VIII. realisieren. Ohne daß ihr Autor es beabsichtigt haben dürfte, trägt das für die Maßstäbe der Epoche manieristisch-ordnungslose Erscheinungsbild der *Essais* dazu bei, die überall implizit vorhandene Weltanschauungszensur zu umgehen. Eine geistig-emotionale Widerständigkeit treibt die Unangreifbarkeit des Individuums in eine Sphäre, die durch Kirche und Staat nicht anzutasten ist und deren grundsätzliche Opposition gegen alle Mächte, die jenseits ihrer selbst liegen, eine unausweichliche Konsequenz ihres Erscheinens darstellt. An Montaigne läßt sich studieren, wie das neuzeitliche Individuum und seine zunächst geistigen Herrschaftsansprüche aus einem Schreibakt heraus entspringen, wie das Schreiben zum Medium subjektiver Autonomie wird und wie in diesem Akt die revolutionären Kräfte der Zukunft in einem Kern angelegt sind, der durch äußerliche Einwirkung unzerstörbar scheint. Montaigne entwickelt diese Dimension allerdings keineswegs in einem einsamen Entschluß aus dem Nichts. Ohne die Notwendigkeit, die als einzigartig empfundene Freundschaft zu dem Verstorbenen im Schreiben fortzusetzen, ohne die innere Verpflichtung, den Empfehlungen des hochverehrten Vaters zu folgen, die ihn überhaupt erst zum Schreiben gebracht haben,[30] und ohne die persönliche Grundlage Montaignes, jene durch das Latein seiner Kindheit imaginär-unmittelbare Beziehung zur Antike, wäre die Ausformung der *Essais*, wie sie vorliegen, undenkbar gewesen.

Nach alldem kann es nicht verwundern, daß der Tod eine herausgehobene thematische Stellung bei Montaigne einnimmt.

»Das Ziel unserer Laufbahn ist der Tod: er steht uns vor Augen, ob wir wollen oder nicht; wenn er uns erschreckt, wie ist es möglich, ohne Schaudern einen Schritt vorwärts zu tun?«[31] Das Schaudern des Mittelalters vor dem Tod, das beständige memento mori in allen Diskursen – auch Montaigne schließt daran an, nur zieht er daraus ungewöhnliche, weitreichendere Schlüsse. Zwar beharrt er darauf, den Tod mitten im Leben anzusiedeln und zu bedenken zu geben, daß Leben unablässig Sterben heiße,[32] doch drängt sich aus dieser Perspektive eine Art Umkehrschluß auf, der gerade im Tod die Möglichkeit eines gesteigerten Bewußtseins für das Leben erblickt. *Philosophieren heißt sterben lernen* lautet der Titel des zwanzigsten Essays des ersten Buches, und das bedeutet in Montaignes Sicht, leben lernen. In der permanenten Erwartung des Todes, jeden Tag und zu jeder Stunde, liegt die große Möglichkeit, der Freiheit des eigenen Lebens inne zu werden und damit die Freiheit von jeder Art der Unterwerfung zu erfahren.

Es ist ungewiß, wo der Tod unser wartet; erwarten wir ihn überall. Die Besinnung auf den Tod ist Besinnung auf die Freiheit. Wer sterben gelernt hat, der hat das Dienen verlernt. Sterben zu wissen, befreit uns von aller Unterwerfung und jedem Zwang. Das Leben hat kein Übel mehr für den, der recht begriffen hat, daß der Verlust des Lebens kein Übel ist.[33]

Auch und gerade in diesem Todesbewußtsein liegt ein Schlüssel für die Souveränität des Individuums in seinen rein immanenten Bezügen. Wenn Denken und damit Philosophieren bedeutet, das Verhältnis zum eigenen Sterben zu klären, so eröffnet sich in ihm ein Weg zur grundsätzlichen Ungebundenheit des Denkenden an irdische wie an geistliche Zwänge. Das ist das Fundament eines neuen Selbstbewußtseins, das Montaigne in die Neuzeit einführt. Erstaunlich, daß er eigentlich kaum von den Erkenntnissen der Alten, von Cicero, Horaz und Properz abweicht, an die er sich vor allem in den frühen Essays und gerade auch in dem Stück über das Sterbenlernen noch sehr eng hält. Doch zeigt sich hierin ein typischer Fall für die Kontextgebundenheit allen Denkens, die bei Montaigne eine andere ist als bei den römischen Dichtern, die er gelesen hat. Dem Sterbenlernen, das er meint, ist ein Selbstbehauptungswille und ein Zug zur Selbstvergegenwärtigung beigelegt, der in der Antike so nicht bekannt war. Das Ich, das hier spricht, genügt sich nicht selbst in seiner Weisheit, stellt deren Essenz nicht über die eigene Existenz, sondern begehrt auf, versucht gerade durch das Denken und Schreiben hindurch, sich selbst als unübersehbares Faktum zur Geltung zu bringen.

Nicht allein der französische Existentialismus des 20. Jahrhunderts belehnt Montaigne in dieser Grundhaltung, darüber hinaus steht er am Anfang einer die gesamte französische Literatur seit dem 16. Jahrhundert durchziehenden Tradition existentieller Unmittelbarkeit, deren Protagonisten sich unter der Bezeichnung *Moralisten* zusammenfassen lassen.[34] Dennoch bringt gerade Montaigne einen ganz bestimmten, unverwechselbaren Zug in diese Art des Denkens, der sich in der Aufklärung abschwächen oder gar verlieren sollte und den erst die Moderne wieder akzentuieren wird. Montaignes *Essais* bleiben ganz und gar im Persönlichen, sie versuchen nicht die Psychologie und die Kritik der Sitten auf bündige Formeln zu bringen, hinter denen wie in der Aphoristik eines La Rochefoucauld oder eines Vauvenargues der Autor verschwindet. Die geglättete Artistik der französischen Klassik ist Montaignes Sache nicht. Wie überhaupt sich die gesamte Aphoristik bis hin zu Nietzsche in diesem Punkt vom Essay unterscheidet. Die Person des Autors bleibt immer mit der thematischen Gestaltung verwoben, repräsentiert eine problematische Komponente im Prozeß des Schreibens, die in die Darstellung mit einfließt. So ist auch typisch für den Essay, wie ihn Montaigne prägt, daß seine Entstehung eine permanente Reflexion über die Form des Essays selbst begleitet. Friedrich schreibt: »Die Prosa der offenen Form hat eine lange Vorgeschichte. Doch erst Montaigne hat diese Prosa zum Essay verselbständigt, aber auch ihre eigentümliche Kunstfähigkeit entdeckt und ihre Ästhetik entwickelt. Er ist zugleich der Schöpfer wie der erste Theoretiker des Essays.«[35]

Beides gehört zusammen auf dieser Ebene des Schreibens, beides setzt sich fort in der Geschichte. Der Kunstcharakter des Essays liegt in seiner Abständigkeit von jeder fingierten künstlerischen Exklusivität. Die Nacktheit der Tatsachen kommt nicht als Attitüde zur Darstellung, sondern ist Inbegriff des Darstellbaren und des Darzustellenden überhaupt. Montaignes Identifikationsfigur für diese Haltung unverstellter Menschlichkeit ist Sokrates: »Sokrates war ein Mensch; und wollte weder etwas anderes sein noch scheinen.«[36] Seine Philosophie durchzieht das Wissen um das eigene Nichtwissen, das er umsetzt in eine lebenskluge Haltung, die er auch noch angesichts seines angekündigten Todes beibehält. Damit ist Sokrates in Montaignes Augen der erste Philosoph, der den Tod überwunden und zu leben verstanden hat. Seine Haltung dem Tod gegenüber resultiert aus der Skepsis gegenüber dem Wissen; sein Gegenstand ist nicht die übersinnliche Welt, sondern der konkrete Mensch: »Er war es, der die menschliche Weisheit vom Himmel herabholte, wo sie ihre Zeit vergeudete, um sie auf den Menschen zurückzulenken, wo ihr eigentlichster und schwerster und ihr nützlichster Beruf liegt.«[37]

Sokrates kommt erst in den späteren Essays zu dieser herausgehobenen Stellung, offensichtlich weil sich Montaigne erst spät mit ihm beschäftigt hat. Doch dann wird er zum beinahe einzigen Gewährsmann für ein vorbehaltloses Umkreisen des eigenen Ichs und seiner Bedingungen. In der Identifikation mit Sokrates vollendet sich die Arbeit Montaignes im unsteten Gewässer des eigenen Wissens. Hier projiziert er sein Denken der *condition humaine* auf die unbestreitbaren historischen Anfänge dieser Perspektivik zurück. Längst war ihm das Projekt der *Essais* zu einer selbstläufigen Unternehmung geworden, die die Grundimpulse und Legitimationsstrukturen der Anfänge abgestreift hat. Jetzt, im dritten Teil, bringt sich das Ich in seiner schonungslosen Bespiegelung zur vollen Entfaltung. Der Autor vergleicht sein Schreiben einer Beichte,[38] bekennt: »Ich bin voll Gier, mich bekannt zu machen; und gleichgültig, wie vielen, wenn es nur wahrhaftig geschieht«[39] und treibt die Enthüllungen seines Innersten und Privatesten so weit, daß er die gesellschaftlich tabuisierten Bereiche am meisten von allem verabscheut.[40]

Auf der anderen Seite erkennt er in seinem wie im Schreiben überhaupt ein unablässiges Sich-Spreizen der Eitelkeit und ein Zeichen des gesellschaftlichen Niedergangs, vor allem in solchen geschichtlichen Phasen wie der seinen, in der sich alle Welt zum Schreiben aufgerufen fühlt: »Die Schreibseligkeit scheint ein Kennzeichen eines zuchtlosen Zeitalters zu sein. Wann haben wir so viel zusammengeschrieben, wie seitdem wir von Wirren heimgesucht sind; wann die Römer so viel wie zur Zeit ihres Niedergangs. [...] Zu einer Zeit, in der ruchloses Tun so alltäglich ist, erscheint unnützes Tun fast als lobenswert.«[41]

Die Doppelbödigkeit seiner schriftstellerischen Bemühungen läßt Montaigne nie aus den Augen, das darin aufscheinende Problem ist nicht zu lösen. So betrachtet er die *Essais*, nicht nur um seinen Bescheidenheitsfloskeln gerecht zu werden, als unbedeutende, rasch in den Zeitströmen untergehende Manifestation einer Selbstbezogenheit, die zweifellos bei ihm erstmals zum Ausdruck gelangt.[42] Ihren eigentlichen Wert entfalten sie für ihn in der Gegenwart, als Rückzugsort und autonomes Gebiet seiner Existenz. Zweifellos war dieser Aspekt für Montaigne wichtiger als der Schriftstellerruhm.

Die literarische Form des Essays hat eine philosophische Wurzel, die Skepsis. Montaigne selbst rechnet sich der pyrrhonischen Spielart[43] zu, der radikalsten, von jeder noch so geringen Gewißheit abgeneigten Form, die sich aus der Antike übermittelt hat. Er war zugleich die historische Gestalt, die die Skepsis in eine sich grundlegend verändernde Welt transformierte, in der sich die feudalistischen Strukturen aufzulösen begannen, das Christentum seine Einheit endgültig einbüßte und erste Formen kapitalistischer Wirtschaftsführung manifest wurden, die durch rationalisierte Produktivität und umgreifende Handelsbeziehungen ganz neue Lebenbedingungen geschaffen haben. Die Neue Welt jenseits des Ozeans wurde entdeckt, Montaigne bestaunte im Jahre 1568 in Rouen die Ankunft einiger sogenannter »Wilder«, die wiederum, wie er feststellt, die Europäer ob ihrer eigentümlichen Sitten bestaunten. Und nicht zuletzt wankt das ptolemäische Weltbild, das dem Mittelalter seine Geschlossenheit verliehen hatte, in seinen Grundfesten. Der Landedelmann, grundkonservativ und mit wachen Sinnen für die Veränderungen wie für die Absurditäten seiner Zeit, weiß sich nichts anderes als den Rückzug, die Zuflucht zum Schreiben, die Verschanzung hinter seinem Buch. Das ist die andere Seite der innovativen Leistung Montaignes. Auf sie spielt Max Horkheimer an, wenn er über Montaigne und seine Skepsis bemerkt: »Es stellt sich als Wahn der Skepsis heraus, trotz allem das Ich für einen sicheren Ort der Zuflucht zu halten. Durch jede Faser ist es mit der materiellen Realität verbunden. Die Fähigkeiten, die es konstituieren, Sinne, Gedächtnis und Verstand, hängen nicht allein am gut funktionierenden Körper, sondern ebenso am stetig fortlaufenden sozialen Prozeß.«[44]

Horkheimer betont in seinem Aufsatz von 1938 zu Recht, daß

die Gestalt des philosophischen Skeptikers im 20. Jahrhundert fundamental anachronistische, sozial und ethisch geradezu fahrlässige Züge annimmt. Dagegen stellt sich Montaignes Situation am Ausgang des 16. Jahrhunderts noch wesentlich anders dar. Was von seinen Anstrengungen bleibt, ist ja gerade nicht die reine Skepsis, die pure Zurückhaltung in allen Meinungsfragen und Wertungen. Vielmehr erschließt er über diesen philosophischen Weg eine literarische Schreibweise, die sich als äußerst produktiv für ihn und für die nachfolgenden Generationen erweisen und die nicht zuletzt im 20. Jahrhundert eine ganz unvergleichliche Blüte erleben sollte. Das skeptische Moment dient bei ihm nicht zur Ruhigstellung der Affekte und damit zur Erlangung einer meditativen Bewegungslosigkeit. Das Meditative, das in der Tat gerade aus der Skepsis auf Montaigne überfließt, wird von ihm in einen produktiven Dynamismus überführt, der das Schreiben an die Stelle der Enthaltung treten läßt und so eine ganz bestimmte Form von Engagement[45] ergreift. Dieses Ethos ist frei gewählt und unmittelbar verknüpft mit den Äußerungsformen und -möglichkeiten des Subjekts, das sie gewählt hat. Deshalb ist es irreduzibel, das heißt, nicht zu ignorieren, wenn es darum geht, dieses Ich zu beurteilen. Man könnte die Frage stellen, ob nicht gerade darin ein für die Typologie des französischen Intellektuellen charakteristischer Zug liege. In der selbstbewußten Haltung des Ichs angesichts seines Schreibens, einem Selbstbewußtsein, das sich ohne Zögern gegen jede Art von Herrschaft aufzulehnen bereit ist und von dem die Vertreter der Macht respektvoll Abstand halten, frei nach dem Satz, den de Gaulle über Sartre geäußert hat: »Einen Voltaire sperrt man nicht ein.« Indem man sich in Montaigne hineinliest, entdeckt man so etwas wie eine geheime Grundfigur des französischen Denkens, nicht so sehr im Sinne eines Nationalcharakters, sondern im Sinne einer eigentümlichen Form von innerer Freiheit, die in anderen Ländern lange Zeit Befremden ausgelöst hat. Was man in Deutschland so gern und so oft als die aus Frankreich herübergekommene Frivolität des Essays bezeichnet hat, ist bereits in Montaigne unschwer zu erfassen. Nur offenbart sie sich, mit weniger Vorurteilen betrachtet, als unvergleichlich fruchtbarer Ausgangspunkt einer die Neuzeit eröffnenden Ethik, in der Leben und Schreiben eine Einheit bilden und die Grundlage des modernen Subjekts im ästhetisch-produktiven antizipieren.

In dieser Hinsicht ist der Essay, wie ihn Montaigne entworfen hat, als grundlegend modernes Instrument eines subjektiv-ästhetischen Perspektivismus zu begreifen. Dieser gipfelt bei Nietzsche, wo bezeichnenderweise auch die Verehrung Montaignes erste Höhepunkte feiert. Montaignes moderner Charakter ist bei der Lektüre seiner *Essais* unverkennbar. Er scheint dem heutigen Menschen und seinem Denken auf eigentümliche Weise nah zu sein. Daran bemißt sich vielleicht die gegenwärtige Aktualität des Essayistischen, wie sie von Montaigne her tradiert worden ist. Sie besitzt jedoch einen Widerpart, den eine Poetik des Essays nicht unterschlagen darf. Denn auch er taucht durch die Geschichte hindurch immer wieder auf. Nur steht er einem alles andere als nahe, weder menschlich noch als Autor. Aber gerade das macht seine Eigentümlichkeit und die seiner Schreibweise aus. Die Rede ist von Francis Bacon.

Francis Bacon

Wenn man in Bacon einen Aufklärer sehen will, dann gewiß einen Aufklärer avant la lettre. Der Begriff des *enlightment* ist ihm noch nicht geläufig. Bacons Wille zur Erneuerung der Wissenschaften auf einer rein pragmatischen Ebene präsentiert sich so ungestüm und totalisierend, daß man in ihm tatsächlich mehr einen Propheten als einen systematischen Denker erblicken könnte. Deutlich ist für Bacon, daß sich die Menschheit in einem Zustand der Unmündigkeit befindet, was ihn mit den späteren Aufklärern verbindet. Unverkennbar daneben steht jedoch auch das rücksichtslose Herrschaftsstreben des Renaissancemenschen, der die Macht um ihrer selbst willen liebt. Darin ist Bacon der Aufklärung, die auf der Grundlage des Naturrechts eine fundamentale Kritik des Machtbegriffs durchführt, unendlich fremd. In seinen Entwürfen vereinigen sich beide Seiten. Das Moment des Fortschritts in Fragen des Wissens und der Naturbeherrschung verbindet sich mit dem Machtstreben des Höflings und repräsentiert den für heutige Begriffe rücksichtslosen Vereinnahmungswillen eines von moralisch-ethischen Grundsätzen in bestimmter Weise losgelösten Denkens. Insofern spielt auch die Selbstbetrachtung des Ichs keine Rolle, da dieses ohnehin nur auf dem Höhepunkt von Ruhm und Macht seine eigentliche Rechtfertigung erfahren kann, in sich selbst jedoch keinen Wert und auch kein Ziel darstellt. Die Tatsache, daß Bacon einerseits seinen entschiedenen Förderer Essex dem Fallbeil auslieferte, steht ebenso für diese Strukturen wie die Tatsache, daß er andererseits selbst an politischen Intrigen scheiterte. Er war offenbar vollkommen in die Forderungen und Ansprüche der Macht verstrickt. Angesichts dieser Tatsachen stellt sich die Frage, wie sein Denken überhaupt zu bewerten sei, zumal aus heutiger Sicht. Darüber hinaus drängt sich eine weitere Frage auf. Wie konnte Bacon unter diesen Voraussetzungen eine Bedeutung für den Essay und für seine Formgeschichte erlangen? Eine Antwort wäre darin zu sehen, daß er es konnte, *weil* er unter diesen Lebensbedingungen geschrieben hat.

Bacon ging es um die Fundierung einer neu zu entwickelnden Naturwissenschaft auf der Grundlage von Erfahrung und Experiment. Während Montaigne sich als Spätling sah, der auf die Masse des Geschriebenen und Interpretierten nur mehr zurückblicken konnte, glaubte Bacon, am Beginn einer gloriosen Zukunft zu stehen, die das bislang von der Menschheit Hervorgebrachte als marginal apostrophieren würde. Dazu war es seiner Meinung nach notwendig, von einem theologisch inspirierten, spekulativen Naturbegriff zu einer Interpretation der Natur von den Dingen her zu gelangen. Im sechsundzwanzigsten Abschnitt des *Novum Organon* heißt es: »Die Auffassung, derer man sich gewöhnlich bezüglich der Natur bedient, pflege ich zur Unterscheidung die Antizipation der Natur zu nennen (da es ein unbesonnenes und voreiliges Verfahren ist): jenen Weg aber, der in gebührender Weise von den Dingen her bestimmt wird, die Interpretation der Natur.«[46]

Das widerspricht in Bacons Sicht nur bedingt einer theologischen Naturlehre. Er bekämpft den Atheismus ebenso wie den Aberglauben und plädiert für einen in der Anschauung der Natur gegründeten Gottesbegriff.[47] Zur Austreibung falscher Idealität bildet Bacon seine Lehre von den *Idolen* aus, den irrigen Vorstellungen des menschlichen Geistes, die er den Ideen, den Gedanken des göttlichen Geistes schroff entgegensetzt.[48] Es gibt Idole, die auf die Organisation des Menschen als Gattung zurückzuführen sind (*Idole des Stammes*), solche, die auf den Abirrungen des Einzelnen beruhen (*Idole der Höhle*), Idole, die aus der Tatsache des sozialen Lebens unmittelbar entspringen (*Idole des Marktes*) und viertens Idole, die aus den Behauptungen und Erzählungen der Philosophen und Dichter entsprungen sind (*Idole des Theaters*). Von diesen Vorurteilsgötzen müsse der Mensch unbedingt absehen, um überhaupt zu einer Erkenntnis von Natur gelangen zu können. Die Ernüchterung des betrachtenden und interpretierenden Geistes bekämpft den naiven Irrtum eines Kausalnexus zwischen physischer und metaphysischer Welt. Bacon propagiert den Ausgang des Menschen aus Platons Höhle in eine empirisch-pragmatische Wissenschaftswelt, in welcher aufgrund gesteigerter Rationalität des Erkenntnisvermögens und der wissenschaftlich-technischen Organisation alle sozialen Probleme sich von selbst lösen. In seinem utopischen Fragment *Nova Atlantis* projiziert Bacon seine Visionen in eine Realität, die einen Wissenschaftsbetrieb und eine technologische Geschäftigkeit präsentieren, wie sie erst das 20. Jahrhundert in einem umfassenden Maße ausbilden sollte. Was wie die Vorwegnahme eines blindwütigen Fortschrittsoptimismus aussieht, ist für Bacon ein Aufbruchsmodell zum Paradies. Es erscheint bezeichnend, daß durch die Optimierungsvisionen des Empirikers das metaphysische Moment, nachdem es zunächst abgetrennt worden ist, wieder in den Gesamthorizont eingeschleust wird – wie sich Bacon ohnehin nicht von der Grundierung seines Projektes durch den christlichen Glauben entfernt. Nur deutet er dessen Mythen selbst wiederum in seinem spezifischen Sinne.[49] Daß sich auf Nova Atlantis eine Statue von Kolumbus befinden soll, dokumentiert das Pathos des Neuerers, das Bacon umgetrieben hat. Sein 1620 erschienenes, und nur zu Teilen ausgeführtes Hauptwerk trägt den programmatischen Titel *Magna instauratio imperii humani in naturam (Die große Erneuerung der menschlichen Herrschaft über die Natur)*; das spricht für sich selbst. Wie Kolumbus eine neue Welt entdeckt hat, so sah sich auch Bacon als Entdekker einer neuen Welt, jedoch einer Welt der Wissenschaften, die die Herrschaft des Menschen über die Natur ausbauen und zum ersten Mal einer kontrollierbaren und praktikablen Handhabung zuführen sollte. Macht bedeutet in diesem Zusammenhang »Machbarkeit zum Wohle der Menschheit«,[50] ist also noch nicht mit der pejorativen Tönung behaftet wie heutzutage. Das Ideal des Renaissancemenschen erhebt die Beherrschung der Natur sogar zu einer besonderen Tugend: »Erstrebt nun jemand, die

Macht und die Herrschaft des Menschgeschlechtes selbst über die Gesamtheit der Natur zu erneuern und zu erweitern, so ist zweifellos diese Art von Ehrgeiz, wenn man ihn so nennen kann, gesünder und edler als die übrigen Arten. Der Menschen Herrschaft aber beruht allein auf den Künsten und Wissenschaften. Die Natur nämlich läßt sich nur durch Gehorsam besiegen.«[51]

Solche Ansichten sind uns heute in besonderem Maße fremd. Verständlich werden sie, wenn man sie aus der Stimmung der Epoche heraus begreift. Tatsächlich wurde Bacons Projekt mit rücksichtsloser Konsequenz in die Tat gesetzt. Vielleicht ist nichts kennzeichnender für die Neuzeit als die Umsetzung dieses Herrschaftsanspruchs über die Natur, bis hin zu ihrem fast vollständigen Verschwinden. Es kann nicht verwundern, daß Horkheimer und Adorno in ihrer *Dialektik der Aufklärung* Bacon als den Prototyp der Verbindung zwischen Aufklärung und Ausbeutung ansehen.[52] Tatsächlich bereitete sein Denken den Weg Englands zu der führenden Industrie- und Kolonialnation im 17. und 18. Jahrhundert. Denn der Durchbruch zu Empirismus und Pragmatismus, Grundmomente, für die das angelsächsische Denken noch heute bekannt ist, vollzog sich mit Bacon. Es beruht auf der kühl kalkulierenden Abtrennung aller affektiven und metaphysischen Elemente aus der Interpretation der Natur auf der Basis ihres empirischen Vorkommens, also unter Betrachtung der Dinge.

Der Zweifel, von dem die Skepsis eines Montaigne ausgegangen ist, findet sich auch am Ansatz des Baconschen Denkens, doch wird die Behauptung, sicheres Wissen sei unmöglich, strikt verneint. In § 37 des *Novum Organon* heißt es:

> Das Verfahren derer, welche verneinten, daß Gewißheit erlangt werden kann, und mein Weg stimmen im Beginn gewissermaßen überein; am Ende aber unterscheiden sie sich über alle Maßen und sind entgegengesetzt. Jene nämlich behaupten schlechthin, man könne nichts wissen; ich behaupte, daß man auf dem jetzt gebräuchlichen Wege in der Natur nicht viel wissen kann. Folglich zerstören jene die Autorität der Sinneswahrnehmung und des Verstandes; ich aber ersinne diesen Hilfe und will ihnen damit dienen.[53]

Darin ist sicherlich der Hauptunterschied zu Montaigne, dem pyrrhonistischen Skeptiker, zu erblicken. Es läuft auf einen diametralen Gegensatz beider Autoren, Montaignes und Bacons, hinaus, wenn man die Frage nach der Stellung des Essays innerhalb dieser Horizonte erhebt. Ist bei Montaigne der Essay das Resultat einer Denkbewegung, die auf die Behauptung von Wahrheit und Gewißheit verzichten will, weil sie glaubt, darauf verzichten zu müssen, so steht der Essay am Anfang von Bacons Philosophie als Medium einer ersten Suchbewegung, die sich auf die unterschiedlichsten Fragen ausdehnt. Bacons Ziel ist es, Gewißheit und vor allem Wissen zu erlangen und damit das bei Montaigne ausgeführte genuin Essayistische zuletzt hinter sich zu lassen.[54] Die Essays enthalten nicht so sehr das Essentielle der Baconschen Philosophie, vielmehr breiten sie deren Grundlagen und Ausgangspunkte im Reflexionsbereich des Menschlichen, der Macht und der Wissenschaften aus.[55] Bacon ist ein Denker, der sich am Ausgangspunkt globaler Neuerungen sieht, als Inaugurator einer großartigen Zukunft, als Anfänger und Erfinder, nicht als Vollender. Diese Bemerkung bezeichnet zugleich die Stellung und die Bedeutung der Essays innerhalb seines Werkes. Dennoch bleibt zu fragen, weshalb Bacon als Essayist historisch eine mit Montaigne gleichgestellte Bedeutung erlangen konnte, da doch die Essays eine eher randständige Position in seinem Gesamtwerk einnehmen. Eine Antwort darauf kann nur die Analyse der Essays selbst liefern. In ihrem Verlauf eröffnen sich Züge des essayistischen Schreibens, die den Begriff des Essays, wie man ihn von Montaigne her kennt, differenzieren und ihn in der Nachfolge Bacons zu einer praktikablen Schreibweise haben werden lassen, sowohl im Übergang von einer aristokratischen zu einer bürgerlichen Öffentlichkeit als auch im Zuge der Aufklärung insgesamt.

Liest man die Baconschen Essays, so bekommt man sofort den Eindruck einer messerscharfen Intellektualität, die einen illusionslosen Blick auf den Menschen und seine Lebensverhältnisse richtet. Tatsächlich hat man es mit *praktischen und moralischen Ratschlägen* zu tun, wie es im Untertitel heißt; darunter sind allerdings Ratschläge zu verstehen, die auf einen praktikablen, vorteilsorientierten Umgang mit dem Moralischen und dem Menschlichen hinauslaufen. Es wäre Bacon nicht in den Sinn gekommen, in der anthropologischen Frage einen Selbstzweck zu sehen.[56] Es kommt ihm nicht darauf an, den Menschen darzustellen, wie er ist, oder gar sein eigenes Denken in die Richtung der Selbsterkenntnis zu lenken. Vielmehr geht es darum, die *conditio humana* auf ihre Handhabbarkeit zu überprüfen und ihre einzelnen Situationen auf ihren praktischen Wert hin zu durchdenken. Einzelne Sätze, die man aus den Essays herausgreifen kann, belegen diese Haltung auf manchmal frappierende Art und Weise, so etwa der Einleitungssatz zu dem Essay *Über Ehe und Ehelosigkeit*: »Wer Weib und Kind besitzt, hat dem Schicksal Geiseln gegeben, denn sie sind Hindernisse, wo etwas Großes unternommen werden soll, entweder Gutes oder Böses.«[57]

Man ersieht daraus, daß es Bacon um die Tat selbst zu tun ist, jenseits ihrer moralischen Bewertung. Ehe und Elternschaft werden allein unter diesem pragmatischen Aspekt beurteilt, obgleich Bacon einige Zeilen weiter »Weib und Kinder« auch als »eine Art Schule der Menschlichkeit«[58] bezeichnet. Das muß keineswegs als Widerspruch betrachtet werden. Denn neben der pragmatischen Grundausrichtung seiner Betrachtungen kommt es ihm auch darauf an, den behandelten Gegenstand von möglichst allen Seiten zu beleuchten, um seiner Methode das Moment der Vollständigkeit hinzuzufügen. Bacon behandelt Fragen wie Ehe oder Kinder als objektivierbare Gegenstände, die sich einem überlegenen, über den Dingen stehenden und urteilenden Geist darbieten. Entsprechend seinem Grundsatz *tamquam sui certus et de alto despiciens* (*wie jemand redet, der seiner selbst sicher ist und von oben herabblickt*)[59] verfährt Bacon mit der Kaltblütigkeit des unbeteiligten Beobachters und dem taxierenden Verstand des Anatomen. Vor allem die Essays mit explizit politischem Inhalt, wie etwa *Über Aufstände und öffentliche Unruhen* oder *Über das Herrschen* erteilen deutliche Ratschläge an Herrscher, wie sie am besten ihre Macht erhalten können, wen sie von ihren Untergebenen in welcher Lage am meisten zu fürchten haben und welche Maßnahmen im Vorfeld zu ergreifen sind, um möglichen Anfechtungen der Macht entgegenzuwirken. Diese Überlegungen lassen sich vor allem in solchen Passagen als pures Machtkalkül erkennen, wo etwa soziale Maßnahmen als reine Präventivhandlungen vorgeschlagen werden, um das Volk in ergebener Stimmung zu halten. Hierin kommt Bacon den Vorstellungen Macchiavellis sehr nahe. Das Terrain der Macht ist von Bacon so klar durchleuchtet, daß er es selbst ohne alle Ironie als schlüpfriges Gelände bezeichnet: »Der Boden hoher Stellungen ist schlüpfrig und das Ende entweder ein Sturz oder zum mindesten Ungnade, was eine betrübliche Sache ist.«[60] Ein Satz, der eine besondere Ironie gewinnt, wenn man Bacons eigenes Schicksal bedenkt. Als Pragmatiker ist er sich nicht zuletzt auch der Gefahren bewußt, die das politische Geschäft bereithält; der Gefahren wie der Niederträchtigkeiten und der Arroganz der Macht, die er alle in Kauf nimmt, als seien sie in der Politik naturgegeben.

Man muß jedoch berücksichtigen, daß der hohe moralische Anspruch, den wir heute, trotz besseren Wissens, an die Politik und insgesamt an den Bereich der politischen Herrschaft richten, an der Wende zum 17. Jahrhundert im Grunde unbekannt war. Zu herrschen bedeutete immer, sich um den Machterhalt als erstes zu kümmern. Dies mußte einem Höfling um so mehr zur Selbstverständlicheit werden, je höher das politische Amt war, das er bekleidete. Macht war Selbstzweck (und ist es wohl zu einem gewissen Grad immer), und selten in der Geschichte hat ein Denker seinen eigenen Willen zur Macht so unverhohlen und offenherzig zur Schau gestellt wie Francis Bacon. Dagegen erscheint Nietzsches *Wille zur Macht* wie eine reine Beschwörungsformel für etwas, das Nietzsche selbst nun ganz und gar nicht zugänglich gewesen ist. Der Unterschied zwischen dem Lordkanzler von England und dem einsamen Wanderer von Sils Maria besteht darin, daß Nietzsche den Machtbegriff ästhetisiert, während Bacon ihn in der nüchternen Zone des politischen Kalküls festschreibt. Die Zweckorientierung der Essays folgt dieser Richtschnur. Darin wird nicht zuletzt der kardinale Unterschied zwischen dem Typus des Essays, wie ihn Montaigne geprägt hat, und dem Baconschen Essay deutlich. Während bei Montaigne das Schreiben seinen Zweck in sich selbst gefunden hat und mithin der Essay diese Selbstbezogenheit auch inhaltlich erkennen läßt (nämlich in der Beziehung des Ich auf sich selbst), kommt es bei Bacon zu einer Politisierung des Schreibens im Sinne einer Strategie. Entsprechend gestaltet sich die Form des Essays zu einem gegenstandsbezogenen Traktat, in dem die Beziehung des Autor-Ichs auf sich selbst inhaltlich keine Rolle spielt. Zwischen diesen beiden Polen ist die formale Entwicklungsgeschichte des Essays vorgezeichnet. Ästhetisierung und Politisierung werden fernerhin die diametral einander zugeordneten Bezugspunkte des Essayismus und des Essayschreibens bleiben. Im Verlauf der Moderne werden sie mehr und mehr zu einem einzigen Verfahren zusammenwachsen, insofern als die Ästhetisierung des Subjektiven sukzessive den Wert eines politisch-strategischen Aktes gewinnt. Dies war im Ansatz und gleichsam vorbewußt bei Montaigne schon zu beobachten. Bei Bacon herrscht noch das Ideal des Traktathaften gegenüber einer wie auch immer gearteten ästhetischen Dimension des Essays vor. Das Ästhetische der Schreibweise bleibt bei Bacon weitgehend Selbstzweck; es dient der barocken Verzierung, der brillanten Argumentation und dem Prunken mit überliefertem Wissen wie mit dem Scharfsinn des Autors überhaupt. Letzteres war bei Montaigne schon in den Zustand der Sublimierung getreten; für ihn gab es nichts mehr, das über das Ich hinauszureichen vermochte, eben auch nicht die Ruhmsucht und die Geschliffenheiten der Intelligenz. Montaigne unterläuft weitgehend das Prinzip der Repräsentation, das Michel Foucault als charakteristisch für die epistemologische Disposition im 16. Jahrhundert herausgestrichen hat.[61] Dagegen stellt sich Bacon als ein Hauptprotagonist dieses Prinzips dar. Genau dies aber, das Repräsentative des Denkens in einem öffentlichen Forum wird zu einem Hauptelement des Essays in späteren Zeiten, allerdings im Medium einer bewußt reflektierten Subjektivität. In diesem Bezugsrahmen kreuzen sich die von Montaigne und von Bacon vorgelegten Entwürfe.

Vor allem an den Themen, die sich bei Bacon wie bei Montaigne finden, offenbaren sich die grundlegenden Unterschiede zwischen den beiden. Betrachten wir Bacons Essays *Über den Tod* und *Über die Freundschaft* unter diesem Gesichtspunkt. Für Bacon spielt der Tod keine vorrangige Rolle. Die Bemühungen des Menschen, den Tod auf irgend eine Art und Weise zu bannen oder zu verdrängen, hält er für übertriebene Anstrengung: »Es ist nämlich der Beachtung wert, daß im menschlichen Herzen kein Trieb so schwach ist, daß er nicht stärker wäre als die Todesfurcht und sie überträfe; daher ist der Tod auch kein so schrecklicher Feind, wenn der Mensch so viele Helfer um sich hat, die ihn bezwingen können. Rache triumphiert über den Tod; Liebe mißachtet ihn, Ruhm erstrebt ihn; Kummer flieht ihm zu; Furcht nimmt ihn vorweg.«[62]

In beinahe zynischer Weise siegt hier die Ratio über die Affekte, zumal dem Tod nicht nur keine Kraft über den Menschen bescheinigt wird, sondern auch noch seine Vorzüge in den Vordergrund gestellt werden, die nicht gering zu schätzen seien.

Die Schrecken des Todes können abgewendet werden durch die Konzentration auf das Werk, das man im Leben vollbringen will, und schließlich läßt das Ableben den Nachruhm hervortreten und löscht die Mißgunst aus.[63] Bacons Ansichten über den Tod stehen somit unverkennbar in Gegensatz zu den Ideen, die Montaigne dazu ausgebreitet hat. Die zentrale Bedeutung des Todes für das Schreiben wie für die Meditation auf die Zwecke und den Sinn des Lebens schrumpft bei Bacon zu einer Marginalie. Der Tod ist nichts weiter als das unvermeidliche Ende des Lebens. So nüchtern kann man die Dinge sehen. Doch zeigt sich an dieser Nüchternheit vor allem die nicht vorhandene existentielle Betroffenheit des Autors gegenüber seinem Thema. Er handelt den Tod wie jedes andere Thema ab, wie das Reisen oder das Häuserbauen. Eine ›Ökonomie des Testaments‹, wie sie Philippe Ariès[64] in bezug auf den »eigenen Tod« des neuzeitlichen Menschen festgestellt hat und wie sie sich bei Montaigne in hervorstechender Weise findet, scheint bei Bacon nicht vorhanden zu sein. Für ihn ist der Tod ein Störfaktor, um den die Menschen viel zu viel Aufhebens machen. Auch darin steht uns Montaigne heute näher. Die Tatsache aber, daß Bacon trotz seiner Geringschätzung des Todes nicht umhin kann, dieses Thema dennoch und zwar schon an zweiter Stelle, nach dem Essay *Über die Wahrheit*, zu behandeln, läßt darauf schließen, daß der Tod eines jener Themen auch für Bacon gewesen sein muß, an deren Durchführung man die Ausrichtung des gesamten schriftstellerischen Unternehmens sollte ablesen können. Daher auch die ostentative Arroganz des Autors dieser Frage gegenüber. Der Leser sollte sofort spüren, wie Bacon seine Sache ausgerichtet hat. Und nichts scheint dafür besser geeignet, als eine Stellungnahme zu dem philosophischen Thema, das die Menschen am vordergründigsten interessiert.

Diesselbe existentielle Abstinenz findet sich in dem Essay *Über die Freundschaft*, zu einer Frage also, an der Montaigne noch die Einzigartigkeit seines Schreibunternehmens rechtfertigen konnte. Während für Montaigne die Freundschaft eine geradezu metaphysische Dimension erlangt, betrachtet sie Bacon in einem derart pragmatischen Kontext, daß einem das Staunen ankommt. Die Erquickungen, die von ihr ausgehen, sollen dazu beitragen, die »Verstopfungen« und »Stauungen«[65] des Geistes wie des Gemüts zu lösen. Wer keine Freunde habe, möge sich welche beschaffen, um in den Genuß dieses Vorteils zu kommen. An unzähligen Beispielen aus der Geschichte belegt Bacon diese These. Danach führt er einen zweiten Vorteil der Freundschaft an: »Freundschaft macht im Herzen wieder schön Wetter nach Stürmen und Ungewittern und bringt Taghelle in den Verstand nach Dunkelheit und Verworrenheit der Gedanken. [...] es ist auch [...] eine bekannte Tatsache, daß, wer sich mit Schwierigkeiten abplagt, seine Gedanken klärt und das richtige Verständnis findet in der Mitteilung und Besprechung mit anderen.«[66]

Die Freundschaft wird letztlich in einem Dreischritt im Sinne einer klassischen scholastischen Disputation abgehandelt, wobei als der dritte Vorteil, den sie erbringe, »Beistand« und »Anteilnahme«[67] genannt werden. Das Ganze vollzieht sich so holzschnittartig und schematisch, daß man das Gefühl bekommt, Bacon habe wirklich nur einen theoretischen Begriff der Freundschaft gehabt. An solchen Stücken wie dem über die Freundschaft zeigt sich das ganze Maß traktathafter Unbeweglichkeit, die bei Bacon über weite Strecken noch im Spiel ist. Jedenfalls hat ein Leser von heute nichts mehr davon, die Vor- und Nachteile der Freundschaft in einer solchen sachlichen Ausgewogenheit dargelegt zu bekommen, als handle es sich um einen Steuerbescheid. Während Montaigne seine persönlichen Gefühle bei diesem Thema betont und sein Erleben in den Vordergrund stellt, verharrt Bacon in einem altklugen Räsonieren, das sein Darüberstehen in unvergleichlich drastischer Weise dokumentiert. In diesen Passagen ist der Schulaufsatz des scharf denkenden, aber vollkommen unerfahrenen Abiturienten nicht weit entfernt. Es ist, auf Bacons Zeit bezogen, jedoch etwas anderes, was sich darin widerspiegelt. Es ist der Hang zur rhetorischen Perfektion, die hier über allen anderen Anliegen steht, die Liebe zu Putz und Pomp, die der Höfling nicht verhehlen kann und die Selbstanbetung eines Intellekts, dem kein Thema zu schwierig und keine Erwägung zu abgelegen erscheint, als daß er sie nicht noch auf elegante Weise in seine Argumentation einzufügen wüßte. Während Montaigne seine Kenntnis der antiken Autoren mit dem Postulat des Selbstdenkens konfrontiert, sehen wir bei Bacon zumeist eine Zitationsmaschine am Werk, die jede beliebige Thematik über ein und denselben rhetorischen Leisten schlägt. Die Rationalität seiner Ratschläge verirrt sich niemals in subjektive oder gar persönliche Bahnen. Er teilt nichts über sich selbst mit.

Phänomene wie die Liebe handelt Bacon mit der umsichtigen Distanz des Strategen ab, der wohl weiß, wie leicht die Sirene zur Furie werden kann, der aber zugleich mitteilt, wie man sich davor zu schützen habe: »Am besten halten die, die sich der Liebe nicht entschlagen können, sie fest im Zaum und trennen sie scharf von den ernsthaften Angelegenheiten und Geschäften des Lebens; denn wenn sie sich erst in den Beruf eines Menschen eindrängt, dann verwirrt sie seine Vermögensverhältnisse und macht aus ihm ein Wesen, das seine Ziele völlig aus dem Auge verliert.«[68]

Das mag zutreffen, doch erwartet man von einem Essay, der die Überschrift *Über die Liebe* trägt, vielleicht noch etwas anderes. Bacon kümmert sich darum nicht. Sein Ideal ist im Ethos des ehrgeizigen Aristokraten begründet, nicht in den Leiden des schmachtenden Liebhabers.

Die Frage, welche Bedeutung den Essays im Gesamtwerk Bacons zukomme, ist ebenso offen, wie die Frage nach deren Bedeutung in der Geschichte der Essayistik. Die Antworten, die gegeben werden, wirken kaum befriedigend. Für Müller-Funk ist Bacon der »erste neuzeitliche Essayist in szientistischer Absicht, einer, der es mit einer strengen Methode versucht, einer, der eine Ordnung der Dinge statuieren will.«[69] Nach einer Lektüre der Essays kommt einem diese Ansicht als zumindest leicht übertrieben vor. Es fragt sich, ob die Essays einen solch engen Bezug zum methodisch-wissenschaftlichen Werk Bacons aufweisen, wie man immer meinte annehmen zu müssen. Gewiß, es sind Fingerübungen für den Revolutionär, den Bacon in sich vorbereitet, brillant in der Art und Weise, wie sie ihren vorgegebenen rhetorischen Mustern treu bleiben und auch bestechend in ihrer Kälte und Berechnung, mit der sie die menschliche Natur sezieren. In den Augen eines modernen Lesers jedoch bleiben sie höfisches Ornament, barockes Geprunke, eitle Bespiegelung eines genialischen Intellekts. Das explizit szientistische Moment steht hinter diesen Allüren weitgehend zurück. Eher sind die Essays als Erziehungsratgeber zu verstehen, die für sehr hochgestellte Personen verfaßt wurden. Was Bacon hier ans Licht bringt, ist die Sammlung der Maximen und Strategien, die ihm seinen gesellschaftlichen Aufstieg beschert haben.[70] Die Sucht nach Ruhm hat ihn immer geleitet und war die eigentliche Triebfeder auch seines wissenschaftlichen Werkes.

Auch die Bemerkung der neuesten Forschung, die Essays lieferten »Anschauungsmaterial für das Spannungsverhältnis von Essayismus und Utopie«,[71] scheint kaum zuzutreffen. Die Essays stehen in Bacons Werk zwar neben der utopischen Schrift *Nova Atlantis*, doch ist nicht zu sehen, daß ein echtes Spannungsverhältnis zwischen beiden aufgebaut wird. Diese Spannung wird bei Musil eine zentrale Bedeutung erlangen, bei Bacon ist noch nichts von ihr zu spüren. Statt dessen meine ich, daß das Prinzip der Nützlichkeit, das dem gesamten Denken Bacons innewohnt und es leitet, das Bindeglied zwischen den Essays und dem utopischen wie dem wissenschaftlichen Zweig darstellt. Der Utilitarismus der Macht findet sich auf alle Gebiete ausgedehnt, so eben auch auf den Bereich, unter dem Bacon die Ethik behandelt. Darin mag man den inhaltlichen Wert der Baconschen Essays erblicken, der für heutige Leser nurmehr von historischer Bedeutung sein kann. Bezogen auf die Geschichte und die Poetik des Essays ist festzustellen, daß Bacon ein wesentliches Bindeglied zwischen dem in seiner Epoche inkommensurablen Montaigne und der Aufklärung darstellt, die sich ja nur langsam von der starren Topik ihrer Traktate und Abhandlungen entfernt. Die Frage, die Rohner stellt, als sei sie die nach der Henne und dem Ei, die Frage nämlich: Montaigne oder Bacon,[72] scheint unter diesen Gesichtspunkten obsolet. Ebensowenig wie eine durchgehende Struktur des Essays läßt sich dessen Ursprung auf diese Weise ermitteln. Was vielmehr festzustellen bleibt, ist die Tatsache, daß mit Montaigne und Bacon zwei diametral entgegengesetzte Konzepte des Essays entstanden sind, die das Spektrum der Schreibweisen, die man unter dem Begriff des Essayistischen zusammenfassen kann, vorgeprägt haben. Zu Beginn des 17. Jahrhunderts stehen sich damit zwei Prinzipien unverbunden und unverknüpfbar gegenüber, nämlich die von Montaigne herrührende Ästhetisierung des Theoretischen vermittels der Subjektivierung des Schreibakts und die durch Bacon hervorgehobene Politisierung des theoretischen Bezugs durch die Strategien des Nützlichkeitsdenkens (und eben noch nicht der *szientistischen Ordnung der Dinge* im modernen Sinne). Beide Komponenten werden, wie gesagt, aufeinander zu arbeiten, ohne je ganz miteinander zur Deckung zu kommen. Jedoch lassen sich in ihnen irreduzible Prinzipien einer Modernität erkennen, für die die Begriffe *Essay* und *Essayismus* stehen.

Bacon war ein unermüdlicher Experimentator und zumindest darin ein wirklicher Essayist. Die bekannte Anekdote seines Todes steht dafür. Beim Versuch, ein totes Huhn mit Schnee auszustopfen, um die Verzögerung des Verwesungsprozesses zu studieren, holte er sich eine Lungenentzündung und starb wenige Tage später. Diese Anekdote durfte in keinem Text, der jemals über Bacon verfaßt wurde, fehlen, so auch hier nicht. Besagt sie doch, daß die empirisch-wissenschaftliche Epoche noch in den Kinderschuhen steckte, daß der Essayismus im Ursprung lebensgefährlich war und daß beide, Wissenschaft und Essayismus, nur unter Qualen zueinander finden konnten und sich zuletzt doch immer verfehlen mußten.

Das 17. Jahrhundert nimmt vor allem in England den Essay in die Reihe der salonfähigen literarischen Genres auf. Dabei sind sowohl der direkte Einfluß Montaignes als auch die Rezeption Bacons spürbar und nachweisbar.[73] Jedoch, das von Montaigne so genuin gesetzte Moment der Selbstbetrachtung des Ichs weicht einer mehr thematisch orientierten Durchführung, die sich auf bestimmte Sujets des öffentlichen Interesses auf der Ebene des Adels und der Schriftstellerei selbst bezieht. Gleichzeitig mit Bacon entsteht der literaturkritische Essay. Der erste große Entwurf in dieser Hinsicht in der englischen Literatur stammt von Sir Philip Sidney (1554–1586) und trägt den Titel *An Apology for Poetry*. Der Text kursierte jahrelang handschriftlich in adligen Zirkeln, bevor er 1595 zum ersten Mal gedruckt wurde. Sidney kämpft für die Gleichsetzung von Dichtung und Philosophie, er behauptet sogar die historische und rangmäßige Priorität der Dichtung gegenüber der Philosophie. Von Bacon abgeleitet, vor allem von den von ihm entworfenen Charakterskizzen, wird der biographische Essay weiterentwickelt. Er geht parallel mit der seit der Renaissance beliebten Porträtmalerei. Das Interesse am Menschen, der hinter einem oder mehreren bestimmten Werken steht, wächst stetig an und erlangt auf der Ebene von Kunst und Literatur eine ähnliche Bedeutung wie die Selbstdarstellung des Aristokraten oder des Bürgers. Aus den Anfängen des kurz gefaßten literarischen Porträts entsteht der umfangreiche biographische Essay, der spätestens mit dem Werk von Thomas Sprat *Account of the Life and Writings of Abraham Cowley* aus dem Jahre 1668 seine erste ausgereifte Erscheinung findet. Cowley selbst, der von 1618 bis 1667 lebte, lieferte einige wesentliche Erweiterungen des Begriffs essayistischen Schreibens. Er begann damit, den Vers in den Prosaessay einzuführen und begründete den sogenannten Versessay, der erst etwa sechzig Jahre später bei Alexander Pope zu seiner vollen Blüte gelangen sollte. Zugleich erfuhr der Essay durch Cowley seine Einbindung in das Briefwesen und damit in die in aristokratischen Kreisen äußerst beliebte Epistolarliteratur. Die Form des Briefes verknüpft das thematisch-gegenständliche Element des Essayistischen mit dem persönlichen Bezugssystem zweier Briefpartner und stilisiert damit den Essay zu einem intim-exklusiven Kommunikationsmodus, der der abgehobenen literarischen Ebene innerhalb der adligen Gesellschaft entgegenkommt. Dieser Modus institutionalisiert zudem die Beziehung zwischen bürgerlichen Autoren und ihren adligen Gönnern oder Mäzenen.

Im übrigen war die einseitig politisch-religiöse Ausrichtung der Puritanerzeit in der ersten Hälfte des 17. Jahrhunderts dem Essay nicht gerade günstig. In der Restaurationsepoche nach 1660 wirkte Bacons Geist dann jedoch um so tatkräftiger fort. Fast jeder Gebildete unternahm eigene naturwissenschaftliche Versuche mit dem Ziel, die Natur dem Menschen dienstbar werden zu lassen und zur Rationalisierung der politischen und wirtschaftlichen Verhältnisse beizutragen. Die Vernunft wurde mehr und mehr als die *force majeure* des Menschen in den Vordergrund gerückt, und so steuerte bereits in der zweiten Hälfte des 17. Jahrhunderts das essayistische Schreiben auf das philosophische Terrain der Aufklärung zu, wo ihm John Locke (1632–1704) mit seinem *Essay concerning Human Understanding* (1689) ein erstes wirkungsmächtiges Denkmal setzte. Bezeichnend war für Locke wie für den größten Teil der ihm nachfolgenden Philosophie der englischen Aufklärung die Fundierung der Erkenntnistheorie auf dem Empirismus und Pragmatismus in Verbindung mit dem Genre des Essays. Die starre Strenge des scholastischen Traktats wurde darin aufgelockert; Denken konnte sich erstmals offen als Vorstoß ins Unbekannte präsentieren, dem der Leser nachfolgen mochte. Auch wenn die Titulierung *Essay* bei Locke genauso wie später bei David Hume (1711–1776) noch immer ein hohes Maß an systematischer Strenge miteinbezog, das die gesamte Aufklärung bis hin zu Lessing in der Behandlung philosophischer Fragen beibehalten sollte, so kündete gerade diese im Grunde undefinierte und undefinierbare Genrebezeichnung einen paradigmatischen Wechsel des Denkens an, selbst auf dem Niveau fachspezifischen Philosophierens.

Doch fand auch der rein literarische Essay einen einflußreichen Vertreter, nämlich in der Gestalt von John Dryden (1631–1700). Er pflegte eine zumeist rein werkgebundene Essayistik, die in Vorworten, Kommentaren und Übersetzungen die eigenen poetischen Schriften begleitet. Auch hierin findet sich ein bestimmter Typus des Essayisten vorgeprägt, der noch bis ins 20. Jahrhundert nachwirken sollte. Der Essay als eine freie intellektuelle Flankierung des eigenen dichterischen Schaffens wertet diesen nicht etwa gegenüber den eigentlichen dichterischen Werken ab, sondern schafft eine neue Zone des Ausdrucks. Die seit der Aufklärung enge Beziehung zwischen Produktion und Kritik wurde hier vorgeformt und mit stilistischer Virtuosität gepflegt. Darin war Dryden einer der Pioniere. Bei ihm kommt es zudem zu der Ausprägung der Idee vom heroischen Ursprung der Dichtung, die vorausweist auf den Genieglauben des 18. Jahrhunderts. Das Zusammenwirken von Briefform, Kritik und philosophischer Reflexion machte aus dem Essay an der Schwelle zum 18. Jahrhundert eine bereits eigenständige Schreibweise, die wie geschaffen schien, um die unterschiedlichen Interessen des literarischen Lebens bei seiner Entwicklung in die Aufklärung hinein zu bündeln und neue persönlich geprägte Perspektiven experimentell entstehen zu lassen. So etwa verdankt der im 18. Jahrhundert so beliebte Briefroman viel der Aufwertung des Briefes als literarischer Form in der Epistolarliteratur des 17. Jahrhunderts, die wesentlich essayistisch ausgerichtet war.

Obgleich von der religiösen Dogmatisierung des Barockzeitalters behindert, wirkt der Essay nach Bacon bereits genrebildend in einem innovativen Sinne. Darin ist sicherlich die zentrale poetologische Funktion des Essays in der Neuzeit zu erblicken. Durch essayistisches Schreiben werden die verhärteten Formen aufgebrochen und selbst ein starres rhetorisch und emblematisch überformtes Denken wie das des Barock bleibt nicht resistent gegen diesen Einfluß, zumindest in England und Frankreich. Deutschland blieb hier zunächst völlig ausgeklammert. Während zwischen England und Frankreich ein reicher Austausch von Ideen und Schriften erfolgte, muß Deutschland als eine Art Entwicklungsgebiet erscheinen, in dem das intellektuelle Leben unter dem Einfluß der Glaubenskämpfe fast gänzlich zum Erliegen gekommen war. Wenn dies bei näherer Betrachtung auch nicht *ganz* zutrifft, so kann doch festgestellt werden, daß der Fluß der Nachrichtenströme des literarischen Lebens in Europa aufgrund der Wirren des Dreißigjährigen Krieges an Deutschland beinahe völlig vorbeigegangen ist.

Auch in Frankreich förderte das Aufkommen der Epistolarliteratur in den literarischen Salons die Adaption des Essays. Diese Entwicklung beruhte allerdings weniger auf der Wirkung Montaignes, die im 17. Jahrhundert kaum festzustellen ist, als vielmehr auf der Übernahme bestimmter in England vorgeprägter Kommunikationsweisen des öffentlichen Lebens. Der Essay wurde gewissermaßen zu einem englischen Reimport für die Franzosen, nachdem ihn Bacon in seiner Grundform zweifellos von Montaigne übernommen haben dürfte. Dennoch blieb die von Montaigne beförderte Denkhaltung der Skepsis wegweisend, gerade auch für einen Autor wie La Rochefoucauld (1613–1680) in seinen *Réflexions ou sentences et maximes morales* von 1665, in denen der Autor den Typus des Moralisten, den ja schon Montaigne angedeutet hatte, zur vollen Ausprägung bringt. La Rochefoucauld praktiziert das Essayistische als aphoristischen Stil – auch das eine Entwicklung, die sich im 18. Jahrhundert durchsetzen wird, gerade unter den Aphoristikern wie Chamford, Vauvenargues oder Rivarol. La Rochefoucauld geht es um die Entlarvung der menschlichen Leidenschaften und Schwächen und zwar mit der größtmöglichen Schonungslosigkeit. In den Salons hatte man seine Freude an der verspielt und glänzend formulierten Klarsicht auf die *condition humaine,* deren eigentliches literarisches Ziel jedesmal die Pointe oder der Witz zu sein hatte. Es ging in den Salons eben nicht in erster Linie um psychologische oder anthropologische Erkenntnis, sondern um den Scharfsinn und den Witz, insgesamt um das, was die Franzosen *esprit* nennen, ein Wort, das eigentlich unübersetzbar ist. Durch *esprit* und praktisch nur durch *esprit* wurde man im buchstäblichen Sinne *salonfähig*. Daher auch die Hochschätzung des Aphorismus, in dessen Kürze der intellektuelle Reiz des Augenblicks liegt, wenn eine Formulierung trifft. Die Gestalt des Moralisten sollte im 18. Jahrhundert eine Umbewertung erfahren; es wird dann tatsächlich um Auf-Klärung gehen. Zunächst war es dem Publikum wie seinen Protagonisten allerdings noch um den Reiz des Spiels im Denken zu tun, Ausdruck einer Gesellschaft, die die eigene Stagnation und Dekadenz nicht zu erkennen vermochte, weil sie glaubte, ihr Spielen müsse wie ihre Herrschaft ewig fortdauern. Das erwies sich allerdings spätestens im Jahre 1789 als Trugschluß.

La Bruyère (1645–1696) entwickelte die essayistische Porträtkunst ebenfalls bereits im 17. Jahrhundert mit seinen *Caractères* (1688) weiter. Eine Auseinandersetzung mit Montaigne und seinen *Essais* führte im 17. Jahrhundert in Frankreich eigentlich nur Blaise Pascal (1623–1662), der in seinen *Pensées* (erschienen 1670) Montaigne angreift und ihn der Selbstgefälligkeit und des Skeptizismus bezichtigt. Pascal, der Glaubensgewißheit für sich erlangt hatte, kann die problematische und innovative Haltung Montaignes bereits nicht mehr nachvollziehen. Zu stark hatten der Glaubenskampf und die Gegenreformation auf das Denken der Epoche eingewirkt; das völlige Abweichen vom Dogmatismus, wie es Montaigne praktiziert hatte, konnte jetzt nur noch als Glaubensverlust und Gotteslästerung empfunden werden. Die Notwendigkeit der Gegenreformation hatte in der katholischen Kirche zu vielfältigen Formen der Radikalisierung geführt, deren Einflüssen sich am Ende des 17. Jahrhunderts auch Genies wie Pascal nicht entziehen konnten. Von diesem Punkt aus gesehen erschien Montaigne wie eine längst vergessene Lichtung in einem unermeßlichen Wald.

18. und 19. Jahrhundert

Was sich im 17. Jahrhundert vor allem in England in der Nachfolge Bacons vorbereitet hatte, brachte das 18. Jahrhundert zur vollen Entfaltung. Der Essay wurde zu einem der belebtesten Schauplätze der Umwandlung einer höfischen Kultur in eine literarisch-publizistische Öffentlichkeit. Während in Frankreich das kulturelle Leben auch nach dem Tode Ludwig XIV. im Jahre 1715 weitgehend an die Sphäre des Hofes gebunden blieb, gab es in England bereits seit 1695, dem Jahr des sogenannten *Licensing Act*, durch den die bisherige Form der Zensur abgeschafft wurde, so etwas wie eine freie Presse und damit eine nicht höfisch gebundene Öffentlichkeit. Die bedeutendsten Schriftsteller der Zeit redigierten eigene Zeitschriften, Daniel Defoe die *Review*, Swift den *Examinator*. Im Jahre 1726 gründete Bolingbroke den *Craftsman*, das erste Blatt, das eine offene Konfrontation mit der Whig-Regierung einging und damit eine ganz neue Phase der politischen Öffentlichkeit einleitete. Unter Öffentlichkeit verstand man nun bald die gesamte des Lesens mächtige und urteilsfähige Bevölkerung. So konnte und mußte sich um die kritischen Zeitschriften herum das erste Potential einer politischen Opposition sammeln.[1] Das insgesamt nun aufblühende Zeitschriftenwesen führte dazu, daß der Essay zur primären Ausdrucksform journalistischen Schreibens werden konnte. Die thematische Durchführung auf der informellen Ebene korrespondierte auf ideale Weise mit den unterschiedlichen Mentalitäten und Temperamenten der Autoren. Zwei Journalisten stachen dabei besonders hervor, Richard Steele (1672–1729) und Joseph Addison (1672–1719), die Herausgeber der Zeitschriften *Tatler* und *Spectator*. In London und anderen Städten ging das Zeitschriftenwesen mit dem Kaffeehausleben eine fruchtbare Verbindung ein, die rege Auseinandersetzungen und die rasche Verbreitung einander widerstreitender Meinungen über die Zeitungen und Zeitschriften ermöglichte. Addison und Steele spielten darin mit ihren essayistisch angelegten Artikeln eine zentrale Rolle. Zum erstenmal geriet hier der Essay in die Nähe der Tagesschriftstellerei, eine Tendenz, die ihn immer wieder berühren und die Frage aufwerfen sollte, ob wir es dabei tatsächlich noch mit einer literarischen Form zu tun haben. Doch gehört dieser Zug zum essentiell Essayistischen, zu der grundsätzlichen Offenheit seiner Erscheinungsformen und zu einem sich erweiternden Literaturbegriff, dessen Quellen an der Basis der neu sich formierenden Öffentlichkeit liegen.

Die *moralische Wochenschrift*, die sich im *Tatler* wie im *Spectator* repräsentiert findet, versuchte diese neue Art der Öffentlichkeit herzustellen, die tradierten aristokratischen Elemente mit den intellektuellen Errungenschaften des Bürgertums zu verknüpfen und damit eine Diskussion in Gang zu halten, die zur gesellschaftlichen Fortentwicklung insgesamt beitragen konnte. In England leisteten Addison und Steele mit ihren essayistischen Schriften einen wesentlichen Beitrag zur Durchsetzung einer öffentlichkeitswirksamen Spielart der Aufklärung, indem sie das Prinzip des Vernunftglaubens mit Leben zu erfüllen vermochten. Bei ihnen wurde das Essayistische zu einer tagespolitischen Gebrauchsform, weit über den ursprünglichen pragmatischen Sinn hinaus, wie ihn Francis Bacon vorgegeben hatte. Gerade in diesem Pragmatismus liegt ein Stück der Überlebens- und Entwicklungsfähigkeit der Gattung Essay begründet. Sie erweist sich als eine zutiefst republikanische Form, die über den langen Weg von der Aufklärung hin zu einem politisch radikalen Denken, wie wir es am Vorabend der Französischen Revolution finden, eine tragfähige Rolle zu spielen vermag. Der Essay fordert seinen Autor immer wieder dazu heraus, seine eigene Stellung und seine eigenen Ansichten zu überprüfen und damit zwangsläufig zu relativieren. Darin birgt er den immer stärker hervortretenden Zug zum Dialog in sich, den Schriftsteller wie Voltaire und Diderot später in vollem Maße für sich nutzbar machen sollten, der jedoch schon im Zeitschriftenwesen des frühen 18. Jahrhunderts in eminenter Weise hervorgetreten ist. Bereits bei Addison und Steele war der Essay das Medium einer im Rahmen der Epoche erregend unmittelbaren Kommunikationsform des Schriftlichen. Während der akademisch und religionsphilosophisch gebundene Traktat seine unpersönliche Starre nie aufzugeben vermochte, brachte der Essay gerade dieses persönliche Element mit ins Spiel und zwar so, daß das Thema unmittelbar zu einer Auseinandersetzung mit sich und seinem Autor herausfordern mußte. Dadurch erwies sich der Essay als wie geschaffen, zu einem zentralen Medium der Aufklärung zu werden, wenn auch die Gattungsbezeichnung selbst während des gesamten 18. Jahrhunderts nicht im Vordergrund stand.

Unter *Essay* verstand man jetzt die unterschiedlichsten Dinge, vom Zeitungsartikel bis zum metaphysisch ausgerichteten Versessay. Andererseits wurden häufig bestimmte Schriften als Traktate, Dialoge oder discours bezeichnet, die unverkennbar essayistische Züge im Sinne der Offenheit des Themas und der Präsenz des Autors in diesem Thema aufwiesen. Insgesamt spielte das essayistische Moment seine zentrale mediale Rolle im Verlauf des 18. Jahrhunderts vor allem im Zuge einer Radikalisierung der Aufklärung, wie sie zunächst in England, dann aber vor allem auch in Frankreich stattfand. Entsprechend sollen hier zunächst einige Ausformungen essayistischen Schreibens im Zeitalter der *Lumières* dargelegt werden, um dann deren Bündelung in einem den gesamten Begriff von Literatur und Wissen überspannenden Essayismus bei Voltaire und Denis Diderot zu umkreisen. Offensichtlich ist Diderot der herausragende Essayist des 18. Jahrhunderts, eine Tatsache, die in den bekannten Darstellungen zu Essay und Essayismus noch kaum hervorgehoben worden ist. Er ist es jedoch zweifellos, weil bei ihm der Essayismus zu einer Lebenshaltung kulminiert, die sein gesamtes Schreiben, Denken und Handeln bestimmt. Selbst noch auf das Unternehmen der *Encyclopédie* wirkt diese Haltung ein, also auf den Wissenschaftsbegriff Diderots. Mehr noch als bei vielen vergleichbaren Autoren der Zeit, setzte der Essayismus bei Diderot zum ersten Mal die Literatur frei von jeder Anbindung an ideelle Konstruktionen, die nicht selbst Literatur waren. Diese Freisetzung geschah aber, um von einem autochtonen Begriff des Literarischen her gerade das Nicht-Literarische zu begreifen und zu erfassen, nämlich die Welt als Wissen. Eine solche durchaus als dialektisch zu bezeichnende Ausprägung eines frühen Begriffs von literarischer Autonomie forderte eine Dynamisierung der öffentlichen Diskurse zwangsläufig heraus. Dies jedoch in einer keineswegs dogmatischen Setzung, sondern als skeptisch relativierendes Spiel mit den Ebenen des Wissens und seinen Gegenständen. So bereitete Diderot den Boden für einen genuin modernen Begriff des Essayistischen lange vor seiner tatsächlichen Umsetzung in beeindrukkender Art und Weise vor.

Zunächst aber kam es zur Vervollkommnung des Versessays, vor allem durch Alexander Pope (1688–1744) und seine beiden Schriften *An Essay on Criticism* aus dem Jahre 1711 sowie dem berühmteren *Essay on Man* von 1733/34. Der *Essay on Man*, der versucht, die Stellung des Menschen im Kontext der göttlichen Schöpfung neu zu erörtern, kann im Umfeld rationalistischer Philosophie gesehen werden und wurde denn auch sofort von den Zeitgenossen in die Nähe der Philosophie von Leibniz, seiner 1710 erschienenen *Theodizee*, gerückt. Gerade dagegen wehrten sich die Kritiker dieser Auslegung, die Wert darauf legten, das Dichterische gegen das Philosophische abzugrenzen und dem Dichterischen eine eigenständige Darstellungsfunktion zuzusprechen, die dem Philosophischen womöglich noch überlegen sein könnte. In Deutschland etwa wendete sich Gottsched ebenso gegen die Auffassung, bei Pope handle es sich um einen rationalistischen Metaphysiker, wie einige Jahre später Lessing bei der Beantwortung einer Preisschrift zu diesem Thema vehement dagegen argumentierte.[2] Mit der Wahl der eigentümlichen Schreibweise des Versessays ist es Pope gelungen, die philosophische Diskussion zu erreichen wie die aufklärerisch-religiöse Position des Deismus zur Darstellung zu bringen und insgesamt die Frage nach der Eigenständigkeit des Poetischen in den Vordergrund zu stellen. Damit schaffte er einen Durchbruch durch die Barrikaden des rationalistischen Akademismus, den man zu dieser Zeit überall antreffen konnte. Die Schwierigkeiten, welche die Zeitgenossen mit der Rezeption des Essays hatten, können als Beleg dafür gelten. Nicht mehr nur die gedankliche Stringenz des Dargestellten steht hier im Vordergrund, sondern die bewußt poetische Gestaltung eines Themas, das ursprünglich philosophischer Provenienz zuzurechnen ist.

Popes *Essay on Man* ist ein europaweiter Erfolg gewesen. Während des gesamten 18. Jahrhunderts wurden einzelne Passagen und Versgruppen zu feststehenden Redewendungen, die gleichsam moralische und erkenntnismäßige Autorität beanspruchen konnten. Tatsächlich leitet Pope in der ersten der vier Episteln seine Schrift mit einer Darstellung des von Gott geschaffenen Universums als der besten allen möglichen Welten ein, der Grundidee eines von Leibniz wie von Shaftesbury vertretenen rationalistischen wie spiritualistischen Optimismus. Epistel II widmet sich der Stellung des Menschen in diesem Universum. Es geht um die Selbsterforschung und die Selbsterkenntnisfähigkeit des Menschen, die ihn zur maßvollen Nutzung seiner Anlagen bringen könne. Dabei spielt die Dialektik von antreibender *Selbstliebe* und *zügelnder Vernunft* eine entscheidende Rolle. Die Episteln III und IV befassen sich mit der Entstehung der Gesellschaft aus dem Naturzustand unter der spezifischen Bedingtheit des menschlichen Lebens, bis hin zu einem utopischen Glückszustand, den der Mensch in der Gesellschaft finden sollte. Dabei kann es sich nicht um materielle Zufriedenheit handeln, sondern um das zu erreichende Zusammenspiel von persönlicher Tugend und allgemeiner Vorsehung. Darin schließt sich der anfangs eröffnete metaphysische Kreis.

Der *Essay on Man* zeigt recht genau den Grenzverlauf zwischen rationalistischer Philosophie à la Leibniz und ihrer Überformung durch die unterschiedlichsten Einflüsse der Epoche. Hier wirkt vor allem Shaftesburys Vorstellung von der Übereinstimmung des ethischen und ästhetischen Vermögens des Menschen und der diese Vermögen bedingenden Harmonie eines kosmischen Ganzen nach. Das von Shaftesbury betonte irrationale Moment des Ästhetischen und damit Schöpferischen, das der Sturm und Drang enthusiastisch aufgreifen sollte, deutet eine erste Tendenz zur Freisetzung des Menschen und seiner Möglichkeiten im Kontext religiös-metaphysischer Erwägungen an. Ein weiterer Schritt in diese Richtung wird vom *Deismus* unternommen, der den Menschen zwar eingefügt sieht in die von Gott geschaffene Harmonie des Universums, jedoch seine Selbstverantwortung im Sinne der Herstellung eines persönlichen und gesellschaftlichen Glückszustandes betont. Popes Schrift reißt also einen Horizont auf, der in der Epoche sich entfaltete, und bringt seine Konstellationen auf den Begriff und ins Bild. Daß der *Essay on Man* phasenweise eine mit der Bibel vergleichbare Autorität erlangen konnte, liegt aber nicht zuletzt in seiner poetischen Gestaltung begründet. Als Lehrgedicht vermittelt die Schrift ihre Sentenzen in rhythmischer Form, die die Einprägsamkeit ebenso erleichtert, wie die Plastizität und Prägnanz der Sprache den Grad der Memorierbarkeit der Inhalte erhöht. Daher trägt sie den Begriff *Essay* zu Recht im Titel. Im Versessay wird das Traktathafte der philosophischen Abhandlung ins

Rhythmische und Ästhetische überführt und spricht damit nicht mehr nur das Denken, sondern den gesamten kognitiv-sensuellen Bereich an. Popes Ansicht, der Gelehrte müsse ebenso wie für die Bücher ein Organ für die Menschen haben, *a knowledge both of books and humankind*, demonstriert die Öffnung des Interesses für die unmittelbare Beobachtung der *condition humaine*, die für die weitere Aufklärung zu einer zentralen Kategorie werden sollte. Die ersten Keime einer Wissenschaft vom Menschen im modernen Sinne liegen darin, und sie werden befruchtet von einer Schreibweise, die zu einem spezifischen Perspektivismus fähig ist. Dieser Perspektivismus, der eine Differenzierung vornimmt zwischen religiösen und philosophischen Fragen und Aussagen auf der einen Seite sowie einer eigenständigen Ebene des poetischen Ausdrucks auf der anderen Seite, schafft damit ein Bewußtsein für die Selbständigkeit des Literarischen überhaupt. In einer Gesellschaft wie der britischen am Anfang des 18. Jahrhunderts fielen diese Entwicklungen auf fruchtbaren Boden. In der Ironie, die Popes Verse durchzieht, manifestiert sich die Distanz des Autors von seinem Stoff ebenso wie eine bestimmte Form von Engagement für die Sache, die keinen professionellen Bezug aus irgendeiner Richtung verrät, sondern den Typus des über allen Professionen stehenden Literaten konturiert, durch den sich der neu erwachte Wille zur Kritik zum Ausdruck bringt. Autoren wie Fielding und Swift formen den ironischen Essay weiter aus, bis hin zu Fieldings berühmt gewordenem *Essay on Nothing* von 1743, in dem gewissermaßen der Essayismus selbst das Thema des Essays darstellt.

Dennoch sprach man nicht eigentlich von einem Essayismus zu der Zeit, in der sich das Essayistische vom philosophischen Traktat ebenso emanzipiert wie es die verspielte Selbstbespiegelung der Aphoristiker in den hermetischen Literatenzirkeln der Salons hinter sich läßt. Der Essay war nicht einfach eine weitere Schreibform, die man anderen hinzuerfand, vielmehr verdankt er seine Entwicklung zur Eigenständigkeit dem aufbrechenden Bewußtsein des Literaten für seine genuine Rolle in der Gesellschaft. Das läßt sich besonders gut an Autoren wie Montesquieu und Voltaire nachvollziehen. Bei beiden erfolgt eine Ablösung vom höfischen gebundenen Literaturbegriff und zwar von ganz unterschiedlichen Voraussetzungen aus. Während Montesquieu dem Amtsadel angehörte, Präsident des Gerichtshofes in Bordeaux war und zeitlebens den Anforderungen der aristokratischen Repräsentation verpflichtet blieb, präsentierte sich der junge Francois Marie Arouet, der sich später Voltaire nennen sollte, als bürgerlicher Emporkömmling, der im Kreise des höfischen Lebens versuchte, zu einer repräsentativen Stellung als Dichter zu gelangen. Beide Autoren sind nie von ihrem Ideal einer Anbindung an die höfischen Kreise und insgesamt der Einbindung der Literatur ins Kultursystem des Ancien Régime abgegangen und doch trugen sie dazu bei, die Literatur und ihre Bedeutung aus diesem System loszulösen, Voltaire gewiß in noch größerem Maße als Montesquieu.

Montesquieu veröffentlichte im Jahre 1721 seine *Lettres persanes* anonym in Köln; eine Veröffentlichung in Frankreich wäre undenkbar gewesen. Für die französischen Intellektuellen war es nichts Ungewöhnliches, Schriften im Ausland drucken zu lassen, die kein königliches Druckprivileg erhielten. Im Falle der *Lettres persanes* war es in Paris und Versailles jedoch sehr schnell klar, daß es sich bei deren Autor um Charles-Louis de Secondat, baron de La Brède et de Montesqieu handeln mußte. Im Umkreis des minderjährigen Ludwig XV., der noch von Philippe d'Orléans vertreten wurde,[3] wußte man, daß Montesquieu, wie es sich für seinen Stellung als adliger Literat ziemte, einen Sitz in der Académie française anstrebte. Ein Adliger schrieb im Prinzip nur für den König, war offiziell an keinem anderem Publikum interessiert. Der König belohnte ihn dafür in der Regel mit einem Amt, dessen Gipfel im Felde des Literarischen die Wahl in die Académie française bildete. Im Falle Montesquieus konnte man sich jedoch nach Erscheinen der *Persischen Briefe* nicht dazu durchringen, Montesquieu in die Académie aufzunehmen. Das Umfeld des Königs hielt das Buch auf unbestimmte Weise für gefährlich. Im eigentlichen Sinne handelt es sich dabei um einen Briefroman, in dem ein persischer Edelmann namens Usbek mit seinem Vertrauten Rica von Isphahan nach Europa reist. Dabei berichten sie über die letzten Regierungsjahre Ludwigs XIV. sowie über die nachfolgende Régence. Sie stellen eine Gesellschaft im Auflösungsprozeß dar, ihre Briefe zeichnen den politischen und sittlichen Verfall der Epoche um 1715 nach. Es geht um philosophische und staatspolitische Probleme sowie um die allgemeinen Lebensbedingungen der Franzosen, vor allem der Oberschicht. Die beiden Briefeschreiber entwickeln in ihrer

Kritik der Zustände ein klares Bewußtsein dafür, wo die Stärken und Schwächen der französischen Gesellschaft liegen und wo Verbesserungen anzubringen wären. In die satirische Darstellung der Verhältnisse und Zustände fließt die Betonung der Vorzüge der europäischen Aufklärung ein. Begriffe wie »Gerechtigkeit« und »Natur« werden in den Vordergrund gestellt und sollen an die Stelle von Standesdünkel und gesellschaftlicher Künstlichkeit treten. Durch die subkutane Form der Satire übt Montesqieu beißende Kritik an den Verhältnissen, ohne sich selbst als Kritiker zu erkennen zu geben. Das Raisonnement der Hauptfiguren ist zudem eingebettet in eine romanhafte Handlung, die wie eine Klammer die Ausführungen in den Briefen umfaßt. Montesquieu gibt damit einen wichtigen Impuls für den Briefroman des 18. Jahrhunderts. Die Durchmischung von Reflexion und Handlung befördert eine unverkennbare Schreibweise des Essayistischen, in der die Akzentuierung kritischer Punkte ebenso möglich ist wie die Abschwächung der kritischen Stoßkraft durch das Erzählen. Im Prinzip haben wir mit den *Lettres persanes* die erste volle Ausformung des aufklärerischen Essays vor uns und zwar mit einer ganz charakteristischen Tendenz. Die essayistisch formulierte Kritik will die Grenzen der Gesellschaft, die sie angreift, keineswegs sprengen. Der Essay wird als ein autonomes Forum der Reflexion und des kritischen Raisonnements verstanden, nicht als aufrührerische Kampfschrift. Ins Essayistische fließt somit das ästhetische Maß deutlich mit ein, das die höfische Kultur vorgegeben hatte, der satirische Witz, die sprachliche Eleganz, das selbstgefällige Spiel mit der Fiktion. Der Autor, hier also Montesquieu, hat nicht im geringsten die Absicht, von seiner standesgemäßen Stellung abzurücken, er begreift literarisches Schreiben als edlen Zeitvertreib, für dessen Resultate ihm der Ruhm innerhalb seiner Gesellschaftsschicht zusteht, wie dies üblicherweise geschieht. Das ist die eine Seite. Auf der anderen Seite umreißt gerade diese Art des Schreibens einen neuen Typus des Literaten, der die Tendenz entfaltet, mit seiner Literatur eine autonome Stellung gegenüber dem Hof und der adligen Gesellschaft einzunehmen. Montesquieu zog aus diesem inneren Widerspruch seiner Schriften allerdings keine Konsequenzen. Nach langem Zögern wurde er im Jahre 1728 in die Académie française berufen. Der König und seine Berater hatten ein Einsehen oder sie hatten einfach vergessen, worum es in

Montesquieus Schrift ging. Noch waren sie sich nicht darüber im klaren, was die Art des Schreibens und Denkens, die Montesquieu entwickelt hatte, für Folgen zeitigen könnte. In ihren Augen war das *nur* Literatur. Und Literatur, das war ein Gebiet, das von der Gnade der Majestät abhing, abzuhängen hatte. Doch zeigte sich jetzt schon, vor allem in Frankreich, ein bestimmter Zug im literarischen Feld, der diesen Begriff von Literatur auf einen neuen Horizont hin überschreiten mußte, ohne zunächst noch etwas anderes zu sein als Literatur. Darin ist die deutlich subversive Energie des Essayismus im 18. Jahrhundert zu erblikken. Das System des Literarischen befreit sich nicht zuletzt aus sich selbst heraus, d.h. von seinen Formen her, vom Reglementierungskodex des Hofes. Es bleibt Literatur im altbekannten Sinne und ist doch auch schon etwas anderes, über den geltenden Literaturbegriff Hinausweisendes.[4]

Voltaire

Die mit der Aufklärung einsetzende Dynamisierung des Literarischen muß in nicht unwesentlichem Maße auf das essayistische Element zurückgeführt werden, das in der Briefform und im Dialog mehr und mehr in die unterschiedlichsten literarischen Texte Eingang findet. Zwar hat sich in der Mitte des 18. Jahrhunderts noch niemand explizit als Essayist betrachtet, doch durchzieht ein spezifisch aufklärerischer Essayismus praktisch das gesamte kritische Schrifttum, vor allem das der größeren Geister. Besonders hervorstechend zeigt sich dies bei Voltaire. Er begann als Lyriker und Dramatiker, feierte in Paris Erfolge und mußte Einbrüche erleben, suchte immer wieder die Anerkennung des Hofes, verspottete gleichzeitig dessen Sitten und Repräsentanten und hatte schließlich mit der bleibenden Abneigung des heranwachsenden Ludwig XV. zu leben, dessen Berater ihn zum Gegner des unberechenbaren Schriftstellers machten. Zweimal wurde er in die Bastille geworfen; die erste Inhaftierung dauert elf Monate, danach änderte er seinen Namen von Arouet in Voltaire. Er war fortan ein anderer, nicht mehr nur der scharfzüngige Spötter und Freigeist, der zwischen literarischem Untergrund und höfischer Etikette changierte, er war nun ein Autor, der ernst genommen werden wollte und ein nicht gerade bescheidenes Ziel anstrebte: Er wollte zu *dem* Dichter des neuen Zeitalters nach Ludwig XIV. werden, eine Stimme, in deren Manifestationen sich der Geist der Zeit bündeln sollte.

Nach seiner zweiten Inhaftierung im Jahre 1727 ging Voltaire ins englische Exil, wo er die neu sich formierende Öffentlichkeit und den Kampf um die demokratischen Werte hautnah miterlebte. 1729 erhielt er die Erlaubnis, nach Paris zurückzukehren. Seine *Lettres philosophiques*, die sich vor allem mit seinen Erfahrungen in England beschäftigen, erschienen in Frankreich im Jahre 1734 und handelten Voltaire sofort die gefürchtete *lettre de cachet* ein, den königlichen Haftbefehl. Voltaire flüchtete zu einer Freundin in die Champagne, Emilie du Chatelêt, auf deren Schloß er sicher arbeiten konnte. Er war ein dem Ruhm Hinterherjagender und darin selbst ein Gejagter, und er war in einem geradezu unglaublichen Maße produktiv, was als Ausdruck beider Zustände zu begreifen ist, dem des Jagens und dem des Gejagtwerdens. Die Art und Weise, wie er seine Ideen auszudrücken und in Umlauf zu bringen wußte, mußte ihn immer wieder auf sich selbst zurückwerfen und ließ ihn schließlich zu einem festen Antipoden der königlichen wie der kirchlichen Macht werden. Auch Friedrich II. von Preußen blieb von dieser Konfrontation nicht ausgenommen. Voltaire ließ sich nicht domestizieren, er widersetzte sich stets allen Versuchen, den Literaten als Höfling einzuordnen, auch wenn er immer an der höfischen Sphäre orientiert blieb.

Im Laufe seines Lebens erwuchs Voltaire zu einer Institution, die neben und wohl auch über den herkömmlichen Institutionen der Macht und der Kultur angesiedelt war. Von früh an finanziell unabhängig und zudem geschäftstüchtig, machte er aus sich eine neue Größe im kulturellen Raum Europas, ein Element, das man bis dahin nicht gekannt hatte, die Institution des Intellektuellen.[5]

Diese Umwälzung vollzog sich in einer Epoche, der die politisch-metaphysischen Legitimationsbedingungen abhanden zu kommen drohten. Ludwig XIV. hatte einen maroden Staat hinterlassen, dessen Kontrolle seinen glanzlosen Nachfolgern mehr und mehr zu entgleiten schien. In England erprobte sich bereits seit geraumer Zeit eine neue Form der Öffentlichkeit, die ihrerseits eine Kontrolle des Staates anstrebte. Die Naturwissenschaften erfuhren einen unvergleichlichen Schub durch die Entdekkungen Newtons, der zuletzt wie ein Heiliger verehrt und 1727 mit einem Staatsbegräbnis in Westminster Abbey beigesetzt wurde, bei dem auch Voltaire anwesend war. Zeit, Raum und Bewegung mußten jetzt als absolute Größen angesehen werden, die als solche unmittelbar, also ohne die Einbeziehung einer religiösen Instanz erkannt werden konnten. Die Philosophie von Leibniz steigerte den Rationalismus in einen rein kognitiven Rahmen hinein, in dem sich nicht wenige einfanden, die glaubten, sie könnten Gott durch eine mathematische Formel beweisen. Das alte Weltbild brach noch nicht auseinander, aber es zeigte schon erste Risse, die nicht mehr zu kitten waren. In Preußen versuchte ein Thronfolger sich als Philosoph und Schöngeist und nährte die Absicht, aus dem Militärlager, das sein Land war, einen repräsentativen Kulturstaat zu machen. Preußen blieb ein Militärlager und Friedrich II. dilettierte letztlich in dem Versuch, es Ludwig XIV. gleich zu tun und seine Macht auf dem gloriosen Bild aufzubauen, das Künstler und Denker um ihn herum herzustellen hatten. Den in Cirey bei Madame de Chatelêt schmorenden Voltaire konnte er für eine kurze Spanne gewinnen, beide mögen sich zwischenzeitlich wie Alexander und Aristoteles gefühlt haben, eine Allianz auf längere Sicht konnte aus ihrem Commerzium nicht werden. Dazu war Voltaire zu ruhmversessen; und Ruhm konnte er nach seinen Begriffen nur in Paris ernten, nicht aber in den sandigen Ebenen Brandenburgs.

Bei aller Eigenständigkeit, Voltaire ging nie so weit, mit der Monarchie zu brechen, gerade auch nicht mit der französischen, bei der er nicht eben gut gelitten war. In ihm hielt sich zeitlebens der Gedanke am Leben, Politik und Kunst arbeiteten gemeinsam auf ein und dasselbe Ziel zu, der Fürst, wenn er den allgemeinen Fortschritt befördere, sei ebenso ein Künstler wie der Dichter, und offenbar war er sich nicht dessen bewußt, daß die Fürsten, wenn es um die Macht ging, ihre Berufung zum Künstler oder Philosophen nur allzu gern beiseite ließen. Im Begriff des *Philosophen* sammelte sich diese Konvergenz zu einem festen Bild, zu einem Typus, der aber, und das mußte Voltaire verkennen, schließlich Kunst und Politik fundamental voneinander scheiden und nicht aufeinander zu führen würde. Der Typus des Philosophen, der sich in Voltaire vor allem nach seiner Rückkehr aus England ausprägte, ein Denker und Autor, der die

Einflüsse der Zeit in sich zu bündeln versuchte – die Errungenschaften der Newtonschen Physik, die er studierte, ebenso wie die der freien Presse –, der mit spitzer Feder und scharfer Zunge gegen Aberglauben und religiöse Verblendung kämpfte, der sich zum Kritiker der Macht ausersehen fühlte, indem er sich an die Seite der Mächtigen stellen wollte, kurz, gar kein Philosoph im hergebrachten Sinne, sondern eine Art Supergehirn des Zeitgeistes, ein Prophet der Vernunft – was konnte und mußte der im Kern anderes sein als ein radikaler Vertreter des Essayismus?

In der Entwicklung des englischen Denkens auf der philosophisch-wissenschaftlichen Ebene erblickt Voltaire in den *Lettres philosophiques* den eigentlichen Fortschritt der Engländer gegenüber Frankreich und dem Rest Europas.[6] Bei Bacon, Locke und Newton erkennt er die Fundamentierung des Denkens auf einer autonomen empirischen Grundlage, die allein dem Fortschritt verpflichtet sei. Dagegen verharre Frankreich im religiösen Fanatismus und in wissenschaftlich-technischer Rückständigkeit. Von Bacon bis zu Newton erstrecke sich der erfolgreiche Versuch, das Experiment zur prima causa aller Erkenntnis zu erklären. Diese Tatsache sowie der Nachweis sicheren Erkennens auf empirischer Basis durch John Locke habe dazu geführt, daß England das Zeitalter der religiösen Zerstrittenheit und des dumpfen Katholizismus endgültig hinter sich gelassen habe, so Voltaire. Die neue Haltung gegenüber den Naturgesetzen, die davon absehe, ihren Ursprung zu erklären und statt dessen von der Feststellung ihrer meßbaren oder berechenbaren Tatsachen ausgehe, feiert Voltaire als den Gipfelpunkt eines neuen Denkens, das in metaphysischen Dingen auf einen Letztgültigkeitsanspruch verzichtet.

Der Autor wußte nur zu genau, daß er mit seinen Thesen die Ablehnung und den Haß der französischen Monarchie auf sich ziehen mußte. Die ohnehin durch die Grundtendenz der Schrift gegebene Provokation wurde durch Voltaires Ablehnung des tragischen Menschenbildes, dessen Ausprägungen im 17. Jahrhundert bei Pascal kulminiert waren, noch verstärkt. Der Typus des *Philosophen*, den er von nun an repräsentierte, mußte jede Einbindung des Autors ins Gefüge der absolutistischen Herrschaft sprengen. Der Experimentalismus, den er hochhielt, widersprach im Zusammenwirken mit dem Empirismus der Vorstellung vom harmonischen, in sich vollkommenen Universum, das als Buch der Natur seine Schätze offenbarte, ohne daß der Mensch darin eingreifen konnte. Newtons analytische Physik zerstörte diesen Traum, auf den Goethe im übrigen am Ende des Jahrhunderts noch einmal zurückkommen sollte, allerdings unter ganz anderen Vorzeichen als denen einer religiösen Statik.

Experiment und Essayismus treffen sich auch hier, bei Voltaire. Sie sammeln in der Zone, die sie bilden, eine Sprengkraft an, die sich bei Bacon nur angedeutet hatte und die jetzt zum ersten Mal in ihrer ganzen Stärke ins Bewußtsein tritt. In der Kontamination von empirischer Rationalität und freiem Geist wurde der Philosoph, wie Voltaire ihn verstand, zum *spiritus rector* einer Epoche, in der die jahrhundertelang festgefügten Normen in Politik, Gesellschaft und Wissenschaft rücksichtslos aufgebrochen werden sollten. Seine Äußerungsformen hießen Traité, Discours, Avis, Essai, Pamphlet, Lettre, Dialogue oder Commentaire. Das reine Erzählen wurde, noch immer allgemein geringgeschätzt, bei Voltaire zu einem philosophisch-ironischen Raisonieren wie in *Micromégas* oder in *Zadig* und schließlich in *Candide*; die Tragödie nahm sich nicht mehr nur der Nachahmung der großen antiken Vorbilder an, sondern ließ zeitkritische Fragen einfließen, ohne allerdings an die offene Form der englischen Tragödie eines Shakespeare anzuknüpfen. Dennoch, Voltaire hatte die literarischen Formen und damit die Literatur in eigenwilliger Weise aufgebrochen und seinen Absichten gemäß sich angeeignet, und er hatte dies mittels eines Elements getan, das er zwar gelegentlich in die Titelgebung seiner Schriften aufgenommen hat, das er als solches jedoch nicht *prinzipiell* zu benennen wußte – das Essayistische. Wie ein überall virulentes Enzym schließt dieses Element die hermetisch verkapselten Substanzen auf und zerlegt sie in ihre Bestandteile. Mit diesen Teilen und einem neuen Bewußtsein wird dann weitergearbeitet, auf unbekannte Horizonte zu. Im Essayismus eines Voltaire setzt mithin auch jenes Zeitbewußtsein ein, das im Neuen einen jeweils eigenständigen Bezugspunkt des Bekannten sehen konnte und eine Akzeleration von Neuerungen einleitete, die schließlich um ihrer selbst willen weiterlaufen sollte, das Zeitbewußtsein der Modernität. Auch hieran hat der Essayismus wesentlichen Anteil, auch dies findet sich im Keim in der Mitte des 18. Jahrhunderts, bei Voltaire als dem herausragenden intellektuellen Protagonisten der Zeit.

Am Ende seines Lebens war Voltaire hochverehrt, jedoch nicht als Diener dieser oder jener weltlichen Herrschaft, sondern als autonomer Intellektueller. Im Februar 1778 hielt er triumphal Einzug in die Académie française, deren Mitglied er seit 1746 war. Er hatte einen neuen Typus des modernen Geistesmenschen geschaffen und war damit in eine neue historische Phase eingetreten. Die europäische Aufklärung hatte deutliche Konturen gewonnen, nicht zuletzt durch ihn.

Und dennoch blieb Voltaire gegenüber der eigentlich revolutionären Aktivität des intellektuellen Lebens seiner Zeit distanziert und beinahe ablehnend, der *Encyclopédie*. Zwar sah er ein, daß er an diesem unvergleichlichen Unternehmen, dessen Leitung in die Hände von Diderot und D'Alembert gelegt war, teilzunehmen hatte, doch hielt er es im Grunde für absurd, mit einem vielbändigen Kompendium, das das gesamte Wissen der Epoche in breit ausgeführten Artikeln darstellen sollte, die Aufklärung beflügeln zu können. Voltaire setzte diesem Großunternehmen sein *Philosophisches Taschenwörterbuch* entgegen, woran sich zeigt, welches Maß er selbst für angemessen hielt. Voltaires Wahlspruch, mit dem er im Alter seine Briefe unterzeichnete, *Écrasez l'Infâme*, wobei er unter *L'Infâme* die Kirche verstand, die in seinen Augen alle Formen des Fanatismus und der Intoleranz zu verantworten habe, läßt erkennen, welchen Weg der Aufklärung Voltaire bevorzugte. Insgesamt blieb er dem Bild des höfischen Autors bis zu einem gewissen Grade treu. Vor allem die Vorstellung, der Schriftsteller habe zu glänzen und Geist zu versprühen, eine Haltung, die zu seiner feudalen Lebensweise auf seinen Gütern in der Nähe von Genf paßte, verhinderte seinen Durchbruch zu einer bürgerlich-kämpferischen Einstellung, wie sie Diderot auf allen Ebenen vertrat. Erst das Unternehmen der *Encyclopédie* führte zu einem epistemologischen Bruch, der die alte Ordnung hinter sich ließ. In diesem wissenschaftlichen wie literarischen Großprojekt verkörperte sich eine Kraft, die eine Welt ohne Gottesgnadentum vorstellte. An dessen Stelle war das Wissen getreten. Nichts mehr blieb dem Wissen verborgen, nichts mehr, worauf sich Kirche und Staat als auf ein Arkanum zurückziehen konnten. Während Voltaire noch immer glaubte, er könne eine von ihm ausgewählte Schar Berufener zu einer literarischen Elite heranbilden, die unabhängig, gleichsam als neue Macht im Staat zu agieren imstande wäre, versuchte Diderot alle erreichbaren Kräfte um sich herum zu sammeln, auch Köpfe, die ihm nicht lagen oder die er nicht verstand, um durch diese Ballung von Wissen und denkerischer Potenz die neue Macht herzustellen, die den Staat aus den Angeln heben könnte. Darin liegt der Unterschied zwischen einer grundsätzlich aristokratischen Auffassung des Literaten, wie sie Voltaire vertrat, und der bürgerlichen Auffassung, die Diderot umzusetzen suchte. Der Essay aber als moderne Gattung wird eine in diesem Sinne bürgerliche Schreibweise sein, die das Wissen repräsentiert, indem sie es von der Basis seiner skeptizistischen Infragestellung her darlegt, die also Wissenschaft und Skeptizismus verknüpft und damit das korrektive Moment der individuellen Perspektive betont. In diesem Individualismus findet sich andererseits aber auch das Moment des Aristokratischen aufbewahrt und damit ein Stück von Voltaires Haltung, die nicht zuletzt auch in Diderots scharfsichtiger Ironie vor allem der erzählerischen Texte durchaus zu bemerken ist.

Denis Diderot

Diderot entstammte einer Handwerkerfamilie aus der mittelfranzösischen Provinz, aus Langres, war also kleinbürgerlicher Herkunft, was Anfang des 17. Jahrhunderts kein Hinderungsgrund für eine geistliche oder intellektuelle Laufbahn sein mußte. Sein Vater, ein angesehener Messerschmied, schickte Denis zu den Jesuiten in die Schule, die in der Provinz überall ihre Stützpunkte hatten. Dort erkannte man schon frühzeitig seine Talente, unter denen die Befähigung zum geistlichen Amt, für das er ursprünglich vom Vater bestimmt war, intensiv hervorstach und unbedingt gefördert werden sollte. Der junge Diderot setzte seine Studien in Paris fort, wo er sich leidenschaftlich der Philosophie, aber auch den Naturwissenschaften und insbesondere der Mathematik widmete und dadurch von der Theologie im Sinne der geistlichen Amtsausübung ganz abkam. Das Studieren wurde offensichtlich zu seinem Lebensinhalt, das zumindest kann man den spärlichen Zeugnissen über diese Zeit seines Lebens entnehmen.[7] Die Probleme, die diese Lebensführung mit sich brachte, liegen auf der Hand. Diderot war ohne klar bestimmtes

Berufsziel, pflegte eine Art intellektueller Vagabondage und geriet, vor allem nachdem ihm der Vater den Unterhalt gestrichen hatte, an den Rand der Armut. Er wollte Schriftsteller werden, aber er hatte keine Lobby, fand keine Förderer und schlug sich als geistiger Gelegenheitsarbeiter durch. Die Kanäle der Förderung zu kennen und sie sich zu eröffnen, das war damals das Wichtigste für einen angehenden jungen Autor, doch Diderot öffneten sich diese Kanäle mehr als zehn Jahre lang nicht. Er erteilte Unterricht, vor allem in Mathematik, verdingte sich als Hauslehrer und verfaßte gegen Bezahlung Predigten. In den Cafés galt er als Geheimtip, fast schon als verkanntes Genie, denn neben seiner spitzen Feder war nicht zuletzt seine Redekunst bemerkenswert, die er denn auch, wo immer es ging, einzusetzen verstand. Dennoch blieb er Mitglied jenes intellektuellen Proletariats, das Paris inzwischen beherbergte und das durch die besser gewordenen Ausbildungsbedingungen der bürgerlichen Kreise entstanden war, das aber kaum Zugang fand zu den noch immer aristokratisch kontrollierten literarischen Salons und den Akademien. Die Grenze zwischen dieser Zwei-Klassen-Gesellschaft war zu Diderots Zeit noch immer undurchdringlich, wurde man nicht von einem adligen Förderer auf die Stufe der Etablierten hinaufgehoben.

Doch Diderot ließ sich weder durch den Hunger noch durch eine aussichtslose Zukunft davon abhalten, an seinen Projekten und seinen Studien weiterzuarbeiten. 1745, dreiunddreißigjährig und nun schon seit dreizehn Jahren mehr oder weniger brotlos mit dem Titel des Magisters der freien Künste der Universität Paris dekoriert, übersetzte er Shaftesburys *Inquiry concerning Virtue and Merit*. Darin lernte Diderot die Grundsätze eines schöpferischen Individualismus kennen, der sich unmittelbar Gott verpflichtet sieht und jede Berufung auf eine weltliche Autorität und deren Gottesgnadentum ablehnt. Diderot, der auf alles, was ihn denkerisch berührte, auf ungewöhnlich intensive Art und Weise reagierte, leitete aus diesen und anderen von England her aufgegriffenen Ansätzen einen genuin aufklärerischen Skeptizismus ab, der sich zunächst in der Hauptsache mit der Religion auseinandersetzt. Die 1746 erschienenen *Pensées philosophiques* waren das erste Werk Diderots, das die Aufmerksamkeit der Öffentlichkeit, aber auch sogleich der Zensur erregte. Es wurde noch im Jahre seines Erscheinens verbrannt. Damit war Diderot nun einem größeren Kreis von Interessierten bekannt geworden, ohne daß sein Buch, über das man in Paris durchaus sprach, greifbar gewesen wäre. Drei Jahre später, nachdem Diderot einen verspielten und nicht gerade zwingenden Roman mit dem Titel *Les bijoux indiscrets* veröffentlicht hatte, landete er einen essayistischen Volltreffer, der ihm unmittelbar den königlichen Haftbefehl und insgesamt drei Monate Arrest in der Festung von Vincennes einbrachte. 1749 erschien die berühmte *Lettre sur les aveugles à l'usage de ceux qui voient* (*Brief über die Blinden*), eine Schrift, in der die Verbindung von Skeptizismus und Essayismus eine ganz neue Erscheinungsform gewinnen sollte, eine Vielschichtigkeit, die der Essay hier wohl zum ersten Mal in sich aufgenommen hat und die ihm von da an zugehören sollte.

In der *Lettre sur les aveugles* behandelt Diderot die Grundfrage des aufklärerischen Skeptizismus, nämlich das Problem des sensualistischen Nachweises einer transzendenten Existenz Gottes und der damit verknüpften ›gottgegebenen‹ Werte. Der Argumentationsgang, den der Autor einschlägt, weist eine äußerst raffinierte Struktur auf. Diderot zeigt am Beispiel eines Blindgeborenen, wie dieser sich den Fragen nach der Schönheit, der Wahrheit und der Moral nähert und wie der Zustand der Sinnesorgane das Urteilsvermögen nachhaltig und entscheidend beeinflußt. So hat etwa ein Blinder große Probleme mit dem Phänomen des Diebstahls, dem er hilflos ausgeliefert ist und den er demgemäß als eines der größten moralischen Übel einschätzt. Dagegen beunruhigt ihn die Frage nach der korrekten Bedekkung bestimmter Körperteile in der Öffentlichkeit weniger, ist er doch mit diesem Phänomen wegen seiner Blindheit praktisch gar nicht konfrontiert. Die Gewichtung solcher moralischer Fragen richtet sich also offensichtlich nach dem sensuellen Urteilsvermögen und seiner unmittelbaren Einwirkung auf das jeweilige Subjekt. Allein schon dieses Argument entkräftet die Behauptung, es gebe ewige, von Gott geschaffene Werte, die für alle Menschen gleichermaßen Geltung besäßen. Ähnliches läßt sich über die Frage nach der Schönheit sagen: »La beauté, pour un aveugle, n'est qu'un mot, quand elle est séparée de l'utilité.«[8] Für den Blinden gibt es keine absolute Schönheit; der Begriff des Schönen ist für ihn vielmehr abhängig vom Nutzen, der mit einer bestimmten Wahrnehmung einhergeht. Dadurch entsteht bei den Blinden eine ganz andersartige Idee von der Schönheit als bei den Sehenden und, wie Diderot betont, vor allem bei den Philosophen. Die Idee des Schönen, wie sie die Blinden entwikkeln, bleibt fortwährend an die des Guten und damit des Nützlichen geknüpft, das heißt, die Blinden bleiben dem sinnlichen Eindruck, der auf sie im Zusammenhang mit dem Schönen einwirkt, grundsätzlich verhaftet. Sie lösen die abstrakte Vorstellung der Schönheit nicht vom sinnlichen Eindruck ab und gelangen daher gar nicht oder doch nur sehr bedingt zu einer absoluten Idee des Schönen, wie sie die Philosophen seit Platon pflegen. Der Blinde ist ganz auf seine sensuelle Wahrnehmung verwiesen und leitet alle philosophischen Folgerungen aus dieser Tatsache ab. Anhand vielfältiger Beispiele, die Diderot anführt, kann er nachweisen, daß die Vorstellung von einer absoluten Schönheit, die für alle Menschen zu gelten habe, eine philosophische Täuschung und damit hinfällig ist.

Der Relativismus kommt hier auf der Ebene des Materialismus mächtig in Fahrt, die Thesen, auf die er sich zu stützen vermag, scheinen wohlfundiert und stellen die platonische wie insgesamt die idealistische Konzeption der Schönheit ins Licht eines unhaltbaren Dogmatismus. Die Form des Briefes, den der Autor, wie er im Vorwort ausführt, an eine Madame de Puisieux richtet, löst den deduzierenden Duktus des Traktats, mit dem die Aufklärung zumeist operiert hat, in einen rein induktiven Ablauf der Argumentation auf. Nicht mehr werden hier einmal aufgestellte Behauptungen umständlich bewiesen, vielmehr ergibt sich die Erhellung der Zusammenhänge und die Klarheit der Thesen aus dem Aufweis der Fakten: dem Gespräch mit einem Blindgeborenen und den Aussagen des blinden Mathematikers Saunderson. Diderots Prosa erlangt dadurch eine ganz eigene Originalität. Diese erreicht darin ihren Gipfel, daß sich im Laufe des Briefes allmählich die Positionen der Sehenden und der Blinden umzudrehen beginnen. Da die Blinden sich ganz und gar auf ihre Sensualität verlassen müssen, wächst in ihnen eine viele größere Aufmerksamkeit für die sinnliche Präsenz der Dinge heran als bei den Sehenden. Daher kommt es, daß die Blinden kaum dazu neigen, die sinnliche Welt zu transzendieren, um auf diesem Transzendierungsvermögen ihr Denken aufzubauen. Die sehenden Philosophen, und unter ihnen vor allem die Idealisten, neigen dagegen unmittelbar zu dieser Übersteigung der Wirklichkeit auf ewige Ideen hin und erweisen sich darin, so legt es Diderot dem Mathematiker Saunderson in den Mund, nun ihrerseits als Blinde.[9] Diderots Darlegungen laufen auf eine radikale Zurückweisung des Idealismus in der Philosophie und damit zugleich seiner theologischen Fundierung hinaus. Auf dem Sterbebett faßt Saunderson seine sensualistische Sicht der Dinge zusammen und lehnt es auch in dieser Situation noch ab, an einen Gott zu glauben, den man nicht anfassen kann: »Si vous voulez que je crois en Dieu, il faut que vous me le fassiez toucher.«[10] In der Fassung Diderots übersteigt der Zweifel an einem vollkommen transzendenten Gott bei weitem das aus der Bibel, etwa durch die Gestalt des ungläubigen Thomas, bekannte Niveau. Es handelt sich nicht mehr bloß um ein Verhaftetsein im Sensuellen, das gegenüber der transzendenten Überlegenheit des christlichen Glaubens als atavistisch erscheint. Jetzt tritt der Sensualismus als eine Art Gegenglaube in Erscheinung, auf die sich eine andere Form der Transzendenz stützt, die aus der Erfahrungswirklichkeit sich legitimierende Transzendenz der Vernunft.

Diderot bleibt demnach keineswegs bei der Negation der überkommenen idealistischen Anschauungen stehen, sondern legt im selben Zug eine andere, relativistische Einschätzung der Sachverhalte dar, die der Idealismus nur in ein starres System von ewigen Ideen und in der darauf basierenden Folgerung eines von Gott harmonisch eingerichteten Universums zu fassen vermochte. Stets hinter den Worten des Mathematikers Saunderson verborgen, stellt Diderot der Idee von der Harmonie des gottgeschaffenen Universums und der ebenfalls harmonischen Beschaffenheit seiner Wesen eine streng materialistische Vorstellung von biologischer Evolution gegenüber, in der nun nicht mehr die Feinmechanik des göttlichen Uhrmachers zur Geltung kommt, sondern die Funktionstüchtigkeit der Lebewesen und Gattungen in ihrer jeweiligen Umwelt. Daraus wiederum zieht Diderot den philosophischen Rückschluß auf die Beschaffenheit der Welt, in der der Mensch zu leben hat: »Qu'est-ce que ce monde, monsieur Holmes? un composé sujet à des révolutions, qui toutes indiquent une tendance continuelle à la destruction; une succession rapide d'êtres qui s'entre-suivent, se poussent et disparaissent: une symmetrie passagère; un ordre momentané.«[11]

Diese Perspektive impliziert eine Welt ohne Gott. Suspendiert werden nacheinander die moralischen, ästhetischen und metaphysischen Wertsysteme des Idealismus, um sie mit einem sensualistischen Materialismus zu konfrontieren, der die Sphäre der Idee zugunsten einer evolutionären Geschichtlichkeit auflöst; in ihr kann jegliche Ordnung nur momentane und relative Gültigkeit beanspruchen. Es lag nahe, daß man Diderot sofort nach Veröffentlichung der *Lettre sur les aveugles* des Atheismus bezichtigte. Bei aller Geltung, die der Sensualismus und der Materialismus in der Nachfolge der britischen Philosophen Locke und Hume im 18. Jahrhundert erlangen konnte, solch weitreichende Folgerungen wie Diderot hatte daraus noch kein Autor gezogen.

Diderot sprengt mit der dialogischen Struktur dieser Schrift den gewohnten Rahmen der philosophischen Abhandlung und läßt einen genuin theatralen Effekt einfließen, der zur Multiplikation der Wirkung seiner Thesen beiträgt.[12] Der Leser steht dem Text nicht mehr nur reflektierend gegenüber, sondern wird durch seine dialogisch-theatrale Form herausgefordert. Der Autor spricht eine andere Person direkt an und schlüpft dabei unmerklich in verschiedene Rollen, in denen er seine Argumente in perspektivischer Brechung vorträgt. Dadurch entsteht der Eindruck, als werde der Leser selbst unmittelbar angesprochen und dazu aufgefordert, angesichts dieses Perspektivismus Stellung zu beziehen. Der Text erlangt eine Form, die deutlich als strategische Haltung gegenüber dem Publikum auszumachen ist. Dadurch nimmt er eine Kampfstellung ein, die die inhaltlich vorgebrachte Provokation noch intensiviert. Man kann sich als Leser in der Mitte des 18. Jahrhunderts mit solch einem Text nicht auseinandersetzen, ohne selbst zu den angesprochenen Fragen und zu der Schrift insgesamt Stellung zu beziehen. Dieses direkte Eingreifen in die epochalen Auseinandersetzungen von unterschiedlichen Blickpunkten her führt dazu, daß die Schrift selbst, der *Brief über die Blinden*, von vornherein eine relativierte Position einnimmt, also den Kathederduktus der rationalistischen Philosophie unwiderruflich abgelegt hat. Es läßt sich hier gut nachvollziehen, wie Diderot die überkommenen Elemente des Essays wie die Briefform und das damit verbundene Moment des Dialogs in eine dynamische Anordnung bringt. Form und Aufbau des Textes arbeiten an der Mitteilungsfunktion aktiv mit, ja sie erbringen selbst eine wesentliche semiologische Leistung, die die Argumentationsbewegungen unverkennbar dynamisiert. Damit schafft Diderot nicht nur den Schritt von einer dogmatischen zu einer originellen Prosa als Maßstab für ein fortschrittliches Denken; er versetzt das literarisch-philosophische Feld insgesamt in Bewegung und führt es aus der akademisch-aristokratischen Isolation heraus.[13]

Der König ordnete Festungshaft an, doch konnte man sich bei Hofe nicht recht darüber klar werden, wie mit diesem eigenwilligen Philosophen namens Diderot zu verfahren sei. Immerhin hatte man ihn von höchster Stelle aus zwei Jahre vor Erscheinen der *Lettre sur les aveugles*, im Jahre 1747, bereits zusammen mit Jean Le Rond d'Alembert mit der Herausgabe der *Encyclopédie* betraut. Die dafür verantwortlichen Repräsentanten des Hofes wurden nun von den Protesten der Verleger bestürmt, die das Werk durch die Inhaftierung Diderots in Gefahr sehen mußten. Auch Voltaire setzte sich für *Diderot-Sokrates*, wie man ihn in Anspielung auf die legendäre Gefangenschaft und Hinrichtung des griechischen Philosophen zu nennen begann, ein. Überhaupt verhalf die Haft Diderot zu einem ungeahnten Anstieg seiner Popularität. Er galt jetzt als Märtyrer innerhalb einer Gruppe von Denkern die man *les philosophes* nannte, die sich um das Projekt der Enzyklopädie herum sammelten und die von dem allgemein ungeliebten König in die Knie gezwungen werden sollten. Als Diderot aus den Kerkern von Vincennes entlassen wurde, galt er als Berühmtheit.

Die *Encyclopédie* war von nun an das Unternehmen, das ihn zwanzig Jahr lang ununterbrochen in Atem halten sollte. Die abenteuerlichen Umstände, unter denen das Werk entstanden ist, die Druckgeschichte allein, dann das Problem der Abstimmung der unterschiedlichsten Autoren aufeinander und auf das Werk hin, der päpstliche Bann, die Ausstiege d'Alemberts und Rousseaus aus dem Unternehmen – all das kann hier nicht erörtert werden. Statt dessen wäre zu fragen: Was hat dieses Monumentallexikon des menschlichen Wissens mit Diderots Essayismus zu tun?

Es ging den Herausgebern, wie Diderot in seinem Artikel *Encyclopédie* betont, darum, »die auf der Erdoberfläche verstreuten Kenntnisse zu sammeln, das allgemeine System dieser Kenntnisse den Menschen darzulegen, mit denen wir zusammenleben, und es den nach uns kommenden Menschen zu überliefern, damit die Arbeit der vergangenen Jahrhunderte nicht nutzlos für die kommenden Jahrhunderte gewesen sei«.[14] Das war die ethische Zielsetzung, der Horizont der Aufklärung sollte von seiner textkritischen Basis aus aufs Konkrete hin erweitert werden. Die Welt des Wissens sollte nicht mehr hinter dem philosophisch-theologischen Schleier der Ideensysteme verborgen bleiben, sondern selbst machtvoll in den Vordergrund treten und ihre innere Beschaffenheit, aber auch ihre Zusammenhänge untereinander darlegen.[15] Damit sind die Errungenschaften des Materialismus und des Skeptizismus, wie sie Diderot vor der Übernahme des Projektes der *Encyclopédie* ausgeprägt hatte, in tiefgreifender Weise in dessen Konzeption eingeflossen. Aber das Werk repräsentiert noch etwas anderes, mit der Bewußtseinsform des modernen Essayismus ursächlich Verknüpftes. In der *Encyclopédie* sollte es zur Durchdringung aller nur denkbaren Lebenssphären kommen, aller Wissenschaften, aller Künste und Berufe. Um das Wissen auf diese Weise zu sammeln und zu systematisieren, bedurfte es mehr als nur einer gut funktionierenden Redaktion, in der aus der Fülle der eingegangenen Informationen instruktive Artikel gemacht werden konnten. Es ging vielmehr darum, eine durch und durch neue Art der Weltbetrachtung darzulegen, in der die Partikel der Wirklichkeit zu einem großen Bild zusammengefügt werden sollten, ohne doch die Eigenständigkeit des einzelnen Teils aufzugeben. Ein Sich-Öffnen für die Tatsächlichkeit des Materials und der konkreten Welt steht dahinter, die affizierende Konfrontation mit der Materialität der Dinge und der Faktizität der Lebensvollzüge. Die Wege des Denkens sind in dieser Perspektive denen des Materials analog; es kommt darauf an, sich für die einzelnen Dinge in ihrer Vielzahl zu öffnen und doch wieder in die Systematik einer Ganzheit zurücktreten zu können, die die Masse der Fakten in eine nachvollziehbare Ordnung zu bringen vermag. Dies wäre der zweite von Diderot akzentuierte Aspekt des Essayistischen, neben der strategischen Nutzung der Form eines Textes im Sinne einer theatralen Konfrontation mit dem Leser: die Anverwandlung des Konkreten in seiner Faktizität durch das Denken. Ohne Übertreibung wird man behaupten können, daß ein solcher Gedanke zuvor in so eminenter Form noch nicht vorhanden war. In dieser innovativen Dimension mag auch ein Grund dafür liegen, daß Diderot an der Fertigstellung der Enzyklopädie fast bis zur Aufzehrung seiner Kräfte gearbeitet hat, auch als seine Mitstreiter aufgeben wollten, auch als die weltlichen und die geistlichen Mächte das Werk mit Acht und Bann belegten, auch als die Begeisterung der Verleger zwischenzeitlich abzukühlen drohte. Die Enzyklopädie ist die tragende Säule von Diderots Philosophie, die als ein Ganzes keine systematische Ausformulierung erfahren hat, also nicht zu einem System im traditionell philosophischen Sinne zusammengewachsen ist. Das liegt daran, daß Diderots Philosophie kein System werden konnte, das sich in seiner Darstellung, in seiner repräsentativen Geschlossenheit erschöpfte, daß sie vielmehr in all ihren Facetten auf eine *Praxis* hinausläuft und nur als Praxis rezipierbar ist. Praxis aber meint in diesem Zusammenhang ein Eingreifen in die Lebensvollzüge zu erreichen, indem man die Basis ihrer epistemologischen Verfaßtheit berührt und einer grundlegenden Revision unterzieht. Darin liegt der kategoriale Unterschied zu den meisten Philosophen vor Diderot, aber auch zu den Vertretern etwa des Deutschen Idealismus, die nach ihm kamen und die den Kathedermonolog der metaphysischen Vorzeit noch einmal restituierten. Die Protagonisten mit einem ausgeprägten Sinn für die Praxis des Denkens hingegen wußten gerade diesen Zug an Diderot besonders zu schätzen, wie sich an Lessing und Goethe belegen läßt.

Philosophie als eine *Praxis* zu etablieren, das bedeutet, eine Schreibweise durchzusetzen, in der das Verhältnis des Denkens der Welt gegenüber im Zusammenspiel von Argumentation und Textformation gewissermaßen physisch eingeprägt wäre. Diese Voraussetzung impliziert eine kämpferische Haltung, die sich ebenfalls zentral in der Schrift selbst äußert. Das bedeutet, die Welt als Konkretum in ihren Einzelfällen zu durchdringen, sie nicht durch Denken zu transzendieren, sondern das Denken zu materialisieren. Das ist Diderot auf seine Weise gelungen. In seinem Gesamtwerk findet sich ein unvergleichliches Maß an Spontaneität und Vielfalt, an Rollen und Posen, an bewußt (und weniger bewußt) durchgespielten Wechselfällen des Temperaments, so daß sich angesichts dieser äußerst produktiven Sprunghaftigkeit die Frage nach dem ausgebliebenen ›Meisterwerk‹ erübrigt. Es erscheint demgegenüber konsequent, daß Diderot kein solches Hauptwerk von eigener Hand hinterlassen hat, daß man etwas Vergleichbares allenfalls in der Gemeinschaftsarbeit der *Encyclopédie* erblicken könnte und daß sich sein Schaffen in vielen unterschiedlichen und gleichberechtigt auftretenden Strängen ausgebreitet hat. Er steht deshalb keineswegs zurück hinter denjenigen Philosophen, die ein System oder etwas Ähnliches produziert haben. Er bildete nur einen anderen Typus des Philosophen aus, den Grundtypus des Philosophen als Essayisten.

»Genau genommen, ist Diderot einer der großen Essayisten der europäischen Literatur«, schreibt Ralph-Rainer Wuthenow in seiner Einführung zu Diderot und trifft damit den Nagel auf den Kopf.[16] Man müßte hinzufügen, daß Diderot den ersten *umfassenden* Essayisten der europäischen Literatur darstellt. *Umfassend* meint in diesem Kontext alle Ebenen des Schreibens und der Darstellung beschreitend, sowohl inhaltlich (also hinsichtlich der Stoffwahl) als auch in Hinblick auf die Form. Auch wenn wir manchen seiner Schriften heute zunächst etwas fremd gegenübertreten, wenn wir erst einmal durchdringen müssen durch das Gestrüpp der Dialoge und durch die dramatische Aufbereitung seiner Philosophie, so muß Diderot seinen Zeitgenossen und den Generationen, die unmittelbar auf ihn folgten, als ein Phänomen an Erfindungsreichtum und Themenvielfalt erschienen sein, daneben aber auch als ein geradezu pikareskes Genie des Rollentauschs und des Szenenwechsels. Sein Essayismus ist als eine Vielzahl weitausschwingender Bewegungen zu verstehen, die seine denkerische Praxis facettenartig ausfüllen. Er ist der Typus, der sich den Zwängen des Akademismus wie der metaphysischen Tradition seines Jahrhunderts widersetzt und Denken gemäß seinem eigenen Temperament und seiner physiologischen Disponiertheit durchführt. Nicht zuletzt in diesem Zug ist der Essayismus der Moderne bei Diderot in seiner gesamten Potentialität präfiguriert.

Schriften wie der *Essai sur la peinture*, der *Rêve D'Alembert* oder der berühmte *Paradoxe sur le comédien* stellen Basistexte der weiteren Aufklärung und der über sie hinausgehenden Bewegungen dar. Diderots Ästhetik beeinflußte Lessing fundamental und ist noch in den kunsttheoretischen Abhandlungen der deutschen Klassik unverkennbar wirksam. Nicht zuletzt Goethe war es, der die Bedeutung Diderots immer wieder hervorhob und als Übersetzer des *Neveu de Rameau* der Vervollständigung des Diderot-Bildes einen unschätzbaren Dienst erwies.

Dieser Dialog, *Rameaus Neffe*, wurde von Diderot zu Lebzeiten nicht veröffentlicht; die Handschrift befand sich zu Beginn des 19. Jahrhunderts im Besitz des russischen Hofes, da Diderot der Zarin Katharina II. seine gesamte Bibliothek vermacht hatte, die dieser nach seinem Tod 1784 überstellt wurde. Der deutsche Poet Maximilian Klinger, General im Dienste des Zaren, entdeckte den Dialog durch Zufall in der Hofbibliothek. Durch Klinger gelangte der Text über Umwege im Jahre 1805 nach Weimar.[17] Dort nahm sich Goethe seiner an und stellte sofort fest, daß es sich um eine ganz und gar ungewöhnliche Schrift handelte. Im *Neveu de Rameau* zieht Diderot die Summe seiner Erfahrungen, und zwar im Sinne eines ketzerischen Individualismus. Die Schrift stellt sowohl eine bissige Zeitsatire als auch ein philosophisches Testament Diderots dar. Sein skeptischer Relativismus gelangt hier zu der Infragestellung praktisch aller Wertbegriffe, die im Ancien Régime Geltung genossen hatten, aber auch derer, die die Aufklärung vor allem auf moralisch-ethischem Gebiet hervorgebracht hat. Erstaunlich ist, wie Diderot auch noch die Grundpositionen der Aufklärung, die er selbst so vehement verfochten und vorangetrieben hatte, hinter sich läßt und eine Modernität des Bewußtseins einleitet, der Relativismus und Negativität zur prägenden Erfahrung werden sollte. Diesen Gehalt hat Hegel unmittelbar aus dem Dialog herausgespürt, hat die darin von dem verrückt-hellsichtigen Neffen des Komponisten Rameau vorgetragenen Ansichten als Exempel für die Struktur des sich entfremdenden Geistes verstanden und in seiner *Phänomenologie des Geistes* von 1807 im Sinne einer Darlegung des modernen unglücklichen Bewußtsein interpretiert, das keine notwendige Bindung mehr zwischen sich und seiner Umwelt herzustellen vermag.[18]

Gerade in *Rameaus Neffe* zeigt sich, daß die dialogische Struktur die Voraussetzung für Diderot darstellt, die didaktische Grundnote der Aufklärung in eine narrative Dynamik umzuleiten, die keinen Haltepunkt mehr sieht und auch ihre eigenen Fundamente aus Notwendigkeit noch untergraben muß. Die Figur des Neffen ist der Stammvater aller relativistischen Pragmatiker des Geistes seit der Romantik, das hatte Hegel in einer Art diagnostischer Antizipation klar erkannt.[19] Somit muß Diderot selbst der Impuls zu dieser Grenzüberschreitung zugesprochen werden. Ein Impuls, der aus der plötzlich selbstläufigen Eigenbewegung der Aufklärung kommt. Diese vermochte als dogmatische Rhetorik dem Skeptizismus und dem Relativismus, den sie hervorgebracht hatte, nicht mehr Stand zu halten. Dennoch wird man der Bedeutung dieses Vorgangs nicht ganz gerecht, wenn man ihn allein auf einen ideengeschichtlichen Effekt reduziert. Inauguriert und inszeniert wird er vor allem anderen in einer Metamorphose der Schreibweisen, bei Diderot vor allem im Dialog, der eine äußerst vielschichtige Medialität repräsentiert. Der Dialog ist für Diderot das exklusive Medium des Versuchs. Dieser ist dem System diametral entgegengesetzt. Das hat schon im Jahre 1906 Rudolf Kassner festgehalten, wenn er in seinem Essay über Diderot bemerkt: »Wo hat also Diderot Stil? In der Einleitung habe ich von dem Seltenen, das wir in Diderot suchen dürfen, gesprochen. Nun, hier im Seltenen liegt auch sein Stil, anders ausgedrückt: im Versuche. Und das ist modern. Die großen alten Rhetoren kannten den Versuch nicht, ja man kann sagen, sie hatten nur insofern Stil, als etwas in ihrem Werke nicht Versuch, sondern System war.«[20]

Bei Diderot also wird der Versuch in einem umfassenden Sinne und damit der Essayismus zum eigentlichen Treibmittel einer sich selbst potenzierenden Aufklärung. Was wäre charakteristischer für das moderne Bewußtsein, das sich in Gestalten wie Marx, Nietzsche oder Freud repräsentiert sieht, als die über sich selbst hinaustreibende Aufklärung, die keine gedanklichen Schranken mehr kennt und die Relativierung aller Werte zugunsten der Idee einer fundamentalen Umwälzung der Verhältnisse in einem sich immer mehr beschleunigenden Tempo vorantreibt? Gewiß ist nicht allein Diderot für den Anstoß dieser Entwicklungen verantwortlich zu machen. Doch kann man an seinen Schriften in besonders lebendiger Form nachvollziehen, wie die Keime dazu ausgestreut werden. Dieses Ausstreuen aber ist pure Essayistik, ein Sich-Öffnen für die Vorläufigkeit der Thesen angesichts einander relativierender Versionen von »Wahrheit«, die entschiedene Hinwendung aufs Konkrete und Materielle gegenüber der Transzendenz der Religion und dem Idealismus der Philosophie, die Akzentuierung der Theatralität des Denkens gegenüber einer rhetorischen Didaxe der monokausalen Repräsentation und – nicht zuletzt – die Erkenntnis der zentralen Rolle, die die Kunst bei alldem zu spielen hat. Denn die Kunst ist für Diderot nicht mehr eingebunden in ein System, das sie aufnimmt, sei es das der Religion, des Hofes oder, wie noch bei Voltaire, das der Aufklärung und ihrer Ziele. Die Kunst wird jetzt zum entscheidenden Prinzip der Selbstbefragung des Menschen im Horizont seiner »naturgegebenen« Organisation. Das Genie bildet hier die Instanz, die dem Menschen seine eigene Verfaßtheit vorspiegelt, indem es der Natur am nächsten steht und deren unmittelbarer Inspiration unterliegt.[21]

Darüber hinaus entdeckt Diderot einen Aspekt der Kunst, der zur Basis aller seit dem Sturm und Drang in den ästhetischen Diskursen Europas sich herauskristallisierenden Konstanten werden sollte. In dem Dialog *Paradoxe sur le comédien* betont er die Differenz, die zwischen der Darstellung des Schauspielers auf der Bühne und der Wirkung, die von dieser Darstellung ausgehen kann, liegen muß. Der Schauspieler darf die Empfindungen, die er zur Darstellung bringt, nach Möglichkeit gar nicht selbst empfinden, sondern muß sich zu einem reinen Medium machen, zu einer emotionalen Leerstelle, die kalten Herzens und mit der größtmöglichen inneren Berechnung es erreicht, die Empfindungen, die der Mime präsentiert, zu einem intensiven emotionalen Erlebnis beim Zuschauer werden zu lassen. Darin betont Diderot den medialen Wert der Kunst und schärft das Bewußtsein, das schon die Frühromantik zur Grundlage ihrer ästhetischen Theorien machen sollte, das Bewußtsein nämlich für die *artistische* und *artifizielle* Dimension der Kunstproduktion.

Eine solche These tritt bei diesem Autor nicht zufällig in Erscheinung. Hinter ihr steht die Erfahrung mit sich selbst als Künstler und Philosoph – oder, wie wir heute sagen würden, als Künstlerphilosoph. Es ist gerade der Typus des Schauspielers, der den Horizont des modernen Menschen ausfüllt, die Gebrochenheit zwischen sich selbst und der Rolle, die gerade gespielt werden muß, das Bewußtsein für den Bruch zwischen Ausdruck und Wirkung, insgesamt das strategische Moment in allem Handeln. Die Hervorhebung des Schauspielers als Protagonist einer genuinen Modernität des Bewußtseins korrespondiert bei Diderot mit der theatralen und dramatischen Konzeption seines Denkens. Der Schauspieler ist das Subjekt dieses Denkens. Denken bleibt stets im ästhetischen Medium, ja es ist ohne diese artistische Distanz zur »Wahrheit« gar nicht vorstellbar. Diese ästhetische Perspektive auf das Denken und seine Medialität bildet den Ausgangspunkt zu einem Essayismus, wie wir ihn im weiteren verfolgen werden, bis in die jüngste Vergangenheit hinein. Erst hier, bei Diderot, ist ein modernes philosophisch-ästhetisches Bewußtsein erreicht, das die Autoritäten des alten Europa endgültig hinter sich zu lassen vermag. Es wird deutlich, daß Essay und Essayismus in diesem Rahmen nicht nur eine Gattung unter anderen bilden, sondern daß sie gerade im Gegenteil für den allmählichen Zusammenbruch der tradierten Gattungsgrenzen verantwortlich sind. Es geht jetzt darum, die Zeichensysteme zu beherrschen, die das Denken ausbildet, das bedeutet, sich als Akteur in diesen Systemen zu bewegen und auf die gewünschten Effekte beim Publikum ebenso virtuos wie kaltblütig abzuzielen: »Celui donc qui connaît le mieux et qui rend le plus parfaitement ces signes extérieurs d'après le modèle idéal le mieux conçu est le plus grand comédien.«[22]

Friedrich Schlegel – via Lessing

»Wenige Schriftsteller nennt und lobt man so gern als ihn: ja es ist fast eine allgemeine Liebhaberei, gelegentlich etwas Bedeutendes über Lessing zu sagen.«[23] Dieser von Friedrich Schlegel in der Einleitung zu seinem Essay über Gotthold Ephraim Lessing festgehaltene Satz kann noch heute durchaus Gültigkeit beanspruchen. Die herausragende Bedeutung Lessings für die deutsche Literatur ist unbestritten und unbestreitbar. Lessing erscheint uns heute, wie er schon seiner unmittelbaren Nachwelt erschienen ist. Mit ihm erlangte die Epoche der Aufklärung in Deutschland Konturen, er ging über die monologischen Präsentationsformen der deutschen Schulphilosophie, repräsentiert durch Thomasius und Christian Wolff, hinweg und brachte die Dispute der Aufklärer mit dem vielgestaltigen Medium der Literatur in engste Verbindung. Mit Lessing erst setzte eine wirkliche Reform des deutschen Dramas ein, er befreite es vom Diktat der Regelpoetik, rückte den Geniebegriff in den Vordergrund und führte eine neue Thematik ein. Von Lessing, heißt es, nähme das sogenannte *Bürgerliche Trauerspiel* seinen Ausgang. Sein Schaffen war geprägt von einer unvergleichlichen Streitlust und einem bis dahin in Deutschland nicht gekannten intensiven Bezug zu allen Ebenen der Öffentlichkeit. Ohne Lessing keine Klassik und keine Romantik, das ist der Tenor allenthalben, eine Perspektive, die nicht zuletzt schon Goethe im siebenten Buch von *Dichtung und Wahrheit* zugrunde gelegt hat. Lessing besetzt eine Vakanz, die außer ihm in seiner Zeit niemand sonst zu füllen vermochte, und dafür ist man ihm seit zweihundert Jahren unendlich dankbar. Das literarische Niemandsland, das Deutschland seit dem Barock dargestellt hatte, wurde durch ihn endlich großflächig kultiviert und erlangte den Anschluß an das fortschrittliche Europa, vor allem an England und Frankreich. Die starre Norm, die sich unter Gottscheds Perücke petrifiziert hatte, wurde aufgebrochen. Lessing mischte sich rückhaltlos in alles ein, von dem er glaubte, es ginge ihn an, griff jeden kontroversen Diskurs mit derselben Verve auf, schuf immer wieder neue Kontroversen und polemisierte gegen jede Form des Dogmatismus mit einer Inbrunst, die ihn zur kulturgeschichtlichen Hauptfigur in der Mitte des 18. Jahrhunderts hat werden lassen. Das Lessingbild, das durch das 19. Jahrhundert hindurch ins zwanzigste eingedrungen ist und sich festgesetzt hat, präsentiert einen unerschrockenen Einzelkämpfer mit viel Anhang und sympathisierender Gesellschaft, der sowohl theologisch als auch philosophisch, sowohl literarisch als auch allgemein ästhetisch Neuland erobert habe und deshalb als Begründer einer neuen Epoche in Deutschland zu gelten habe, nicht bloß als ihr Vorbereiter.[24]

Lessing begründete zwei Tendenzen gleichzeitig, die richtungsweisend für die weitere Entwicklung des literarischen Lebens in Deutschland werden sollten: die Literatur – hier vor allem das Drama – als moralisch-pädagogische Institution und die Kritik als deren intellektuelle Erweiterung und Ergänzung. Gerade angesichts der von Lessing so vehement vorangetriebenen literarischen Kritik und der damit verbundenen vielfältigen Formen des Prosaschreibens ist man häufig zu dem Schluß gekommen, Lessing habe neben all seinen anderen Verdiensten nicht zuletzt auch als der eigentliche Begründer des deutschen Essays zu gelten. Man denkt dabei an die *Briefe* von 1753, in denen sich neben der ausführlichen Würdigung der ersten Gesänge von Klopstocks *Messias* einige der unvergleichlichen *Rettungen* finden, so auch die *Rettung* des Horaz. Oder an die zusammen mit Nicolai und Mendelssohn abgefaßten *Briefe, die neueste Literatur betreffend,* die wohl die eigentliche Geburt Lessings als Literaturkritiker bedeuten. Und nicht zuletzt denkt man an den *Laokoon*, den man durchaus als eine erste Ausformung des ästhetisch-wissenschaftlichen Essays ansehen könnte, oder an den den sogenannten *antiquarischen Schriften* zuzurechnenden Aufsatz *Wie die Alten den Tod gebildet*. Nicht zu vergessen die Polemiken wie den *Anti-Goeze* oder den *Fragmentenstreit*, auch sie im Prinzip Ausprägungen eines essayistischen Schreibens, wie man auf den ersten Blick erkennen kann.

Dennoch, trotz dieser Vielgestaltigkeit im nichtfiktionalen Prosaausdruck scheint bei Lessing etwas zu fehlen, das wir bei Diderot, an den er sich in manchen entscheidenden Fragen aufs Engste anlehnt, schon kennengelernt haben und das man zunächst einmal ganz ungenau eine bestimmte Art von histrionischer Vielschichtigkeit nennen könnte. Dieses Phänomen, das Lessing bis zu einem gewissen Grad abzugehen scheint und das Diderot, je weiter sein Schaffen voranging, desto intensiver einzusetzen wußte, geht zweifellos auf das Grundmoment des Skeptizismus und sein Einfließen in die Darstellung, in die Sprache selbst zurück. Man kann sagen, daß bei Diderot dieser Skeptizismus mit all seinen Folgen immer weitreichender Platz gegriffen hat, während sich vergleichbare Ansätze bei Lessing gerade in den späten Polemiken in einen neuen, unterschwellig wirksamen Dogmatismus verwandeln. Dadurch bleibt eine bestimmte Art von Humor aus seinen Schriften ausgeschlossen. Sich mit Lessing zu beschäftigen, bedeutet, sich mit der spezifisch deutschen Humorlosigkeit zu beschäftigen, die nicht zuletzt auch schon in seinen frühen Komödien spürbar wird. Zwar zeigt sich in den Komödien fraglos eine bestimmte Form von Humor, aber nicht der Humor eines Montaigne, eines Diderot oder eines Friedrich Schlegel. Lessings Humor bleibt beschränkt auf die Effekte seiner Rhetorik und Polemik, er fällt nicht zurück auf das Subjekt, das für diese Effekte verantwortlich ist. Lessings Humor bleibt im Sinne des Rokoko Witz, Schlagfertigkeit, Gedankenblitz, insgesamt ein Aspekt der dramatischen Aktion. In der Selbstreferenz des Subjekts im Horizont eines genuin neuzeitlichen Skeptizismus aber haben wir die wesentlichen Merkmale des Essayismus und des Essays erkannt. So muß man festhalten, daß Lessing zwar in vielen Bereichen bahnbrechende Aufsätze und Abhandlungen verfaßt hat, daß seine Polemiken aufs Ganze gehen und einen äußersten Grad an intellektueller Schärfe erreichen, daß er aber in diesem bezeichneten Sinne nicht primär als Essayist anzusehen ist.

Lessings Sprache ist die der gelehrten Abhandlung im *Laokoon* ebenso wie die der scharfzüngigen Kritik in seiner Eigenschaft als ›Kunstrichter‹, sie ist aber bei alldem auch eine Sprache der *Rhetorizität*.[25] Mit ihr rechtfertigt Lessing Goeze gegenüber seinen persönlichen Sprachstil als Dichter in bewußter Abkehr von der theologischen Schulsprache. Das bedeutet, die Wertschätzung des Stilistischen ist vorhanden und wird immer zentraler; doch wird sie noch verteidigt mit den Waffen der alten Rhetorik, der alles Sprach- und Gedankenexperimentelle unendlich fremd war. Damit ging Lessing auf dem Feld der Emanzipation von den überkommenen Mächten mit aller Bestimmtheit voran, ohne doch den letzten Schritt, den der Selbstbezüglichkeit der Literatur angesichts ihrer neu gewonnenen Autonomie bereits tun zu können.[26] Erst im Vollzug auch noch dieses Schrittes findet sich in Deutschland das Essayistische verwirklicht. Mit der Frühromantik ist diese Stufe erreicht. Und es ist sicher kein Zufall, daß sich der Hauptakteur der Jenaer Romantik, Friedrich Schlegel, gerade während der Hochzeit dieser Bewegung, in den Jahren 1796/97, fundamental mit Lessing auseinandersetzt.

Schlegel kündigt gleich zu Beginn seines Essays den Versuch an, »Lessings Geist im Ganzen zu charakterisieren«.[27] Damit wendet er sich gegen diejenigen unter Lessings Verehrern, die ihn in seinen einzelnen Leistungen auf den verschiedensten Gebieten würdigten und die sich inzwischen gegenüber Lessings Gegnern in der Mehrzahl befänden. Schlegel führt aus: »In der Theorie wie auf der Bühne und in der Kritik hat er nicht bloß Epoche gemacht, sondern eine allgemeine und dauernde Revolution allein hervorgebracht, oder doch vorzüglich veranlaßt.«[28] Diese Revolution, von der Schlegel spricht (und von der Lessing kaum gesprochen haben dürfte) sieht er darin begründet, daß »eine pragmatische Theorie der deutschen Prosa wohl mit der Charakteristik seines Stils gleichsam würde anfangen und endigen müssen.«[29]

Das ist nun allerdings gerade für das Thema *Essay* eine hochinteressante Kategorie: *eine pragmatische Theorie der deutschen Prosa*. Auf ihrer Grundlage geht Schlegel auf die innere Einheit von Lessings Werk zu, wie er sie sieht. Diese bestehe im durchgehenden Vorkommen eines einheitlichen Geistes, der jedes Teilstück von Lessings Schaffen durchziehe und nirgends als Ding an sich in Erscheinung trete, sich jedoch am ehesten im Stil bemerkbar mache. Damit führt Schlegel Lessings Bedeutung auf das innerste Wesen seiner Person zurück, ja er erklärt die Individualität des Autors zur enigmatischen Basis seiner Schriften: »Er selbst war mehr wert, als alle seine Talente. In seiner Individualität lag seine Größe.«[30]

Immer deutlicher schwenkt Schlegel in der Folge auf sein eigenes poetologisches Terrain ein. Man erkennt spätestens in der Mitte des Essays, worin seine eigentliche Absicht bei dieser Reflexion über Lessing liegt. Schlegel zeichnet ein Lessing-Bild, das nur sehr bedingt mit dessen tatsächlichem Leben und Werk übereinstimmt, das aber in nuce und beinahe in toto die Grundsätze von Schlegels eigenem dichtungstheoretischem Programm enthält. So reklamiert er Lessing als Inspirator und Virtuosen des »lebendigen Gesprächs«, eine Kategorie, die, wenn sie auch auf Lessing zutrifft, in der Weise wie Schlegel sie vorstellt, ganz zentral in den Bannkreis der Jenaer Romantik zu stellen wäre. Ferner führt er das Schreiben in Fragmenten auf Lessing zurück, ja erklärt ihn zum Vorläufer einer alles fragmentierenden Tendenz, die sich so ebenfalls erst um 1795 bei Friedrich Schlegel selbst findet. Das Dunkle und Unverständliche an Lessings Prosa hebt Schlegel besonders hervor, ebenso wie er die Darlegung gut begründeter gedanklicher Zusammenhänge bei Lessing als »eine Kette von witzigen Einfällen« interpretiert.[31] Auch hierin spricht Friedrich Schlegel im Grunde rein für sich selbst. Er begründet mit Hilfe Lessings, dessen Bild er gleichzeitig in den Augen der Zeitgenossen zurechtzurücken sucht, seine eigene poetologische Perspektivik, und zwar in allen relevanten Punkten. Dabei schraubt er den Wert von Lessings eigentlichen dichterischen Produktionen weit herunter. Schlegel hält Lessings Stücke – außer *Nathan der Weise*, den er *Lessings Lessing* nennt – für höchst bewunderungwürdige, aber kalte und emotionslose Produkte. Was sie ausstrahlten, sei ein pädagogisch-didaktischer Grundimpuls, der dem reinen Verstand entspringe, aber eben kein Leben enthalte.[32]

Schlegels Darstellung gipfelt in dem Vorschlag, Lessing als den zu nehmen, der er nun einmal sei, nicht den großen Dichter in ihm sehen zu wollen und ihn nicht in eine bestimmte ideelle Richtung auszulegen, sei es die theologisch-kritische oder die dramentheoretische, die polemische oder die historisch-philosophische: »Und wenn ihr denn einmal nur bei dem stehenbleiben wollt, was wirklich in ihm zur Reife gekommen und ganz sichtbar geworden ist, so laßt ihn doch, wie er ist, und nehmt sie, wie ihr sie findet, diese Mischung von Literatur, Polemik, Witz und Philosophie.«[33]

Es kann nun nicht mehr verwundern, wenn Schlegel im Anschluß an diesen Hinweis ohne Umschweife eine »Anthologie eigner Gedanken« vorbringt.[34] Gegen Ende seines Essays geht es ihm zunächst überhaupt nicht mehr um Lessing, sondern um die Darstellung seiner eigenen zum Teil paradoxen Ansichten, die Literatur ebenso betreffend wie die Wissenschaften. Er spricht vom Vorzug des Experimentellen gegenüber anderen Schreibweisen, fordert die Erarbeitung einer *Enzyklopädie*, die den organischen Zusammenhang aller Künste und Wissenschaften sowie ihrer Gesetzmäßigkeiten und ihrer Geschichte beinhalten sollte und expliziert seinen Begriff von Ironie, der hier bereits in vollem Maße mit dem Begriff der *romantischen Ironie* identisch ist, wie ihn Schlegel später einführen wird. Nach diesem *tour d'horizon* landet Schlegel schließlich wieder bei Lessing und fragt: »Und warum ehre ich denn nun den Mann so hoch, dem ich vieles ganz abspreche, was andre einzig an ihm loben?«[35]

Die Antwort auf diese Frage führt auf die potenzierten Denkbewegungen der Frühromantik direkt zu. Schlegel verkündet, es gehe nicht nur darum zu verstehen, sondern gerade auch das Verstehen zu verstehen. Er stellt die *Tendenz* eines Werkes über die Valenz einzelner Gedanken und klar formulierter Aussagen, erklärt alle bisherige Kunsttheorie als unzureichend, den höheren Begriff von Kunst und Form zu ermitteln und schließt mit dem Hinweis auf die nur durch einfühlende Kritik herzustellende Beziehung alles Einzelnen aufs Ganze: »Das Wesen der höhern Kunst und Form besteht in der Beziehung aufs Ganze. Darum sind sie unbedingt zweckmäßig und unbedingt zwecklos, darum hält man sie heilig wie das Heiligste und liebt sie ohne Ende, wenn man sie einmal erkannt hat. Darum sind alle Werke Ein Werk, alle Künste Eine Kunst, alle Gedichte Ein Gedicht.«[36]

Ganz zuletzt schließt Schlegel sein Lessingbild mit den zugleich ausgebreiteten Grundelementen seiner poetischen Perspektive zusammen: »Gibt es wohl ein schöneres Symbol für die Paradoxie des philosophischen Lebens, als jene krummen Linien, die mit sichtbarer Stetigkeit und Gesetzmäßigkeit forteilend immer nur im Bruchstück erscheinen können, weil ihr eines Zentrum in der Unendlichkeit liegt. Eine solche transzendente Linie war Lessing, und das war die primitive Form seines Geistes.«[37] Man muß nicht lange nachforschen, um zu erkennen, daß diese Folgerung doch recht weit außerhalb von Lessings eigenen Gedankenkreisen angesiedelt sein dürfte. Schlegel reklamiert zwar Lessings Schaffen als erste vollkommene Ausformung eines in der Tendenz aller Schriften auf ein Zentrum weisenden Werkes und führt ihn als Kronzeugen einer *pragmatischen Theorie der deutschen Prosa* an. Doch vereinnahmt er ihn zugleich auf eine geradezu unverfrorene Art und Weise für seine eigenen Absichten. Worauf Schlegel abzielt, ist nicht allein, Lessing und sein Werk zu verstehen, sondern im selben Vollzug auch und gerade *das Verstehen zu verstehen*. Lessing und sein Werk, insbesondere seine Prosa werden für eine Theorie der Poesie und der Kunst in Dienst genommen, deren erstes Anliegen es nicht ist, eine historisch richtige Darstellung zu liefern, sondern eine Genealogie herzustellen, an deren Ende der Autor Schlegel selbst steht. Dabei gelingt es Schlegel, seine ureigensten poetologischen Positionen als ausgeformte Phänomene auf einen prominenten Vorläufer zu projizieren und durch diese Projektion hindurch seine eigene *dichterische* Haltung im Medium der Kritik zu formulieren. Gleichgültig ist dabei, ob das bei Lessing Vorfindliche hinreicht, um die vorgestellte Hülle tatsächlich auszufüllen. Schlegel gibt vor zu verstehen, was Lessing noch nicht an sich selbst zu verstehen vermocht habe und was die zeitgenössische Lessingverehrung erst recht nicht begreifen könne. Bei diesem Vorgehen ist alles eine Frage der Interpretation und diese wiederum hängt von der visionären Potenz des Interpreten ab. Gerade die Vielseitigkeit Lessings und das uneinheitliche Erscheinungsbild seines Werkes lassen Schlegel dahin tendieren, den Geist des Ganzen im Fragment zu erblicken und in der Mischung der Formen einen höheren Begriff von Poesie und Denken anzunehmen.

Tatsächlich geht diese Ausdeutung weit an Lessing Absichten vorbei. Seine wirkungsästhetische Dramentheorie mit den Grundpfeilern von Mitleid und Furcht ebenso wie seine fundamentalpädagogische Begründung von Gesellschaft und Religion, ein Zusammenhang, der gerade in seinem Spätwerk *Die*

Erziehung des Menschengeschlechts kulminiert – nichts davon hat einen Bezug zur Potenzierung der ästhetischen Form als Basis eines poetischen Perspektivismus. Diese Potenzierung findet sich bei Schlegel zum erstenmal, und er setzt den allseits geschätzten Lessing geschickt als Gewährsmann dafür ein. Friedrich Schlegels Begriff der Kritik und des Kritikers versucht, die Einheit des geistigen Lebens radikal historisch zu verstehen. In seinem geschichtsphilosophischen Modell laufen alle Werke und Protagonisten der literarisch-ästhetischen Vergangenheit auf die Gegenwart dessen zu, der sie als Kritiker beurteilt. Der Kritiker schert somit aus der Reihe der empirisch-dogmatischen Kunstrichter aus und wird zum Inbegriff des Literaten als Geschichtsvisionär. Erst der so verstandene Kritiker ist dazu in der Lage, das wirklich Bedeutende vom Unbedeutenden zu scheiden. In seinem Essay zu Goethes *Wilhelm Meister* zeigt Schlegel, inwiefern Goethe in einer Reihe mit den Großen der Literaturgeschichte zu sehen sei und was an seinem Werk das spezifisch Moderne sei, das sich aus der Zusammenführung von unvergänglichen und aktuellen Momenten der Darstellung herausbilde. Schlegel erreicht mit diesem von ihm gesetzten Führungsanspruch der Kritik zwei Ziele. Zum einen führt er die Kritik aus den Sekundantenrolle der Poesie heraus und weist ihr eine eigene tragende Funktion im Rahmen der Produktion von Dichtung zu. Zum anderen, und das ist das Entscheidende, enthebt er die Literatur jedes außerliterarischen Anspruchs, jeder außerliterarischen Aufgabe und erklärt sie zu einem in sich geschlossenen Medialbereich, in den alle Steigerungsmöglichkeiten des Geistigen eingelagert sein sollen. Denn Kritik ist auch und vor allem Potenzierung, Verstehen des Verstehens, Denken des Denkens. Kritik läßt den Progreß der Literatur aufs Unendliche hin bewußt werden. Indem er die Abfolge der Autoren und Werke als einen einheitlichen geschichtlichen Prozeß versteht, markiert Schlegel zwei komplementäre Ebenen seiner Idee des Historischen, die unbedingt anzusteuern seien: die unendliche Progression und das Universale von Geschichte. In diesem Verständnis von Dichtung kreiert er den Begriff einer *progressiven Universalpoesie*. Das berühmte Athenäumsfragment Nr. 116 führt in aller Breite und Klarheit aus, was darunter zu verstehen sei:

Die romantische Poesie ist eine progressive Universalpoesie. Ihre Bestimmung ist nicht bloß, alle getrennten Gattungen der Poesie wieder zu vereinigen und die Poesie mit der Philosophie und Rhetorik in Berührung zu setzen. Sie will und soll auch Poesie und Prosa, Genialität und Kritik, Kunstpoesie und Naturpoesie bald mischen, bald verschmelzen, die Poesie lebendig und gesellig und das Leben und die Gesellschaft poetisch machen, den Witz poetisieren und die Formen der Kunst mit gediegenem Bildungsstoff jeder Art anfüllen und sättigen und durch die Schwingungen des Humors beseeligen. [...] Die romantische Poesie ist noch im Werden; ja das ist ihr eigentliches Wesen, daß sie ewig nur werden, nie vollendet sein kann. Sie kann durch keine Theorie erschöpft werden, und nur eine divinatorische Kritik dürfte es wagen, ihr Ideal charakterisieren zu wollen. [...].[38]

Eine solche umfassende Perspektive findet sich bei Lessing nicht. Zwar beruft sich Schlegel in seinem Aufsatz *Vom Wesen der Kritik* erneut auf Lessing als den eigentlichen Inaugurator der neuen Kritik, doch führt ihn seine Auslegung des eigenen Begriffs von Kritik in eine ganz andere Richtung. Es ist charakteristisch für Friedrich Schlegels fulminante Anfänge, daß er sich auf Vorläufer beruft und daß er in der deutschen Literatur diese Gestalten glaubt finden zu können. Seine Darstellung Lessings als Urvater der deutschen Kritik hat das Lessingbild nachhaltig beeinflußt. Von der Grundaussage her ist dessen Gültigkeit gewiß nicht zu widerlegen. Und doch fließt gerade durch die interpretatorische Überformung Lessings und seiner Schriften ein neues Element in Schlegels Poesiebegriff und in seine Idee von Kritik mit ein, in welchem sich die Geburtsstunde des Essays in Deutschland ausmachen läßt. Das ist zunächst deshalb besonders bemerkenswert, weil Schlegel sich offensichtlich nicht auf die bisher nachgezeichnete Tradition des Essays bezieht. Sein Essayismus kommt weder von Montaigne noch von Bacon her, obgleich er beide Autoren genau kennt. Die Bewunderung Schlegels für die französische Aphoristik und hier vor allem für Chamford könnte als ein Anhaltspunkt begriffen werden, der zumindest die Neigung zum romantischen Fragment erklärt. Das durchgreifend Essayistische, das Schlegels gesamtes Frühwerk auffallend prägt, rückt damit aber noch nicht in den Blick.[39] Tatsächlich haben wir es hier mit einer anderen, wenn man so will, *dritten* Quelle des Essayismus zu tun, die wiederum einem deutschen Sonderweg innerhalb der europäischen Geistesgeschichte Rechnung trägt.

Der Ausgangspunkt zu dieser Entwicklung liegt in dem Bedürfnis begründet, die Quintessenz der Philosophie der Aufklärung, wie sie sich bei Kant zeigt, in eine pseudoreligiöse Dimension säkularisierter Totalität zu transformieren. Die Weiterführung der Thesen Kants durch Fichte bildet einen ersten, allerdings äußerst wirkungsmächtigen Schritt in diese Richtung. Die Hauptrepräsentanten des Deutschen Idealismus, Fichte, Schelling und Hegel, können sich nicht mit Kants strikter Separierung von Erkenntnis, Ethik und ästhetischer Urteilskraft abfinden und versuchen mit den Mitteln der philosophischen Deduktion eine innere Einheit dieser drei Bereiche herzustellen. Das führt zu den großen Systementwürfen des Deutschen Idealismus, deren Ursprünge mit der Herausbildung der Frühromantik parallel laufen. Während sich 1798 und 1799 in Jena im Hause des Professors August Wilhelm Schlegel dessen Bruder Friedrich, Novalis, Tieck und einige andere zum *Symphilosophieren* versammelten, war Fichte der gefeierte Vorreiter philosophischen Denkens und arbeiteten Schelling und Hegel bereits an den Hauptwerken zur Begründung ihres transzendentalen Idealismus. Für die Romantiker wie für die Philosophen ging es dabei nicht bloß darum, die ›richtige‹ Philosophie zu finden, sondern die bestehenden Systeme in entscheidender Weise zu überbieten. Seit Fichtes *Wissenschaftslehre* von 1795 war Philosophieren gleichbedeutend mit der Überbietung der Vorläuferschaft. Daß Konkurrenz das Geschäft belebt, kann man gerade in den Jahre von 1795 bis 1810 in der Philosophie beobachten.

Der Aufbruchsstimmung, die von der charismatischen Persönlichkeit Fichtes und seinen faszinierend die Grenze zur Unverständlichkeit immer wieder überschreitenden Reden ausging, konnte sich niemand entziehen. Friedrich Schlegel und Novalis studierten beide die Fichteschen Schriften mit großer Intensität und sahen sich bald schon in der Lage, zum sogenannten *Hyperfichtisieren* anzusetzen, also Fichte von der Grundlage seiner eigenen Thesen aus zu übertreffen.

Diese Überbietungsleistung konzentriert sich nun aber gerade auf das von Fichte mit aller Bestimmtheit Gesetzte, auf das *System*. Fichtes Rede vom *Schweben der Einbildungskraft*, die die Romantiker als zentrale Idee hinsichtlich einer Neukonzeption des Ästhetischen begreifen, wird dahingehend ausgelegt, daß man das Systemdenken selbst als die eigentliche Schwachstelle in Fichtes System ansieht. Was Fichte ins System zu fassen versucht, wird den Romantikern zum genuin Systemfremden, zum Antisystematischen par excellence. »Sie setzen an die Stelle einer zumindest virtuell immer schon vollendeten Totalität, die insgeheim alle Negativität ohnehin schon umgriffen hat, die unabschließbare Vollendung eines solchen Ganzen, das stets ausbleiben, zu dem die Reflexion ständig nur unterwegs sein wird.«[40]

Im Verlaufe der Auseinandersetzung Friedrich Schlegels und Friedrich von Hardenbergs mit Fichte ereignet sich der artistisch-intellektuelle Überbietungsversuch der philosophischen Systemgewalten, die sich gerade erst zu einer schlagkräftigen Formation zusammengefunden haben. Angestrebt wird eine Offenheit, in der Denken und Imaginieren prinzipiell unabschließbar sein sollen. Bemerkenswert, daß dabei Überbietung und Relativierung ineins fallen. Damit entsteht eine ganz neuartige Situation. Denken und Poetisieren werden nicht (mehr) um ihrer selbst willen betrieben, sondern meinen etwas über sie Hinausweisendes, was selbst nicht im Augenblick des Denkens gedacht werden kann. Das fordert die Interpretation im modernen Sinne geradezu heraus; das so entstehende Auslegungsbedürfnis ist identisch mit Schlegels Impuls zur Kritik. Dichten wird zur Organisation einer semiologischen Maschinerie, die sich selbst immer schon um eine oder mehrere Umdrehungen voraus ist. Damit ist ein visionär-utopischer Horizont aufgerissen, das Universale oder Totale kann nurmehr als Progression und vor allem: im Medium subjektiver Produktivität erfaßt werden. Alles kommt auf den Prozeß an, in dem das geschieht. Das soll jetzt nach Maßgabe der Jenaer Romantiker das neue Medium der Poesie sein.

Die Romantiker verstehen Fichtes Terminus vom *Schweben der Einbildungskraft* nicht so sehr als philosophische Tatsache, sondern als den in allen Bereichen praktisch umzusetzenden Impuls einer artistischen Lebenshaltung. In Jena entwickelt sich um 1798/99 die Vorstellung, man müsse die Kunst unmittelbar im geselligen Leben verwirklichen, um im spontanen Austausch der Subjekte untereinander eine permanente geistige Potenzierung erzielen zu können. Vor dem Hintergrund dieser Intention sind die Romantikertreffen im Hause des Professors August Wilhelm

Schlegel und seiner Frau Caroline konzipiert. Es geht um die Inszenierung eines sozial-intellektuellen Zustandes, den man nicht anders als *essayistisch* nennen kann. Als die besondere Form, die die Überbietung des jeweiligen status quo zum Schweben hin leisten soll, wird das *Gespräch* in den Mittelpunkt gerückt. Das Gespräch wird zu einer Methode erklärt, jedoch zu einer Methode der Fluktuation, die weder festlegbar noch wiederholbar ist und nicht zu einer Methode im Sinne der sokratischen Mäeutik, die auf das wahre Wesen der Dinge und Sachverhalte in letzter Instanz abzielt. Das frühromantische Gespräch umfaßt ein Instrumentarium der wechselseitigen Steigerung von Geisteszuständen und Perspektiven, es ist der Königsweg der Potenzierung aufs Unendliche hin. Ausgehend von diesem Begriff der Methode führt Friedrich Schlegel aus: »Ihr Wesen aber besteht eben in dem schwebenden Wechsel, in dem ewigen Suchen und nicht finden können; [...] in jedem guten philosophischen Gespräch muß wenigstens einer sein, der wißbegierig die Geheimnisse der höchsten Forschung zu enthüllen strebt, und einer, der im Besitz derselben, sie gern mitteilend immer mehr verrät, aber wenn man glaubt, er werde es, was er weder kann noch darf, nun ganz tun und ganz aussprechen, dann plötzlich abbricht und durch eine bestimmte Aussicht ins Unendliche unsre Sehnsucht von neuem erregt.«[41]

Das Essayistische tritt bei Friedrich Schlegel nicht als ausgegorene Schreibweise in Erscheinung, nicht im Sinne des klassischen Essays, wie ihn ja erst die zweite Hälfte des 19. Jahrhunderts erkennbar ausbilden sollte, und auch nicht im Verständnis der Selbsterkundungen eines Montaigne oder der pragmaphilosophischen Ratschläge eines Francis Bacon. Essayismus wird in der Frühromantik primär zu einer künstlerischen Haltung, die Kunst und Leben gleichermaßen umgreifen soll. Damit wird das Artistische als eigenständige Sphäre des sozialen wie des intellektuellen Lebens erstmals bewußt in den Vordergrund gerückt. Gerade in diesem Punkt geht Schlegel über Lessing hinaus, wenn er auch den pragmatischen Boden, auf dem sich seine Theorie bewegt, in Lessings sich freisetzendem Prosastil schon meinte vorfinden zu können. Schlegels Lessing-Interpretation ist somit mehr als alles andere eine geschickte Selbstinszenierung, die auf der Basis der Deutung von Geschichte die eigene Position zu exponieren sucht. Lessing bleibt nicht das einzige Objekt, auf das sich Schlegels geisteshistorischer Expansionismus bezieht, um es durch eine bestimmte, pointierte Ausdeutung zu einem Repräsentanten des eigenen Essayismus werden zu lassen. Der Aufsatz über Goethes *Wilhelm Meister* kann als Paradebeispiel für diese Strategie gelten. Erst Schlegels Interpretation rückt den Roman in ein Licht, in dem sich die Vielschichtigkeit der Handlung zu einem organischen Ganzen so fügt, daß daraus eine Bestimmung des Poetischen und seiner unendlichen Fähigkeit zur Metamorphose abgeleitet werden kann. Die Kritik erst vollendet also den Roman auf einer potenzierten Ebene und erhält dadurch neue, ebenfalls wieder interpretierbare Perspektiven. In diesem Prozeß ist ein Ende nicht absehbar und soll es auch nicht sein. Schlegel erschließt hierdurch für seine Zeit ein neues Medium des Ästhetischen und praktiziert dies durch eine wo immer möglich proklamierte Haltung, die nicht bloß als ein *Essayismus avant la lettre* abgehandelt werden sollte. In dieser intellektuell-produktiven Haltung wird die innerlich reflektorische oder kämpferisch engagierte Grundlegung der nichtfiktionalen Prosa, wie sie bis dahin von Montaigne bis Lessing gepflegt worden ist, auf die Idee eines geschichtsphilosophischen Prozesses hin erweitert. Das wird sich bis zu Robert Musil, der den inzwischen vergessenen Schlegelschen Essayismus in gewisser Weise reanimiert, nicht ändern. Die Ausrichtung des Ästhetischen auf eine geschichtliche Zielvorgabe, die im Unendlichen liegen soll, löst die immanenten Setzungen ab, die die Renaissance vor allem durch Montaigne ins Spiel gebracht hatte und suggeriert einen hoffnungslos überhöhten Anspruch, dem das Ästhetische nicht gerecht zu werden vermochte. So bringt Schlegels Essayismus nur auf den ersten Blick eine Lockerung der strikt zielgerichteten aufklärerischen Positionen. Auf den zweiten Blick erkennt man, daß mit Schlegel das Startsignal zu der für die Moderne charakteristischen Überschätzung und Überforderung des Ästhetischen erfolgt ist. Dies wird sich vor allem über den in immer neuer und immer anderer Gestalt auftretenden Essayismus, wie er sich in der Frühromantik herausbildet, ständig rekonstituieren, bis die dafür notwendigen Kräfte historisch erschöpft sind.

Die Formen, die jetzt von Schlegel in einem Horizont prinzipiell freier Verfügbarkeit angesiedelt werden, sollen produktiv ineinanderspielen, eine Forderung, die unmittelbar einsichtig macht, daß auf dem Gebiet des Essayistischen gerade nicht von einer klar bestimmbaren Struktur die Rede sein kann. Dem Romantiker ist es um die Vereinigung der getrennten Gattungen zu tun, von denen er meint, daß sie einmal in einer idealiter gesetzten poetischen Vorzeit ungeschieden aufgetreten seien. Was Schlegel in dem zitierten *Athenäumsfragment 116* programmatisch formuliert, versucht er in seinem Roman *Lucinde* praktisch umzusetzen. Das Fragment bildet in seinem Verständnis die Grundpotenz essayistischen Verhaltens, indem man in ihm bewußt auf Abschließung und Systemzusammenhang nicht nur verzichtet, sondern solches geradezu vermeidet. Im Fragment sollen Wissenschaft und Kunst einander durchdringen und auf jene höhere Stufe des Poetisierens vorausweisen, das die total entzauberte Welt möglichst wieder verzaubern möge. Aber das Fragment bildet nur eine Grund- oder Vorstufe. In ihm liegen die Keime, die der Künstler auf anderen Feldern ausstreut und kultiviert.[42] In diesem Kontext ist der Roman deutlich als eine weiterführende Stufe konzipiert. In der *Lucinde* bindet gerade das Essayistische der Bruchstücke und Schreibweisen diese aneinander und bewirkt ursächlich die für den Roman charakteristische Atmosphäre feierlich-ironischer Laszivität. Der Genius der schwebenden Einbildungskraft erweist sich darin als verkappter Co-Autor, der die Thematik des Subjektiven und Intimen ins Transsubjektive hebt. Zum ersten Mal tritt der Essay als Erscheinungsweise des *freien Geistes* auf, wie ihn am Ende des 19. Jahrhunderts Nietzsche feiern wird. Der *freie Geist* versteht sich nicht mehr nur als Gegner des religiösen Dogmatismus und somit als Freidenker, sondern als Provokateur der Form und damit als allein aus sich selbst schöpfende Instanz des Innovativen.

»Die Lehren, welche ein Roman geben will, müssen solche sein, die sich nur im ganzen mitteilen, nicht einzeln beweisen und durch Zergliederung erschöpfen lassen. Sonst wäre die rhetorische Form ungleich vorzüglicher.«[43] Dies formuliert Schlegel etwa zur Zeit der Entstehung seines Romans *Lucinde* und gibt damit die Verständnisebene vor, von der aus seiner Ansicht nach das Werk zu betrachten wäre. Soweit der Roman vor 1800 überhaupt schon als gleichberechtigte poetische Form neben Drama und lyrischer Dichtung voll akzeptiert war, erwartete man von seiner Gestaltung zumindest eine gewisse narrative Kontinuität, einen klaren und kohärenten Zusammenhang der Erzählebenen, von dem aus sich die einzelnen »Lehren« oder die Gesamtaussage des Romans erschließen ließen. Auf eine solche offensichtliche Kohärenz verzichtet Schlegel in der *Lucinde* von vornherein. Es gibt auch keine Handlung im gewohnten Sinne, vielmehr wird permanent – wenn auch mit deutlichen Abschweifungen im einzelnen – ein Zustand umkreist, der die Liebesbeziehung zwischen Julius und Lucinde in unterschiedlichen Szenen und auf den verschiedensten Ebenen variiert. Schlegel weist mehrfach darauf hin, daß es sich hierbei um ein aus den heterogensten Bestandteilen zusammengesetztes Mischprodukt handle, dessen Hauptmerkmal die »chaotische Form« sei.[44]

Was sich hier Roman nennt, ist ein sehr locker gefügtes Ensemble von Reflexionen und Dialogen, Briefen und Phantasien, die um einen zentralen gesetzten Komplex herum angeordnet sind, in dem so etwas wie die psychoerotische Entwicklungsgeschichte der Hauptfigur Julius dargelegt wird. Die Romanform, wenn man denn überhaupt von einer solchen in einer mit dem Drama oder dem Gedicht vergleichbaren Weise sprechen kann, befindet sich hier unverkennbar – noch vor ihrer vollen poetologischen Akzeptanz – in der Auflösung. Das Ganze ist durchdrungen von einem ironischen Geist, der die *Dithyrambische Fantasie über die schönste Situation* mit der Charakterisierung eines Kleinkindes ebenso umstandslos verknüpft wie die brieflich dargelegte Apologie der geistigen Liebe mit einer *Idylle über den Müßiggang*. Was aber an dieser im Verständnis der Zeitgenossen wilden Mischung interessant erscheint und in der Forschung, wenn überhaupt, dann meist nur am Rand Erwähnung findet, ist die Tatsache, daß es sich bei fast all diesen Teilen um Essays oder essayistisch gehaltene Schreibweisen handelt.

Zum ersten Mal kombiniert hier ein Autor Roman und Essay zu einer untrennbaren Einheit. Es ist der Standpunkt des seine eigene Situation reflektierenden Ichs, der diese Komposition bestimmt. Hinzu kommt die Hochschätzung des Gesprächs als der eigentlichen romantischen Zentralgattung sowie die Verwendung des Briefes als Verbindungsglied zwischen Gespräch und Reflexion. Gerade auch der *Lehrjahre der Männlichkeit* genannte Mittelteil kann als essayistische Schrift verstanden werden, als eine Art von autobiographischem Essay, der weder die pure Selbstbezüglichkeit des *Tagebuchs* noch die an die Beichte erinnernde Authentizität des *Bekenntnisses*, wie es neuerdings wieder von Jean-Jacques Rousseau ins Spiel gebracht worden war, fortschreibt. Vielmehr bringt Schlegels Text ein luzides Moment mit ein, dessen er sich sehr wohl bewußt ist und das er *Ironie* nennt. Die Ironie ist im Essayismus der *Lucinde*, was die Fiktionalität für das Erzählen überhaupt ist, nämlich ein Mittel der Distanzierung und der Perspektivierung, damit aber vor allem der Dezentrierung des Geschehens aus einem klar fixierbaren Verständnisrahmen. Das betrifft sowohl die Kategorie des Ichs, das seine Konturen immer wieder herstellt und verwischt, als auch die Beziehung von Mann und Frau, das Thema, das dem Roman von seinen historischen Ursprüngen an zentral zugrunde liegt. Schlegel strebt eine Verschmelzung beider Prinzipien an, denn als Prinzipien versteht er das Männliche und das Weibliche durchgehend. Die *Dithyrambische Fantasie über die schönste Situation*, die den Koitus als Zielpunkt der Vereinigung von Mann und Frau suggeriert, legt diesen Vorgang als eine »Allegorie auf die Vollendung des Männlichen und des Weiblichen zur vollen ganzen Menschheit« aus.[45] Die Vereinigung wird als Spiel aufgefaßt, jedoch nicht im Sinne der galanten Verführungskünste des Rokoko, sondern im Hinblick auf eine ganzheitliche Vereinigung von Mann und Frau, auf allen Ebenen des Körpers und des Geistes. Im Hintergrund dieser Vorstellungen steht Schlegels Begriff der Ehe, die als Zustand der höchsten Vollendung der gleichberechtigten Beziehung der Geschlechter zueinander begriffen wird.

Gewiß bedeutet für Schlegel Gleichberechtigung etwas anderes als für uns heute. Im frühbürgerlichen Alltag wurde die Frau nicht anders denn als Dienerin des Mannes angesehen, die auch auf sexuellem Gebiet keinerlei eigene Vorstellungen entwickeln durfte, sondern unablässig einen Höchstgrad von Keuschheit zur Schau zu stellen hatte. Vor diesem Hintergrund war Schlegels Entwurf sexueller Freizügigkeit und Gleichberechtigung der Frau zumindest eine Provokation. Schlegels Roman strebt die Darstellung einer Art immanenter Religion der Liebe an, die eine vollkommen funktionslose Abgehobenheit von den Vorgängen der Lebenspraxis repräsentiert. Das ist die Initiation der Idee der *romantischen Liebe*. Die Form, in der diese Initiation sich vollzieht, erscheint entgegen den naiven Erwartungen an diesen Begriff allerdings äußerst intellektualistisch konzipiert. Sie vollzieht sich im perspektivischen Kontinuum der Reflexion; das heißt, sie verdankt sich einer komplizierten artistischen Strukturierung. Die Freizügigkeiten, die sich Schlegel in der *Lucinde* erlaubt, wären ohne den Essayismus, der das Funktionieren der heterogenen Teile auf ein Ganzes hin organisiert, nicht vorstellbar. Erst die Idee, das *Schweben der Einbildungskraft* ganz wörtlich zu nehmen und die Mittel der Phantasie so einzusetzen, daß die Systeme und Ordungen unweigerlich durchbrochen werden müssen, läßt den Grad von emanzipativer Deutlichkeit möglich werden, den Schlegel literarisch umsetzt. Essayismus bedeutet hier, experimentell vorzugehen, und zwar inhaltlich wie formal. An diesem Begriff des Essayismus kann man ermessen, daß Inhalt und Form zu keinem Zeitpunkt als getrennt vorhandene Einheiten zu betrachten sind, sondern daß sich ihre jeweilige Realität aus den Möglichkeiten und Notwendigkeiten ihrer Konstellation ergibt. Das meint in diesem Horizont experimentell: zu wissen, daß es keine Regeln gibt, denen man folgen könnte und daß der Text selbst die Dimensionen seiner Intensität und seiner Valenzen schaffen muß. Wenn Friedrich Schlegel diese Einsichten irgend umgesetzt hat, dann in der *Lucinde*. Deshalb ist der Roman, neben allem anderen, was man in ihm sehen kann, eine erste Ausformung eines genuin modernen Essayismus, der die Freiheit der Ideen von zwei Seiten her begreift, im Sinne der Befreiung von jeglicher Norm, aber auch im Sinne der Verantwortung für die Form, die es zu setzen gilt.

Nach alldem kann es nicht verwundern, wenn Schlegels Roman zu seiner Zeit nicht gerade auf Verständnis stieß. Neben radikalen Innovatoren wie Friedrich Schlegel und Novalis fanden sich im Jenaer Kreis allerdings auch echte Moderatoren, die versuchten, das Neue mit dem Bekannten in einen Verstehenszusammenhang zu setzen. Im Kontext mit der *Lucinde* hat sich in dieser Weise vor allem der Berliner Theologe Friedrich Schleiermacher hervorgetan. Er war ein enger Freund Friedrich Schlegels und zugleich ein Theoretiker, der das *Gespräch* nicht in erster Linie als ästhetische, sondern als kommunikative Ebene verstanden wissen wollte. Unmittelbar nach Erscheinen der *Lucinde* versucht Schleiermacher das anstößige Werk inbesondere gegenüber der möglicherweise schockierten Damenwelt zu rechtfertigen. Seine *Vertrauten Briefe über Friedrich Schlegels ›Lucinde‹* fordern Nachsicht ein, indem sie versuchen, das Unverständliche verständlicher werden zu lassen. Gleich im ersten dieser Briefe, der an eine fiktive Ernestine gerichtet ist, kommt Schleiermacher auf die Form des Romans im allgemeinen zu sprechen und präsentiert diesen Aspekt als zentralen Ausgangspunkt seiner Überlegungen: »Entschlage Dich nur vorläufig, ich bitte Dich, alles dessen, was man bei der Überschrift Roman zu denken gewohnt ist, aller Erwartungen, die Du Dir nach allem, was das Beste in dieser Gattung ist, gemacht haben kannst. [...] Es gibt nirgends eine bestimmte Vorbedeutung auf dieses Werk, und es ist, so wie überhaupt, so auch in Rücksicht auf den Verfasser etwas Ursprüngliches und fängt eine neue Periode seiner künstlerischen Existenz an.«[46]

Schleiermachers Versuch, das auf den ersten Blick Inkommensurable seiner fiktiven Briefpartnerin dadurch näherzubringen, daß er es als Bruch mit der gängigen Tradition apostrophiert, wird getragen von der Vorstellung, das Neue sei explizit als solches zu vermitteln, also *gegen* die Kontinuität der Geschichte und ihrer Formen. Die mediatisierende Stellung des Theologen Schleiermacher zwischen dem Avantgardismus des Autors Schlegel und der Rückständigkeit seiner möglichen Leser(innen) verrät einiges über die Doppelrolle, die Schleiermacher in der Frühromantik insgesamt spielt. Er fühlt sich noch nicht dazu in der Lage, das schroffe Setzen des Neuen, wie es Friedrich Schlegel bis etwa 1800 vornimmt, die Vermischung der Gattungen, überhaupt das Prinzip des Experimentellen ohne jede Erläuterung stehenzulassen. Die von der *Lucinde* bewirkte Provokation verletzt einerseits sein Schicklichkeitsgefühl und berührt andererseits doch auch den Nerv des Innovativen, den er in sich aktiviert spürt. Daran zeigt sich, wie kühn die ästhetische Neuerung Schlegels in seiner Zeit gewesen ist. Mit einer Art Quantensprung überwindet Schlegels Essayismus die Diskurse der Vergangenheit wie die seiner Gegenwart. Dadurch wird deutlich, daß es fortan nicht mehr auf ästhetische Normativität – wie sie zu genau derselben Zeit in Weimar bei Schiller und Goethe hoch im Kurs stand – ankommt, sondern auf die Potenzen der Selbstorganisation eines Textes im Horizont des Experimentellen. Das war zweifellos ein Vorgriff auf die Moderne; auch die schärfsten Kritiker der *Lucinde* bestreiten diese Tatsache nicht.

Doch konnte sich der damit freigesetzte Impuls nicht lange halten, auch nicht bei Friedrich Schlegel selbst. Ihn hat die *Lucinde* nach seiner Konversion zum Katholizismus im Jahre 1808 überaus befremdet. Acht Jahre zuvor ist er noch vehement denjenigen unter seinen Kritikern entgegengetreten, die den Roman der Unverständlichkeit geziehen haben. Während sein Freund Schleiermacher durch die Reaktionen auf die *Lucinde* beunruhigt ist, die Erläuterung sucht und das Verstehen als Grundlage eines für ihn unabdingbaren *Common Sense* ansteuert, reagiert Friedrich Schlegel selbst auf die Vorwürfe und Bedenken, die sein Roman hervorruft, mit einer sybillinisch-ironischen Apologie der Unverständlichkeit. Dadurch erneuert er die Provokation, die der Roman dargestellt hat, noch einmal.

Schlegel betont in seinem kurzen Essay *Über die Unverständlichkeit*, »daß die Wörter sich selbst oft besser verstehen, als diejenigen, von denen sie gebraucht werden.«[47] Er geht noch einmal alles durch, was seinen Poesiebegriff ausmacht, bekennt sich zu einer »Chiffernsprache«,[48] in der der *Geist* seiner Schriften sich ausdrücke, den man nun einmal nicht genauer als durch diese erläutern könne und kommt so auf seine Zentralvorstellungen von der *Tendenz*, dem *Fragment* und der *Ironie* zu sprechen. Doch all das bleibt selbst ironisch gebrochen, es gibt keinen Standpunkt für Schlegel außerhalb dieser Ironie, die ja das eigentliche Medium der Unverständlichkeit darstellt. *Unverständlichkeit*, dieser von Schlegel so bereitwillig aufgegriffene Vorwurf, meint nämlich zum einen Vielschichtigkeit und innere Widersprüchlichkeit, dann aber auch Spiel mit den Bedeutungsebenen und mit den Erwartungen der Leser. Schlegel bemerkt: »Einige der absichtlichsten Künstler der vorigen Zeit habe ich in Verdacht, daß sie noch Jahrhunderte nach ihrem Tode mit ihren gläubigsten Verehrern und Anhängern Ironie treiben.«[49] Die Unverständlichkeit wäre als Inbegriff großer Kunst schlechthin zu begreifen, so jedenfalls lautet Schlegels Schlußfolgerung, der er dann noch einen Hinweis auf die göttliche Schöpfung folgen läßt, die »durch den Verstand aus der Unverständlichkeit und dem Chaos«[50] gebildet sei.

Sicherlich ist es das, was Schlegel unter Frechheit versteht. Sein Relativismus des Perspektivischen geht bis ganz zurück auf die Wortebene selbst, auf die Frage nach der Verständlichkeit oder Unverständlichkeit der Wörter. Der artistische Impuls sitzt elementar in einem Nominalismus, dessen Potentiale ganz der Schaffenskraft und Intention des Künstlers unterworfen sind. Bezeichnend erscheint in diesem Zusammenhang eine Stelle aus einem Brief von August Wilhelm Schlegel an Friedrich Schleiermacher, die eine Art Charakterisierung des schriftstellerischen Talents bei Bruder Friedrich enthält. Am 22. Januar 1798 schreibt August Wilhelm über Friedrich: »Randglossen gelingen ihm weit besser als ganze Briefe, sowie Fragmente besser als Abhandlungen, und selbstgeprägte Wörter besser als Fragmente. Am Ende beschränkt sich sein ganzes Genie auf *mystische Terminologie*.«[51]

Das ist von August Wilhelm Schlegel keineswegs lobend gemeint. Vielmehr glaubt er, Schleiermacher gegenüber einen manifesten Mangel an Genie bei seinem Bruder diagnostizieren zu können. Die nur stückweise vollzogene oder erst gar nicht in Angriff genommene Ausarbeitung der Ideen und Projekte – auch für die *Lucinde* war ein zweiter Teil angekündigt, zu dessen Ausarbeitung es nie gekommen ist – sowie der angesprochene Hang zur Unverständlichkeit im Sinne einer *mystischen Terminologie*, all das galt um 1800 der Mehrzahl der geistig Interessierten als Kennzeichen von Dilettantismus. Das Bild auch und gerade des jungen Friedrich Schlegel in der Literaturgeschichte ist bis in unsere Tage von diesem Vorwurf bestimmt geblieben. Goethes insgesamt skeptisches Urteil gegenüber Schlegel hat, wieder einmal, entscheidend dazu beigetragen.

Selten wird berücksicht, daß der Vorstoß Schlegels in neue Sektoren des Literarischen das Wagnis des Unabgeschlossenen, Fragmentarischen und Disharmonischen eingehen *mußte*. Die Tatsache, daß Schlegel aus diesen Komponenten bewußt ganz zentrale Elemente seiner Poetologie gemacht hat, daß er im Grunde auch der Erfinder des Konzeptualismus in Deutschland ist – diese verstörenden Erkenntnisse werden und wurden gerne verdrängt, wenn es darum ging, das »Scheitern« der frühromantischen Bewegung aufzuzeigen. Die Grundlinien der deutschen Literaturgeschichtsschreibung sind von Goethe und seinem Lebenswerkkomplex ausgegangen, der sich als gelungene Kontinuität einer sich selbst immer weiter entwickelnden Individualität und ihrer Themen präsentiert. Der Bruch der in der Künstlerbiographie Schlegels vor allem in der Abkehr von den Konzepten der Frühromantik und im Übertritt zum Katholizismus gesehen wird, war nicht dazu angetan, sein frühes Schaffen zur Grundlage einer anderen, gerade das Diskontinuierliche akzentuierenden Linie, werden zu lassen. Für die spezielle Entwicklung des Essayismus in Deutschland jedoch ist Friedrich Schlegel gerade aufgrund der genannten, von Zeitgenossenschaft und Nachwelt vielfach als Dilettantismus ausgelegten Aktivitäten von ausschlaggebender Bedeutung. In seinen essayistischen Grundentwurf der romantischen Poesie bringt er Momente ein, die das moderne Bewußtsein in einiger Zukunft erst voll entdecken sollte und die uns heute als klassische Erscheinungsformen der künstlerischen Moderne vor Augen stehen.

In der *Lucinde* findet sich eine Zentrierung dieser Momente auf der Ebene des Romans, wobei es Schlegel zugleich gelungen ist, die Kategorie *Roman* noch vor ihrer eigentlichen Blütezeit im 19. Jahrhundert von Grund auf neu zu problematisieren. Schlegel geht nicht mehr von der Diskrepanz zwischen Roman und klassisch-antikem Formenkanon aus, sondern vom Ansatzpunkt einer prinzipiell unerschöpflichen Aufnahme von Komplexität in den Rahmen dessen, was *Roman* genannt werden kann. In dieser Sichtweise ist die exklusive Beziehung vorgezeichnet, die Roman und Essay in der ersten Hälfte des 20. Jahrhunderts zueinander einnehmen werden. Das Ästhetische driftet aus dem Bereich der Normativität und der Vermittelbarkeit der Prinzipien der Schönheit immer weiter auf das Feld der Individualität und ihrer selbst gesetzten schöpferischen Intentionen ab. Tendenz und Individualität sind zwei Grundeigenschaften des modernen Schreibens, das bemerkt bereits der ganz junge Schlegel in seinen ersten Notizen: »In recht modernen Schriften ist alles nur Geist und Tendenz. Geist ist *absolute Individualität*.«[52]

Die Begriffe der Tendenz und der Ironie rücken in den Mittelpunkt einer künstlerischen Haltung, die einen vielschichtigen Perspektivismus anstrebt. Hier ist mit der begrifflichen Auflösung des Ästhetischen nichts mehr auszurichten. Nicht zuletzt diesen Aspekt kommentiert Schlegel in seinem Essay *Über die Unverständlichkeit* wiederum auf einer ironischen Metaebene. Es ist das ins Extrem getriebene Moment des Spielerischen, das den Begriff der romantischen Ironie durchdringt und dazu führt, daß ein Kunstwerk nurmehr als solches betrachtet werden sollte und nicht in seiner Funktion auf eine wie auch immer gesellschaftlich konventionalisierte Ebene. Darin geht Schlegel als Kunsttheoretiker weiter als alle seine Zeitgenossen, die Weimarer Klassiker eingeschlossen. Wenn man sich fragt, wo denn der in der Moderne so weit verbreitete Impuls zu einem essayistischen

Schreiben ursächlich wurzelt, dann müßte auf den jungen Friedrich Schlegel und seinen impliziten wie expliziten Essayismus verwiesen werden. Es scheint tatsächlich so zu sein, als sei diese Haltung mit einer gewissen Plötzlichkeit aus der Auseinandersetzung mit der Philosophie Fichtes entstanden und von Schlegel in einem weitreichenden Schub von Selbstbegeisterung zwei, drei Jahre lang vehement vorangetrieben worden. Was sich so im Kleinformat kurz vor 1800 zwischen Jena und Berlin abgespielt hat, präfiguriert die Szenerie und die Dynamik des Essayismus in den nachfolgenden zwei Jahrhunderten. Etwas Eigensinniges, durch den Systemzwang nicht zu Domestizierendes wird sich auf literarisch-ästhetischer Ebene den Systemgewalten der modernen Lebens- und Geisteswelt entgegenstellen und eine individuelle Form von Authentizität immer dort einfordern, wo es notwendig erscheint.

Bei aller Befreiung, die Schlegels Ideen und Konzepte suggerieren, sie führen doch auch ein utopisch-religiöses Potential mit, das über den bloß spielerischen Impuls hinausdrängt. Dieses Potential freizusetzen, bedarf es einer genuinen Sphäre, einer Sphäre des geistigen Abenteuers, des Romantisierens von Welt. Das hat Friedrich Schlegel von der Wurzel her begriffen, und das hat er seinen Zeitgenossen im romantischen Lager, ausgenommen Novalis, deutlich voraus. Das Romantisieren der Welt, von dem auch Novalis spricht, impliziert eine Durchstoßung des philosophischen Abstraktismus Fichtes auf den Grundaspekt von Erfahrung hin. Der Komplex von artistischem Nominalismus, Essayismus und freigesetzter Individualität führt also wiederum zu Fichte und zu seinem Grundproblem zurück, einen unmöglichen, vor dem Ich liegenden Anfang dieses Ichs zu finden, also zur Frage nach dem *absoluten Ich*. Dieses Problem, glauben die Frühromantiker, sei philosophisch-deduktiv nicht zu lösen, vielmehr fordere es eine künstlerische Auseinandersetzung heraus, in der der Schaltplan der philosophischen Analytik in einen Horizont von Ursprungslosigkeit gestellt wird. Dieser Ursprungslosigkeit korrespondiert die Vorstellung einer auf die Unendlichkeit ausgerichteten Progression von Denken und Schreiben. Der ästhetisch produktive Aspekt nimmt also literarisch die Stellung des sich selbst denkenden Ichs der Fichteschen Philosophie ein, und zwar mit deutlichem Bezug auf die konkrete Erfahrungswelt, was sich in der von den romantischen

Dichtern ungeheuer engagiert betriebenen Protektion des Romans ausdrückt. Der genialische Sprung, den Schlegel vollführt, besteht darin, daß er die denkerisch offensichtlich unlösbare Problematik von Ursprung und Ende des sich selbst setzenden Ichs in der Idee einer unendlichen Progression der Produktivität zum Fließen bringt. Dadurch werden Konzeptualismus und Essayismus zu den produktiven Foren der permanenten Potenzierung und Umgestaltung von Denken und Imaginieren. Daher rührt die geschichtsphilosophische Selbstüberschätzung des Ästhetischen, die von Schlegels Entwürfen ihren Ausgang nimmt und die Hegel in seiner *Ästhetik* mit namentlichen Angriffen gegen Schlegel so entschieden bekämpft. In diesem Konflikt prallen zwei geschichtsphilosphische Meisterdenker aufeinander, von denen jeder auf seinem Gebiet einen universellen Geltungsanspruch einfordert. Es dürfte kein Zweifel daran bestehen, daß es Hegel für das 19. und weite Teile des 20. Jahrhunderts gelungen ist, diesen Anspruch einzulösen.

Friedrich Schlegels Programm findet ebenfalls seine Fortführung, auch wenn der Name des Romantikers dabei kaum einmal fällt. Hegels Verdikt und nicht zuletzt Heinrich Heines Verulkung der Brüder Schlegel in seiner *Romantischen Schule* haben das Schlegel-Bild so nachhaltig beeinflußt, daß es sich erst im Verlauf des 20. Jahrhunderts einigermaßen korrigieren ließ. So mußte Friedrich Schlegel als Vorläufer eines modernen Essayismus im Bewußtsein der Moderne weitgehend ausfallen. Schlegel wie auch Novalis erscheinen in dieser Sichtweise ein wenig wie die vergessenen Entdecker eines Kontinents, den die Moderne im 20. Jahrhundert noch einmal entdeckt und dann erst ganz erschlossen hat. Wie aus Schlegels Bemühungen um eine essayistische Durchdringung der literarischen Formen in Richtung auf ihre produktiv-potenzierende Vermischung eine vorausweisende artistische Haltung entsteht, so leistet Novalis die Apperzeption eines wissenschaftlichen Denkens und Forschens, das vom Geist des Essayismus und seiner Verknüpfung der Aspekte von Erfahrung und Experiment wie von einem roten Faden durchschossen wird. Was bei Schlegel im Ansatz noch als *mystische Terminologie* erscheint und als spielerischer Nominalismus dem Medium der Ironie einbeschrieben bleibt, wird bei Novalis zum Projekt einer *mystischen Semiologie*, deren ironische Selbstrelativierung man allerdings vergeblich sucht.

Novalis

Stärker als Schlegel bezieht sich Novalis auf die Einbindung der Erfahrungswelt in den Horizont des neuen Poetisierens, das er zusammen mit Schlegel unablässig diskutiert. Sein emphatisch betriebenes Projekt einer wissenschaftlichen Enzyklopädistik ist von der Idee untermauert, das *Schweben der Einbildungskraft* mit einem Universalwissen aufzufüllen, das die poetisch-semiologische Korrespondenz der Teile mit dem Ganzen durchgehend repräsentieren soll. In dieser Forderung formuliert Novalis einen seiner Hauptkritikpunkte am Fichteschen Systemdenken. Zwar dringt er nicht wie andere Kritiker des transzendentalen Idealismus bis zu der Feststellung vor, daß auf dem Niveau der spekulativen Abstraktion der sinnlich-sinnhafte Bezug zur Erfahrungswelt im Grunde vollständig schwindet. Doch glaubt er, Fichte habe ganz so wie zuvor Kant das Projekt des philosophischen Idealismus nicht zu einem befriedigenden Ende geführt. Einen echten Abschluß dieses Denkens erblickt Novalis in der Erlangung eines enzyklopädischen Wissens, das erst durch seine eigene Enzyklopädistik zu erreichen sei. Diese ist gedacht als ein großes, die rein philosophischen Systeme bei weitem übertreffendes System, in dem sich die einzelnen Wissensgebiete auf einer poetisch gestifteten Ebene von Ganzheit miteinander in sinnhafte Beziehung setzen lassen. Der Autor dieses Systems tritt nicht als Philosoph, sondern als *Essayist* in Erscheinung. In einer Reihe von Einleitungen versucht er die Verbindungslinien zwischen den einzelnen Disziplinen herzustellen und aufzuzeigen. Die Notate des *Allgemeinen Brouillon* könnte man heute leicht als mystischen Sprachzauber im phantastischen Derivationsbereich Fichtescher Philosophie mißdeuten. Doch projektieren sie in ihrer Gesamtheit ein Wissensnetz, das die konkreten Gegenstände mit einer untergründig installierten Methodologie in Beziehung treten läßt. Durch diese Methodologie soll alles Einzelne organisch ins Ganze überführt werden. Gegenstand einer wahrhaft unabhängigen und selbständigen Enzyklopädistik wäre *der ganze Mensch* und *die ganze Natur*. Das Verfahren, das zu diesem Punkt hinführen soll, ist für Novalis genuin essayistisch ausgerichtet. Der Essay stellt für ihn eine Denk- und Vermittlungsebene dar, die zwischen den tradierten Ausdrucksformen und Wissensstrukturen vermittelt, indem sie deren gegeneinander ausgebildete Abschottung aufbricht.[53] Zudem soll der Essay zwischen dem Subjekt und dem Objekt des Wissens im Sinne eines permanenten produktiven Austauschs vermitteln. Das läuft auf eine stetige Intensivierung dieses Bezugs hinaus. Die einzelnen Notate sprechen immer andere wissenschaftliche Disziplinen an und versuchen sie perspektivisch und methodisch einzukreisen. Der Gelehrte, der der eigentliche Protagonist dieser Enzyklopädistik wäre, dürfte kein Fachgelehrter sein, sondern ein das Fachspezifische in jeder seiner Aktionen transzendierender Experimentator, der, wenn notwendig, immer neue Rollen und immer andere Ausdrucksformen vorgibt. So schreibt Novalis in der Notiz 470 der zweiten Handschriftengruppe:

> Alles was ein Gelehrter thut, sagt, spricht, leidet, hört etc. muß ein artistisches, Technisches wissenschaftliches Produkt oder eine solche Operation seyn. Er spricht in Epigrammen, er agirt in einem Schauspiel, er ist Dialogist, er trägt Abh[andlungen] und Wissenschaften vor – er erzählt Anecdoten, Geschichte, Märchen, Romane, er empfindet poëtisch; wenn er zeichnet, so zeichnet er, als Künstler, so, als Musiker; Sein Leben ist ein Roman – so sieht und hört er auch alles – so ließt er. Kurz der ächte Gelehrte ist der vollständig gebildete Mensch – der allem, was er berührt und thut eine wissenschaftliche, idealische, synkritistische Form giebt.[54]

Wiederum begegnet uns hier die Vorstellung, die gesamte künstlerisch-wissenschaftliche Aktivität müsse in den Roman einmünden, jedoch nicht bloß rein literarisch, sondern im Sinne des Lebens als Roman. Das ist der Zielpunkt des Essayismus bei Novalis. Es geht ihm nicht darum, den ordentlichen Gelehrten zu proklamieren, der die Gegenstände des Wissens geflissentlich klassifiziert, sondern einen Typus, der ganz einer literarischen Sphäre zugehört, der sich selbst und sein Leben als Literatur im weitesten Sinne begreift. Dies wäre der Ausgangspunkt zu seinen sehr vielfältigen Bemühungen um das Wissen.

Wenn man diesen Typus als Essayisten bezeichnen möchte, so allerdings in einem sehr speziellen Sinne. Mit dem, was wir gemeinhin unter Essay und Essayistik verstehen, hat das auf den ersten Blick nur wenig zu tun. Novalis meint hier nicht den bewußt gepflegten eleganten Stil, nicht die zur Schau gestellte Souveränität des Kulturräsoneurs, also nichts von dem, was die Essayistik im 19. Jahrhundert zur Pose erstarren läßt. Sein Bild vom Gelehrten ist das eines poetischen potenzierten Subjekts, welches das Wissen episch und theatralisch verkörpert, die Ausdrucksformen vermischt und sein eigenes Dasein zum *Roman* dieser Prozesse werden läßt. Den Essay selbst begreift Novalis als »zwischen Brief und Abhandl[ung]«[55] stehend, demnach schon als eine eigenständige Ausdrucksform und zwar mit einer persönlich geprägten kommunikativen Tendenz, die alles Traktathafte aufgibt. Der Essay gehört in die Reihe der Darstellungsweisen, die allesamt dazu beitragen, den Essayismus des Enzyklopädisten zu präsentieren, nimmt also innerhalb dieses Essayismus selbst keine herausgehobene Stellung ein.[56]

Auf dieser Projektionsebene einer die kritischen Systeme seit Kant potentiell vollendenden Enzyklopädistik lösen sich die Gattungs- und Formgrenzen zwangsläufig auf. In vielen Notaten des *Allgemeinen Brouillon* zeigt sich, daß die Formfrage relativiert und damit problematisiert wird und daß zugleich eine Ausdrucksebene gesucht wird, in die solche Relativierungen produktiv einfließen könnten. So heißt es etwa in der Notiz 218 der Ersten Handschriftengruppe: »Meine Hauptbeschäftigungen sollen jezt: 1. Die Enzyclopaedistik. 2. Ein Roman. 3. der Brief an Schlegel seyn. Im leztern werde ich ein Bruchstück aus 1. so romantisch, als möglich, vortragen. (Soll eine Recherche (oder Essai), eine Sammlung Fragmente, ein Lichtenbergischer Kommenntar, ein Bericht, ein Gutachten, eine Geschichte, eine Abhandlung, eine Recension, eine Rede, ein Monolog oder Bruchstück eines Dialogs etc. werden?)«.[57]

Man könnte diese Stelle als Ausdruck erheblicher Verwirrung deuten und vermuten, Novalis sei hier schon allzu tief in die Unübersichtlichkeit seines Vorhabens verstrickt. Ganz falsch scheint dieser Eindruck auf der einen Seite nicht zu sein. Immerhin ist fraglich, ob Hardenberg bei der Fülle der in kürzester Zeit von ihm in Angriff genommenen Projekte und der gleichzeitig am Horizont auftauchenden neuen Ziele stets den Überblick behalten hat. Doch muß auf der anderen Seite betont werden, daß der Universalist Novalis sein zentrales Ziel trotz aller Selbstüberforderung nie aus den Augen verliert. Auf dem Spiel steht für ihn die Subversion der Formen im Progreß des Wissens. Ferner die Ausbreitung dieses Vorgangs im Gesamtrahmen von

Erfahrung und damit die Konstituierung eines neuen Rahmens für das Wissen insgesamt.[58] Hardenbergs Arbeiten zeigen durchgehend diesen von ihm verfolgten Zug zur Ineinanderführung und Vermischung der Formen. Sein Zielpunkt ist eine potenzierte Ebene des Wissens, auf der das Ich eine grundlegende Neubewertung erführe. Hier ist die eigentliche Bruchstelle gegenüber Fichte zu sehen, nämlich im Befinden über den Ort, an dem über die Stellung und die Bedeutung des Ichs zu entscheiden sei. Darin liegt eine Parallele zu den Schlußfolgerungen, die Friedrich Schlegel aus seiner Auseinandersetzung mit Fichte gezogen hat. Zwar geht der erneuernde Impuls von Novalis weniger in die Richtung einer artistischen Individualisierung als auf eine angestrebte allgemeine Semiotisierung der Welt zu. Doch liegt beiden Ansätzen die Idee einer umfassenden Poetisierung zugrunde, aus der heraus sich das Ich neu konstituieren ließe. Im 76. Stück der Ersten Handschriftengruppe des *Allgemeinen Brouillon* notiert Hardenberg: »Das Ich soll construirt werden. [...] Die *Naturgeschichte* des Ichs ist dieses nicht – Ich ist kein Naturproduct – keine Natur – kein historisches Wesen – sondern ein artistisches – eine *Kunst* – ein Kunstwerck.«[59]

Während Fichte das Ich setzt, soll es bei Novalis konstruiert werden. Aus philosophischer Spekulation wird so poetische Artistik. Auch Novalis versucht, das unlösbare Problem Fichtes über Anfang und Ende des Ichs zu entscheiden, aufzulösen, indem er es als eine Konstruktion bezeichnet. Essayistisch ist daran neben dem Phänomen der Gattungs- und Formenvermischung, der hervorgehobene *work-in-progress*-Charakter, den Novalis seiner Sache zuweist und der den spekulativen Idealismus als hysterisches Stagnieren im Leerlauf der Systeme hinter sich lassen soll. An die Stelle der Fichteschen Deduktion seiner philosophischen Positionen aus dem Denken selbst heraus läßt Novalis die Idee vom artistischen Experiment treten.

Gewiß wollte Novalis die Ganzheit und wohl auch die Geschlossenheit eines Systems – darin weicht er von Friedrich Schlegel doch entscheidend ab –, aber er wollte es zugleich im *Nu*, im Augenblick der schöpferischen Potenz und im Zustand einer Konstruktion von Wissen, wie sie in den Imaginationen der Frühromantik nur der Dichter vornehmen kann. Das ist ein Grundwiderspruch, der Hardenbergs Arbeiten bis zum Ende eingeprägt bleibt. Sein Denken ist darin unverkennbar mystisch ausgerichtet, ja es entwickelt eine deutlich gnostische Note. Die Potenzierung des Weltstoffs in der Enzyklopädistik des Wissens entspricht einer angestrebten Überwindung der Welt in einem gerade dieser Potenzierung entspringenden Mystizismus.

Im Willen zur vollständigen Öffnung gegenüber den Gegenständen der Erfahrung erweist sich Novalis zugleich als der am meisten weltabgewandte und erfahrungsfernste Dichter der Romantik. Dieser Widerspruch macht allerdings einen Großteil seiner Faszination aus. Die Konzeption des Essayistischen bei Novalis liegt ganz in diesem kontradiktorischen Feld beschlossen. Sein Essayismus, der ohne explizite Essayistik im Sinne des Essays als schriftstellerischer Form auftritt, weist zwei Grundaspekte auf. Einerseits läuft er parallel und komplementär zu dem ungleich weitreichenderen Vorgriff Friedrich Schlegels, entspringt denselben philosophiekritischen Quellen und legt wie Schlegels Konzeption den Maßstab der Steigerung, des Höherwollens, der Potenzierung an. Andererseits repräsentiert Novalis einen Essayismus, der eine geistesgeschichtliche Sackgasse darstellt. Von Novalis aus geht es essayistisch nicht weiter. Er erfaßt den Essay nicht als Vorstoß ins Offene, sondern als einen der Wege, die ihn zu seiner spezifischen Mystik führen soll. Dennoch ist sein Essaybegriff so originär, daß er hier Erwähnung finden muß. Eingebunden in einen ideellen geschichtsphilosophischen Rahmen betreibt der Essay das Wechselspiel der Analytik der Dinge auf ihre Einzelaspekte hin und der Synthese dieser Aspekte zu einer Gesamtschau, die sich um formale Grenzen und poetologische Normen nicht kümmert. Novalis geht es darum, einen Zustand von Ekstase zu erlangen, in dem sich die intellektuelle Anschauung der Gottheit vollzöge, das augenblickshafte Innewerden des Wissens als einer enzyklopädisch-universellen Sinnkonstruktion.

Das Essayistische ist für den Urromantiker Novalis »der phil[osophische] Text zum Plan«,[60] das bedeutet, der vom Dichter zu erstellende Text zu einem Entwurf, der als Plan Gottes mit der Geographie des Wissens in Übereinstimmung und immer wieder augenblickshaft zur Deckungsgleichheit kommen möge. Doch kann dieser Zustand niemals auf Dauer gestellt sein. Das Absolute kann anvisiert und gleichsam touchiert werden, ganz erreicht werden kann es nicht. Darüber ist sich Novalis im klaren. Der Vorstoß zum Absoluten muß immer wieder neu unternommen werden; er unterliegt einem ständigen Versuchen und Experimentieren. Der produktionsästhetische Faktor verbindet sich bei Novalis mit einem immanent-religiösen Streben, das permanent neue Aktivitäten im Gesamtbereich des Wissens und der Poesie herausfordert.

Novalis ist mit seinen in diesem Verständnis vorgenommenen Arbeiten gewiß in einem Vorstadium steckengeblieben. Der Entwurf einer formenübergreifenden Produktivität, den er nicht zuletzt auch auf den Roman, auf sein Projekt des *Heinrich von Ofterdingen* hin angelegt hat, wurde durch seinen frühen Tod zunichte gemacht. Ein zentraler Antrieb, diese ungeheuren, die Totalität sowohl ideell als auch empirisch anvisierenden Projekte in Angriff zu nehmen, dürfte in einer Haltung gesehen werden, die man zu Recht der untergründig verlaufenden produktionsästhetischen Geschichte des Essayismus zugerechnet hat.[61] Kennzeichnend für die frühromantische Innovation des Essayistischen wäre bei Novalis das Ineinanderfließen des Fiktiven und des Realen im Sinne einer vollständigen Neukonzeption des Imaginären. Dieser Vorgang vollzieht sich im Horizont eines radikalisierten Poesiebegriffs, der ganz auf das denkerische Experiment baut und den Gelehrten wie den Autor zu Protagonisten in einem großen Roman erklärt.

Die Projekte der Frühromantiker stecken voller Widersprüche. Ein solcher Grad von Affirmation gegenüber den Möglichkeiten des Denkens und der Kunst, wie er bei ihnen anzutreffen ist, dürfte später wohl kaum mehr erreicht worden sein. Und doch liegt gerade in diesen hochfliegenden utopischen Plänen das Hoffnungspotential der nachfolgenden Generationen keimhaft beschlossen. Die grundlegende Thematisierung der Beziehung von Subjekt und Wissen stellt dabei eine wichtige Konstante dar, welche seit der Romantik virulent geblieben ist. Es wird deutlich, was Essay und Essayismus in der Moderne für eine Rolle spielen, welchen Ort sie besetzen. Unter dem Essay ist nicht nur eine bestimmte Schreibweise zu begreifen, sondern eine utopistische Grunddisposition. Das Verhältnis von Subjekt und Wissen steuert bei Friedrich Schlegel und Novalis auf die Unterminierung des traditionellen Formbewußtseins zu, mit der Intention, zu einer potenzierten Stellung des Subjekts wie des Wissens zu gelangen. Bis hin zu Musil und sicherlich auch vom Benn der zwanziger und dreißiger Jahre wird im

Essayismus eine höhere Synthese im Artistischen gesucht, eine Steigerung der Erfahrungspotentiale im schöpferischen Experimentieren.

Es ist hier nicht der Ort, dem Bruch nachzuforschen, der sich zwischen den Frühromantikern und den ihnen nachfolgenden Generationen hinsichtlich des Zugangs zu einer originellen Auffassung von Essayismus und Essayistik auftut. Bemerkenswert bleibt diese Tatsache jedoch allemal. So schreibt schon Bruno Berger in seinem historischen Abriß zum Essay: »Erstaunlich scheint es immerhin, daß die von den Romantikern geschaffene und definierte Ironieform sich in der Essayistik (anders als im Feuilleton, der Plauderei, der Erzählung) so spät und so schwerfällig durchsetzt. Es scheint, daß die hierfür vorauszusetzende geistig-intellektuelle Unabhängigkeit erst durch die befreiende Tat Nietzsches geschaffen werden konnte.«[62]

Wie immer man diese Feststellung interpretieren mag, es zeichnet sich in der Frühromantik ein bestimmter Begriff des Essays ab, mit dem sich das 19. Jahrhundert bis zu Nietzsche hin äußerst schwer zu tun scheint. Was unter der Flagge des Essays vom 16. Jahrhundert aus durch die Geschichte segelt, bringt ein anarchisches Potential ins Spiel, das weder durch die Akzentuierung von Bildungsstoff noch durch ein rein formalistisches Spiel mit den Versatzstücken der Kultur wirklich erreicht werden kann. Jedesmal, wenn der Essay zur Geltung kommt, geht es darum, daß den Stoffen wie den Formen die kritische Funktion problematischer Existentialität einbeschrieben werden soll. Hinter dieser Formulierung verbirgt sich die Vielfalt der Phänomene, die bis zu diesem historischen Punkt, ausgehend von Montaigne, immer wieder ins Spiel kamen: Skepsis, Relativismus, Exzentrik der Form und eine originäre Respektlosigkeit gegenüber etablierten Ausdrucksformen. Das 19. Jahrhundert wird die Bildung pflegen und einen Typus hervorbringen, der dieser Pflege gewachsen ist. Es wird die Idee der Nation lange und nachhaltig über die Tatsache des Ichs stellen. In diesem Kontext bedeutet Nietzsches Auftreten tatsächlich eine Befreiung.

Der Essay erneuert sich während dieser langen Phase der wissenschaftlichen Abhandlungen, der kulturmorphologischen Panoramen und der instruktiven (oder auch nur exotisierenden) Reiseberichte auf der anderen Seite des Atlantiks, in Amerika. Dort herrschte in weiten Kreisen ein Klima des Aufbruchs, das eine optimistisch-emotionale Haltung dem Leben wie der Kultur gegenüber herauszufordern schien.

Die Zeit des ›klassischen‹ Essays

Wie in der Romantik so existiert insgesamt in der ersten Hälfte des 19. Jahrhunderts kein ausgeprägter Begriff des Essays als eine eigenständigen Schreibweise in Deutschland. Die Ansätze von Friedrich Schlegel und seinen Mitstreitern führt am ehesten Heinrich Heine, auf einer Metastufe allerdings, weiter. Indem sich Heine von der romantischen Ironie Schlegelschen Ursprungs distanziert, gelangt er zu einer eigenständigen, ironisch eingefärbten Gesamtschau der Romantik, als deren letzten Vertreter und eigentlichen Überwinder man ihn betrachten kann. Dennoch bleibt fraglich, ob er bereits Essays verfaßt hat, in der Weise wie das spätere 19. Jahrhundert den Begriff umsetzt. Wenn man die *Reisebilder* und hier vor allem das schillernde Prosastück *Ideen. Das Buch LeGrand* nicht als Essays ansehen kann, so sicherlich auch nicht die großen Abhandlungen *Die romantische Schule* und *Über Religion und Philosophie in Deutschland*. Auch die Kunstbetrachtungen Heines, die *Salons*, haben eher feuilletonistischen als dezidiert essayistischen Charakter. Heines Prosastil gewinnt zwar eine ganz und gar individuelle, unverwechselbare Note, läßt aber gerade dadurch alle Versuche gattungsspezifischer Einordnung an sich abprallen. Auch scheint Heine sich kaum um den Begriff des Essays gekümmert zu haben. Dennoch ist bei ihm die erste Manifestation einer totalen Freisetzung der schriftstellerischen Autonomie auf der Ebene des Stils zu beobachten, eine Tatsache, die ihn als den ersten modernen Autor in Deutschland in Erscheinung treten läßt. Sein Umgang mit den überlieferten Formen, gerade auch im Bereich der Prosa, ist derart virtuos, daß man ihn auf den ersten Blick als leichtfertige Verkennung aller Formtraditionen oder gar als Formverlust identifizieren könnte. Wenn Autoren wie Friedrich Nietzsche und Thomas Mann später Heine wegen seines ausgefeilten Stils bewundern sollten, dann gewiß aufgrund dieser unübertroffenen Meisterschaft. Das schließt nicht zuletzt auch das essayistische Moment mit ein, das sich bei Heine durchgehend findet, ohne allerdings darstellerische Selbständigkeit zu erlangen oder als bewußt durchgestaltete Form apostrophiert werden zu können. Das ergibt sich aus Heines Hypostasierung des subjektiven Moments im Medium der Ironie. Die Schwebe zwischen Erfahrung und Experiment, die von Montaigne bis Novalis ein Hauptkennzeichen aller Manifestationen des Essays darstellt, wird von Heine ganz bewußt nicht gehalten. Sein Stil ist polemisch und überzeichnend, humoristisch und karikierend, kaum aber dringt bei ihm eine skeptische Selbst- und Weltbefragung durch, die zur Grundlage einer thematischen Gestaltung werden könnte.[63]

Die Unmöglichkeit, Heines Stil zu benennen, ihn literarisch einzuordnen und ihn einer bestimmten Richtung zuzuweisen, ist auch der Grund dafür, daß man sich an Heine fortwährend gestoßen hat. Es blieb den jeweiligen Geschmacksurteilen der Kritiker überlassen, ob er nun die deutsche Prosa auf eine bis dahin unerreichte Höhe geführt oder ob er sie im Gegenteil durch seinen journalistischen Stil verwässert habe; die einen wie zum Beispiel Nietzsche hielten ihn für einen der größten deutschen Stilisten der Neuzeit, die anderen wie Karl Kraus meinten, in ihm einen Scharlatan der Kunstprosa und einen populistischen Entwerter der literarischen Hochkultur sehen zu müssen. Es zeigt sich, daß die von Heinrich Heine ausgehende Frage die nach den Möglichkeiten und der Wirkung des Stils ist und nicht die nach der Umsetzung dieser oder jener Gattung. Aus diesen Gründen erscheint es naheliegend, bei Heine einen fundamentalen Essayismus anzunehmen, dessen Stellung und Funktionen allerdings erst noch im einzelnen herausgearbeitet werden müßten.[64] In jedem Falle läßt sich festhalten, daß Heines Essayismus nicht weniger implizit in seinem Werk vorhanden ist, als bei den Frühromantikern, daß er jedoch im Vergleich zu diesen keine herausgehobene Reflexion erfährt und damit keine poetologisch tragende Rolle spielt.

Als in diesem Sinne tragend erweist sich der Essay in der ersten Hälfte des 19. Jahrhunderts in Deutschland am ehesten bei Heinrich von Kleist, wenn auch dessen Essayschaffen nur einen geringen Platz in seinem Gesamtwerk einnimmt. Essays in einem spezifischen Verständnis können die Schriften *Aufsatz, den sichern Weg des Glücks zu finden und ungestört – auch unter den größten Drangsalen des Lebens – ihn zu geniessen!* – so der volle Titel –, *Über die allmähliche Verfertigung der Gedanken beim Reden* sowie *Über das Marionettentheater* genannt werden. In diesen drei Aufsätzen behandelt Kleist zentrale Fragen der Lebensklugheit und der Ästhetik aus jeweils ganz persönlich geprägten Perspektiven. Faßt der Essay *Den sichern Weg des Glücks zu finden* Kleists inneren Kampf um einen Lebensplan in einer Grundreflexion über das Glück zusammen, so bezieht sich *Über die Allmähliche Verfertigung der Gedanken beim Reden* auf die Beschreibung und Diskussion einer bestimmten Art der produktiven Rede, die Kleist selbst als Grundlage seines Schreibens und Redens angesehen haben dürfte. Die Frage nach der sprachlichen Hervorbringung eigener Gedanken leitet über zu der philosophischen Problematik des Verhältnisses von Denken und Sprechen und führt doch wieder zum Ausgangspunkt der literarischen Produktivität und ihrer Bedingungen zurück. *Über das Marionettentheater* schließlich skizziert den für Kleists dramatische wie epische Gestaltungsweise typischen Zusammenhang von geistiger Disposition und physiologischem Zwang, eine Perspektive, die sich unmittelbar mit der Frage nach dem Sinn und dem Zweck des Daseins verbindet. Gerade dieser Aufsatz wurde und wird häufig zur Grundlage der Erörterungen von Kleists eigenen produktionsästhetischen Standpunkten herangezogen. Der Autor behandelt darin Fragen der Ästhetik in einem allgemeinen Sinne, jedoch stets eng an die eigene Perspektive und Problematik gebunden. Das subjektiv-existentielle Moment ist untrennbar mit der dargelegten Thematik verbunden.

Vielleicht ist Kleist der erste Schriftsteller nach Montaigne, dem Essays im angenäherten Sinne des Franzosen gelungen sind. Allerdings blieben sie Gelegenheitsarbeiten. Kleist selbst hat sich wohl kaum als Essayist verstanden. Ihm fehlte die systematische Konsequenz der Meditation und der daraus resultierende Überblick über die Konstellationen von Ich und Umwelt. Statt dessen ist seine Gestalt gekennzeichnet durch eine ortlose Getriebenheit, deren Permanenz die drei angeführten Essays fast ein wenig als Zufallsprodukte erscheinen läßt. In jedem Falle verdanken sie ihre Entstehung nicht dem von vornherein distanzschaffenden Medium des Essayismus. *Über das Marionettentheater* ist zuerst im Dezember 1810 in den *Berliner Abendblättern* erschienen, während *Über die allmähliche Verfertigung der Gedanken beim Reden* zumindest für den Druck in der Zeitschrift *Phöbus* von Kleist projektiert war. Daran zeigt sich, daß dort, wo bei Kleist deutlich essayistische Spuren zu erkennen sind, sie im Umkreis bewußt betriebener publizistischer Aktivitäten standen und gewissermaßen für den Tagesbedarf bestimmt waren. Das jeweilige Scheitern der Zeitschriftenprojekte, vor allem der *Berliner Abendblätter*, dürfte dazu beigetragen haben, daß sich Kleists essayistisches Schaffen quantitativ in Grenzen gehalten hat. Er war alles andere als der Typus des kulturkritischen Gelehrten, den das 19. Jahrhundert als Verkörperung des Essayisten hervorbringen sollte. Seinen Essays liegt schon der grenzüberschreitende Impuls zugrunde, den erst Nietzsche voll aufgreifen und zur Ausgangsbasis eines modernen Essaybegriffs modellieren sollte. Grenzüberschreitend meint in diesem Kontext, die Grenze zwischen Wissenschaft und Kunst, zwischen Gelehrtentum und Artistik, zwischen Wissensvermittlung und produktivem Rausch durchbrechend.

Trotz dieses eher marginalen Vorkommens essayistischer Momente in der deutschen Literatur anfangs des 19. Jahrhunderts sollte von etwa 1850 an gerade die deutsche Essayistik zu einer wahren Blüte gelangen. In den klassischen Ländern des Essays, Frankreich und England, bestand die Tradition, die von Montaigne und Bacon begründet worden war, mehr oder weniger ungebrochen fort. Autoren wie Stendhal, Sainte-Beuve und Victor Hugo lieferten glänzende Arbeiten im Horizont einer sich zu *der* maßgeblichen Instanz in Kunstfragen aufschwingenden literarischen Kritik (Sainte-Beuve), des autobiographisch geprägten Reiseberichts und des in lockerer Diktion gehaltenen Traktats (Stendhal vor allem in *De l'amour*, 1822) oder des ästhetischen Manifests im Horizont der Romantik (Hugos *Préface de Cromwell*, 1827). Für die Form und die Bedeutung des Essays haben diese Ausprägungen jedoch im Grunde nichts Neues erbracht.

Sainte-Beuve rückte erstmals den Essayisten als Kritiker in den Vordergrund des literarischen Interesses und prägte die herausragende Rolle des Künstlerporträts im Sinne einer kulturgeschichtlichen Gesamtschau entscheidend vor. Seine Essays sollten in der Summe eine Symphonie des menschlichen Geistes ergeben und damit eine Art Ergänzungsunternehmen zu Balzacs Romanfolge der *Comédie humaine* darstellen. Man erkennt an Sainte-Beuve, wie sich der Essayist als Kritiker mehr und mehr exponiert und damit die unangefochtene Stellung des Künstlers als herausgehobenes Subjekt der ästhetischen Produktion wenn nicht in Frage stellt, so doch relativiert. Diese Entwicklung wird sich im 19. Jahrhundert in allen Nationalliteraturen gleichermaßen fortsetzen. Sie entspricht der Selbststilisierung des Wissens und der Urteilskraft gegenüber einer rein emotionalen Kunstrezeption, wie sie das späte 18. Jahrhundert und dann vor allem die Romantik pflegten. Damit werden die Kritiker und Gelehrten zu den eigentlichen Protagonisten einer Kultur, die den originären Künstler tendentiell zu einem Anschauungsobjekt und lehrreichen Exempel herabstuft.

Im England der ersten Hälfte des 19. Jahrhunderts sind Namen wie Wordsworth (1770–1850) und Coleridge (1772–1834) zu nennen, die neben ihren dichterischen Werken immer auch Essays verfaßt haben. Vor allem Wordsworth geht es darum, die affektive Disposition der Romantik mit einer eigenständigen poetologischen Reflexion zu verknüpfen, um so eine neue Ebene von Kritik zu erreichen. Er hat es mit diesem Anliegen immerhin so weit gebracht, daß in England die Vorherrschaft des Rationalismus in der Essayistik durchbrochen und ein emotional-kontemplatives Moment auch für die nichtfiktionale Literatur gewonnen werden konnte. Eine unbestreitbar innovative Note setzte in dieser Phase als einer der wenigen Thomas de Quincey (1785–1859). Mit seinen *Confessions of an English Opium Eater* (1822) und seinem Essay *On Murder considered as one of the Fine Arts* (1827) legt er Zeugnis ab vom Bewußtsein des englischen Dandyismus, seiner Exzentrizität und Blasiertheit, in direkter Linie vorausweisend auf Charles Baudelaire und Oscar Wilde. Diese Essays pflegen den Sarkasmus des einflußlos gewordenen Adligen und des auf sich selbst zurückgeworfenen Intellektuellen ohne gesellschaftliche Ambition, der seinen Zustand provozierend zur Schau stellt. Für diese Geisteshaltung schien der Essay wie geschaffen. De Quincey versteht die Sprache des Essays als künstlerischen Selbstzweck und den Essayisten als das genaue Gegenteil des literarischen Handwerkers, nämlich als verwegenen Blender und stilistisch ausgefeilten Strategen des Denkens. Die Auffassung sollte im weiteren Verlauf des Jahrhunderts auf dem Untergrund des Dandyismus und der Dekadenz eine breite Linie ausbilden, in der Baudelaire und Wilde nur die herausragenden Köpfe darstellen. In Deutschland jedoch fand diese Art, sich auszudrücken, lange

Zeit keinen fruchtbaren Boden und daher keine genuinen Adepten.

Die deutsche Literatur war von dem Begriff *Essay*, sieht man einmal von den Frühromantikern ab, noch kaum berührt worden. Man hat in diesem Kontext gern auf die sogenannte deutsche »Essay-Fremdheit« hingewiesen.[65] Das Fehlen eines hauptstädtischen Zentrums mit dem dazugehörigen urbanen Gesellschaftsleben, die Partikularisierung der deutschen Intelligenz, deren Vertreter kaum Möglichkeiten hatten, intensiv miteinander zu kommunizieren, also die fast völlige Abwesenheit eines literarischen Lebens konnte man dafür unmittelbar verantwortlich machen. Bei deutschen Dichtern und Denkern war zudem ein verbreiteter Hang zum Monologischen festzustellen, zum Eigenbrötlerischen und Provinziellen, der höchstens einmal durch Lessing, die Romantikerkreise und Goethe in Ansätzen durchbrochen werden konnte.

Selbstverständlich läßt sich die deutsche Rückständigkeit für alles mögliche verantwortlich machen, also auch für die Abständigkeit der Deutschen vom Essay. Dennoch bringt gerade der deutsche Sonderweg einige interessante Aspekte ans Licht, hinsichtlich des Essays jenseits des Jahres 1850 beispielsweise das Bewußtseins eines enormen Nachholbedarfs. Die sogenannten »Klassiker des deutschen Essays«, wie Ludwig Rohner die Vertreter der Phase von etwa 1830 bis 1900 bezeichnet, sind größtenteils geisteswissenschaftliche Fachgelehrte, die elegant verfaßte, populärwissenschaftliche Abhandlungen aus ihrem speziellen Gebiet veröffentlichten. Deren Akzeptanz beim Lesepublikum war außerordentlich groß. Die beiden hervorstechenden Gegenstandsbereiche bildeten bezeichnenderweise *Italien* und *Goethe*. Zieht man etwa Victor Hehns Schriften heran, so erkennt man schon an den Titeln die spezifische Zusammensetzung der Themen aus diesen beiden Themenfeldern. Hehns Essays *Zur Charakteristik der Römer* (1843) und *Über die Physiognomie der italienischen Landschaft* (1844) folgte 1864 der Aufsatz *Pro populo Italico*. Obgleich von der Kritik und der Leserschaft zunächst kaum beachtet, beurteilte man einige Jahre später Hehns zum Teil enthusiastischen und werbenden Darstellungen Italiens und der Italiener als das Interessanteste und Kundigste, was in der Nachfolge Goethes über Land und Leute gesagt worden sei. Später brachte Hehn dann seine gesammelten Essays zu

Goethe mit dem Titel *Gedanken über Goethe* (1887) heraus und erwies sich in dieser Kombination als kongenialer Nachfahre des Weimaraners und seiner Italienbegeisterung.

Goethe hatte mit seiner *Italienischen Reise* einer neuen Mentalität des deutschen Gelehrten den Weg gebahnt. Jetzt wurde es Mode, die als philiströs gebrandmarkte Stubengelehrsamkeit mit Wanderjahren und Bildungsreisen durch Italien zu verknüpfen, eine Mode, die von dem großen gebildeten Publikum, das es inzwischen gab, bereitwillig aufgegriffen wurde. Ferdinand Alfred Gregorovius' fünfbändiges Werk *Wanderjahre in Italien* (1856–1877) erlangte ungeahnte Popularität. Gleichzeitig tat sich der Literaturhistoriker Gregorovius als Verfasser einer der bis dahin gründlichsten deutschen Literaturgeschichten hervor. Er ließ zudem noch etliche Schriften zu Italien und Griechenland, einige in monumentaler, mehrbändiger Ausführung folgen.

Zwangsläufig fanden diese mit Bildungsgut gesättigten Reiseberichte und historischen Darstellungen ein breites Publikum zu einer Zeit, in der nur wenige reisen konnten, aber viele sich für die fremden Länder, vor allem für das Land der klassischen Bildung schlechthin, Italien, interessierten. Die Kombination des Reiseberichts mit Goethe als Gewährsmann einer zugleich klassisch-antikisierenden und bildungsbürgerlichen Sichtweise war ein Garant für literarischen Erfolg. Der »klassische Essay« richtete sich in dieser Phase unverkennbar nach den Bedürfnissen des Marktes; zudem war er vor allem darin *klassisch* zu nennen, daß er dem Zug zur stilisierten Klassizität, der sich an Goethe und Schiller ausrichtete, widerstandslos nachgab.

Bildung, verpackt in ansprechende Darstellungen, stand zur Zeit der Reichsgründung hoch im Kurs. Gleichzeitig kristallisierte sich ein Typus des Kulturhistorikers heraus, den vorangegangene Zeiten so nicht gekannt hatten. Sein eigentliches Terrain war das Akademische, seine davon abgeleitete Schreibweise der Eklektizismus. Die Mischung aus stilistischem Bewußtsein und gelehrtem Inhalt modellierte eine eigene Gattung des halb-akademischen Essays.[66] Zu nennen wären aus der Fülle der in dieser Tendenz abgefaßten Schriften etwa die Aufsätze *Die Pest in Konstantinopel* von Helmuth von Moltke aus dem Jahre 1841 und die orientalischen Reiseberichte Jacob Phillip Fallmerayers *Fragmente aus dem Orient* (1845). Unzählige weitere Beispiele könnten angeführt werden. Autoren wie Otto Gildemeister, Erich Schmidt, Karl Frenzel, Heinrich Homberger oder Karl Hillebrand waren in der zweiten Hälfte des 19. Jahrhunderts vielgelesene Essayisten und sind jetzt beinahe völlig vergessen. Rohner macht darauf aufmerksam, daß ihre Namen sogar schon größtenteils aus den Konversationslexika verschwunden sind.[67] Dies mag wohl nicht zuletzt auf den ihnen anhaftenden Ruch der Epigonalität zurückzuführen sein. Wie gesagt, sie griffen die von Goethe gestiftete Klassizität in breiter Front auf und überführten sie in eine zugleich popularisierende und monumentalistische Volksliteratur, die dem Bürgertum der Gründerzeit das gab, wonach es verlangte: den Geist klassischer Bildung als ledergebundenes Statussymbol.

Liest man diese Essays heute, so erkennt man rasch, daß sie auf ein bestimmtes Publikum zugeschnitten sind, das es seit langem nicht mehr gibt. Gerade von diesen Schreibweisen her hat sich jedoch ein Begriff des Essays ausgebildet, den man in vielen Fällen heute noch in die Geschichte zurückprojiziert und der für die weit verbreitete kulturkonservative Bewertung der Gattung verantwortlich zu machen ist. Tatsächlich ist der sogenannte ›klassische‹ deutsche Essay nur *eine* Erscheinung in einer äußerst vielfältigen Palette von Schreibweisen und poetologischen Positionen, die mit dem Begriff des Essays in Verbindung gebracht werden können. Für die weitere Geschichte des Essays ist diese Epoche vor allem darin von Bedeutung, daß die Zurückweisung ihres Geltungsanspruchs eigentlich erst zu einer echten Weiterentwicklung des Essays und des Essayismus geführt hat.

So kann es nicht verwundern, daß selbst ein so umfassend gebildeter und vielseitiger Autor wie Karl Hillebrand heute praktisch gar nicht mehr gelesen wird. In Hillebrands Essays erreicht der gründerzeitliche Eklektizismus seinen Höhepunkt. 1829 in Gießen geboren, schrieb Hillebrand bis zum Jahre 1870 durchweg alles auf Französisch, war Professor an einer französischen Universität und hatte seinen ganzen Bildungsgang auf die Durchdringung der französischen Kultur ausgerichtet. Diese für einen deutschen Intellektuellen ungewöhnliche Karriere wurde im Jahre 1870 durch den deutsch-französischen Krieg abrupt beendet. Hillebrand verließ Frankreich und siedelte nach Florenz über. Dort verfaßte er seine Essays in deutscher Sprache, die er zwischen 1874 und 1885 – er starb im Jahre 1884 – in sieben Bänden unter dem Sammeltitel *Zeiten, Völker und Menschen* erscheinen ließ. Seine Themen sind breitgefächert und umfassen Literarisches genauso wie Kulturgeschichtliches und Politisches. Hillebrand, in jüngeren Jahren Sekretär von Heinrich Heine, der ihm von seiner Pariser *Matratzengruft* aus die Korrekturen zum *Romanzero* in die Feder diktiert hatte, versuchte, seinen deutschen Lesern die Kultur und die Lebensart der Romania näherzubringen, und hier besonders die Kulturen Frankreichs und Italiens. In seinen letzten Lebensjahren, in denen er bereits durch eine tödliche Krankheit gezeichnet war, arbeitete er an einer Geschichte des neuzeitlichen Frankreich, einem monumental angelegten Werk, das er nicht mehr fertigstellen konnte. An Hillebrand läßt sich der Bruch zwischen der eklektizistischen Essayistik des Historismus, deren Hauptvertreter er ist, und der Essayistik eines Friedrich Nietzsche und seiner Nachfolger relativ exakt ermessen. Hillebrand war einer der ersten und zu Nietzsches Lebzeiten einer der wenigen, die dessen durchschlagende Bedeutung zu erkennen begannen und zu würdigen wußten. Der Bruch mit der Tradition, der sich in Nietzsches Werk ereignet, ist auch ein Bruch mit dem bildungsbürgerlichen Historismus und der klassizistischen Epigonalität, denen Hillebrands Kulturbegriff trotz seiner internationalen Weite größtenteils verpflichtet blieb. Für Nietzsche ging es nicht mehr um Bildung und Wissen als Besitz, sondern um das Erlebnis einer kulturellen Erneuerung und damit der Absprengung der überkommenen Wissensformationen und Denkkategorien. Hillebrand prägt als freischwebender Kulturhistoriker im selbstgewählten Exil von Florenz bereits den Lebensstil vor, den Nietzsche einige Jahre später wie ein höheres Schicksal auf sich nehmen sollte. Doch zerbricht Hillebrand noch nicht wie Nietzsche die elementaren Vermittlungsebenen zwischen dem Essayisten und seinen zum lockeren und dennoch anspruchsvollen Genuß aufbereiteten Themen auf der einen Seite sowie dem Publikum auf der anderen.[68] Hillebrand glaubte an die Einheit einer Kultur, die sich, so konstatiert es Nietzsche, in hohle Bildungspathetik verwandelt hat und einen Zusammenhang zwischen dem Wissen und den Subjekten kaum noch erkennen läßt. Das ist wohl der gewichtigste Kritikpunkt, den man insgesamt gegen den sogenannten ›klassischen‹ deutschen Essay vorbringen kann. Man zelebrierte vielfach Bildung um der Bildung willen und vermied die Frage nach dem Gebrauch des Wissens und seiner existentiellen Verankerung im

Menschen. Das war nach Nietzsche nicht mehr hinnehmbar. In dieser Umkehrung der Perspektiven hatte Nietzsche in dem Amerikaner Ralph Waldo Emerson allerdings einen wirkungsvollen Vorläufer.

Emerson und die Folgen

Insgesamt geht es in der Mitte des 19. Jahrhunderts um die Stilisierung des Wissens vor dem Hintergrund von Klassizität und Weltgewandtheit, zugleich aber auch um einen schon früh erwachenden Impuls zur Aufbrechung der damit zementierten Strukturen. Das Einfließen dieses Aspekts als eines grundsätzlichen Unbehagens an der Kultur der Gründerzeit kristallisiert sich an dem Namen eines Essayisten besonders deutlich heraus, dessen Wirkung sowohl in seiner Heimat Amerika als auch in Europa schon zu seinen Lebzeiten beachtlich gewesen ist, an Emerson. Der mangelnde Bezug des gelehrten Essays zur Lebenspraxis schien von Emerson gerade dadurch hergestellt zu werden, daß er die Einstellung des Einzelnen zur Geschichte radikal in Frage stellte und die Verpflichtung des Individuums gegenüber sich selbst zum höchsten Maßstab erhob.

Emerson (1803–1882) führt einen Begriff des Essays ein, der bis heute vor allem in den angelsächsischen Ländern als Ausdruck eines individuellen und zugleich transparenten Stils Geltung genießt. Darin verbindet sich eine stets gegenwärtige Spontaneität und ein antisystematischer Grundzug mit einer in erster Linie gefühlsmäßig ausgerichteten Haltung gegenüber praktisch allen Lebensfragen. Emerson verstand es, den elementaren Duktus des Predigers, den er gleichsam ererbt hatte, mit der visionären Gestimmtheit eines naturbezogenen Ursprungsdenkens zu korrelieren. Er entstammte einer Dynastie von Predigern, die mit ihm in der siebten Generation angekommen war. Nachdem Emerson an der Theologischen Hochschule in Cambridge studiert hatte, erlangte er im Jahre 1826 selbst die Approbation zum Priester. Einige Jahre später jedoch, nach dem Tod seiner ersten Frau, gab er das Priesteramt auf, reiste nach Europa, traf die Essayisten Landor, Wordsworth und Coleridge sowie in Schottland Thomas Carlyle, mit dem ihn lebenslange Freundschaft verbinden sollte, und kehrte 1833 nach Amerika zurück, um eine umfangreiche Vortragstätigkeit aufzunehmen. Aus diesen Vorträgen, die im Kern noch immer sehr stark an die Formen der Predigt angelehnt blieben, jedoch keine rein religiösen Themen mehr aufgriffen, entwickelte sich Emersons visionärer Kulturbegriff. In dem 1837 in Harward gehaltenen Vortrag mit dem Titel *The American Scholar* fordert er die kulturelle Unabhängigkeit Amerikas und ein eigenes schöpferisches Selbstbewußtsein. Zusammen mit Margaret Fuller gab er seit 1840 die Zeitschrift *The Dial* heraus, die zum Organ des inzwischen um Emerson versammelten Kreises der sogenannten *Transzendentalisten* werden sollte. Damit war Emersons Weg vorgezeichnet; die akademische Laufbahn sollte ihm verschlossen bleiben, da er von den in Amerika vorherrschenden Grundsätzen der puritanischen und unitaristischen Theologie in entscheidenden Punkten abwich. Gleichzeitig wurde der kleine Ort Concord bei Boston, an dem sich Emerson 1835 niedergelassen hatte, zum geistigen Zentrum einer außerakademischen Bewegung, die es sich zum Ziel gesetzt hatte, den Amerikanern ein poetisch erzeugtes, genuines Gefühl für eine eigene Kultur zu vermitteln. Der Drang zu Reformen auf allen Gebieten des Lebens war für diese Gruppe der Transzendentalisten charakteristisch. Aus den vielfältig hergestellten Bezügen zu Religion, Philosophie, Literatur, Erziehung oder Psychologie erwuchs eine Haltung, deren Ziel nicht darin bestehen konnte, ein geschlossenes Gedankensystem niederzulegen. Vielmehr kam es den Transzendentalisten darauf an, ein Denken in Szene zu setzen, das in der Gestalt seines jeweiligen Ausdrucks das Spontane und Intuitive seines Entstehens repräsentieren sollte.

In den Jahren 1841 und 1844 veröffentlichte Emerson zwei Sammlungen von kürzeren Schriften, die er *Essays* nannte. Diese Texte, die eine jeweils freie Reflexion über ein allgemein gefaßtes Thema enthalten, zeichnen sich dadurch aus, daß sie den Leser nicht von einer bestimmten fachspezifischen Seite her ansprechen, sondern die Ebene des allgemein Menschlichen beschreiten, auf der sich jeder Leser unmittelbar betroffen fühlen kann. Schon die Titel der Essays lassen den generalisierenden Zug durchscheinen, den der Autor umzusetzen sucht. Reflexionen über *Geschichte*, *Selbstvertrauen*, *Freundschaft*, *Liebe*, *Klugheit*, *Heroismus*, *Kunst* und *Intellekt* – so die Titel einiger Essays – versuchen, eine jedem Amerikaner zugängliche Erkenntnis in einer allgemeinverständlichen Sprache zum Ausdruck zu bringen. Es geht dabei nicht um Fragen des Wissens oder der Bildung, sondern um grundlegende Momente der Selbsterkenntnis als Vergewisserungspunkte der eigenen Positionen, sei es des Individuums, sei es einer sozialen Gruppe, in der allerdings das Individuum stets eine herausgehobene Stellung einnimmt. Der philosophische Faktor fließt nur insoweit ein, als er für dieses Ziel brauchbar erscheint.

Zwar weiß sich der amerikanische Transzendentalismus von der deutschen Philosophie des Idealismus entscheidend beeinflußt, ja er leitet sogar seinen Namen aus dieser sogenannten Transzendentalphilosophie ab, doch wird Philosophie nie um ihrer selbst betrieben – bei Emerson nicht, aber auch nicht bei seinen Mitstreitern Thoreau und Fuller. Begriffe wie *Natur* oder *Kunst* werden niemals in einen rein theoretischen Zusammenhang projiziert, sondern bleiben allgemeine Begriff, die, wenn notwendig, philosophisch aufgeladen werden können. Emersons Ziel war es, die Vorstellungskraft des ganzen amerikanischen Volkes zu treffen und zu aktivieren, sie durch eine grundsätzlich appellative Haltung für sich zu gewinnen. Nichts kam ihm darin mehr zustatten als sein rednerisches Talent, das er sich als Prediger erworben hatte. Die Nation als Zielgruppe sollte die Rolle der Gemeinde in der Kirche einnehmen. Der Autor tritt als Visionär in Erscheinung, damit aber gleichzeitig immer auch als Propagandist der eigenen Ansichten, die der Allgemeinheit zugänglich gemacht werden sollen. Essays sind in diesem Verständnis zunächst nichts anderes als weltliche Predigten, die den kulturell nach Orientierung suchenden Bürgern in *God's own country* jeweils ganz individuell zugedacht waren, um ihnen ein Selbstbewußtsein für ihre weltliche Auserwähltheit einzuflößen.

Die Essays der beiden Sammlungen aus den vierziger Jahren halten den Bezug zu einem größeren Aufsatz aufrecht, den Emerson bereits im Jahre 1836 unter dem Titel *Nature* herausgebracht hatte. In diesem Basistext bringt er seine tragenden Gedanken im Horizont des transzendentalistischen Denkens verdichtet zur Darstellung. Gleich in der Einleitung schlägt der Autor den Ton an, der ihn berühmt machen sollte, indem er über das Fachgelehrtentum des Jahrhunderts energisch hinweggeht. Der Essay beginnt mit folgender Passage:

Unser Zeitalter ist retrospektiv. Es baut die Grabdenkmäler seiner Väter. Es schreibt Biographien, Geschichtsbücher und Kritiken. Frühere Generationen schauten Gott und Natur von Angesicht zu Angesicht; wir jedoch sehen nur mit ihren Augen. Warum sollten nicht auch wir uns einer ursprünglichen Beziehung zum Universum erfreuen? Warum sollten wir nicht eine Dichtung und Philosophie der Einsicht statt der bloßen Tradition haben und eine Religion zu uns selbst sprechender Offenbarungen anstelle einer Geschichte der Religion unserer Vorväter? Wenn uns nur ein einziges Mal die Natur umfangen hat, deren Lebensfluten um und um uns pulsieren und uns durch die Kräfte, die sie spenden, zum naturgemäßen Handeln einladen, warum dann noch im Staub der Vergangenheit wühlen, warum dann noch die lebende Generation in den verblichenen Masken und Kostümen der Vergangenheit auftreten lassen?[69]

Das ist eine klare Abwendung vom historischen Wissen, vom Verfall der Lebensenergien im Historismus, die in dieser Grundausrichtung bereits auf Nietzsches frühen Aufsatz *Vom Nutzen und Nachteil der Historie für das Leben* vorausweist. Eine »ursprüngliche Beziehung zum Universum« wird angestrebt und »eine Religion zu uns selbst sprechender Offenbarungen«. Das sind Formulierungen, die den Kern eben jenes Unbehagens an der Kultur treffen, das in der zweiten Hälfte des 19. Jahrhunderts nicht nur auf dem amerikanischen Kontinent allgegenwärtig war. Emerson geht es frontal an, ohne lange Einleitung oder Hinführung, er exponiert sein Thema in aller nur erdenklichen Direktheit. Man kann sich vorstellen, daß dies seine zeitgenössischen Leser als befreiend empfinden mußten. Der Autor von *Nature* fordert eine radikale Umkehr der kulturellen Richtung, die die amerikanische Nation eingeschlagen hat. Zu diesem Zweck liegt nichts näher, als auf die Ursprünge, auf die Quellen zurückzukommen, ähnlich, wie es Rousseau knapp einhundert Jahre zuvor vorgeschlagen hatte, vor allem auf die Natur. Emersons Naturbegriff ist allerdings noch unmittelbarer gesetzt, als es derjenige Rousseaus gewesen war. Der Begriff der Natur wird in dem zitierten Essay zugleich »in seiner gewöhnlichen und in seiner philosophischen Bedeutung«[70] genommen, ein Zug, der die besondere Ausrichtung der Transzendentalisten kennzeichnet. Die Spuren der Naturphilosophie europäischer und dort vor allem deutscher Provenienz sind erahnbar, aber schon ziemlich verweht. Emerson geht es weniger um deren Aufnahme in seinen eigenen Diskurs als darum, einen allgemein verfügbaren, gleichsam naiven Naturbegriff mit dem philosophisch-idealistischen anzureichern, nicht aber jenen durch diesen zu ersetzen.

Der Essay *Nature* ist in Form einer Steigerungslinie aufgebaut, worin die Natur in ihren unterschiedlichen Aspekten für den Menschen betrachtet wird, von ihrem *Gebrauchsnutzen* bis zum *Geist*. Zwischen diesen beiden Extremen – dem materiellen und dem spirituellen – stehen Aspekte wie *Schönheit*, *Sprache*, *Erziehung* und *Idealismus*. Das sind zugleich die Titel der einzelnen Kapitel. Die Natur wird als von geistigen Momenten durchdrungen angesehen; der Mensch legt seine Stimmung in die Landschaft und die strahlt eben diese Stimmung wieder zurück. Vor allem in der Schönheit zeigt sich die enge Verknüpfung der Natur mit dem Seelischen und Geistigen. »Schönheit ist das Kennzeichen, das Gott der Tugend verliehen hat.«[71] Letztlich führt die Schönheit zu der Einsicht, daß jeder Teil zu einem großen Ganzen gehöre, da nur so das Gefühl für das Schöne geweckt werden könne. »Nichts ist vollendet schön in seiner Vereinzelung, sondern nur als Teil des Ganzen. Ein einzelner Gegenstand ist nur insofern schön, als er uns diese universelle Anmut ahnen läßt.«[72] Indem die Natur gleichsam aus sich selbst heraus solche Einsicht vermittle, liege in ihr die Voraussetzung zur Kunst, zur Erschaffung des Schönen durch den Menschen.

Das klingt wie eine naive Zusammenfassung romantischer Grundsätze, erschöpft sich jedoch keineswegs in purer Schwärmerei, sondern versucht, ein regelrechtes Weltbild zu skizzieren, das praktische Umsetzbarkeit in der Kultur beansprucht. Der typisch amerikanische Zug, den pragmatischen Aspekt des Glaubens bedenkenlos gegen die kontemplativen Momente durchzusetzen, ist hier unübersehbar. Wenn die deutsche Romantik gesellschaftlich gesehen in einem umfassenden Eskapismus mündete, so schlägt die Aufnahme romantischen Gedankenguts bei den amerikanischen Transzendentalisten einen tendenziell gesellschaftsumwälzenden Weg ein.

Emerson gelangt in *Nature* zu seiner Sprachauffassung, die sich ebenfalls aus dem Naturbegriff unmittelbar ableiten läßt. Die Natur wird als eine große semiotische Potentialität betrachtet, alle Dinge in der Natur sind zugleich Symbole. Das menschliche Sprechen entspringe, so Emerson, aus der Fähigkeit, in Bildern zu denken, was man am Beispiel der sogenannten primitiven Völker gut nachvollziehen könne. Dies weise darauf hin, daß die Natur uns in Chiffren erscheine und daß wir überall Allegorien bildeten. Die Sprache sei ursprünglich reine Poesie, in der »alle geistigen Erscheinungen durch Natursymbole dargestellt werden.«[73] Die Natur erscheint als unmittelbare Quelle der Sprache, die der Mensch durch seine Fähigkeit zur Metaphernbildung nutzbar macht. Emerson behauptet nicht, daß wir diese Metaphern in eine an sich bedeutungslose Welt hineinlegen, sondern führt aus: »Die Welt selbst ist emblematisch. Einzelteile unserer Sprache sind Metaphern, eben weil das Gesamt der Natur eine Metapher für den menschlichen Geist ist. [...] Diese Verwandtschaft von Geist und Materie ist nicht das Phantasieprodukt irgendeines Dichters, sondern sie gründet sich auf den Willen Gottes und ist damit der freien Einsicht aller Menschen zugänglich.«[74]

Emersons Sprachauffassung fällt in ihrer religiösen Ursprungsidee der All-Einheit von Gott, Natur und Mensch noch hinter die sprachphilosophischen Konzepte der Aufklärung zurück und restituiert einen Begriff von Sprache als einer poetisch gestifteten Offenbarung. Für die Beurteilung des Essays bei Emerson ist diese Beobachtung von ausschlaggebender Bedeutung. Denn der Autor bedient sich selbst dieser Sprache, greift als Schreibender ursächlich in diesen Zusammenhang ein und sieht sich darin umfangen. Der Verfasser von Essays ist der Dichter, der die emblematische Erscheinungsweise der Natur in Wörter und Sätze überträgt. Das heißt, er ist keiner Autorität unterworfen oder verpflichtet, schon gar nicht den Wissenschaften und ihrer fachspezifischen Zersplitterung. Der Dichter gerade ist es, der die verlorene Einheit des Wissens, Fühlens und Glaubens wiederherstellt, er ist ein Visionär, ein Prophet, ein Vermittler zum Heiligen. Das mag an Novalis und seine urromantischen Konzeptionen erinnern, gewinnt jedoch bei Emerson einen ungleich pragmatischeren Zug als bei dem Deutschen. Denn Emerson ist in erster Linie Prediger, er spricht direkt zu seiner Gemeinde, er lehrt seine Weltsicht mit aller gebotenen Klarheit und Deutlichkeit. So kommt er zu seiner spezifischen Auffassung des Essays; die Wurzeln, die dahin führen, sind äußerst vielfältig.

Emersons Haltung geht auf die Wiedergeburtslehre des Puritanismus ebenso zurück wie auf die Idee des Transzendentalen, die er dem deutschen Idealismus (oder dem, was in Amerika davon angekommen ist) entnommen hat. Ergebnis dieser wiederum extrem eklektischen Verarbeitung von Einflüssen ist die bei Emerson und seinen Anhängern einzigartige Verknüpfung von pastoraler Prophetie und intuitiver Darstellung.[75] Allerdings beruft er sich auch in direkter Linie auf Montaigne. Nach der Lektüre der *Essais* bemerkt Emerson, »es sei ihm, als habe er sie in irgendeiner Präexistenz geschrieben.«[76] Gewiß ist das eine überschwengliche Identifikation mit dem Urvater des Essays, und sie zeigt eigentlich nur, wie emphatisch Emerson diese Schreibweise als die seinem Denken adäquate betrachtet hat. Anders als bei Montaigne jedoch, der vor allem von seinen Bildungsschätzen zehrte und seine persönlichen Ansichten durch zahllose Zitate aus der antiken Literatur abzudecken pflegte, gibt sich Emerson einem schwer zu durchschauenden Intuitionismus hin, in dem er sich mehr von seinen Gefühlen und augenblickshaften Neigungen als von dem Willen zur systematischen Darstellung leiten läßt. Auch ist bei ihm der Bezug zu den geistigen Autoritäten der Vergangenheit nur in sprunghaft eingeschalteten Andeutungen vorhanden. Aber eben dies, die Selbstermächtigung des Affektiven in der Absicht, eine genuine Setzung von Perspektiven vorzunehmen, ist das Neue bei Emerson, das seine zeitgenössischen Leser, in Amerika wie in Europa, bald schon an ihm zu schätzen begannen.

»Er bringt seine Gedanken nicht in einem bestimmten logischen oder künstlerischen Aufbau vor, sondern in der natürlichen und oft zufälligen Anordnung, die sie gerade in seinem Kopf haben. Er kennt nur provisorische Wahrheiten, Augenblickswahrheiten [...] Er hat einen seiner Essays ›considerations by the way‹ genannt, aber man könnte alles, was er je geschrieben hat, ebenso betiteln. Form und Zusammenhang seiner Gedanken sind ihm gleichgültig, wichtig ist ihm nur die Geisterstimme, die in ihm ruft.«[77] – Soweit Egon Friedell in seiner *Kulturgeschichte der Neuzeit,* in der er Emerson erheblichen Raum zugemessen hat. Aber nicht allein deshalb muß man Emersons Arbeiten und seiner Wirkung auf die nachfolgenden Generationen eine herausgehobene Bedeutsamkeit zuerkennen. Diese besteht nicht zuletzt darin, daß bei ihm der Essay seine moderne Gestalt und Ausrichtung angenommen hat.

Mit Emerson schert der Essayismus aus dem diskursiven Mainstream aus, in den er mit der Aufklärung geraten war, in der er sich die intellektuell-artistische Überformung des Zeitgeistes zur Aufgabe gesetzt hat. Auf dieser Ebene konnte der Essay noch nicht als funktional eigenständige Schreibweise in Erscheinung treten, sondern blieb das verdeckt wirkende Antriebsmoment unterschiedlicher, sich vom Druck der Gattungslehren befreiender Ausdrucksformen. Mit Emerson wandelt sich der Essayismus dahingehend, daß der Essay zu einer Tat erklärt wird. Diese Tat hat revolutionären Charakter. Sie ist einzig und allein auf das Subjekt zurückzuführen, das sie in Angriff nimmt. Aber sie transportiert auf der anderen Seite die prophetische Kraft der religiösen Erweckung sowie den visionären Impuls zur kulturellen oder zivilisatorischen Erneuerung. Aller Partikularismus, alles Fachgelehrtentum, jeder bloß rational geführte Diskurs erscheinen als das Andere des Essays, als die Negativfolie, von der er sich abhebt. Damit entwindet sich der Essay jeglicher Einbindung in andere, verwandte Gattungen, als deren Derivat er erscheinen könnte. Er ist nun weder der geschwätzige Bruder des Aphorismus noch der populistische Ableger des wissenschaftlichen Aufsatzes noch ein Elementarteilchen des Roman. Emerson wäre es nicht eingefallen, einen Roman zu schreiben, in dem Essays eine bestimmte poetologische Rolle spielten. Seine Essays sind selbsttragende Ausdrucksmedien, die ihre Gültigkeit durch nichts als durch sich selbst vermitteln. In ihnen und durch sie soll sich der kulturelle Rahmen erneuern, der sich Emerson als das gesellschaftlich Falsche darbietet und den er als zivilisationsbedingten Ausverkauf aller Werte ansieht.

Unter diesen Voraussetzungen betrachtet sich der Essayist in erster Linie als Dichter. Vom Dichter hat die geistig-kulturelle Erneuerung ursächlich auszugehen, von seiner gestaltenden Kraft vor allem. In dem Essay *Der Dichter* schreibt Emerson:

O Dichter! ein neuer Adel wird in Hainen und Auen verliehen und nicht mehr in Schlössern oder durch das Schwert. Die Bedingungen sind hart, aber gerecht. Du sollst die Welt lassen und nur noch die Muse kennen. Du sollst nicht mehr die Zeiten, Gebräuche, Tugenden, Politik oder Meinungen der Menschen kennen, sondern sollst alles von der Muse empfangen. Denn die Zeit der Städte wird in der Welt durch Grabgeläut angezeigt, in der Natur aber werden die Stunden des Universums nach den aufeinanderfolgenden Stämmen von Tieren und Pflanzen und dem ständigen Anwachsen der Freude gezählt. [...] Du sollst eng und verborgen in der Natur ruhen und kannst nicht zum Kapitol oder zur Börse zugelassen werden. Die Welt ist voller Entsagungen und Lehrzeiten, und dies ist die Deine; du mußt für lange Zeit als Narr und ungehobelter Bursche gelten. Das ist der Schirm und die Scheide, mit der Pan seine geliebte Blume geschützt hat, und nur die Deinen sollen Dich erkennen, und sie werden Dich mit zärtlichster Liebe trösten.[78]

Der Dichter als Außenseiter der Gesellschaft, als noch ganz der Natur zugehöriges Genie, das ist ein Gedanke, der für die Emerson nachfolgende amerikanische Literatur zentrale Bedeutung erlangen sollte. Schon zu Emersons Lebenszeiten tauchte mit Walt Whitman ein Dichter auf, der diesem Bild vom naturverbundenen Außenseiter relativ genau entsprach. Von Whitmans 1855 erschienenen *Leaves of Grass* war Emerson begeistert.

Kulturerneuerung im Sinne einer Erweckung und Offenbarung durch die göttliche Natur war Emersons Botschaft. Damit wurde er zur Identifikationsfigur des selbstbewußten Amerikaners schlechthin. Denn in Emersons Denken gehen Puritanismus und Romantik eine wirkungsvolle Verbindung ein. Er transformiert das religiöse Moment der Erweckung, das die Puritaner als transzendierende Ebene ansteuerten, in die Immanenz.[79] Somit erscheint das erste genuine Auftreten des modernen Begriffs des Essays in einen klar abgesteckten weltanschaulichen, ja durchaus religiös zu nennenden Rahmen eingefaßt zu sein. Gerade aber von dieser Seite und in dieser Form erwartete man einen befreienden Schub. Diese Disposition ermöglichte die Aktivierung ursprünglich religiöser Energien, die die Aufklärung in die Defensive gedrängt hatte.

Die neuartige Sicht der Geschichte, des Individuums und der Kunst, die Emerson propagierte, traf den Nerv einer Epoche, welche gerade die mit diesen Vorstellungen verbundenen Werte im Schwinden begriffen sah. Was sich in seinen Essays vollzieht, kann als Versuch einer Umwertung von zentralen Werten verstanden werden. Emersons religiös untermauerter Idealismus bringt einen Aspekt ins Spiel, auf den sich das Jahrhundertende stürzte wie ein Verdurstender auf die plötzlich gefundene Quelle: *das Leben*. Die Bedeutung des Lebendigen als Quelle spontaner Aktivität, des Erlebnishaften im Gegensatz zum Konventionellen, Gelehrten und Erlernten, die Emerson in all seinen Betrachtungen als absoluten Maßstab des Werteschaffens zugrunde legt, ist nicht zu überschätzen. Sie korreliert unmittelbar mit der Ausdrucksform des Essays, weil in ihr das Spontane und Sprunghafte der Form als inhaltliche Komponente wiederkehrt. Was für den Umgang mit der Geschichte gilt, kann mit eben derselben Richtigkeit auf die Kunst hin gesagt werden:

Jetzt sehen die Menschen die Natur nicht als schön an, und so fangen sie an, eine Statue zu machen, die es sein soll. Sie verachten die Menschen als geschmacklos, dumm und unverwandelbar und trösten sich mit Farbkästen und Marmorblöcken. Sie weisen das Leben als prosaisch zurück und schaffen einen Tod, den sie poetisch nennen. Sie erledigen schnell die lästigen kleinen Hausarbeiten des Alltags und flüchten in wollüstige Träumereien. Sie essen und trinken, damit sie nachher das Ideale ausführen können. So wird die Kunst erniedrigt.[80]

Die Einbindung der Kunst ins Leben, die Tilgung der Differenz zwischen Kunst und Natur, die Einführung des physiologischen Fundaments in die Ästhetik – all das deutet auf Nietzsches Kunsttheorie voraus, wenn auch noch nicht versehen mit den von Nietzsche gezogenen radikalen Konsequenzen. Dennoch ist bei Emerson am deutlichsten von allen Vorläufern Nietzsches ausgebildet und formuliert, was dieser unter dem Ansatz der Umwertung aller Werte verstanden wissen wollte. Die Anekdote, daß Nietzsche zeitlebens auf Reisen einen Band der Essays von Emerson mit sich geführt haben soll, dürfte nicht ganz aus der Luft gegriffen sein.

Emerson stärkt die Position des Individuums in einer außerordentlichen Art und Weise, indem er es schroff der ›falschen‹ Gesellschaft entgegenstellt und alle Wertschöpfung auf seine ureigene Veranlagung stützt:

Die Gesellschaft hat sich überall gegen das Menschsein jedes einzelnen ihrer Mitglieder verschworen. [...] Die Tugend, die am meisten gefragt ist, ist die Konformität. Selbstvertrauen ist ihr ein Greuel. Sie liebt nicht Realitäten und Schöpfer, sondern Namen und Konventionen. Wer Mensch sein möchte, muß Nonkonformist sein. Wer unsterblichen Lorbeer erringen möchte, darf sich nicht im Namen des Guten aufhalten lassen, sondern muß herausfinden, ob es tatsächlich das Gute ist. Es ist letztlich nichts heilig außer der Integrität deines eigenen Geistes. Sprich dich vor dir selbst frei, und du wirst die Zustimmung der Welt finden.[81]

Die gesamte Wertphilosophie beschränkt sich bei Emerson auf einen Satz, der alle Doktrinen der praktischen Vernunft und sämtliche Ethiken, seien sie nun religiösen oder mythologischen Ursprungs, für null und nichtig erklärt: »[...] richtig ist allein das, was meiner Natur entspricht, falsch allein das, was gegen sie ist.«[82] In dieser Reduktion liegt der Impuls zur Befreiung vom normativen Druck der Systeme in Gesellschaft und Philosophie, die die erste Hälfte des 19. Jahrhunderts der westlichen Welt insgesamt gebracht hat. Emerson trat zu einem Zeitpunkt auf, da man glaubte, den Systemgewalten der Moderne, die sich erstmals formiert hatten, ein Gegengewicht entgegensetzen zu müssen. Das konnte nur durch einen Rückgang auf die Ursprünge des *Lebens* erfolgen, also durch eine Hypostasierung der Natur, der Kunst und der Individualität des einzelnen. In diesem Kontext wird der Essay zu einem genuinen Ausdrucksmedium.

Es ist so gut wie unmöglich, einen systematischen Zusammenhang im Denken Emersons feststellen zu wollen. Ebensowenig wie bei Nietzsche erscheint es sinnvoll, aus den Essays von Emerson so etwas wie seine *Philosophie* ermitteln zu wollen. Wenn etwas ursächlich zu dieser Philosophie dazugehört, so wäre es die Fragmentierung in einzelne Schrift-Stücke und die spontan-intuitive Komposition jedes dieser Teile, die sich nicht zu einem fiktiv angenommenen Ganzen fügen wollen. Was hinter den *Essays* wirkt, ist nicht das Ganze eines Systems, sondern die Ganzheit eines Individuums, das sich selbst das Maß aller Dinge zuerkennt. Der Essay transportiert im Verständnis Emersons das Unmittelbare der Sprachfindung während der Rede, also, wie es bei Kleist heißt, die allmähliche Verfertigung der Gedanken beim Reden. Dadurch wird eine Authentizität geweckt, die der durch seine Diktion unweigerlich Distanz erzeugende Aufsatz oder der eher umständliche Traktat nicht wecken könnten. An diesen Aspekten wird deutlich, daß Emersons Essays tatsächlich den Charakter von verschriftlichten Predigten angenommen haben. Sie repräsentieren im Schriftlichen, was die Predigt eigentlich nur durch die Rede zu erzeugen vermag: die direkte Anrede des Lesers als Individuum. Damit erneuern sie die puritanische Gewissensbefragung auf eine moderne Art und Weise. Mit Emerson tritt der skeptische Selbstbezug des Subjekts in eine neue Phase. Es beginnt die Psychologisierung sämtlicher Lebensfragen durch die Zuweisung des alleinigen Maßstabs in all diesen Fragen an das einzelne Ich. Auch dieser Punkt prägt den modernen Essay entscheidend. Seit Emerson neigt man, insbesondere in Amerika, zum Essay, weil in dieser Schreibweise die Verantwortlichkeit des selbstbestimmten Individuums für sich selbst und seine Gesellschaft am kompaktesten zum Ausdruck gelangen kann.

Die Entscheidung für den Essay als Form erleichterte zudem die Rezipierbarkeit der darin abgefaßten Ideen und Ansichten. Ein Essay im Stile Emersons ist allemal leichter zu erfassen als ein groß angelegtes philosophisches System. Der Verbitterung Schopenhauers, der sich zeitlebens verkannt glaubte, weil kaum jemand sich seinem philosophischen Hauptwerk *Die Welt als Wille und Vorstellung* so widmen konnte, wie sich das der Autor wünschte, steht Emersons unmittelbar eintretende, weltweite Wirkung gegenüber, die nicht zuletzt auf die Schreibweise des Essays und deren multivalente Ausdruckskapazität zurückgeführt werden muß.

Die Situation erscheint paradox. Während in Deutschland Rechts- und Linkshegelianer in erbittertem Streit lagen, die idealistische Philosophie als abgestorbenes Phantom wie Blei auf den Köpfen der Epigonen lastete und die Elaboriertheit des intellektuellen Spezialistentums sich in unendliche Fernen vor dem Faktum des *Lebens* zurückgezogen hatte, rüttelte Emerson mit seinen *Essays* die Szene wach. Mit seinen einfachen, dekretierenden Sätzen und seiner den Nonkonformismus sowie das absolute Selbstbewußtsein propagierenden Denkweise vermittelte er das Gefühl eines umfassenden Aufbruchs der vitalen Energien und der Seele, den die ausgehende Restaurationszeit überall suchte. Emerson verkündete seine Lehren mit dem religiös inspirierten Pathos des Propheten, der über alle Autoritätsschranken hinweggeht, gerade weil er sich von einer höheren Macht autorisiert weiß, einer Macht, der keine weltliche Instanz etwas anhaben könnte. So kehrt der religiös-utopische Impuls des visionären Propagandisten durch die Hintertür nach Europa zurück, nachdem ihn die großen Revolutionen des Politischen und des Philosophischen scheinbar ausgemerzt hatten. Diese Paradoxie ist so signifikant für die Rolle des Essays in der Moderne, daß man sie sich mit aller Genauigkeit ansehen sollte. Die Verknüpfung von Intuitionismus, Prophetismus, Utopismus und einer auf dem Begriff des Lebens basierenden zivilisationskritischen Avantgardehaltung wird zur gärenden Grundmischung eines modernen Essayismus, der sich selbst, wo immer möglich, als Subversion des Bestehenden einführt. Emerson ist der erste, der diese Kombination erkennbar in seinen Schriften ausprägt und damit dem Essay zu der exklusiven Position in der Moderne verhilft, die ihm von nun an zugesprochen werden sollte. Was sich bei ihm als Initiationsphänomen noch in aller Anfänglichkeit und Deutlichkeit ablesen läßt, ist zum einen die weltlich-religiöse Disposition, auf die sich diese Haltung stützt. Zum anderen erkennt man hier die Abkunft eines bestimmten Begriffs von Essay aus der spontaneistischen Mentalität des nur sich selbst verpflichteten Visionärs. Die Haltung unterscheidet von nun an die frei gestaltete Abhandlung beliebigen Inhalts, die das 19. Jahrhundert zu einer gewissen Perfektion getrieben hat, von einem genuinen Begriff des Essays, in den mehr einfließt als Wissen und stilistische Virtuosität. Der Essay ist hier stets auch Bekenntnis und Vision, eine Hypostasierung des individuellen Standpunktes im Horizont produktiven Selbstbewußtseins. Diese Tendenz wird vor allem Friedrich Nietzsche mit aller Kraft weitertreiben. Darin liegt die kongeniale Intensivierung der bei Emerson aufkeimenden Ideen. Jedoch, mit Nietzsche wird sich der literarisch abtrünnige Puritaner zum Antichristen verwandeln – eine wahrhaft schwerwiegende Metamorphose, die dem nunmehr entstandenen essayistischen Szenario noch einmal eine ganz neue Perspektive eröffnen sollte.

Zunächst aber, vor Nietzsche, findet Emerson in Deutschland einen wirkungsvollen Multiplikator in Herman Grimm (1828–1901), Sohn Wilhelm Grimms und Neffe Jacob Grimms. Seinem familiären Erbe gemäß erwies sich der Berliner Kunsthistoriker und Literaturwissenschaftler – er füllte gleichzeitig zwei Professuren aus – als emphatischer Ritter der Geistesgeschichte, der stets neue Mediationsformen für das Wissen, das er zu vermitteln hatte, suchte. Nicht nur, daß er in seine kunstgeschichtlichen Vorlesungen zum Befremden der Kollegenschaft den Projektionsapparat einführte, er suchte auch für sein literaturwissenschaftliches Hauptgebiet, die Biographik, neuen Weisen der Darstellung. Der Essay war in England und Frankreich schon lange mit der Biographik eine fruchtbare Verbindung eingegangen. Der Historismus in Deutschland eignete sich diese Dimension jetzt an und verlegte sich vor allem auf die essayistische Aufarbeitung der Biographie Goethes. In diesem speziellen Feld hatte die Germanistik mit Herman Grimm ihren Hauptakteur. Seine

Fünfzehn Essays von 1874 sind allesamt biographischer Natur, immerhin fünf davon sind allein Goethe gewidmet. Grimm erforschte und beschrieb Goethes Leben in allen denkbaren Aspekten. 1877 veröffentlichte Grimm seine zweibändige Goethe-Biographie, den vielleicht ersten bedeutenden Versuch einer umfassenden monographischen Würdigung des Weimarer Klassikers. Neben dieser wiederum in einem essayistischen Stil gehaltenen Goethe-Biographie schrieb der enorm produktive Grimm eine Biographie Michelangelos (*Das Leben Michelangelos*, 1860–1863) sowie *Das Leben Raffaels* (1886) und erwies sich als der Hauptvertreter der populärwissenschaftlichen Biographik in Deutschland.

Grimm versuchte, die an sich extrem akademisch geprägte Disziplin der Biographik durch einen essayistischen Ton aufzulockern, nicht zuletzt wohl aus der Erwägung heraus, dadurch seinen Themen eine größere Leserschaft zuzuführen. Doch erblickt Grimm im Essayistischen nicht bloß eine formale Variante zur trockenen wissenschaftlichen Abhandlung. Nicht allein der Individualismus der Darstellung oder die Raschheit der Gedankenführung sprechen in seinen Augen für den Essay. Es kommt noch etwas durch und durch Irrationales hinzu, eine Schwäche für die Spekulation, eine prätendierte Nähe zum Gegenstand und ein Kokettieren mit Wissen und Bildung. Grimm ist darin ein absoluter Spätling der deutschen Romantik, deren Irrationalismen er in die Wissenschaft glaubte einführen zu sollen, wobei er zum Poseur erstarrt ist. Gegenüber der Hochphase der Romantik hatte sich bei Herman Grimm das Verhältnis von poetischer Vision und Bildungsgut umgekehrt. Jetzt mußte der Masse der Wissensstoffe das Visionäre oktroyiert werden. Anfangs, bei Novalis etwa, durchdrangen sich Subjekt und Wissen noch auf ganz unwillkürliche, schwebende Art und Weise.

Grimm schrieb von 1858 an eine Vielzahl von Essays und glaubte darin seine ihm gemäße Form gefunden zu haben.[83] In den fünfziger Jahren entdeckte er die Essays von Ralph Waldo Emerson und widmete ihnen im Laufe der Zeit mehrere leidenschaftliche Elogen. In seiner ersten Würdigung Emersons aus dem Jahre 1861 macht Grimm deutlich, wie durchschlagend der von dem Amerikaner dargelegte Zusammenhang von Kulturkritik, heilsgeschichtlicher Prophetie und Essayismus auf ihn gewirkt hat. Grimm beginnt damit, die Misere des bildungsbürgerlichen Akademismus zu zeichnen und bekennt: »Wir sind äußerst gelehrt, aber für unsere Examinatoren. Wir kennen das Leben sehr genau, aber dasjenige welches man in verschiedenen Carrièren führt; unser allgemeines Gefühl jedoch erwacht erst und besiegt nur noch in kleinen Vorpostengefechten den ausgebreiteten Partikularismus, dem wir politisch und im Privatleben ergeben sind.«[84]

In Emerson erkennt Grimm die Wende zu einem visionären Horizont hin vollzogen; er sagt selbst, er spreche von dem Amerikaner »wie von einem neu entdeckten Erdtheil«.[85] Grimm führt aus: »Er sieht jede Erscheinung im Zusammenhang mit der höchsten Idee, den Dichter, den Propheten, den Weltumwälzer nicht allein als einzige Werkzeuge der Vorsehung, sondern den Kohlenträger, Holzhacker, den Steinklopfer am Wege, den niedrigsten Arbeiter als den Inhaber einer nothwendigen Stelle, und die Größe und Heroismus kleben nicht an dem Stoffe, sondern an der Art und Weise wie er gepackt wird, daran wie jeder das vollbringt was er von den unzähligen Lebensgeschäften zu dem seinigen auserwählt.«[86]

Das religiös inspirierte Ganzheitsdenken Emersons wird von Grimm in Bildern einer schwer erträglichen Sozialromantik wiedergegeben. Darin zeigt sich die verdünnende Wirkung des Enthusiasten als Rezipient. Wenn Grimm die innovative Dimension Emersons erfaßt, dann einzig im Sinne einer messianischen Botschaft für das Elend des Stubengelehrten. Diesen Messianismus malt er in den buntesten Farben aus. Bei Grimm stülpt sich die stilistische Selbstbegeisterung des Essayisten über den klaren Blick für die Realität, die soziale wie die literarische. Indem er meint, durch den Essay Emersonscher Abkunft die Kluften zwischen Literatur, Wissenschaft und Wirklichkeit überbrükken zu können, flüchtet er sich in den Rausch des kulturbegeisterten Neuerers, der seinen lebenslänglichen Bildungsweg endlich im Essay und seinen Implikationen künstlerisch gerechtfertigt sieht. Grimm argumentiert gegen die Auswüchse des Historismus, nur um selbst dessen epigonale Verschrobenheit auf der Ebene der Prophetie wieder aufzunehmen. In der für ihn auch in seinen anderen Schriften, vor allem denen zu Goethe, charakteristischen Art und Weise schraubt er den autochtonen Ansatz Emersons auf das Niveau einer Kulturschriftstellerei herunter, die gerade auf das akademisch-bildungsbürgerliche

Publikum als Leserschicht abzielt, von dem sie sich indirekt distanziert.

Dennoch findet sich in Grimms Ausführungen zu Emerson eine Konsequenz, die das Charakteristische an dessen Arbeiten durchaus auch erfaßt. Grimm sieht nämlich genau, daß der innovative Zug an den Schriften des Amerikaners ursächlich mit einer Schreibweise in Zusammenhang steht, die eine gleichsam direkte Ansprache an den Leser impliziert. Am Schluß seines Essays kommt Grimm darauf zu sprechen: »Die Übersetzung seiner Werke ist eine Arbeit, die sobald nicht gethan werden wird; es hat mir noch nichts so viel Mühe gekostet als der Versuch den ich machte einiges aus seinen Werken wirklich deutsch zu wiederholen. Er schreibt nicht, er scheint zu sprechen; zuerst sieht man keinen Plan, keine Ordnung, und sucht verwundert nach dem inneren Zusammenhang dieser Sätze die alle so abgerissen und fremd neben einander zu stehen scheinen und doch eine so fest ineinander greifende Kette bilden.«[87] Grimm glaubt diesen Zusammenhang zu finden, und zwar in der Gesetzmäßigkeit der Erscheinung »einer gesunden Buche, wo der Wuchs sich theilt und ausbreitet, regellos scheinbar, endlich aber ist die schönste Baumkuppel fertig und nicht der kleinste Zweig steht falsch und unnöthig an seinem Orte.«[88]

Dieses Bild enthält Herman Grimms Auffassung von der Beschaffenheit des Essays. Es ist ein der Natur entlehntes Bild. Das bedeutet, der Blick des organischen, an Goethe geschulten Denkers erkennt die Gesetzmäßigkeit im scheinbar Regellosen der Einheitlichkeit des Wuchses, die man nur bei genauem Hinsehen entdeckt. Essays sind in diesem Verständnis Textstrukturen höherer Ordnung, die nicht nur einen organisch gestalteten Sinn bergen, sondern darüber hinaus eine ästhetische Erscheinungsweise als Selbstzweck beanspruchen. Für Grimm ergibt sich daraus eine reizvolle Annäherung von Wissenschaft und Kunst ganz im Sinne des historistischen Glaubens, in der Wissenschaft herrsche klassifikatorische Strenge, während für die Kunst die individuelle Regel, die das Genie sich selbst setze, allein maßgeblich sei. Die Vertreter des sogenannten klassischen deutschen Essays wie Hillebrand, Hehn oder Grimm huldigen einem Künstlertum, das für sie sechzig bis achtzig Jahre zurückliegt, in der Goethezeit nämlich, und das sie für ihre Gegenwart noch als maßstabgebend anerkennen. Die Kunst wird als rettendes Ufer für den an sich selbst verzweifelnden Gelehrten betrachtet, der nur aus ihr neue Lebensquellen sich zu erschließen vermag. In genau diese Stimmungslage stößt der Essay als die Mischform vor, die zwischen Kunst und Wissenschaft auf ideale Weise vermitteln kann. Grimm erblickt im Essay eine Schreibweise, die den von den Potentialen des Genies und des künstlerischen Genusses entfremdeten Gelehrten zu diesen zurückführt, indem in ihr Kunst und Wissenschaft miteinander zur Verschmelzung kommen. Darin scheint schlaglichtartig die innere Aporie des gesamten Historismus auf. Unvorstellbar schien es, die erworbenen Bildungsgüter aufzugeben, um einen Weg hinaus aus der bedrückenden Situation der Epigonen zu finden. Man wollte diesen Ausbruch mit dem von den Vätern Ererbten und durch Fleiß endlich auch Erworbenen verketten und sah im Essay dafür eine geeignete Möglichkeit. Entsprechend versteht Grimm die Essays Emersons. Nietzsche wird zeigen, daß solche Kompromisse zu nichts führen. Er wird als erster die radikalen Konsequenzen aus Emersons Vorgabe ziehen, auch wenn darüber der Einfluß dieser Vorgabe vollständig in den Hintergrund gedrängt wird. Jedoch, an diesem unüberbrückbaren Bruch spaltet sich der Weg des modernen Essays in entscheidender Weise. Der gelehrte Essay wird in die Wissenschaften zurückgedrängt, während der visionäre Zug des Essayistischen kulturgeschichtlich immer mehr an Bedeutung gewinnt. Vor dem Hintergrund dieser Feststellung wurde gelegentlich die Frage aufgeworfen, ob denn Nietzsche überhaupt einen einzigen »echten« Essay verfaßt habe. Diese Frage ist berechtigt, führt sie doch zurück zu der Ausgangsthese über die produktive Identität von Essay und Essayismus. Während man bei Nietzsche den »klassischen« Essay à la Grimm und Hillebrand vergeblich sucht, findet man überall bei ihm einen ausgeprägten, sein gesamtes Denken prägenden Essayismus. Das allerdings liegt in einer ganz bestimmten Auffassung des Essayistischen bei Nietzsche schlechthin begründet. In ihr setzt sich der visionär-prophetische Zug vom lockeren Dozieren der künstlerisch angehauchten Gelehrten ab und fordert etwas ein, das diese sich nicht im Traum hätten abringen können: ein radikales Bekenntnis zur Kunst als einzig denkbarer metaphysischer Tätigkeit.

Friedrich Nietzsche

Mit Nietzsche tritt die essayistische Prosa in eine neue historische Phase. Er befreit sie von der ihr meist als vorrangig zuerkannten Mitteilungsfunktion und kreiert den Essay als primäre Sprachschöpfung. Die Mitteilungsfunktion geht dabei nicht verloren, sie wird vielmehr erweitert. Geschult an den großen Essayisten des 19. Jahrhunderts – allen voran Emerson[89] – stellt Nietzsche die Kunst der nichtfiktionalen Prosa der Dichtung an die Seite, und zwar im Sinne eines Kampfes der Prosa mit den Anforderungen der Poesie. Im zweiundneunzigsten Stück der *Fröhlichen Wissenschaft* heißt es dazu: »Man beachte doch, dass die grossen Meister der Prosa fast immer auch Dichter gewesen sind, sei es öffentlich oder auch nur im Geheimen und für das ›Kämmerlein‹; und fürwahr, man schreibt nur im *Angesichte der Poesie* gute Prosa! Denn diese ist ein ununterbrochener, artiger Krieg mit der Poesie: alle ihre Reize bestehen darin, dass beständig der Poesie ausgewichen und widersprochen wird.«[90]

Der Essay als primäre Sprachschöpfung erhebt sich in seiner artistischen Erscheinung über jegliche Thematik und verleiht den Inhalten eine perspektivische Zuspitzung, die alle Erwartungen an Objektivität und Ausgewogenheit durchbricht. Genau darin besteht Nietzsches denkerische Absicht. Sein Werk ist weder mit rein philosophischen noch mit rein literarischen Maßstäben zu bemessen. Es treibt den Horizont der Kunst oder, wie Nietzsche sagt, der Artistik über die Grenze des begrifflich Abschätzbaren hinaus, und zwar durch einen radikalisierten Perspektivismus. Dieser arbeitet mit Übertreibungen, Widersprüchen und Widersprüchlichkeiten, mit rhetorischen Fragen und suggestiven Formeln; Nietzsche schreibt sich die Maximen einer ins Detail der menschlichen Bedingungen zielenden Aufklärung auf seine Fahnen und endet bei der Durchsetzung dieses Projekts im Tanz, im Gesang und im Mythos. Seine Schriften sind durchzogen von geistesgeschichtlichem und philologischem Ernst einerseits und halkyonischem Lachen andererseits, sie repräsentieren faustisches Streben und seine mephistophelische Durchkreuzung in einem Zug. Kurz, Nietzsches Schreiben kann nicht auf den Begriff gebracht werden, sein Denken vollendet sich nicht in einer Philosophie, sondern zelebriert sich selbst als Artistik. Das heißt, die Lektüre findet keinen Abschluß, das Denken kein letztes Ziel, Form und Stil werden zu Medien einer Metamorphose, die das Denken an sich selbst erfährt im Augenblick seines Sich-Ereignens.

Die versiertesten Nietzsche-Kenner haben jeweils darauf hingewiesen, daß es nur eine Art und Weise geben kann, mit Nietzsche umzugehen, seinem Denken näherzukommen. Die bestünde darin, ihn zu lesen.[91] Lesen bedeutet dann, Abstand nehmen von Festlegungen auf eine Lehre, einen Sinn, eine darstellerische Absicht. Lesen im Verständnis Nietzsches suggeriert, die Suche nach einem Substanzgrund hinter den Wörtern aufzugeben und sich dem Fortgang des Textes, seinen Rhythmen und Ekstasen hinzugeben. In *Ecce homo* schreibt Nietzsche: »Wer Etwas von mir verstanden zu haben glaubte, hat sich Etwas aus mir zurecht gemacht, nach seinem Bilde – nicht selten einen Gegensatz von mir [...].«[92] Diese Sicht auf sich selbst, die in der späten autobiographischen Schrift einem Höchstgrad von Selbststilisierung unterliegt, bringt dennoch auch einen Höchstgrad von luzider Selbsteinschätzung ans Licht. In *Ecce homo* legt Nietzsche dar, wie er verstanden sein will, und zwar nicht in dem philosophischen Sinn einer These, sondern in dem poetischen Verständnis eines primären Sprachkünstlers. Im Zentrum dieser Selbsteinschätzung und im Hintergrund eines vordergründig aphoristischen Schreibens steht eine komplexe Form von Essayismus. Der Essayismus ist bei Nietzsche gleichsam die schriftstellerische Ausdrucksebene des Perspektivismus, wenn man unter Perspektivismus eine Praxis des Denkens versteht.

Es scheint ausgemacht, daß Nietzsche bevorzugte Ausdrucksweise vor allem in seiner mittleren Phase der Aphorismus gewesen sei. Dem soll hier nicht grundlegend widersprochen werden. Man muß aber bedenken, daß Nietzsches Praxis des Aphorismus eine ganz eigene, in die Breite und Länge führende Ausformung erfährt. Die Aphorismen in den Büchern *Morgenröte* und *Die fröhliche Wissenschaft* sind in ihrer Mehrzahl kurze Essays, da in ihnen ein Sachverhalt oder ein Zusammenhang im Sinne des Perspektivismus in oft ausführlicher Form auseinandergelegt wird. Dagegen erscheinen die Aphorismen der französischen Moralisten wie La Rochefoucauld oder Chamfort ebenso wie die Fragmente der Frühromantiker – auf beide bezieht sich der Aphoristiker Nietzsche in besonderem Maße – als kurze Aperçus, die die Sachverhalte, die sie umkreisen, im Bereich der Andeutung belassen. Nietzsches Prosastücke sind darin Essays im Sinne primärer Sprachschöpfung, daß es durch sie dem Autor gelingt, philosophisches Denken und künstlerischen Ausdruck zu einer Einheit zu verschmelzen. Diese Einheit erscheint oftmals so schillernd, weil sie die wechselseitige Differenz zwischen beiden Seiten immer wieder transparent werden läßt. Dadurch entsteht der Eindruck eines Schwebezustandes zwischen der Erkenntnis und ihrer sprachlichen Erscheinung, zwischen Diktion und Gesang, Skepsis und heiterer Gewißheit. Alle diese Ebenen gehen als die Masken des Philosophen, die er als dionysischer Künstler vornimmt, in die Darstellung mit ein. Doch vermochte Nietzsche solches Schweben nicht lange aufrecht zu erhalten. Er hat diesen Zustand in geradezu idealer Weise in der *Fröhlichen Wissenschaft* erreicht, um in derselben Schrift bereits den Übergang zu einer neuen Phase seines Schreibens anzukündigen. Es ist die Phase des *Zarathustra*, in der die Stilisierung in Verkündigung und in Selbstapotheose einsetzt. Man könnte sagen, daß mit dem *Zarathustra* die Äquilibristik zwischen Erkenntnis und Artistik, die die *Fröhliche Wissenschaft* präsentiert, dahingehend kippt, daß beide, Erkenntnis wie Artistik, zu einem rein ästhetischen Faszinosum hypostasiert werden. Die Schwebe zwischen Apollon, dem Gott der klaren Erkenntnis und der luziden Form, und Dionysos, dem Gott des Rausches, wird zugunsten der Herrschaft des Dionysischen aufgegeben. Hier herrscht eine immer deutlicher werdende Tendenz vor, die in die Phantasie von einem Hauptwerk mündet, dem Nietzsche den Arbeitstitel *Wille zur Macht* gegeben hat.[93] Auf dieser Ebene nimmt auch Nietzsches Essayistik einen monströsen Zug an, wie die Texte *Zur Genealogie der Moral* und *Ecce homo* erkennen lassen. Es kommt zu einem Essayismus unter dionysischen Vorzeichen, auch das ein historisches Novum, das seine speziellen Auswirkungen auf das 20. Jahrhundert zeitigt.

Man kann demnach Nietzsches Essayismus in drei Phasen unterteilen: in eine erste Phase, die die Frühschriften *Die Geburt der Tragödie* und die vier *Unzeitgemäßen Betrachtungen* umfaßt; eine zweite Phase, die eine Radikalisierung der Aufklärung im Horizont von Moral und Psychologie durchführt und die Schriften *Menschliches, Allzumenschliches*, *Morgenröte* und *Die Fröhliche*

Wissenschaft umgreift; und in die dritte Phase mit der Essayistik des Spätwerks.

Für die Geschichte von Essay und Essayismus sind alle drei Phasen von entscheidender Bedeutung. Zunächst kommt es bei Nietzsche zu einer Ablösung vom Wissenschaftsbegriff seiner Epoche, mit dem er sich als Universitätsprofessor in Basel konfrontiert gesehen hat. Dieser Vorgang vollzieht sich bereits in der *Geburt der Tragödie* (1872). Damit aber sagt er sich zugleich von dem die Zeit beherrschenden Begriff der Essayistik los, nämlich vom gelehrten Essay akademischer Provinienz. Die Zeichen dieser Befreiung lassen die *Unzeitgemäßen Betrachtungen* deutlich erkennen, vor allem in den Teilen II und III, die einen von Nietzsche gegenüber dem historistischen Mainstream vollkommen neu gesehenen Begriff von Geschichte vorbringen (*Vom Nutzen und Nachteil der Historie für das Leben*) und die in Schopenhauer die widerständige Leitfigur im Denken schlechthin erblicken, die sich allem Akademismus auf der Basis eines die große Persönlichkeit prägenden Willensaktes entgegenstellt.

Insgesamt geht es Nietzsche in dieser ersten Phase um den »*Glaube*(n) *an eine metaphysische Bedeutung der Kultur*«.[94] Daher ist diese erste Phase seiner Essayistik äußerst kämpferisch geprägt. Man hat gerade hinsichtlich der *Unzeitgemäßen Betrachtungen* immer wieder Zweifel erhoben, ob man es hier mit »echten« Essays zu tun habe oder ob es sich nicht vielmehr um Streitschriften handle, die die Zeitverhältnisse von einer elitär-metaphysischen Basis her angreifen. Diese Ansicht ist nicht ganz von der Hand zu weisen. Für eine Gesamtbetrachtung des Nietzscheschen Essayismus ist jene erste Phase allerdings von zentraler Bedeutung, erbringt sie doch die Abspaltung des engagierten Essays von den Ausprägungen der Spezies, die eine ewige Gültigkeit der zeitenthobenen Kontemplation behaupten wollten. Im *Versuch einer Selbstkritik*, einer Art Vorwort, das Nietzsche der Neuausgabe der *Geburt der Tragödie* im Jahre 1883 voranstellt, legt er dar, welches sein eigentlicher Antrieb zu einer neuen, gegenüber der Wissenschaft rücksichtslosen Schreibart gewesen sei. Es habe sich um die Aufgabe gehandelt, »*die Wissenschaft unter der Optik des Künstlers zu sehn, die Kunst aber unter der des Lebens* ...«[95]

Nietzsche setzt mit dieser Aufgabe eine Dynamik in Gang, die in der Kulturgeschichte der Neuzeit ihresgleichen sucht. Sein gesamtes weiteres Schaffen wird am Leitfaden dieser Aufgabe vonstatten gehen. Nietzsches Sicht der Dinge war tatsächlich so unzeitgemäß, daß er unmittelbar in den Ruf eines abtrünnigen Akademikers kommen mußte. Seine frühe Tat, den akademischen Gelehrten durch den Metaphysiker zu ersetzen, impliziert eine grundlegende Konfrontation der Wissenschaft mit der Philosophie, zugleich aber auch eine Konfrontation der Philosophie mit der Kunst. Denn Nietzsche sucht den Grund, von dem aus eine Erneuerung der Kultur ausgehen könnte, einen Grund, der weder in Gott noch in der Geschichte noch im Wissen gefunden werden könnte. Dieser Grund kann allein in einer metaphysischen *Tätigkeit* gesehen werden, also nicht in einer Substanz oder Entität, die außerhalb dessen läge, der nach diesem Grund sucht.

Kunst ist für Nietzsche metaphysische Tätigkeit. Damit bringt er den Schaffenden in die äußerste Position des Wertsetzens und Sinngebens. In den *Unzeitgemäßen Betrachtungen* kämpft er um einen Begriff für die Haltung, die ihn in seinem gesamten weiteren Denken bestimmen wird. Noch steht er hier zwischen allen Lagern, dem der Wissenschaft, dem der Philosophie und dem der Kunst. Noch sieht er sich selbst als Vorreiter einer kulturellen Erneuerung von Grund auf. Entsprechend sind diese Essays an eine vermittelnde Funktion gebunden. Nietzsche wird auch diese Vermittlung aufgeben. Es kann schließlich nicht darum gehen, etwas zu propagieren oder zu dekretieren, das im eigentlichen Sinne selbst künstlerische Praxis zu sein hätte. Hier existiert eine unübersehbare Diskrepanz zwischen der verkündeten Intention und ihrer Umsetzung. Der Autor der kritischen Essays muß selbst zu einem Künstler, zu einem Artisten werden. Seine Texte sollen nicht mehr metakritisch und appellativ sein, sondern artistisch. Das bedeutet, sie wären über den philosophischen Begriff nicht zu entschlüsseln, wären vielmehr Ausdruck einer Sprachauffassung, die die Sprache nicht als Abbildfunktion der Dinge, sondern als Metaphorologie des menschlichen Geistes versteht. Den Ansatzpunkt zu dieser Auffassung hat Nietzsche in dem wohl folgenreichsten seiner frühen Aufsätze beschrieben, der gleichwohl zu Lebzeiten des Autors unveröffentlicht blieb und der den Titel *Ueber Wahrheit und Lüge im aussermoralischen Sinne* trägt.

In diesem Text nimmt Nietzsche eine fundamentale Revision

des Sprachbegriffs vor, den er seiner gesamten schriftstellerischen Produktion zugrunde legt. Dort heißt es:

Was ist also Wahrheit? Ein bewegliches Heer von Metaphern, Metonymien, Anthropomorphismen, kurz eine Summe von menschlichen Relationen, die, poetisch und rhetorisch gesteigert, übertragen, geschmückt wurden, und die nach langem Gebrauche einem Volke fest, canonisch und verbindlich dünken: die Wahrheiten sind Illusionen, von denen man vergessen hat, dass sie welche sind, Metaphern, die abgenutzt und sinnlich kraftlos geworden sind, Münzen, die ihr Bild verloren haben und nun als Metall, nicht mehr als Münzen in Betracht kommen.[96]

Das für Nietzsche angesichts dieser Lage einzig angemessene Verhalten des Menschen wäre ein ästhetisches: »[...] zwischen zwei absolut verschiedenen Sphären wie zwischen Subjekt und Objekt giebt es keine Causalität, keine Richtigkeit, keinen Ausdruck, sondern höchstens ein ästhetisches Verhalten, ich meine eine andeutende Uebertragung, eine nachstammelnde Uebersetzung in eine ganz fremde Sprache.«[97]

Nietzsches frühe Essayistik, in der sich noch am ehesten der zeitgemäße gelehrte Essay repräsentiert findet, bildet den Auftakt zu einem Schaffensprozeß, der den kulturkritischen Ansatz mit der artistischen Gestaltung zusammenzubringen versucht und sich gerade darin als eine neuartige Ausprägung von Essayismus zu erkennen gibt. Die Umsetzung der Sprache als Metaphorologie und die Auffassung der künstlerischen Produktion als Umwertungsgeschehen bringen einen Relativismus ins Spiel, der keine Sicherheiten außerhalb der Uneigentlichkeit der Metapher und dem Perspektivismus der Kreativität zuläßt. Davon ist der Stil der zweiten Phase von Nietzsches Essayismus durchgehend geprägt. Vom Kulturkämpfer wechselt Nietzsche ins Fach des Dekonstruktionisten, der von einer radikal ästhetischen Warte aus die Begriffe der Moral und die Psychologie menschlichen Verhaltens rücksichtslos dekuvriert und auf eine neue Basis zu stellen versucht.

In dieser zweiten Phase entwickelt sich Nietzsches Vorstellung vom *Freigeist* oder vom *Freien Geist*. Die nachgelassenen Fragmente aus dem Sommer 1876 lassen eine intensive Auseinandersetzung über die Unterscheidung zwischen freien und gebundenen Geistern erkennen. Darin reinszeniert Nietzsche, wie von der Forschung schon öfter bemerkt worden ist,[98] die Auseinandersetzung Pascals mit Montaigne. Wobei Montaigne als der freie, Pascal als ein durch den katholischen Glauben gebundener Geist erscheint. Der Freigeist stellt für Nietzsche allerdings kein sich von der Religion fernhaltendes und deren Dogmen verneinendes Subjekt dar, sondern einen von Grund auf genealogisch denkenden Typus, der die Erscheinungsweisen einer Kultur von ihren historischen Fundamenten her in Frage stellt und sich eine Extraposition gegenüber den Diskursen dieser Kultur erarbeitet. In dieser Lage sieht Nietzsche Montaigne. Aber auch gegenüber Pascal hegt er höchste Verehrung. Dieser sei, wie er sich in *Ecce homo* ausdrückt, das lehrreichste Opfer des Christentums. Die Differenz zwischen Montaigne und Pascal ist für Nietzsche die fundamentale Auseinandersetzung zweier prägender Typen der neueren Geistesgeschichte. Es handelt sich um einen Konflikt, den Nietzsche in und mit sich selbst austrägt. So bemerkt er in eben derselben Passage von *Ecce homo* über Montaigne, »dass ich etwas von Montaigne's Muthwillen im Geiste, wer weiß? vielleicht auch im Leibe habe [...].«[99]

Indem Nietzsche diese Auseinandersetzung aufgreift, versucht er selbst in eine ›freigeistige‹ Situation zu gelangen, und das bedeutet vor allem, wegzukommen vom Daseinspessimismus Schopenhauers. Montaigne erscheint ihm in diesem Unterfangen als der eigentlich zentrale Kronzeuge der Geschichte. Nietzsche stellt Montaigne bewußt gegen Schopenhauer und damit den Typus des zerknirschten Pessimisten gegen den heiteren Denker der Bejahung von Welt und Weisheit. In einer nachgelassenen Notiz vom August 1885 schreibt Nietzsche:

›Eine Seele, in welcher die Weltweisheit wohnt, muß durch ihre Gesundheit auch den Körper gesund machen‹, so sagt es Montaigne, und ich gebe gern heute mein Jawort dazu, als Einer, der auf diesem Bereiche Erfahrung hat. ›Es kann nichts Muntreres, Aufgeweckteres, fast hätte ich gesagt Kurzweiligeres geben als die Welt und ihre Weisheit‹: so sage ich ebenfalls mit Montaigne – aber unter welchen bleichen und schauerlichen Larven gieng damals die Weisheit an mir vorüber! Genug, ich fürchtete mich oft genug vor ihr und war ungern dergestalt mit ihr allein – – – und begab mich allein und schweigsam, aber mit einem zähen Willen zur Weisheit und zum Süden, – auf die Wanderschaft. Damals nannte ich mich bei mir selbst einen ›freien Geist‹, oder ›den Prinzen Vogelfrei‹ und wer mich gefragt hätte: wo bist du eigentlich noch zu Hause, dem würde ich geantwortet haben ›vielleicht jenseits von Gut und Böse, sonst nirgends.‹[100]

Dieser Aufbruch in die Freigeisterei bezeichnet den Beginn eines neuen Schreibens bei Nietzsche. Es handelt sich dabei gewissermaßen um einen Essayismus zweiter Stufe, der unter der Maxime der Daseinsbejahung am »Leitfaden des Leibes«[101] steht. Die damit einhergehende Entwicklung des Denkens führt auf die *Fröhliche Wissenschaft* zu, ein Buch, das in der Forschung häufig als ein Werk des Übergangs gesehen wird.[102] Diese 1881/82 entstandene Schrift ist ganz dem Projekt der Freigeisterei gewidmet, also jener Denkbewegung, die Nietzsche in der Abwendung von Schopenhauers Philosophie entwickelt und die die Grundlagen von Moral, Psychologie, Gesellschaft und Kunst von der Wurzel des Perspektivismus her durchleuchtet. Dieser Perspektivismus orientiert sich allein am ›Leitfaden des Leibes‹, das heißt, er ist ausgerichtet an den Bedingungen körperlicher Zustände und Befindlichkeiten, die einer wechselnden Optik unterworfen sein können. Daher ist es denkbar, daß auf ein und dieselbe Sache zwei oder mehrere ganz unterschiedliche Bewertungen und Ansichten zutreffen können. Es ist der Mutwille, den Nietzsche an Montaigne hervorhebt, die Gesundheit der weltweisen Seele, die auch den Körper gesund machen muß, die hinter dieser Haltung steht. Deshalb ist Montaigne nicht bloß eine Identifikationsgestalt für Nietzsches Philosophie des Leibes, sondern eine Art von freigeistigem alter ego. Denn der Freigeist ist kein Philosoph im herkömmlichen Sinne. Er stellt gegenüber der Gesellschaft und ihren Institutionen ebenso wie gegenüber den tradierten Maßstäben der Kultur insgesamt eine ›vogelfreie‹ Figur dar, die sich aus all diesen Rahmungen gelöst hat. Diese Lage ermöglicht ihr erst ein Denken ohne Rücksichten, auf sich selbst wie auf die anderen, und damit ein Denken ohne Berufung auf eine fiktive Instanz. Der Freigeist muß ganz aus sich selbst heraus denken und agieren; aus dieser Unabhängigkeit, die auch eine Abbildlosigkeit ist, erwächst sein unvergleichlich großes Selbstbewußtsein.

Somit ist Montaigne für Nietzsche ein Vorbild, das streng genommen gar keines sein darf, eine völlig unabhängige Gestalt, die im Denken zur Heiterkeit und zur Bejahung gelangt ist und deren Weg er neu beschreitet. Die exklusive Stellung Montaignes in Nietzsches Geschichtsbild belegt auch eine Stelle aus den nachgelassenen Fragmenten des Sommers 1875: »[...] es giebt für große Culturbewegungen immer Raststätten und Ruhepausen, und denen entsprechen auch wohl einzelne Begabungen ganz: so ist innerhalb der weihevollen und keuchenden Reformationsbewegung Montaigne ein solches In-sich-zur-Ruhe-kommen ein friedliches Dasitzen und Ausathmen; so las ihn gewiß Shakespeare.«[103]

Es geht nicht darum, wie Nietzsche in einzelnen Punkten zu Montaigne gestanden hat. Dieser repräsentiert für Nietzsche keine historische Figur im strengen Sinne, sondern figuriert als eine absolute Chiffre für die temporäre Anwesenheit des freien Geistes auf Erden. In diesem Horizont wird Nietzsches Essayismus von seiner Wurzel her nachvollziehbar. Essayismus meint das Schweben des *Prinzen Vogelfrei* im experimentellen Zwischenreich von Kunst und Wissenschaft, Philosophie und Leben. Daß Nietzsche ganze Gedankenkomplexe von Montaigne manchmal sogar bis in den Wortlaut hinein übernimmt und ausbaut, wie Vivetta Vivarelli akribisch nachweist,[104] belegt nicht in erster Linie eine unmittelbare denkerische Beeinflussung des Deutschen durch den Franzosen. Ich sehe darin eher den Versuch, sich auf die Chiffre Montaigne einzustimmen, sich auf den Ton einzuüben, den er vorgibt und ein Schreiben auszubilden, das außer bei Montaigne seinesgleichen in der Geschichte des Geistes nicht findet. Die Tatsache, daß Nietzsche tatsächlich dahin gelangt, sein Phantasma des perspektivistischen Prosastils auszubilden und umzusetzen, zeigt, wie zentral und zugleich versteckt der Essayismus in einer spezifischen Ausprägung bei ihm durchschlägt. In Nietzsches Augen ist Montaigne etwas gelungen, was vielleicht noch keinem anderen Autor gelungen ist: tatsächlich frei zu werden in einem umfassenden Sinne und von dieser Freiheit Zeugnis abzulegen. Erst auf dieser Basis kann es möglich sein, wahrhaftig zu denken, daran besteht für Nietzsche kein Zweifel. Wenn aber auf den von Nietzsche so vehement eingeforderten Freiheitsbegriff ein Ausdruck zutrifft, der auch noch die Dimension seiner Umsetzung in die Schrift berührt, dann der des *Essayismus*. Der Essayismus durchdringt die *Fröhliche Wissenschaft* in jeder Silbe und macht aus diesem Werk Nietzsches sein vielleicht eindringlichstes und beglückendstes. Für eine Sekunde scheint es hier in der Geschichte der Philosophie zu einer Befreiung des Denkens von einer selbstauferlegten Last gekommen zu sein, zu einer Durchdringung von künstlerischem Furor und vernunftgesteuerter Kontrolle – zu einer der ganz wenigen glücklichen Begegnungen von Apollon und Dionysos.

In der *Fröhlichen Wissenschaft* gelangt das Gesamtpotential von Nietzsches Denken und Schreiben zur Konzentration. Von diesem Punkt aus kann man sehen, wie sein Essayismus sich verwirklicht und zugleich sich selbst übersteigt. Die unaufhaltsame Bewegung des Relativierens aller Vorstellungen, seien es nun moralische und gesellschaftliche Werte oder Naturgesetze und Geschmacksurteile, gelangt hier zu einem Höhepunkt und in ein Endstadium. Weiter als im 109. Stück der *Fröhlichen Wissenschaft* ist die Relativierung nicht zu treiben; der Zusammenbruch aller jemals vom Menschen produzierten Ordnungsideen in bezug auf den Kosmos und die Natur wird hier als *fait accompli* betrachtet. Nietzsche konstatiert: »Der Gesammt-Charakter der Welt ist dagegen in alle Ewigkeit Chaos, nicht im Sinne der fehlenden Nothwendigkeit, sondern der fehlenden Ordnung, Gliederung, Form, Schönheit, Weisheit, und wie alle unsere ästhetischen Menschlichkeiten heissen.«[105]

Abgewiesen werden anthropomorphe Gebilde wie Naturgesetzlichkeiten und Naturzwecke, der Dualismus von Leben und Tod, die Vorstellung von ewigen Substanzen – »die Materie ist ein eben solcher Irrthum wie der Gott der Eleaten.«[106] Aber Nietzsche bleibt bei dieser Destruktion aller Illusionen nicht stehen; für ihn ist der damit erreichte Zustand Ausgangspunkt zu einem Neuanfang, zu einer Neuorientierung des Bewußtseins und des Menschen. So endet der Artikel 109 in einem Nietzsches weitere Entwicklung durchaus kennzeichnenden Sinne, nämlich mit einem Ausblick auf die Stufe menschlichen Bewußtseins, als deren Prophet und Wegbereiter sich Nietzsche selbst sieht: »Wann werden uns all diese Schatten Gottes nicht mehr verdunkeln? Wann werden wir die Natur ganz entgöttlicht haben? Wann werden wir anfangen dürfen, uns Menschen mit der reinen, neu gefundenen, neu erlösten Natur zu *vernatürlichen*.«[107]

Wie kein anderes Buch dieses Autors bietet die *Fröhliche Wissenschaft* den Doppelblick auf den Zusammenhang von radikaler Aufklärung und ästhetischen Mythos. In dieser Konstellation liegt die Problematik des Essayismus bei Nietzsche beschlossen, und sie ist zugleich als Basis für die Problemlage des Essayistischen im 20. Jahrhunderts anzusehen. Der Umschlag in den Mythos vollzieht sich bereits im *Zarathustra*, die *Fröhliche Wissenschaft* kündigt ihn in all seinen Aspekten an. Angesichts dieses ästhetischen Mythos gewinnt Nietzsches philosophisches Sprechen einen *performativen* Zug. Das bedeutet, das Gesagte ist nicht in erster Linie Mitteilung eines Inhalts, sondern Erfahrung dieses Inhalts durch die Form der Mitteilung. Der Text ist nicht mehr das Mittel des Philosophen, durch das er sich verständlich zu machen sucht, sondern das Ziel aller denkerischen Anstrengung, Denken als Ereignis. Volker Gerhardt bemerkt in einem scharfsinnigen Aufsatz dazu: »›Text‹ ist das Gewebe, mit dem sich Nietzsche nicht nur *zeigt* und *schmückt*, sondern *auch verhüllt*, und das er auch deshalb so ausdrücklich produziert, weil er meint, daß es den Gedanken ›hinter‹ dem Text gar nicht gibt.«[108]

Wenn es den Gedanken hinter dem Text nicht gibt, dann ist alles Textoberfläche, dann ist diese Oberfläche eine Art Bühne, auf der der Schreibende mit wechselnden Masken changiert, um sich zu zeigen oder zu verhüllen, oder genauer: um sich zu verhüllen, indem er sich zeigt. Das ist die Situation, in die sich Nietzsche mit der *Fröhlichen Wissenschaft* ganz bewußt begibt. Es kann demnach nicht verwundern, daß Nietzsches sogenannte »Lehren« wie die *Ewige Wiederkehr des Gleichen*, der *Übermensch* oder der *Wille zur Macht* als Thesen im Denken des 20. Jahrhunderts kaum Aufnahme gefunden haben, daß aber Nietzsches Schriften insgesamt in unvergleichlicher Weise rezipiert und diskutiert worden sind. Das liegt nicht zuletzt im performativen Charakter dieser Texte begründet, die *als Texte* denkerische Handlungen vollführen und nicht nur von ihnen berichten. Denken wird zu einem inszenatorischen Spiel mit seinen eigenen Komponenten, zu einem Schau-Spiel im wahrsten Sinne des Wortes, der Philosoph zu einem Schauspieler des Denkens, zu einem Komödianten der Schrift. Die histrionische Grundierung von Nietzsches Schreiben seit der *Fröhlichen Wissenschaft*, über die sich erst der von ihm anvisierte ästhetische Mythos herstellt, wird in diesem Buch selbst grundlegend thematisiert, vor allem im fünften Buch, Artikel 361, der den Titel *Vom Probleme des Schauspielers* trägt. Nietzsche charakterisiert das Phänomen des Schauspielers folgendermaßen:

Die Falschheit mit gutem Gewissen; die Lust an der Verstellung als Macht herausbrechend, den sogenannten ›Charakter‹ bei Seite schiebend, überfluthend, mitunter auslöschend; das innere Verlangen in eine Rolle und Maske, in einen Schein hinein; ein Ueberschuss an Anpassungs-Fähigkeiten aller Art, welche sich nicht mehr im Dienste des nächsten engsten Nutzens zu befriedigen wissen.[109]

Vom Problem des Schauspielers her kommt man zu der komplexesten Ausprägung des Begriffs der Artistik bei Nietzsche. Alles am Schauspieler ist Verstellung und Inszenierung, Spiel in einem umfassenden und intensiven Sinne, Löschung des Charakters als Fixpunkt der Person und somit Tilgung der Subjektidentität, die hinter einer Handlung steht, zugunsten einer Vielheit von Masken. Im Medium des Histrionischen gelingt es Nietzsche, den Subjektbegriff und damit den Autorbegriff buchstäblich zu zerstäuben. Das ist genau der Augenblick, in dem *Zarathustra* auftritt und an dem, wie Nietzsche in Artikel 382 der *Fröhlichen Wissenschaft* betont, »vielleicht *der grosse Ernst* erst anhebt, das eigentliche Fragezeichen erst gesetzt wird, das Schicksal der Seele sich wendet, der Zeiger rückt, die Tragödie *beginnt*.«[110]

Ein schicksalhafter Umschlag also in den Augen Nietzsches, und wir können heute ruhig behaupten, daß es sich dabei nicht bloß um einen Umschlag in die metaphysischen Themen des *Willens zur Macht* und der *Ewigen Wiederkehr* handelt. Wenn Nietzsche mit solchen Ideen umgegangen ist, dann jeweils im Horizont eines performativen Sprechens und im oszillierenden Medium einer histrionisch grundierten Artistik. Sein Sprechen bleibt bestimmt von den Inhalten seines Philosophierens, jedoch umgesetzt als radikal perspektivistisches Sprechen. Die Perspektive des Perspektivismus kann philosophisch nicht behauptet werden, da sich eine solche Behauptung unmittelbar außerhalb eines perspektivistischen Sehens stellen würde.[111] Also kann *über* den Perspektivismus, wie ihn Nietzsche versteht, überhaupt nicht gesprochen werden. Gerade darin aber offenbart sich die radikal *ästhetische* Verfaßtheit seiner Texte. Das Ästhetische als perspektivistische Präsentation ist vom Begriff her nicht zu erfassen. Nietzsche wendet diese Einsicht auf die Philosophie an und macht aus ihr ein Terrain, in dem Denken und Kunst, also Begriff und Perspektivismus einander bis zur Ununterscheidbarkeit durchdringen. Darin kommt es zu einer absoluten Neuschöpfung im Überschneidungsrahmen von Denken und Schreiben und tatsächlich zu einer im abendländischen Maßstab völlig neuen Bewußtseinsstufe.

Nietzsche hebt den Referenzbezug von Denken und Kunst wechselseitig auf. Genau genommen, ist sein Denken nicht interpretierbar; es ist nur weiterzutreiben, und zwar in dem Medium, das es selbst schafft. Somit leuchtet ein, was Giorgio Colli propagiert, wenn er ein generellen Zitierverbot im Hinblick auf Nietzsche fordert: »Ein Fälscher ist, wer Nietzsche interpretiert, indem er Zitate aus ihm benutzt; denn er kann ihn all das sagen lassen, worauf er selber aus ist, indem er authentische Worte und Sätze nach freiem Belieben geschickt arrangiert. Im Bergwerk dieses Denkers ist jedes Metall zu finden: Nietzsche hat alles gesagt und das Gegenteil von allem.«[112]

Das klingt rigoros und ist zudem überschrieben mit *Zitieren verboten*. Man muß sich fragen, ob nicht eine ganze Forschungsrichtung, nämlich die interpretierende Nietzsche-Forschung, ihre Fundamente verlieren würde, wenn man diese von bestimmten Gesichtspunkten her einleuchtende Forderung wirklich umsetzen könnte. Daß sie nicht umzusetzen ist, stellt eine weitere Paradoxie dar, denn streng genommen wäre ihre Umsetzung der angemessene Umgang mit Nietzsches mittlerem und spätem Werk. Diese Aporie rührt daher, daß hier nicht im engeren Sinne *Kunst geboten* wird, denn wo dies geschieht, gibt es immer einen Diskurs, der einen Begriff von Kunst definiert. Von diesem Diskursrahmen her wäre dann zu ermitteln, was Nietzsche unter seiner eigenen Kunstpraxis verstünde. Andererseits vollzieht sich auch das Denken in Nietzsches Schriften nicht im Begriff und kann daher nicht *auf den Begriff gebracht werden*. Die Notwendigkeit, über Nietzsches Werk zu sprechen und es zu interpretieren, würde sich also gerade aus dem Umstand ergeben, daß man streng genommen nicht darüber sprechen kann, ohne ein externes Interpretationsmuster daran heranzutragen. Dasselbe gilt, wie Colli bemerkt, für die Übernahme von Nietzsche-Zitaten in einen anderen Argumentationskontext als den bei Nietzsche gegebenen. Was, so wäre zu fragen, ist eigentlich von einer Philosophie zu halten, die sich solchermaßen hermetisch abschließt gegen jede Art der Deutung und der Adaption? Ist das überhaupt noch Philosophie? Oder ist, was so vor Augen tritt, rein als Kunst aufzufassen? Was aber wäre dann unter Kunst zu verstehen? Wir stehen vor Nietzsche wie vor einer Sphinx. Die Tatsache der Unmöglichkeit einer Auslegung enthebt uns gerade nicht der Durchführung dieser Auslegung, sondern legt uns die Interpretation als Notwendigkeit geradezu auf. Wie also kann man sich der Tatsache, die Nietzsches Schreiben darstellt, unter diesen Umständen angemessen nähern?

Ganz offensichtlich steht Nietzsches Schaffen in einem Horizont, in dem die Traditionslinie des Essayismus durchschimmert. Sein Denken im medialen Kontext des Artistischen kann sich auf einen Vorläufer im engeren Sinne eigentlich nur in Friedrich Schlegel berufen.[113] Zwischen Schlegels (und mit Einschränkungen Hardenbergs) Essayismus und dem Essayismus Nietzsches gibt es über die von Nietzsche vehement bekämpfte Romantik hinweg eine direkte Beziehung. Ohne die Vermittlung über die französischen Moralisten, zu denen Nietzsche als letzte und exorbitanteste Ausprägung noch Stendhal rechnet, wäre die Umsetzung seiner philosophischen Skepsis in eine fragmentierte, aphoristische und essayistische Sprache nicht denkbar gewesen. Nietzsche stellt sich damit bewußt in die Nachfolge dieser französischen Autoren. Zu Diderot scheint er keinen intensiven Bezug gesehen zu haben, doch gibt es hier gerade vor dem Hintergrund des Essayismus eine starke Verbindung, deren bewußte Wahrnehmung möglicherweise an Nietzsche vorbeigelaufen ist. Diderot ist der erste Autor, der das Prinzip des Dramatischen in das philosophische Denken einführt und in seinem *Paradoxe sur le comédien* zum ersten Mal die Ästhetik des Histrionischen zur Grundlage eines im Sinne der Aufklärung von allen Gattungs- und Formvorschriften befreiten Diskurses erklärt. In dieser Haltung drückt sich die Idee einer vollkommen selbstgesteuerten Prosa aus, deren argumentativer Charakter auf einem ästhetischen Sockel ruht. Nietzsche folgt ihm darin, ohne dies hervorzuheben, indem er Denken und Schreiben in einen theatralischen Ablauf stellt. Und nicht zuletzt muß bei der Betrachtung der Traditionslinie, die bei Nietzsche kulminiert, dessen verehrende Beziehung zu Montaigne nochmals hervorgehoben werden. Der Freigeist, mit dem Nietzsche Montaigne identifiziert, ist nicht der Freidenker der Aufklärung, sondern ein sich selbst durch Schreiben freisetzender Autor, der darin zugleich Autor, also Schöpfer seiner selbst wäre. Auch hier läßt Nietzsche den erläuternden Begriff nicht zu. Er selbst erklärt, was er unter dem Freigeist versteht, jedoch in einer Abfolge von Sprachbildern, die in ihrer metonymischen Dynamik den Bedeutungsgehalt, den sie anvisieren, immer auch ein Stück verschieben. Im 44. Stück von *Jenseits von Gut und Böse*, dem letzten des zweiten Hauptstücks, das den Titel *der freie Geist* trägt, heißt es:

[...] wir sind etwas anderes als ›libres-penseurs‹, ›liberi pensatori‹, ›Freidenker‹ und wie alle diese braven Fürsprecher der ›modernen Ideen‹ sich zu benennen lieben. In vielen Ländern des Geistes zu Hause, mindestens zu Gaste gewesen; den dumpfen angenehmen Winkeln immer wieder entschlüpft, in die uns Vorliebe und Vorhass, Jugend und Abkunft, der Zufall von Menschen und Büchern, oder selbst die Ermüdungen der Wanderschaft zu bannen schienen; voller Bosheit gegen die Lockmittel der Abhängigkeit, welche in Ehren oder Geld oder Ämtern, oder Begeisterungen der Sinne versteckt liegen; dankbar sogar gegen Noth und wechselreiche Krankheit, weil sie uns immer von irgendeiner Regel und ihrem ›Vorurtheil‹ losmachte, dankbar gegen Gott, Teufel, Schaf und Wurm in uns, neugierig bis zum Laster, Forscher bis zur Grausamkeit, mit unbedenklichen Fingern für Unfaßbares, mit Zähnen und Mägen für das Unverdaulichste, bereit zu jedem Handwerk, das Scharfsinn und scharfe Sinne verlangt, bereit zu jedem Wagniss, Dank einem Überschusse von ›freiem Willen‹, mit Vorder- und Hinterseelen, denen keiner leicht in die letzten Absichten sieht, mit Vorder- und Hintergründen, welche kein Fuss zu Ende laufen dürfte, Verborgene unter den Mänteln des Lichts, Erobernde, ob wir gleich Erben und Verschwendern gleich sehn, [...], mitunter Pedanten, mitunter Nachteulen der Arbeit auch am hellen Tage; ja, wenn es noth thut, selbst Vogelscheuchen – und heute thut es noth: nämlich insofern wir die geborenen, geschworenen eifersüchtigen Freunde der *Einsamkeit* sind, unsrer eignen tiefsten mitternächtlichsten mittäglichsten Einsamkeit: – eine solche Art Mensch sind wir, wir freien Geister! und vielleichtt seid ihr auch etwas davon, ihr Kommenden? ihr *neuen* Philosophen? –«[114]

Man kann das zitieren, ohne es auf den Begriff bringen zu müssen. Vielleicht ist der freie Geist, wie ihn Nietzsche versteht, gar nicht *genauer* zu charakterisieren. In jedem Falle aber beinhaltet diese Passage eine Zeichnung des montaignesken Menschen und die Projektierung dieses Typus als eines Philosophen der Zukunft. Das ist ein deutliches Indiz für die Leitfunktion, die der so gekennzeichnete freie Geist in Nietzsches Vorstellungswelt einnimmt. Wenn darin zugleich auch der Typus des Essayisten zu erblicken ist, so darf man in der Konzeption des freien Geistes, die Nietzsche in seinem *Vorspiel einer Philosophie der Zukunft*, wie er sein Buch *Jenseits von Gut und Böse* im Untertitel nennt, eine Art Vervollkommnung des essayistischen Bewußtseins und seiner Ausdrucksmittel vermuten. Dabei ist nicht zu übersehen, daß der freie Geist einen Höchstgrad an Gebrochenheit aufweist. Wenn Nietzsche ihn und seinesgleichen »Verborgene unter den Mänteln des Lichts« nennt, dann wird der vielschichtige und in sich widersprüchliche Bezug auf die Aufklärungspotentiale, die der Essayismus ursprünglich bereitgehalten hat, unverkennbar. Wenn das Licht der *Lumières* zu einem Mantel wird, unter dem sich der freie Geist zu verbergen versteht, dann tritt daraus die Haltung des verborgenen Sich-Zeigens und des präsentativen Verbergens, das Nietzsches Schauspielerartistik bestimmt, konkret vor Augen. Die Notwendigkeit solcher Verstellung als Offenbarung und solcher Offenbarung in der Verstellung wird ebenfalls daraus ableitbar. Nietzsche notiert in Artikel 40 von *Jenseits von Gut und Böse*: »Ein solcher Verborgener, der aus Instinkt das Reden zum Schweigen und Verschweigen braucht und unerschöpflich ist in der Ausflucht vor Mittheilung, *will* es und fördert es, dass eine Maske von ihm an seiner Statt in den Herzen und Köpfen seiner Freunde herumwandelt; [...] Jeder tiefe Geist braucht eine Maske: mehr noch, um jeden tiefen Geist wächst fortwährend eine Maske, Dank der beständig falschen, nämlich *flachen* Auslegung jedes Wortes, jedes Schrittes, jedes Lebens-Zeichens, das er giebt.–« [115]

Die Vollendung des Essayismus, die sich in Nietzsches Schreiben vollzieht, führt weit über den Essay als Gattung oder Form hinaus. In ihr präsentiert sich die totale Verschmelzung von Denken und Ästhetik in einem performativen Akt. Das ist das Ziel, auf das Nietzsche das Denken seiner mittleren Phase zuführt. Einzig in diesem spezifischen Horizont, dessen Vorläufer in der europäischen Tradition Nietzsche in der Mehrzahl erkennt und ganz bewußt hervorhebt, ergibt sich die Möglichkeit, eine Schreibweise auszubilden, die für ihn charakteristisch werden sollte und die ihm eine Wirkung über das 20. Jahrhundert hinaus garantiert. Die Loslösung der Kunst aus dem Repräsentationsrahmen, in den sie das Bürgertum hineingestellt hat und die Zerschlagung der philosophischen Diskurse der vorausgegangenen zweitausend Jahre gehen in dieser Schreibweise ineins. Denn Nietzsche *fordert* nicht bloß diese Maßnahmen, er vollzieht sie *praktisch*, als Autor und als Künstler. Deshalb kann es gar keine

Metaebene geben, von der her diese Tat interpretierbar würde. Jede in dieser Absicht betretene Ebene wäre ein Rückfall in die Verhältnisse, wie sie vor Nietzsche geherrscht haben und wie er sie mit seiner Schreibpraxis hinter sich läßt. Die im 20. Jahrhundert in Angriff genommenen Deutungsunternehmen von philosophischer Seite führten mehrheitlich dazu, die genuine Energie des performativen Schreibens zugunsten einer oder mehrerer philosophischer Thesen zu unterschlagen. Erst die französische Philosophie des Poststrukturalismus, und hier vor allem Jacques Derrida, stellt den Stilisten Nietzsche über den Philosophen und entschlägt sich jeglicher thematischer Festlegung seiner Philosophie.[116] Es ist der montaigneske Typus, der in dieser umfassend poetischen Haltung durchschlägt und eine neuartige Dimension des Schreibens und des Lesens herausfordert. Vor allem auch des Lesens, muß man betonen, denn eine Lektüre ohne Zentrum und ohne Abschluß, bezogen auf einen Text ohne eindeutig zu ermittelndes Autorsubjekt und ohne einsinnig definierbare Zielsetzung muß erst geübt werden, auch heute noch. Das bedeutet Lesen auf mehreren Ebenen, ganz im Sinne eines Textes, der eine Vielzahl von wechselnden Masken präsentiert. Wenn Nietzsche behauptet, seine Leser seien noch nicht geboren, so mag dieser Satz nicht nur auf seine eigene Gegenwart zutreffen.

In dieser Textkonstitution liegt ein Potential bereit, das in Nietzsches Vorstellung auf eine Zukunft abzielt, in der die Werte umgewertet wären und der freie Geist sich den kulturellen Raum erobert hätte. Dennoch erhebt sich die Frage, inwiefern die Konzeption des freien Geistes, wie Nietzsche sie in der *Fröhlichen Wissenschaft* und in *Jenseits von Gut und Böse* darlegt, Maßstab für eine *Philosophie der Zukunft* sein kann. Schließlich ist das Maskenspiel des Schreibens nicht zuletzt der Not des Nichtverstandenwerdens entsprungen und verkörpert den Versuch, der Borniertheit und der Ignoranz der Masse auszuweichen. Nietzsche sieht allerdings in der Philosophie der Zukunft keine Philosophie für die Masse. Im Gegenteil geht er von einer geistesaristokratischen Elite aus, der das Sich-Verbergen immer zueigen sein wird. Zwar hält der Philosoph gerade in seinem Essayismus einen durchgreifenden utopistischen Impuls bereit, doch ist dies eine Vision für die *happy few*, die seinen komplexen Vorgaben zu folgen versteht. Man kann gerade an den plattesten Auslegungen, die die Thesen und Lehren des *Zarathustra* im Laufe der Jahrzehnte erfahren haben, studieren, in welchem Ausmaß Nietzsche mißverstanden worden ist. Auch in diesem Licht zeigt sich der exklusive Zug seines Essayismus. In ihn eingelagert ist ein Utopismus der wenigen, die sich auf das artistische Spiel mit Schein und Sein tatsächlich verstehen. Nietzsches Essayismus ist das Medium der Artisten, die das alte, diskursiv-argumentative Denken hinter sich gelassen haben und einen höheren, perspektivisch vielfach aufgefächerten und histrionisch gebrochenen Grad von Erkenntnis anstreben.

Möglicherweise konnte Nietzsche nicht die Kontrolle über die Konsequenzen behalten, die aus diesem Konzept hervorgegangen sind. Die intensive Arbeit an einem großen, auf vier Bände geplanten Hauptwerk mit dem Titel *Der Wille zur Macht* legt diese Vermutung nahe. Colli und Montinari, die Herausgeber der kritischen Nietzsche-Ausgabe, bemerken hinsichtlich des Nachlasses der Jahre 1887 bis 1889: »Damit aus dem *Willen zur Macht* tatsächlich ein Werk Nietzsches geworden wäre, hätte aber noch das künstlerische Moment hinzukommen müssen, das wir in jeder der veröffentlichten Schriften finden. Dazu kam es jedoch nicht, [...]. Vom Künstler Nietzsche läßt sich also kaum etwas entdecken. Und doch hat man bekanntlich versucht, den *Willen zur Macht* so vorzustellen, als ob das Werk auch künstlerisch von Nietzsche so geschaffen worden sei [...].«[117]

Mit der Herausgabe von Nietzsches sogenanntem Hauptwerk *Der Wille zur Macht* durch Elisabeth Förster-Nietzsche und Heinrich Köselitz im Jahre 1901 (und in erweiterter Fassung 1911) setzte eine beispiellose Wirkungsgeschichte ein, die aufgrund der Editionslage Nietzsche als den Philosophen dieses Hauptwerkes, den Denker des *Willens zur Macht*, herausarbeiten mußte. Dieser von den beiden Verwaltern des Nietzsche-Archivs, vor allem von der Schwester zurechtgestutzte Text und seine Ausdeutungen mußten Nietzsche zwangsläufig in den Rang des ungeheuren Denkers bringen, als den er sich am Ende gewiß selbst sehen wollte.

Die falsche Wirkungsgeschichte zieht sich bis zu Heidegger und seinen berühmten Nietzsche-Vorlesungen, die im Jahre 1961 in zwei Bänden erschienen sind. Bezeichnend ist, daß Heidegger Nietzsche unter dem Ausgangsaspekt *Der Wille zur Macht als Kunst* interpretiert, ganz so, wie es die von der Nietzsche-Schwester manipulierte Ausgabe vorgesehen hatte. Dies allein zeigt schon, daß gerade auch Heidegger den Gesichtspunkt der Kunst in den Rahmen einer philosophischen These stellt, die in der Kunst nur eine Art ausführende Praxis des *Willens zur Macht* erblicken kann. Das Ineinanderspielen von Denken und Kunst bis hin zur Deckungsgleichheit beider Komponenten in *einer* beziehungsweise vielen Schreibweisen mußte Heidegger notwendig verkennen. Nicht zuletzt auch deshalb, weil das von ihm in diesem Zusammenhang studierte falsche Hauptwerk dieses Verkennen inhaltlich nahelegt. Nicht nur Heidegger ist von einem gefälschten Nietzsche ausgegangen, sondern praktisch die gesamte Deutungsgeschichte des 20. Jahrhunderts, einschließlich der Nationalsozialisten. Erst die Ausgabe von Colli und Montinari konnte deutlich machen, daß Nietzsches nachgelassene Fragmente der letzten Schaffensjahre sich keineswegs zu einem ›Hauptwerk‹ zusammenfügen lassen, sondern als Fragmente anzusehen sind, hinter denen lediglich der Plan Nietzsches zu einem solchen Werk – für eine begrenzte Zeitspanne – virulent war.

Nietzsche selbst hat daran mitgewirkt, daß seine künstlerisch ergiebigste Phase um die Zeit der *Fröhlichen Wissenschaft* herum immer nur als eine Vorstufe zu etwas Eigentlichem und Ungeheurem betrachtet werden konnte. Letztlich vernichtete er mit seinem genialen Größenwahn den schwebenden Charakter seiner mittleren Schaffensphase. Die Entwicklung dahin liegt nicht zuletzt in den Implikationen dieser Schreibweisen selbst begründet, die in ihrer Mehrzahl und in ihren Abweichungen voneinander als im vollendeten Sinne *essayistische* apostrophiert werden können. Denn gerade in ihnen konnte sich der elitäre Zug zur Selbstüberschätzung aufbauen, der den Freigeist zum Propheten einer neuen Epoche mutieren ließ. Vom Gesichtspunkt des Essayismus aus betrachtet muß man konstatieren, daß Nietzsche mit seinen späten Arbeiten und Versuchen – auch mit den nachgelassenen Fragmenten – eine Darstellungsform hinter sich gelassen hat, die eine bis dahin einzigartige Luzidität und Reichweite und nicht zuletzt eine große ästhetische Faszination auszustrahlen vermochte. Jedoch – man kommt immer wieder an diesen Punkt zurück – muß in der Präsentation der Philosophie als einem ästhetischen Faszinosum der Keim zur Hyperstilisierung des Philosophen vermutet werden.

Nietzsches utopistischer Essayismus bringt nicht nur die Philosophie zu einem Ende, sondern auch den Essayismus. Die spezifische Aufklärung, die bei Montaigne und seinem Schreiben in einer bestimmten skeptisch eingefärbten Art begonnen hat und die sich sozusagen als parallele Landstraße neben dem *Freeway* der Aufklärung entlangzog (nicht ohne sich in vielen Punkten mit diesem zu überschneiden), gelangt bei Nietzsche zu einer Kulmination und zu einer Explosion. Genau das wird das 20. Jahrhundert erweisen. Der Essay nach Nietzsche repräsentiert den vielgestaltigen Versuch, mit den Paradoxien und den Aporien des von Nietzsche vorgestellten Essayismus produktiv klarzukommen. Daraus ergeben sich einige Modifikationen und auch einige Neuerungen. Jedoch: Die schon von Nietzsche zentral gestellte Grundfrage nach dem Schicksal des freien Geistes bleibt die bestimmende Frage. Die Auflösung des Essayistischen im Ästhetischen, wie Nietzsche sie vorgenommen hat, wird einen Maßstab der Orientierung bilden, wie sich im großen Stil etwa bei Musil, Benn und Adorno zeigen wird. Autoren wie Thomas Mann bleiben dagegen einem gelehrten und literarisch ausgefeilten Sachessay verpflichtet, durch den sie in der intellektuellen Auseinandersetzung Position beziehen und darin die Rolle des Autors als eines Sachwalters der Humanität auslegen können.

Vom Ausgangspunkt *Nietzsche* aus kann man also zwei Wege des Essays ins 20. Jahrhundert hinein weiterverfolgen. Einerseits den Essay im Horizont der ästhetischen Performanz – also als weitgehend selbstreferentielle künstlerische Ausdrucksform – und andererseits den Essay als individuelle Mitteilungsform des Intellektuellen als unabhängiger Autorinstanz. Naturgemäß gibt es da Überschneidungen, doch sind die Intentionen, mit denen Essays verfaßt werden, im großen und ganzen klar zu unterscheiden. Im folgenden werden beide Ausprägungen betrachtet, allerdings mit einer merklichen Gewichtung auf der ästhetischen Konzeption von Essay und Essayismus. Das hängt mit einer Konsequenz zusammen, die man aus Nietzsches Textes selbst ableiten kann.

Wenn das dem Essay von Anfang an zugehörige Moment des Experimentellen in Verbindung mit einem grundierenden Skeptizismus eine Weiterführung erfährt, dann in der performativen Durchdringung des Denkens durch das Ästhetische und des

Ästhetischen durch das Denken. Heute, am Ausgang des 20. Jahrhunderts, zeigt sich die Aktualität Nietzsches und seiner Nachfolger nicht zuletzt in diesem Punkt. Wenn die Ideologien mit ihren stets tendenziösen und machtfunktional ausgerichteten Inhalten abgedankt haben, wenn aber auch die Theorie überhaupt ihre Überzeugungskraft verloren hat, dann fragt es sich, ob nicht gerade in Nietzsches Essayismus seiner mittleren Phase eine genuine Medialität zu sehen wäre, durch die das Denken und seine Darstellungsformen einen neuen Stellenwert erhalten könnten, ohne sofort wieder Theorie zu werden.

Über diese These kann man gegenwärtig nur spekulieren. Was man dagegen aufzeigen kann, ist die durchgreifende Adaption der damit verknüpften Frage im Schrifttum des 20. Jahrhunderts. Aus diesem Grund wird der ästhetisch-performativen Ausgestaltung des Essays im folgenden größere Aufmerksamkeit gewidmet als der gelehrten literarischen Abhandlung. Diese beiden Bereiche sollten tatsächlich getrennt betrachtet werden, gerade wenn man es von Nietzsche her sieht. Die späte Auseinandersetzung Thomas Manns mit Nietzsche wird zeigen, wie groß das Mißverständnis in bezug auf diesen Autor sein kann, wenn man ihn rein von seinen »Lehren« her zu begreifen sucht. Auf der anderen Seite kann man am Beispiel von Hermann Brochs *Schlafwandlern* ablesen, wie ein Roman aus den Fugen geraten kann, wenn er von einer programmatisch kulturphilosophischen Essayistik durchzogen und überformt wird. Die Schwebe zwischen denkerischer Diktion und ästhetischer Darstellung erwächst nicht nur zu einer Frage des Stils – die man noch als nebensächlich abtun könnte –, sondern wird, in der Nachfolge Nietzsches, zu einer Entscheidungsfrage. Sie zielt auf das Zentrum der Krise des Ästhetischen, die das 20. Jahrhundert bestimmt. Diese steht im Zeichen des Experimentellen und des Werteschaffens. Das aber umfaßt den gesamten Vorgang des Semiotisierens von Gegenständen und Sachverhalten. Diese Szenerie wird aber erst im Akt des Produzierens selbst erkennbar und beschreibbar. Entsprechend entziehen sich bei Nietzsche die *Philosophen der Zukunft* jeder exakten Beschreibung. Sie geben sich selbst die Namen, die ihnen aus ihren Experimenten zuwachsen und die sich immer wieder verändern können:

Gesetzt also, dass im Bilde der Philosophen der Zukunft irgend ein Zug zu rathen giebt, ob sie nicht vielleicht [...] Skeptiker sein müssen, so wäre damit doch nur ein Etwas an ihnen bezeichnet und *nicht* sie selbst. Mit dem gleichen Rechte dürften sie sich Kritiker nennen lassen; und sicherlich werden es Menschen der Experimente sein. Durch den Namen, auf welchen ich sie zu taufen wagte, habe ich das Versuchen und die Lust am Versuchen schon ausdrücklich unterstrichen: geschah dies deshalb, weil sie, als Kritiker an Leib und Seele, sich des Experiments in einem neuen, vielleicht weiteren, vielleicht gefährlicheren Sinne zu bedienen lieben?[118]

Die Antwort darauf ist, wie gesagt, offen. Das 20. Jahrhundert ist in vielgestaltiger Art und Weise damit befaßt, sie zu erteilen.

Das 20. Jahrhundert

Essayismus wird zu einer der zentralen utopistischen Projektionsflächen des modernen intellektuellen Lebens. Das zeigt sich bereits bei Nietzsche in voller Ausprägung. Nietzsches unter der Oberfläche der großen philosophischen Entwürfe seiner späten Schaffensphase verlaufende Visionen von den Philosophen der Zukunft statuieren den skeptischen und zugleich daseinsaffirmativen Menschen, wie er sich bei Montaigne zum ersten Mal in der Neuzeit gezeigt haben soll. Das kann man bereits als eindeutige Wunschprojektion identifizieren. Nietzsche versucht an keiner Stelle seiner Schriften Montaigne in einem historisch verbürgten Sinne gerecht zu werden. Er modelliert ihn in seinen Vorstellungen zum Initiator einer *anderen* Neuzeit, die sich den Entzauberungen des Lebens nicht dadurch widersetzt, daß sie diese leugnet, sondern indem sie sie anerkennt und aus ihrem Potential eine Form von Geistigkeit und von Produktivität entstehen läßt, die den Strategien der instrumentellen Vernunft zuwiderläuft. Diese Initiation weist in Nietzsches Augen weit über die Moderne im engeren Sinne hinaus und birgt den Zündstoff für eine philosophische Revolution. Sie wäre das Resultat all der Anstrengungen, die die alte platonische Tradition endgültig verabschieden sollen und als deren führender Kopf Nietzsche selbst zu gelten hätte. Der Projektionsgehalt, den die Gestalt Montaignes und damit der Essayismus bei Nietzsche aufnehmen, tritt darin unverkennbar zutage. Die philosophische Revolution ist im Kern eine ästhetische, das ist die Grundidee, die die Moderne gerade hinsichtlich des Essayismus vielgestaltig ausprägen wird. Der Glaube an das die herrschenden Machtstrukturen subversiv unterlaufende Potential des Ästhetischen, wie er bis hin zu Adorno ungebrochen aufrechterhalten wird, bildet die Einschreibefläche eines visionären Essayismus im 20. Jahrhundert.

Diese utopistische Dimension ist gegen den klassischen Essay und seine Manifestationen gerichtet. Wobei unter ›klassisch‹

die Ausformungen des gebildeten Sachessays zu verstehen sind, wie sie die zweite Hälfte des 19. Jahrhunderts bis zur Perfektion stilisiert. Der Mangel an originärem Schaffen auf dem Sektor des Künstlerischen soll durch die künstlerisch gehaltene Schreibweise des Gelehrten ausgeglichen werden, der die Materialschlachten des Wissens mit dem Florett und nicht mehr mit dem Degen durchstehen will. Einer der Ausgangspunkte von Nietzsches revolutionärem Denken liegt in der Zurückweisung dieser historistischen Tendenzen. Bedenkt man diese Frontstellung von Essay und Essayismus zu Beginn des 20. Jahrhunderts, so wird deutlich, daß von einer einheitlich zu beschreibenden Geschichte des Essays nicht die Rede sein kann. Die damit aufgerufene Problematik im Horizont der Gattungsfrage abzuhandeln, erweist sich so gesehen als wissenschaftliche Engstirnigkeit. Der Merkmalskatalog, wie er von der älteren Forschung immer wieder aufgeblättert worden ist, steht zu der geschichtlichen Dynamik des Phänomens *Essay* in keinem Verhältnis. Diese außer acht zu lassen, würde bedeuten, noch einmal eine historische Auflistung der mehr oder weniger gelungenen Essays der letzten einhundert Jahre zu liefern, um dann wieder bloß zu Feststellungen zu gelangen, wie solchen, die Grundstimmung des Essayisten sei die heitere Gelassenheit, *serenitas*, – was auch immer man damit heute noch anfangen kann.[1] Essay und Essayismus auf die konservativen Tugenden des gebildeten und weltgewandten Grandseigneurs zurückzuführen, würde das ganze Phänomen als die kulturkonservative Schreibübung ausweisen, als die es von vielen tatsächlich auch gepflegt worden ist. Etliche der sogenannten großen Essayisten des 20. Jahrhunderts wie Thomas Mann oder Ernst Jünger (wobei man sich bei letzterem wahrhaftig auch noch über dieses Attribut streiten kann), betreiben im Horizont des Essays kaum mehr als eine aufs Äußerste stilisierte Selbstbespiegelung ihrer Gedankenwelt. Der Essay wird hier zum Instrument einer Position – bei Mann im Hinblick auf die zum Lebenswerk aufgesteilte Bezeugung seiner selbst vor einem erwartungsvollen Publikum, bei Jünger im Sinne einer konservativen Revolution im Lichte des Dezisionismus. Beide Beispiele – es sind nur Beispiele für eine Vielzahl strukturell ähnlich gelagerter Fälle – vermitteln ein falsch verstandenes Bild von Essay und Essayismus. Worum es hier geht – und das gilt besonders für das 20. Jahrhundert – ist die Bedeutung essayistischen

Schreibens als genuine Ebene von Sprachschöpfung, also als ein im Sinne Nietzsches ästhetisches Phänomen.

Damit verläßt die vorliegende Darstellung endgültig die Ebene der historischen Aufarbeitung einer Gattung. Geht man an Nietzsche als zentraler Kristallisation der geistigen Problematik der Moderne und ihrer Lösungsversuche nicht vollkommen achtlos vorbei, so muß man den bei ihm stattfindenden irreversiblen Bruch zwischen Essay und Essayismus als konstitutiv für die nachfolgenden Jahrzehnte ansehen. Damit rückt die Tatsache dieses Bruchs dergestalt in den Vordergrund, daß eine entscheidende Frage immer wieder gestellt wird und zu beantworten ist: Welche intellektuellen und künstlerischen Energien werden bei diesem Spaltungsprozeß freigesetzt?

Demgemäß geht es im folgenden um einige besonders herausragende Manifestationen dieses Vorgangs und seiner Folgen. Es wird daran zu zeigen sein, wie der Essayismus und damit eine bestimmte Ausformung des Essays das produktive Bewußtsein für die intellektuelle Krise der Modernität bestimmt. Zunächst soll die Ästhetisierung des Essays in den Blick genommen werden, die noch in den neunziger Jahren des 19. Jahrhunderts einsetzt und deren erste Repräsentanten sich in England und hier besonders in den Gestalten Walter Paters und Oscar Wildes finden. In der deutschen Literatur greift Hugo von Hofmannsthal diese Auffassung vom Essay unmittelbar auf und gestaltet sie zu einer selbständigen, an seine Auffassung vom Dichterischen angelehnte Schreibweise aus. Bei ihm tritt die Ablehnung des Essays als nivellierendes Massenmedium einer unambitionierten Tagespresse krass in Widerspruch zu einer Idee vom Essay als ästhetischer *Gestalt*.

Im Kontext Hofmannsthal wird mit Rudolf Kassner ein Autor zu streifen sein, der sein gesamtes schriftstellerisches Werk unter dem Aspekt des Essays verfaßt hat. Es gibt von Kassner keine anderen Schriften als Essays. Kassners Stilisierung des Essays zu einer esoterischen Form, die nur für die *happy few* der Eingeweihten oder gar nur von Freunden wirklich zu verstehen ist, hatte zur Folge, daß Kassners Werk kaum Aufnahme und auch fast keinerlei literaturhistorische Würdigung fand. Obgleich er der quantitativ herausragende Essayist des 20. Jahrhunderts in Deutschland ist, blieb sein Schaffen im Grunde unrezipiert. Das ist deswegen für unsere Überlegungen interessant, weil es einen Irrweg des Essays im Rahmen der Idee seiner Ästhetisierung aufzeigt, den Hofmannsthal durchaus zu vermeiden wußte, der aber insgesamt die Tendenz zur Selbstimmunisierung herausstreicht, die dieser Schreibweise anhaftet.

Im Gegensatz dazu steht eine Auffassung des Essays als schriftstellerische Umsetzung von Engagement. Dabei drängt sich der Streit der Brüder Mann über die Bewertung der Rolle des Intellektuellen angesichts des Ersten Weltkrieges geradezu auf. Mit seinem Essay *Zola* löste Heinrich Mann eine tiefe Krise bei seinem Bruder Thomas aus, die diesen zu der jahrelangen Arbeit an dem Großessay *Betrachtungen eines Unpolitischen* nötigte. Beide Brüder vertreten eine grundlegend antagonistische Auffassung von der politisch-ethischen Rolle des Autors, was sich nicht zuletzt in ihrem weiteren Essayschaffen ausdrückt. Hervorzuheben ist jedoch, daß diese vermeintlich politische Ausrichtung des Essays, die die beiden Brüder Mann betreiben, die zutiefst unpolitische Verfassung ihrer Haltungen als Dichter nur mühsam überdeckt. Der politisch engagierte Intellektuelle schwebte in der Person Heinrich Mann in Deutschland in einem merkwürdig luftleeren Raum ohne öffentliche Resonanz. Angesichts der deutschen Wirklichkeit muß seine Idee vom Intellektuellen selbst wiederum als ästhetische Wunschprojektion erscheinen. Im Falle seines Bruders Thomas führte die humanistische Parteinahme ohne Umschweife in die Attitüde des Großschriftstellers mit ethischem Auftrag – auch das eine spätromantische Stilisierung, die sich letztlich selbst genug war und die keine direkte Bindung an die politische Wirklichkeit finden konnte.

Eine andere Ausprägung des Essays als eigenständig ästhetische Dimension findet sich in den Versuchen, Essay, Essayismus und Roman miteinander zu verknüpfen. Dies wird in der deutschen Literatur vornehmlich von Robert Musil und Hermann Broch verkörpert. Während Broch in seiner Romantrilogie *Die Schlafwandler* den Essay *Zerfall der Werte* scheinbar unverbunden in den Handlungsverlauf seines Romans hineinstellt, konzipiert Musil mit seinem *Mann ohne Eigenschaften* eine Romanfigur, die *in personam* einen die gesamte moderne Existenz repräsentierenden Essayismus vertritt. Roman und Essayismus verschmelzen hierin bis zur Ununterscheidbarkeit. Musils Klage, sein Roman sei durch essayistische Passagen überladen, widerspricht dem keineswegs. Sie bestätigt vielmehr erneut die Abspaltung des kulturkonservativen Raisonnements und seiner Niederschläge vom Essay als produktiver Grundhaltung.

Im Rahmen der modernen Literatur nehmen die Essays Gottfried Benns eine Sonderstellung ein. In ihnen findet sich das von Musil radikal aufgeworfene Problem einer Konfrontation des Denkens mit den ästhetischen Strukturen der Form in unvergleichlicher Weise weitergetrieben. Von den zwanziger bis in die fünfziger Jahre hinein gewinnt das essayistische Moment in den Schriften Benns so sehr die Oberhand, daß man schließlich nicht mehr zwischen einer sogenannten erzählenden und einer essayistischen Prosa im Spätwerk zu differenzieren vermag. Gerade darin gelangt die unmittelbare Einflußnahme des Essayismus auf die künstlerische Disposition der Moderne und ihrer Vertreter unmittelbar zum Ausdruck. Der Essayismus durchbricht zu einem bestimmten Zeitpunkt alle Dämme des Formbewußtseins, um ausschließlich mit seinen eigenen Mitteln formbildend zu wirken. Genau das läßt sich am Werk Gottfried Benns in allen Einzelheiten nachvollziehen.

Die Ausbildung des Essays zu einem Medium literarischen und kulturkritischen Schreibens findet in Walter Benjamin ihren Initiator. Sein Herkommen aus der Auseinandersetzung mit der Romantik und ihrer Konzeption von Kritik einerseits und aus der akademischen Jugendbewegung andererseits schlägt einen Bogen vom Essayismus der Frühromantik bis zu dem im Dienste theologisch grundierter, geschichtsphilosophischer Perspektiven abgefaßten Traktat. Benjamins essayistisches Schreiben weist andererseits aber auch voraus auf eine so einflußreiche Erscheinung wie Theodor W. Adorno, dessen kulturkritische Diktion ohne die Vorarbeit Benjamins wohl nicht denkbar gewesen wäre. An Benjamin wie an Adorno kann man den Versuch studieren, dem Essay zu einer neuen Schlagkraft zu verhelfen, indem in seinen Ausdruckssphären das Potential eines ästhetischen Widerstands aufgehoben wäre und wirksam würde. Diese Hoffnung reicht bis in Adornos Fragment gebliebenes Spätwerk, die *Ästhetische Theorie*, hinein.

Die somit bezeichneten fünf Schlaglichter auf die deutsche Literatur des 20. Jahrhunderts können die Strukturen des Essays im Horizont eines als grundlegend verstandenen Essayismus in ihrer Phänomenalität ausleuchten. International gesehen nimmt das essayistische Schaffen im 20. Jahrhundert einen solch breiten Raum ein, daß eine Beschränkung auf eine Nationalliteratur, zumal auf die deutsche, als durchaus sinnvoll erscheint. Die wesentlichen experimentellen Unternehmungen auf dem Gebiet des Essays in den letzten einhundert Jahren sind sicherlich in der deutschen Literatur zu verzeichnen. Das liegt nicht zuletzt darin begründet, daß in Deutschland und in der deutschsprachigen Literatur insgesamt der Essay stets als ein Problem angesehen worden ist, während er in Frankreich und England etwa, seit Emerson dann aber auch in Amerika, eine relativ unangefochtene Stellung im öffentlich-kulturellen Leben eingenommen hat. Wenn die vorliegende Darstellung seit Mitte des 19. Jahrhunderts besonders die deutsche Entwicklung des Phänomens ins Visier nimmt, dann erfolgt das nicht nur aus Gründen einer notwendigen Eingrenzung des Themas, sondern eben auch deshalb.

Dennoch können hier einige internationale Phänomen am Rande Berücksichtigung finden, die zur Komplexitätssteigerung des Essays und seiner strukturellen Gestaltung unzweifelhaft beigetragen haben und zu denen es in der deutschen Literatur kein wirkliches Pendant gibt. Damit wäre etwa der Franzose Paul Valéry (1871–1945) angesprochen, vor allem mit seinen *Cahiers*, einer fast lebenslangen Schreibexerzitie ohne formalen Anspruch, ohne Mitteilungskomponente auch, die Valérys Schaffen nicht nur begleitet hat, sondern zu Zeiten vollständig an den Platz der eigentlichen literarischen Arbeit getreten ist. Valérys Verweigerung gegenüber dem Literaturbetrieb, ja die nach Erscheinen des für sein Frühwerk grundlegenden Essays *Introduction à la méthode de Leonardo da Vinci* (1895) vollständige Verabschiedung des Anspruchs auf Veröffentlichung, weisen auf den absolut privatistischen Rahmen, in dem die *Cahiers* entstanden sind. Angesichts der vollkommen formlosen Notizen und Aufzeichnungen dieses Werkes erscheint es jedoch als problematisch, hier überhaupt auch nur von einem stark persönlich geprägten Essayismus zu sprechen. Weit radikaler noch als Montaigne entzieht Valéry mit seinen Aufzeichnungen in den *Cahiers* sein Denken den Augen der Öffentlichkeit oder auch nur eines einzelnen Lesers. Die *Cahiers* versuchen, die totale Privatheit des Denkens zu rekonstituieren – sicherlich eine Reaktion auf die verlorene Authentizität des Schreibens im Zuge des Kulturbetriebs. Die Bewertung dieser Schriften im Rahmen einer literaturhistorischen Begriffsbildung steht jedenfalls noch aus. Sie dem Essay oder dem Essayismus anzugliedern, erscheint nicht unbedingt plausibel. Eine grundlegende Auseinandersetzung mit den *Cahiers* wäre vor diesem Hintergrund notwendig.

Zu erwähnen ist auch ein anderer französischer Autor, der den Essay in Frankreich in seiner dort klassisch zu nennenden Form betrieben hat und so mit voller Absicht in den Mittelpunkt öffentlicher Auseinandersetzungen geraten ist, Jean-Paul Sartre (1905–1980). Was von Voltaire herkam, hat Sartre zu einer unversöhnlichen Konfrontation des Schreibens mit den Phänomenen der politischen Macht getrieben. Das wäre an sich noch nichts Neues. Sartres Essayismus jedoch greift vor allem in seinem Alterswerk radikal aus auf die Bedingungen des Schreibens und die Figur des Schreibenden selbst. In seinem autobiographischen Essay *Die Wörter* von 1964 untersucht sich Sartre selbst rückhaltlos als einen Menschen, der von Kindheit an dem Zwang zu schreiben verfallen ist und diesem Zwang immer folgen mußte. Als erster wohl legt Sartre damit das Profil einer Pathologie des Schreibens zugrunde, das ihn als Vertreter der ästhetischen Moderne – und damit das Ästhetische in der Moderne insgesamt – in einem neuen selbstkritischen Licht zeigt. Er setzte diese Entlarvung des Schreibens als Trieb zur Selbstzerstörung in seiner unabgeschlossenen Monumentalstudie über Gustave Flaubert *Der Idiot der Familie* mit noch größerer Radikalität in genialer Weise fort. Beide Texte, *Die Wörter* wie *Der Idiot der Familie*, verdanken ihre inhaltliche Durchschlagskraft in nicht unwesentlichem Maße einem sich total freisetzenden Essayismus, der auf keine Denktradition und auf keine Schule oder Richtung mehr Rücksicht nimmt und darin die ideologische Ausrichtung des Denkens in einem der vielen Ismen, die bis über die Mitte des 20. Jahrhunderts hinaus für die intellektuelle Lage typisch war und der auch Sartre in seiner existentialistischen Phase noch unterlag, überwindet. Sartre führte damit die französische Tradition des Essays zu einem neuen historischen Höhepunkt. Die Resultate seiner Arbeit am Essay entstammen jedoch einer gänzlich anderen Problemlage, als wir sie in Deutschland zu Beginn des 20. Jahrhunderts antreffen. In Frankreich war der Essay immer eine Form der Auseinandersetzung mit der Öffentlichkeit und mit der Politik. Hier wie in England und mit Abstrichen auch in Amerika war es im Prinzip nicht notwendig, durch die Hypertrophierung des Ästhetischen die Isolation des Autors als eines nur vermeintlich öffentlichen Wesens zu überspielen. Auch daran kann man ablesen, daß die deutsche Sonderentwicklung den Keim zur grundsätzlichen Problematisierung des Essays als künstlerisch eigenständiger Schreibweise unausweichlich befördern mußte.

Nicht vergessen werden darf der postmoderne Überwinder alles traditionell Essayistischen, der Argentinier Jorge Luis Borges (1899–1986). Seit der Veröffentlichung seines Buches *Fiktionen* (1944) ist die Unterscheidung zwischen narrativem und essayistischem Schreiben auf einer von ihm geschaffenen performativen Ebene des Literarischen hinfällig geworden. Borges begann als Lyriker und Essayist in einem durchaus traditionellen Sinne. Seine erste Veröffentlichung artistischer Prosa, die *Fiktionen*, präsentiert dann ein Schreiben, für das Borges berühmt werden sollte, nämlich den Essay über fiktive Gegenstände. Dadurch vollzieht Borges zwei Neuerungen gleichzeitig. Die erzählende Prosa wird von ihm nicht mehr mit dem Anspruch auf narrative Authentizität betrieben; vielmehr hat sie auf den ersten Blick die Ausstrahlung einer sekundären, historisch-essayistischen Rekonstruktion von bislang geheimen oder kaum bekannten Tatsachen. Auf der anderen Seite wird das durchgehend vorhandene essayistische Grundmoment dieser Stücke von der nach und nach beim Lesen immer deutlicher werdenden Fiktionalität der gesamten Aussageebene restlos unterminiert. Borges' Prosa setzt somit gleich zwei über Jahrhunderte hin gültige Parameter außer Kraft: einerseits die bei allem Authentizitätsanspruch verbürgte Fiktionalität des Narrativen und andererseits die kommentierende Sekundärstellung des Essayistischen. Beide Seiten finden sich aufgehoben in einer von Borges durchaus neu gesetzten Performativität des Textes, der erzählt, indem er von Erzähltem erzählt. Der Argentinier hat damit der Literatur ganz neue Möglichkeiten eröffnet. Vielfach wurde bei Borges die Geburtsstunde der literarischen Postmoderne erblickt. In jedem Fall hat sein Schreiben dem Essay einen zentralen Stellenwert verschafft und ihn aus den sekundären Zonen eines die eigentliche Literatur bloß begleitenden Räsonierens herausgelöst. Dennoch bleibt die damit verbundene Schreibweise ganz auf Borges beschränkt. Sie ist an sich so originär und originell, daß ihr Aufgreifen sofort als Plagiat erkannt werden müßte. Borges hat den Essay zu einer literarischen Gattung ersten Ranges gemacht. Damit aber verliert er endgültig seine Geltung als frei verfügbare Gattung der schriftstellernden Masse. Der Essay, wie Borges ihn betrieben hat, ist unmittelbar klassisch geworden und in seiner Art nach außen hin versiegelt. Genau das hat der Autor immer angestrebt.

Hugo von Hofmannthal und der kulturkonservative Essay

In seinem brillanten, weit ausgreifenden Essay *Hofmannsthal und seine Zeit* (1947/48) schreibt der österreichische Schriftsteller Hermann Broch: »Nirgendwo war man nach dem Ersten Weltkrieg dem Neuen weniger gewachsen als in Wien. Und weniger als sonst irgend jemand wußte der Österreicher Hofmannsthal mit dem 20. Jahrhundert zurechtzukommen.«[2]

Das ist ein klares Urteil. Broch verfolgt keineswegs das Ziel, Hofmannsthal als bedeutungslos hinzustellen. Er hebt nur eine bestimmte, unverkennbare Disposition hervor, der Hofmannsthal tatsächlich lebenslang unterworfen sein sollte. Im Grunde ist Hofmannsthal darin modern, daß er die Modernität des Lebens wie der literarischen Formen entschieden zurückweist. Er ist der herausragende Vertreter eines kulturkonservativ-elitären Literaturbegriffs, den er nach dem Zusammenbruch der Habsburger Monarchie unbeirrt verteidigt, um ihm schließlich eine politisch-utopistische Dimension abzugewinnen. Der Vergleich mit Stefan George und seinem Kreis wird angesichts dieser Tatsachen gern herangezogen, zielt aber an dem für Hofmannsthal Charakteristischen vorbei. Ihm geht es nicht wie George um die Abgehobenheit des Dichterischen von der gesamten Realität in einem ästhetisierten Arkanum. Hofmannsthals Ästhetizismus weiß sich der Realität aufs Engste verpflichtet, und zwar in zwei Punkten. Zum einen im Begriff des *Lebens*, den Hofmannsthal immer wieder zur Grundlage seiner Idee von der Kunst macht, und zum anderen in der Realität Österreichs, genauer gesagt, des Kaisers als der Symbolgestalt der Monarchie. Österreich und Franz Joseph I. als Person waren in der fast siebzigjährigen Regierungszeit des Kaisers zu einem Traum geworden, der sich durch seine selbst erzeugten Anachronismen am Leben erhielt und die Restauration der Zentralgewalt gegen alle modernistischen und revolutionären Bestrebungen abzuschotten verstand. In diesem Traumreich erfaßte Hofmannsthal die Realität als Symbol und verstand die Schönheit als eine Tatsache, die sich aus der symbolischen Verfaßtheit der Wirklichkeit ergab. Broch schreibt: »Der Realitätsgrund lag in der Symbolisierung durch den Kaiser. [...] Realität ist für Hofmannsthal lebendig gewordenes Symbol.«[3]

Kein anderer moderner Autor, auch darauf weist Broch hin, hat das Wort *schön* so häufig und so vielfältig eingesetzt wie Hofmannsthal. In seinen Essays kommt es besonders oft vor. Wobei der Sammelbegriff *Essays* eine Vielfalt bezeichnet, die im Falle Hofmannsthals vergleichsweise groß ist. Einen beträchtlichen Raum in der betrachtenden Prosa nehmen Rezensionen in- und ausländischer Neuerscheinungen aus allen Gebieten des geistigen Lebens ein. Neben die rein literarischen Werke, die Hofmannsthal bespricht, treten philosophische und vor allem kulturgeschichtliche Arbeiten. Hinzu kommen kürzere Schriften zur klassischen Literatur aller Jahrhunderte, zu Musik, Oper und Theater und nicht zuletzt – vor allem unter dem Eindruck des Ersten Weltkriegs und dem Zusammenbruch der Habsburger Monarchie – Stellungnahmen zur politischen Lage und zur Kulturpolitik. Das bedeutet, bei Hofmannsthal vermischen sich von Anfang an, also seit der Zeit, da er noch als Heranwachsender unter dem Pseudonym Loris publiziert, feuilletonistische und im weiteren Sinne journalistische Haltungen mit einem gleichbleibend hohen Anspruch an die Sprache als formschaffendes Prinzip auch und gerade auf der Ebene des Essays. Wie kein anderer Autor seiner Epoche gestaltet Hofmannsthal den Essay zur Kunstform aus, ohne seine ursprüngliche Ausrichtung auf die Subjektivität der Perspektive und die Einbeziehung auch aktueller Aspekte des literarischen und politischen Lebens dabei zurückzustellen. Hofmannsthals Absicht ist eindeutig. Die Kunst hat die gesamte Wirklichkeit in sich aufzunehmen und so umzugestalten, daß in der ästhetischen Form eine gegenüber der bloßen Lebenswirklichkeit veredelteWertebene geschaffen wird und als organische Gestalt vor Augen tritt. Es handelt sich um einen »Prozeß der Lebensverwandlung, in dem die natürliche

Realität durch den Akt der künstlerischen Gestaltung in eine neue Daseinsform ›aufgehoben‹ wird.«[4] Broch erkennt ganz richtig, daß es sich hierbei nicht um eine Transformation auf einen neuen Realismus hin handeln kann, sondern »um die gegenseitige Durchdringung von Lebensrealität und Traumrealität.«[5]

Die barocke Auffassung des Lebens als Traum, wie sie Hofmannsthal von Calderón fast ungebrochen übernimmt, kennzeichnet den Abschottungsgrad gegenüber jedem modernen Versuch zur Entzauberung der Traumrealität. Dennoch geht es um Realität, das muß betont werden, und auch Hofmannsthal betont es, wo er kann. Dadurch erschließt er eine auch im Horizont des europäischen Ästhetizismus ganz neuartige Sphäre, die die Kunst der Wirklichkeit gegenüber aufzuschließen sucht, jedoch so, daß die Wirklichkeit in der Kunst aufgehoben werde. Die Kunst und noch genauer: die Sprache und somit der Dichter müssen diesen Prozeß leisten, denn in Hofmannsthals Augen ist die Adaption der Wirklichkeit durch die Kunst das Resultat einer artistischen Anstrengung. So notiert der Zweiundzwanzigjährige in dem Aufsatz *Poesie und Leben*: »Die Worte sind alles, die Worte, mit denen man Gesehenes und Gehörtes zu einem neuen Dasein hervorrufen und nach inspirierten Gesetzen als ein Bewegtes vorspiegeln kann. Es führt von der Poesie kein direkter Weg ins Leben, aus dem Leben keiner in die Poesie.«[6]

Im Medialraum des Dichters wird alles zur Dichtung, das ist Hofmannsthals Credo. Auch das essayistische Schreiben muß so verstanden und betrieben werden, ja Hofmannsthal geht so weit, wissenschaftliche Arbeiten eines Dichters wie Goethes *Farbenlehre* aus diesem Blickwinkel zu betrachten.[7] Der Glaube an die Kraft des Dichterischen im Kontext einer Aufhebung der Wirklichkeit in Kunst ist bei Hofmannsthal anfangs so stark ausgeprägt, daß gerade auch seine betrachtende Prosa versucht, diesem Anspruch gerecht zu werden. Kein Wunder, daß ein Zusammenbruch dieser vermeintlichen Gewißheiten erfolgen mußte und sich im *Lord Chandos-Brief* von 1902 Ausdruck verschafft hat. Doch ist gerade der sprachskeptische *Brief* ein Musterbeispiel für die ganz und gar ästhetische Gestaltung eines Essays bei Hofmannsthal. Hermann Kähler faßt die Paradoxie, die von diesem Text ausgeht, sehr treffend zusammen, wenn er bemerkt: »Aus der Absage an das Schreiben entsteht ein formvollendetes literarisches Werk, aus der Absage an Bacon, einen

Stammvater des Essays, erwächst ein artistischer Essay; selbst die Einheit des Daseins, der universale Anspruch, wird in der Negation noch einmal gewonnen. Seitdem gibt es eine Fülle von literarischen Werken, die aus dem Nachdenken über die Unmöglichkeit des Schreibens den Honig ihrer künstlerischen Inspiration saugen.«[8]

Der Essay verwirklicht sich hier in der Negation, aber von einem künstlerisch formalen Prinzip her zugleich auch in seiner Vollendung. Das ist ein Widerspruch, der die gesamte Literaturkonzeption Hofmannsthals beleuchtet, nicht nur seine Essayistik. Die Sprache, von der Lord Chandos träumt, ist kein Medium für Gedanken und Informationen, sondern erfühlte Identität zwischen den Wörtern und dem Sein. Dieser Begriff der Sprache bildet in dem *Brief* nichts anderes als wiederum einen Traum in einem Traum, eine für Hofmannsthal ganz und gar typische Konstellation. Denn traumhaft ist die Grundsituation ohne Frage, die sich dem Leser präsentiert. Die Datierung auf das Jahr 1603 allein eröffnet diese Perspektive, die Abgehobenheit aristokratischer Literaten, die über die Unmöglichkeit der literarischen Tätigkeit kommunizieren, tut ein Übriges. Es ist unverkennbar Hofmannsthals eigene Lage, die sich so zum Ausdruck bringt, projiziert in die Sphäre einer bewußt gestalteten Unwirklichkeit. Die aristokratische Sphäre dichterisch und sozial zu verlassen, war ihm unmöglich. Unmöglich aber war es auch, dieses Milieu als ein realistisches und die poetologischen Probleme, die sich dort fanden, als die der eigenen Epoche herauszustellen. Das im *Brief* Ausgesagte generell im Lichte einer modernen Sprachkritik zu sehen, dürfte die Bedeutung dieses Essays einerseits überschätzen und andererseits unterschätzen. Überschätzen nämlich als exponiertes Zeugnis einer umfassenden Sprachkrise und unterschätzen hinsichtlich der artistischen Gestaltung als Essay. Immerhin geht es hier um einen Adligen ohne Rückbezug zu einer anderen Realität als der immer schon geformten ästhetischen. Der Brief ist also eher eine Kritik am Ästhetizismus Hofmannthalscher Ausprägung, als ein umfassender Zweifel an den Möglichkeiten der Sprache überhaupt. Hofmannsthal erkennt, daß das Konzept der Sprache, wie er es zehn Jahre lang verfolgt hat, nicht mehr haltbar ist. Doch bietet sich ihm keine Möglichkeit, dieses Dilemma hinter sich zu lassen. Nicht das Traumreich wird zerstört, in dem sich literarische Tätigkeit erschöpft zu haben scheint, vielmehr wird der Traum, in dem sich das alles abspielt, potenziert und auf die visionäre Ebene einer Sprache des Unsagbaren ausgedehnt. Dies geschieht bezeichnenderweise in einem Essay, der sich einer fiktiven Situation bedient. Chandos träumt von »[...] eine[r] Sprache, von deren Worten mir auch nicht eines bekannt ist, eine Sprache, in welcher die stummen Dinge zu mir sprechen, und in welcher ich vielleicht einst im Grabe vor einem unbekannten Richter mich verantworten werde.«[9]

Die im *Brief* ausgebreitete Problematik repräsentiert zwei Hauptaspekte, die in Hofmannsthals Essayistik prägend werden. Auf der einen Seite wird der klassische Essay als bewußt geformte Präsentation von Wissen, Reflexion und Geschichte als nicht mehr tragfähig zurückgewiesen. Was der Essay in diesem klassischen, vom 19. Jahrhundert kodifizierten Verständnis leisten soll, kann die Sprache nicht mehr umsetzen. Gleichzeitig entwirft Hofmannsthal im selben Text eine Konzeption des Essayistischen, die die Aufnahme des Essays ins Reich der ›schönen‹ Formen nahelegt. Die Subjektivität des Autors soll nicht mehr als ein nicht ganz in den Text zu integrierender Überhang zur Schau gestellt werden, sie soll sich vielmehr vermittels der ästhetischen Form in reine Suggestivität verwandeln. Dieser *suggestive Ästhetizismus* ist der Fond, auf dem Hofmannsthals Essayistik steht. Was er einfordert, ist eine *Ethik der Form*, die dem Leser nicht nur Bewunderung abnötigt, sondern darüber hinaus ein fundamentales Verantwortungsgefühl. Das Fehlen des Ethischen im Ästhetischen hat Hofmannsthal am Ästhetizismus, wie er ihn kennengelernt hat, immer beklagt. Das ethische Moment aber liegt als Gefühl allem zugrunde, der Dichter muß es benennen und damit ins Bewußtsein heben. So bezeichnet Hofmannsthal das gesamte Thema seines Vortrags *Der Dichter und diese Zeit* aus dem Jahre 1906 gegenüber seinen Zuhörern als ein »Element Ihres geistigen Daseins [...], das nicht als gewußtes, sondern als gefühltes, gelebtes, in Tausenden von Momenten Ihres Daseins da ist und Wirkung ausstrahlt.«[10]

In dieser berühmten Rede umreißt der Dichter seine poetologischen Grundgedanken nach dem *Chandos-Brief*, die nicht vollständig von seinen frühen Auffassungen abweichen, jetzt aber nicht mehr den ungebrochenen artistischen Glauben an die Form vermitteln, sondern die tiefe Skepsis gegenüber den Möglichkeiten des Poetischen mit einschließen. Dem Dichter wird nicht der repräsentative Ort in der Mitte der Gesellschaft zugesprochen, sondern eine Randposition, eine Außenseiterrolle. Der Dichter gleicht dem Pilger in einer alten Legende, der von allen Familienmitgliedern unerkannt nach Jahren als Fremder zurückkehrt und jetzt seinen Platz im Haus unter der Stiege bei den Hunden zugewiesen bekommt. »Seltsam wohnt er im Haus der Zeit, unter der Stiege, wo alle an ihm vorüber müssen und keiner ihn achtet.«[11]

Aus dieser Lage entstehen die Visionen des Dichters, in denen das gesamte, von seinem Platz unter der Stiege heraus beobachtete Leben in einer höheren Form aufgehoben sein soll. Dem so Entstandenen korrespondiert ein Leseverhalten, das Hofmannsthal nicht anders als *gläubig* zu nennen vermag. Ein Vorgang, in dem sich der Lesende der Zeit enthoben und der reinen Vision anheimgegeben fühlt: »Wer zu lesen versteht, liest gläubig. Denn er ruht mit ganzer Seele in der Vision. Er läßt nichts von sich draußen. Für einen bezauberten Augenblick ist ihm alles gleich nah, alles gleich fern: denn er fühlt zu allem einen Bezug. Er hat nichts an die Vergangenheit verloren, nichts hat ihm die Zukunft zu bringen. Er ist für einen bezauberten Augenblick der Überwinder der Zeit.«[12]

In der Vision, die schließlich auch zwischen Leser und Dichter vermitteln soll, findet sich das Traumreich der Literatur gerettet. Darin beschlossen liegt das geschützte Aufgehobensein der Schönheit vor dem Ansturm der modernen Zerstörungsmächte. Zu einer Zeit, in der sich in Deutschland der Expressionismus allmählich zu formieren begann, wo in Paris mit den Fauves und vor allem den Kubisten der Startschuß zum ästhetischen Modernismus gerade gefallen war, schloß Hofmannsthal das Reich der Schönheit in einem großen visionären Entwurf noch einmal gegen die destruktive Dynamik ab, die die Moderne aus sich selbst heraus entwickeln sollte. Noch einmal wird alles zum Symbol, in dem sich das Leben verklären und das milde Licht des ewigen Herbstes der Donaumonarchie über deren faktisches Ende hinaus gerettet werden soll.

Hofmannsthal bezieht in sein Konzept einer Poesie der Schönheit nicht nur die klassischen Gattungen der Literatur wie die Lyrik, das Drama, das Musiktheater oder die erzählende Prosa ein, er dehnt seine Vorstellungen auch auf das essayistische Schreiben aus. Zwar situiert er dessen Sphäre im Journalistischen, doch gibt er diesen Bereich für die Literatur keineswegs verloren. Zu stark hat er selbst sich immer wieder journalistischen Texten gewidmet, um diese nun plötzlich gänzlich von sich wegzustoßen. Vielmehr spricht er im Jahre 1907 anläßlich der Rezension eines Buches von Oskar H. Schmitz von einem *dichterischen Journalismus*.[13]

Hofmannsthal versucht in diesem Artikel einen neuen Journalismus zu skizzieren, der seinen literarischen Erwartungen entspricht. Dabei entwirft er ein eigenständiges Bild des Essayisten und seines Wirkens:

> Von der Sprache kommt er zum Innern, von einer Gebärde zu einem Seelenzustand, vom Straßenbild zu einem unlöslichen Geheimnis, einem intimsten Kern der Lebensauffassung; von der Art, wie sich die Leute im Omnibus, im Theater betragen, zu Rivarol und Chamfort. Er ist soviel Philologe, als er es zu sein braucht, soviel Weltmann, soviel Historiker. Oder jedenfalls zeigt er in jedem Augenblick nur so viel davon, als der Augenblick verlangt. Er sieht das siebzehnte Jahrhundert und sieht das achtzehnte und sieht ein bißchen mehr davon, als daß das eine ›pompös‹ und das andere ›galant‹ war. Und er sieht, was noch wichtiger ist, das, was vom siebzehnten und vom achtzehnten in dieser Gegenwart da ist.[14]

Hofmannsthal erwartet auch vom Essayisten die organische Umsetzung einer poetischen Vision. Zwar verlangt er nicht die Eliminierung der feuilletonistischen Wurzeln solchen Schreibens. Er möchte vielmehr dem alle qualitativen Ebenen nivellierenden Tagesjournalismus einen, wie er sich ausdrückt, *kulturellen Journalismus* gegenüberstellen. Dieser soll sich nicht dadurch auszeichnen, daß er noch mehr Material, noch weitere Informationen gegenüber dem herkömmlichen Journalismus erbringt. Er soll vielmehr eine qualitative Steigerung auf der Ausdrucksebene leisten. Hofmannsthal erinnert in diesem Zusammenhang an Lessing: »Aber es ist nicht um des Materials willen, daß ich jemals einen Journalisten bewundere, sondern um seiner Haltung und seiner Wendungen willen. Das meiste von dem Material, das Lessing benützte, gehörte, als Material, anderen Leuten. Aber seine unsterbliche Person ist in der Intensität seines Satzbaues und in der wundervollen mutigen Geste seiner Wendungen.«[15]

Diese Auffassung unterläuft die eigentliche Aufgabe des Journalisten, die darin besteht, zu informieren und zu kommentieren, durch die grundsätzliche Forderung an die ästhetische Dimension ›kultureller‹ Texte. Damit wird ein von den alltäglichen Vollzügen der Publizität abweichender Kulturbegriff statuiert. Kultur ist nicht das, was geschieht, sondern eine vom Boden des Faktischen aus erst zu errichtende Ebene höherer Qualität. Kultur ist ausgerichtet an den großen Meistern der Sprache, Shakespeare, Lessing, Goethe. Bezeichnend, daß sich Hofmannsthal nach der sogenannten *Chandos-Krise* kaum noch an die Besprechung eines ihm zeitgenössischen Autors wagt. Sein Kulturbegriff ist in geradezu exzessiver Weise rückwärtsgewandt. Das wirkt sich unmittelbar auf seine eigenen Essays aus. Er selbst bezieht sich auf besonders hervorstechende, von den Anfängen her tradierte Spielarten des Essayistischen wie den *Brief* oder das *fiktive Gespräch*. Dabei kommt immer stärker, je älter Hofmannsthal wird, der restaurative Zug seines Denkens zum Tragen. Im *Gespräch über Gedichte* aus dem Jahre 1903 etwa wird ein Begriff von Lyrik vorgestellt, der die Schönheit in einer unsagbaren Tiefe der Existenz verortet, deren Darlegung nur noch dekorativen Wert hat: »Jedes vollkommene Gedicht ist Ahnung und Gegenwart, Sehnsucht und Erfüllung zugleich. Ein Elfenleib ist es, durchsichtig wie die Luft, ein schlafloser Bote, den ein Zauberwort ganz erfüllt; den ein geheimnisvoller Auftrag durch die Luft treibt: und im Schweben entsaugt er den Wolken, den Sternen, den Wipfeln, den Lüften den tiefsten Hauch ihres Wesens, und der Zauberspruch aus seinem Munde tönt getreu und doch wirr, durchflochten mit den Geheimnissen der Wolken, der Sternen, der Wipfel, der Lüfte.«[16]

Angesichts solch erlesener Bilder kann man die Zerstörungswut des bald darauf einsetzenden Modernismus ganz gut verstehen. Hier wird nichts mehr ausgesagt; statt dessen wird nur noch Schönheit erzeugt. Schönheit als Selbstzweck, das monarchistische Ideal verkommt zum puren Wortzauber, mit dem sich zwei im Gespräch versunkene, kunstbeflissene Jünglinge gegenseitig vor lauter Rätsel stellen. Hofmannsthals kulturkonservativer Essayismus übersteigt darin noch die bildungsbürgerlichen Unternehmungen des historistischen Essays. Hier wird keine virtuos ausgebreitete Schau des Wissens mehr betrieben, sondern reine Suggestivität der Schönheit. Die Dekoration verbirgt nur noch das Nichts, die Leere, die dahinter steht. Robert Musil hat im *Mann ohne Eigenschaften* das sklerotische Vegetieren Ka-

kaniens im selbsterzeugten Leerlauf unnachahmlich dargestellt. Hofmannsthal ist der Impresario eines Schönheitsbegriffs, der diesen Leerlauf euphemistisch begleitet. Was er versucht umzusetzen, ist »ein im dichterischen Ausdruckswillen des Betrachters wurzelndes Bild-Denken, das auch der Reflexion noch die Anschauung abzuringen versucht.«[17] So jedenfalls bringt es die alles abwägende Forschungsliteratur auf den Begriff. Man könnte es auch Sterben in Schönheit nennen.

Hofmannsthal steht exemplarisch für die Tendenz des kulturkonservativen Essays in der ersten Hälfte des 20. Jahrhunderts, die jeden pragmatischen Zug auszuschließen sucht, um die ästhetisch-formalen Gesichtspunkte der Textsorte als Selbstzweck zu zelebrieren. Das ist nicht bloß Erfüllung eines Ideals, sondern mehr noch Verhüllung einer Unfähigkeit, dieses Ideal als erledigt anzuerkennen. In den Notizen zu seiner *Idee einer Monatsschrift*, die Hofmannsthal im Jahre 1920 niedergeschrieben haben dürfte, versammelt er all die Namen schreibender Zeitgenossen, die in seinen Augen für einen elitären, den modernistischen Zeitgeist negierenden Kulturbegriff stehen. Hofmannsthal nennt Rudolf Alexander Schröder, Rudolf Borchardt, Rudolf Pannwitz, Ricarda Huch, Franz Werfel, Keyserling, Kassner, Erich von Kahler, Carl J. Burckhardt, Claudel und Gide.[18] Damit ist die Elite einer Geisteshaltung aufgerufen, die Hofmannsthal später als »konservative Revolution«[19] näher bezeichnen sollte.

In der *Idee für eine Monatsschrift*, die Hofmannsthal bald darauf mit den *Neuen Deutschen Beiträgen* verwirklichen sollte, wendet sich der Dichter explizit gegen den Begriff des Essays: »An die Stelle des Essays der alles vermischt und verflacht, rhythmisch wiederkehrende Untersuchungen, gleichsam Unterhaltungen, [...]«[20] Das rhythmische Wiederkehren der Formen deutet auf die formale Stilisierung des Zeitschriftenprojektes hin, die ein Konzert lebender und toter Geistesgrößen auf dem philosophisch-literarischen Höhenkamm bilden soll. Der Essay wird in diesem Kontext als unreine Mischform verworfen und zu einer Ausgeburt des Zeitgeistes erklärt. An dieser erneuten Aufspaltung des Essaybegriffs in eine ästhetisch-elitäre Abhandlung auf höchstem Niveau einerseits und in die alles verflachende Schreibweise einer Publizität ohne Formbewußtsein andererseits erweist sich wieder einmal die definitorische Unschärfe, die das Phänomen auch in Hofmannsthals Epoche vermittelt.

Die konservative Revolution bezieht sich auf bleibende Formen und will auch solche schaffen; demnach gehört der Essay nicht in ihr Repertoire. Der literarische Anspruch, der an den Essay gestellt wird, ist hier auf dem Höhepunkt angelangt. Genau zu diesem Zeitpunkt – die Zeitschrift *Neue Deutsche Beiträge* hat gerade ihren ersten Jahrgang 1922/23 mit drei Heften hinter sich – wird Hofmannsthal ein Aufsatz zugetragen, der den Herausgeber sofort in Begeisterung versetzt und der als ein klassisch zu nennender Höhepunkt der Essayistik im 20. Jahrhundert gilt: Walter Benjamins Essay über Goethes *Wahlverwandtschaften*. Benjamin arbeitet dort den ästhetischen Mythos, den Goethe in seinen Roman hineingelegt habe, mit einer sprachlichen und gedanklichen Brillanz heraus, die eine Essayistik auf höchstem wissenschaftlich-künstlerischen Niveau präsentiert. Hofmannsthal fand »[...] in Benjamins Werk sein ureigenes Ideal von dichterischer Auslegung der Literatur verwirklicht, zudem noch an einem Goetheschen Stoff, der ihm besonders nahe stand.«[21]

Wir kommen auf diese Zusammenhänge im Hinblick auf Walter Benjamin noch einmal zurück. An dieser Stelle ist jedoch schon zweierlei festzuhalten. Zum einen zeigt sich hier, welch unklare Stellung der Essay im artistischen Verständnis des kulturkonservativen Spektrums eingenommen hat. Zum anderen kommt es zum Zusammentreffen und zur Übereinstimmung zweier Autoren – Hofmannsthal und Benjamin –, die im Jahre 1923 eine in gewisser Hinsicht verwandte Konzeption der Literaturkritik vertraten, aus der der Jüngere von beiden, Benjamin, allerdings im Laufe der Jahre eine ganz neue, von den kulturkonservativen Positionen Hofmannsthals entschieden abweichende literaturkritische Praxis erarbeiten sollte. In dieser Praxis sollte der Essay auf einem neuen Niveau eine zentrale darstellerische Aufgabe zugesprochen bekommen.

Während Hofmannsthal in seinen Aufsätzen stets ein Höchstmaß an Formbewußtsein und an sprachlicher Transparenz beibehielt, entwickelte sich in Teilen des kulturkonservativen Lagers ein Essayismus, der nicht anders als monströs genannt werden kann. Namen wie Rudolf Pannwitz und Rudolf Kassner stehen dafür. Pannwitz, der 1904 die Zeitschrift *Charon* gegründet hatte und der mit George, Däubler, Hofmannsthal und Husserl korrespondierte, versuchte in noch krasserer Willkür als etwa

Oswald Spengler in *Der Untergang des Abendlandes* Wissenschaft und Mythos zu großen summarischen Untergangsszenarien zu verschmelzen. In ihnen wird die Suggestivität des Ästhetischen, wie Hofmannsthal sie betrieb, auf das Niveau von Weltanschauungen gehoben und die Geschichte zum apokalyptischen Mythos umgedeutet. Pannwitz bezeichnet seine Schriften als *Gedankenkunstwerke* und behauptet, daß sich ihre innere Hermetik erst nach und nach dem Leser aufschließen werde. Auch das ist bezeichnend für die Essayistik kulturkonservativer Prägung. Die manieristische Verschlüsselung des Argumentativen geht so weit, daß Unverständlichkeit und Undurchsichtigkeit zum Programm erhoben werden. Mehr aus der ästhetischen Gestalt des Ganzen als aus der gedanklichen Ordnung des Diskurses soll der Leser eine dem Werk angemessene Form von Verstehen ableiten.

Das Hauptwerk von Pannwitz, *Die Krisis der europäischen Kultur*, ist 1917 erschienen, also auf den Höhepunkt des Ersten Weltkrieges. Es ist in seiner elitär-doktrinären Fehldeutung Nietzsches ein bestürzendes Zeugnis für die Selbstisolation und die Wirkungslosigkeit einer Essayistik, die hier zu nichts anderem als zu einer Ideologie verkommen ist. Die Ideologie des Essays wurzelt in der Überspannung des subjektiven Bogens auf der Ebene der Kulturphilosophie. Das ist nicht bloß in formaler Hinsicht bemerkenswert. Denn aus der Un-Form des Großessays der Machart Spenglers oder Pannwitz' tönt das weiße Rauschen eines apokalyptischen Geraunes, das den antidemokratischen Impuls bei großen Teilen der Intellektuellen der Weimarer Republik verfestigen sollte.

Pannwitz ist hier jedoch ein Extremfall. Der kulturhistorische Blick aufs Totale gebiert in seinen Schriften einen hohlen Totalitarismus, dem niemand, nicht einmal die *konservative Revolution,* auch nur ansatzweise zu folgen vermochte. Die rauschhafte Rezeption Nietzsches hat selbst bei Denkern, die sich eines argumentativen Stils bedienten, einen vollständigen Wirklichkeitsverlust erzeugt. Auch das ist die Realität der Essayistik zu Beginn des 20. Jahrhunderts. Die Hypertrophie des Anspruchs, der sich gerade über den Essay vermittelt, kulminiert in der Phase des Expressionismus – und das nicht nur im konservativen Lager. Auch ein explizit links gerichteter Autor wie Ernst Bloch verfällt in seinem Werk *Geist der Utopie* (1916) einem prophetischen Pathos, das ursächlich mit einer sich selbst freisetzenden essayistischen Schreibweise korrespondiert und das Bloch lebenslänglich nicht ganz wird ablegen können. Die Prophetie der neuen Zeiten mußte mit ihrer aufgeblasenen Diktion die Leere überspielen, die hinter ihren Worthülsen lagerte. Dabei wurde ein für die Zeit um 1920 typischer Essaystil ausgeprägt, in dem sich die subjektive Umdeutung der Geschichte widerstandslos mit dem Anspruch der apokalyptischen Totalschau ausstatten ließ.

Pannwitz' Schriften, die durchgehend eine von Grund auf essayistische Diktion aufweisen, sind praktisch ohne Echo geblieben. Ähnliches läßt sich über das Werk Rudolf Kassners sagen. Dieter Bachmann stellt fest: »Es gibt heute kein einzelnes Buch Kassners, das einem bei der Nennung des Namens des Autors präsent wäre.«[22] Darin befindet sich Kassner sicher in guter Gesellschaft, und doch gibt es bei ihm naheliegende Gründe, die sein Vergessensein erklären können. Kassner ist der Prototyp des elitären Kulturschriftstellers der ersten Hälfte des 20. Jahrhunderts. Aus der Resonanzlosigkeit seines Schaffens leitete er eine Art Martyrium ab, das seine wenigen Anhänger im Sinne pathetischer Huldigungen aufnahmen. Er selbst pflegte ein Pathos des nebelhaften Räsonierens, des schweifenden Denkens und der innerlichen Rede, das sich in alle Spielarten essayistischer Prosa einschleichen konnte und das in seiner Breite den Essay als reine Pose in Erscheinung treten läßt. Es ist dies nicht die Pose des Ästhetizisten, der Hofmannsthal aufgrund seines genialischen Gespürs für die Form noch entgehen konnte, es ist bei Kassner buchstäblich die *Pose des Essayisten*. Dieser Essayist privatisiert seine Begriffe so stark, bis er sie nur noch nach seinem ganz eigenen Verständnis gebrauchen kann. Dem Leser bleibt nichts anderes übrig, als schließlich die Aufgabe der Einfühlung in diese Privatsphäre auf sich zu nehmen oder den Text wegzulegen.

Kassner integriert ins Feld des Essayistischen alle nur denkbaren thematischen Sphären. Vom Porträt über den begriffliche Essay, die Reiseschilderung, Gleichnis und Gespräch gelangt er zu seiner zentralen Thematik, der Physiognomik. Sein Buch *Das physiognomische Weltbild*, erschienen 1930, versammelt Essays unterschiedlicher Machart um die Idee eines physiognomisch hervortretenden Weltbildes, das die Bereiche Anthropologie, Kosmologie und Theologie umfaßt. Dabei schlägt er den für die Totalsummationen des konservativen Essays typischen Bogen von der Frühzeit des Menschen bis zu seiner zeitgenössischen Gegenwart. Die Perspektive ist immer eine weltgeschichtliche. Kassner verweigert sich einer strengen oder wenigstens klaren Begriffsbildung, was das Verständnis des Textes äußerst erschwert. Seine Ausführungen lesen sich über weite Strecken wie die Zurschaustellung einer Geziertheit und Eitelkeit, die selbst auf dem Gebiet der Autorschaft ihresgleichen sucht. Überblickt man das Gesamtwerk auch nur kursorisch – das Werk Kassners ist so umfangreich, daß man sich auf einzelne, kennzeichnend erscheinende Punkte konzentrieren muß – so gewinnt man den Eindruck, es drehe sich um eine »imaginäre Mitte«,[23] für die es keinen Begriff, ja nicht einmal eine deutliche Umschreibung geben könne.

Erstaunlich an Kassner ist die Unbeirrtheit, mit der er über fünfzig Jahre lang seinen Essaystil fortzuschreiben vermochte, ohne auch nur den Ansatz einer Entwicklung oder einer Modifikation seiner Vorgehensweisen durchscheinen zu lassen. Kassners erste Schrift erschien im Jahre 1900, seine letzten in den fünfziger Jahren, er starb im Jahre 1959. Man könnte sagen, das Zentrum seines Werkes bilde eine *Physiognomie der Kultur*, nur wäre schwerlich widerzugeben, was Kassner genau darunter verstanden wissen wollte. Er benutzt viele Begriffe, vor allem seine wichtigsten, in bewußter Abweichung von ihrer überkommenen, landläufigen Bedeutung. Zudem springt er oft ohne Übergang von einem Begriff zum anderen; auch diese dem Essay seit Montaigne immer zugesprochene Sprunghaftigkeit erscheint bei Kassner als Pose, als ein Sich-Gefallen im Überlegenheitsgefühl des Essayisten gegenüber den vom Begriff geknebelten Wissenschaften, dem Verständlichkeitspostulat der Massenmedien und dem Plattitüdenterror der politischen Propaganda.

In Kassner erlebt ein falsch verstandener Essayismus seinen einsamen Höhepunkt. Der intellektuelle Flaneur, den der Essayist des 19. Jahrhunderts ja immerhin noch abgegeben hat, gerät bei ihm zum selbstverliebten, mythentiefen Rauner. Die Liebe zum Ungefähren und Gefühlten erteilt sich in solcher Autorschaft eine fragwürdige Absolution. Der Kulturhistoriker wird zum vermeintlichen Künstler, indem er die Maßstäbe der Kritik und die Arbeit am Begriff durch den bloßen *goût* ersetzt. Kein kritischer Geist, der sich ein gewisses Maß intellektueller Nüchternheit erhalten hat, kann heute Kassner lesen, ohne von dessen teils schwülstigen, teils stilblütenartigen Leerformeln in kürzester Zeit entnervt zu werden. Bei ihm wird die Subjektivität zum wohlfeilen Instrument einer exklusiven Selbstbegeisterung. Er ist nicht Montaignes legitimer Nachfolger im 20. Jahrhundert, wie in der Forschung bemerkt worden ist, sondern sein Gegenbild, sein außer Rand und Band geratener Homunkulus.

Das alles wäre vielleicht kaum mehr der Rede wert, spiegelten sich darin nicht die Auswüchse eines kulturkonservativen Essays, dessen Entwurf und dessen Umsetzung wohl einzig bei Hofmannsthal ein ästhetisch ansprechendes Gleichgewicht gefunden hat. Die jungen Autoren aus dem Bildungsbürgertum, die von Nietzsche begeistert waren und teils unter dem Einfluß des George-Kreises endgültig in eine antidemokratische Richtung abgedriftet sind, vermochten ihre Endzeitstimmung nicht anders umzusetzen als im apokalyptischen Auftürmen ihrer kulturhistorischen Kenntnisse. Diese waren zum Teil beträchtlich. Der Essay wurde hierbei zur Form der Formen, zu einer Un-Form nämlich, die das Übermaß an angestautem Wissen mit einer orientierungslos im Schreiben sich selbst prüfenden Subjektivität zu verknüpfen suchte. Bemerkenswert ist, daß sich in dieser historischen Phase das essayistische Schreiben quantitativ auf ein bis dahin vollkommen unübliches Maß auszudehnen begann. Von Ernst Bertrams *Nietzsche. Versuch einer Mythologie* (1918) über Thomas Manns *Betrachtungen eines Unpolitischen* (1919) bis zu Ludwig Klages *Kosmogonischem Eros* (1926) wird die hohe Zeit des kulturkonservativen Essays von sogenannten Großessays bestimmt, deren Gemeinsamkeit die Aufrüstung eines elitären Kulturbegriffs gegen alle Tendenzen einer demokratischen Erneuerung Deutschland zu Beginn der Weimarer Republik darstellt.

Angesichts dieser Phänomene erscheint Hofmannsthals Essayistik tatsächlich als Hort der Schönheit. Bei ihm findet sich weder das expressionistische Pathos der zehner Jahre noch die monumentale Stilisierung des Großessays. Seine *betrachtende Prosa* – unter diesem Begriff, der von Hofmannsthal selbst stammt, kann man die Vielfalt seiner Essayistik wohl am treffendsten zusammenfassen – bleibt stets im Rahmen eines quantitativ begrenzten Beitrags zu wechselnden Themen aus unterschiedlichen Bereichen der kulturellen und kulturpolitischen

Sphäre. Erst die Gesamtschau auf sein Essayschaffen ermöglicht einen Überblick über Hofmannsthals vielschichtige Ideenkomplexe und ihren Gestaltungshintergrund. Goethe, sein Leben und sein Werk, wird zu einem der Fixpunkte seiner Reflexionen; hinzu kommen vielfältige Themen der französischen Literatur des 19. Jahrhunderts, die Situation des Theaters und die kulturpolitische Bedeutung Österreichs im europäischen Kontext.

Das Auseinanderlaufen des Werkes in eine Vielfalt von Aspekten und Blickpunkten wird Hofmannsthal gerade auf dem Feld des Essays zu einer genuinen geistigen Haltung. Das Dichtertum, das er in seiner späten Schaffensphase postuliert, weicht noch einmal ab von dem Bild des Dichters, der unter der ›Stiege der Zeit‹ unerkannt sein Dasein zu fristen hat. Hofmannsthal marginalisiert die Bedeutung des Dichters noch weiter, allerdings in der Absicht, seine schöpferische Exklusivität dadurch hervorzuheben. Seine im Januar 1927 an der Münchner Universität gehaltene Rede *Das Schrifttum als geistiger Raum der Nation* entwikkelt in Anlehnung an Nietzsche die Idee des Geistesmenschen als eines Suchenden, wobei auffällt, daß Hofmannsthal nun auch den Ausdruck ›Dichter‹ zu vermeiden sucht und den Nachweis geistiger Produktivität nicht mehr im ›Werk‹ sehen will:

Wie nun bezeichne ich Ihnen diese geistigen und doch nicht durch das Werk gedeckten und im Werke Aufgehenden, diese Verantwortungsbeladenen und doch Verantwortungslosen, diese durchaus vereinzelten, aber um ihre höchsten Bedingungen Bemühten, diese fast Unbekannten und doch da und dort heimlich und hinterrücks Autoritativen – diese ungreifbaren Vielen oder Wenigen, ohnmächtig Mächtigen, geheim Wirksamen? Ich weiß kein treffenderes Wort, sie zu bezeichnen, als daß ich sie mit dem Worte nenne, mit dem Nietzsche in der ersten ›Unzeitgemäßen Betrachtung‹ diese deutsche Geisteshaltung bezeichnet hat: daß ich sie Suchende nenne, unter welchem Begriffe er alles Hohe, Heldenhafte und auch ewig Problematische in der deutschen Geistigkeit zusammenfaßte und es gegenüberstellte allem Satten, Schlaffen, Matten, aber in der Schlaffheit Übermütigen und Selbstzufriedenen: dem deutschen Bildungsphilister.«[24]

Hofmannsthals Suchender repräsentiert ein Potential, das sich durch die Geschichte der Neuzeit hindurch mit den Medien Essay und Essayismus immer wieder ins Bewußtsein gebracht hat und das nun auch von Hofmannsthal als das Element einer schöpferischen Ethik erkannt und herausgestellt wird. Jenseits eines selbstbehaupteten und von der Öffentlichkeit abgesegneten Dichtertums, jenseits auch aller Selbsterfüllungswünsche des Poeten, die im Werkbegriff gipfeln, kristallisiert sich für den Wiener Poeten eine untergründig wirksame, subtile Haltung heraus, die bei allem Zweifel und aller Skepsis an den Möglichkeiten des Geistes in der modernen Welt gerade dessen Virulenz und Bedeutung für das Ganze rettend aufzubewahren sucht. Der Suchende, so Hofmannsthal, ist »das geistige Gewissen der Nation.«[25] Dichtertum wird nicht grundsätzlich verschmäht, jedoch kann nicht das *Werk* Zielpunkt poetischer Bemühungen sein: »Das Werk würde ihn in die Ordnung hineinbeziehen, um ihn aber in seiner empedokleischen Nacktheit schlägt unrealisierte Dichtung ihren Mantel, sein Hauptwerk ist ein nie geschriebenes, dem alles, was er von sich gibt, nur Prolegomena sind, als solche belanglos, bedeutsam nur in der von ihm und den Seinen erahnten Relation zum Hauptwerk, jenem, das einer Umschöpfung seines Ich und damit einer Umschöpfung der Welt gleichkommt.«[26]

Das Hauptwerk also ist hier kein rein literarisches Produkt mehr, es ist eine nur von Wenigen erkennbare Umschöpfung von Ich und Welt – was auch immer das bedeuten mag. Hofmannsthal wird hier nicht konkret, aber das würde wohl auch der Ebene, auf der er sich bewegt, zuwiderlaufen. Es ist die Ebene eines virtuellen Essayismus, wie ihn zur selben Zeit Robert Musil aus der Möglichkeit in die Wirklichkeit treten lassen wollte. Beide, Hofmannsthal wie Musil, sprengen damit die Grenzen der Literatur. Was bei Hofmannsthal Aufruf und Vision bleibt, gerät Musil als Monumentalroman letztlich aus den Fugen. Der Essayismus drängt über die Literatur und ihre Bedingungen hinaus und versucht, in neue Bereiche des Geistigen vorzustoßen – auch das ein Grundzug seit Montaigne. Nur geht es jetzt, Ende der zwanziger Jahre des 20. Jahrhunderts, um einen Begriff von Totalität, von dem man im 16. Jahrhundert und vielleicht auch im neunzehnten noch keine Ahnung hatte. Es geht jetzt um die Rettung einer abendländischen Dimension, die weder Hofmannsthal noch Musil verloren geben konnte. Diese Rettung kann sich nur auf einem die Hauptpfade der Kultur und ihres Betriebs verlassenden Sonderweg vollziehen. Hofmannsthal träumt hier nicht mehr nur den Traum von der Schönheit des ewigen Habsburger Herbstes. Er versucht mehr als zehn Jahre nach dem Untergang der Monarchie einen neuen Begriff von Politik zu stiften, in dem die geistigen Potentiale wiedererweckt würden, die zu Zeiten Franz Joseph I. nur noch Dekor waren. Das Ziel der geistigen Elite, die er im Suchenden zu erblicken meint, wird von ihm dahingehend bestimmt, »daß der Geist Leben wird und Leben Geist, mit anderen Worten: zu der politischen Erfassung des Geistigen und der geistigen des Politischen, zur Bildung einer wahren Nation.«[27]

Der Autor wendet sich deutlich gegen die Romantik, deren Geistbegriff er im Unwirklichen erblickt und auf deren Blütenträume nur geistige Verödung gefolgt sei. Er verwirft »diesen Kultus des Gemüts über alles, diese Suprematie des Traumes über den Geist«[28] und stößt sich damit unverkennbar von sich selbst und seiner Vergangenheit ab. Hofmannsthals Rede kann als ein Höhepunkt dessen gelten, was er an deren Ende als *konservative Revolution* bezeichnet, zumal er selbst, der vormalige Bewahrer des Schönheitstraums, sich jetzt explizit auf die politische Dimension des geistigen Lebens bezieht. Erst auf dieser Ebene bricht er zu der Idee eines Essayismus durch, der sich nicht mehr am Ideal der Schönheit und am Paradigma des Werkes orientiert. Seine Sphäre ist ein elitärer Geistbegriff, nun aber nicht mehr nur im rückwärtsgewandten Sinne. *Geist* wird jetzt von Hofmannsthal in einem durchaus modernen Verständnis gebraucht, nämlich als progressive Erschließung einer Totalität des Spirituellen im Horizont einer auf dieser Geistigkeit gründenden Nation. Darin scheint ein Utopismus durch, der über die Schiene des Essayismus in die Moderne hineingetragen worden ist. Wo die alten Formen mit den alten Werten zerfallen, wo sich sogar der Potenzrahmen des Romans aufgelöst hat, wo also die überkommenen Begriffe und Ziele des Poetischen sich als verödete Landschaften offenbaren, da kann es nur noch um die produktive Auflösung dieser Formen gehen. Dies aber wäre gleichbedeutend mit einer geistig-politischen Erneuerung von Grund auf.

Die intellektuellen Kreise des bürgerlichen Lagers in der Weimarer Republik haben ebenso auf eine solche Erneuerung gehofft wie dieselben Kreise in Österreich. Nach dem Ersten Weltkrieg, der den totalen Zusammenbruch der bis dahin etablierten Wertsysteme mit sich gebracht hat, war der Weg frei für intellektuelle Projektionen auf eine neu zu erschließende Totalität von

Kultur und Politik. Entsprechende Tendenzen sind um das Jahr 1930 herum beispielsweise auch in der Essayistik Gottfried Benns deutlich auszumachen. Die Offenheit der Intellektuellen für diese Erneuerung ließ sie anfällig werden für die fadenscheinigen Prophezeihungen einer faschistischen Politik, die die Schaffung einer neuen Kultur von der Basis her versprach. So steht die *konservative Revolution* Hofmannsthals schon mit einem Bein auf fragwürdigem Boden, auch wenn der Dichter etwas ganz anderes im Auge hatte als eine Führer-Diktatur.

Teil der konservativen Revolution in einem weiteren Sinne als dem von Hofmansthal angesprochenen waren auch die Kreise der sogenannten Nationalrevolutionäre, deren herausragender Vertreter auf literarischem Gebiet Ernst Jünger ist. Herausragend allerdings in einem durchaus zweifelhaften Sinne. Betrachtet man nur seine frühe Essayistik und darin zentral den Essay *Der Kampf als inneres Erlebnis* (1922), so wird deutlich, daß auch bei Jünger der Zug zur Totalästhetisierung des Lebens durchschlägt, und zwar angesichts des Krieges als dem nach Jünger die menschliche Existenz am tiefsten treffenden Erlebnis.[29]

Jünger perfektioniert in seinem Kriegsessay von 1922 einen antimodernistischen Impuls, indem er die im Krieg wirksamen Urkräfte des Menschlichen, vor allem im Bereich der unmittelbar ansprechenden Affekte glorifiziert. Der Krieg ist ein Ereignis, das den Menschen an seine Wurzeln zurückführt, und er ist damit der Indikator einer über die modernistische Zersplitterung hinausweisenden Erneuerung des Menschen. In Jünger hat Hofmannsthals Pathos der konservativen Revolution, schon lange bevor dieser in seiner Münchener Rede den Begriff in die Waagschale geworfen hat, eine Vorhut (um einmal in Jüngers Worten zu sprechen). Jünger versucht, gegen die dissoziativen Tendenzen des modernen Lebens und seine Überfrachtung durch das Kognitive eine Gegenmoderne zu statuieren, was sich vor allem auch in seinem Großessay *Der Arbeiter* (1932) niedergeschlagen hat. Seine kulturpolitische Vision impliziert einen »deutschen organologischen Übermodernismus«[30], das ist der utopische Horizont, den er vor allem mit seiner frühen Essayistik entwirft. Es zeigt sich daran ein anderes Extrem der sogenannten *konservativen Revolution*. Jünger geht es nicht wie Pannwitz oder Kassner um einen vornehmlich mit ästhetischen Mitteln umfassend darzulegenden Kulturbegriff, von dem aus im Falle von Pannwitz ein neuer Kult deutschen Geisteslebens und im Falle Kassners ein undurchschaubarer Elitarismus des höheren Räsonnements abgeleitet werden soll. Jünger dehnt vielmehr die ästhetische Dimension auf die Fragen der Darstellung aus und ästhetisiert das Grauen selbst. Das bedeutet, der Krieg ist kein politisches Ereignis mehr, dessen Ursachen und Auswirkungen zunächst politisch analysiert werden müßten. Der Krieg ist reines Urerlebnis menschlicher Existenz und darin der Quell zur Erneuerung des Menschen und zur Überwindung des modernen Lebens: »Nicht *wofür* wir kämpfen ist das Wesentliche, sondern *wie* wir kämpfen. Dem Ziel entgegen, bis wir siegen oder bleiben. Das Kämpfertum, der Einsatz der Person, und sei es für die allerkleinste Idee, wiegt schwerer als alles Grübeln über Gut und Böse. Das gibt sogar dem Ritter von der traurigen Gestalt seinen ehrfurchtgebietenden Heiligenschein. Wir wollen zeigen, was in uns steckt, dann haben wir, wenn wir fallen, wirklich ausgelebt.«[31]

Unzählige solcher Stelle wären zu zitieren. Bei Jünger zeigt sich schon früh die Sackgasse, in die eine Essayistik steuert, die sich die Sache einer konservativen Revolution auf ihre Fahnen geschrieben hat. Denn es ist vor allem die Schreibweise des Essays, durch die diese und vergleichbare Gedankenfelder jetzt erschlossen werden. Eine Geschichte des Essays darf nicht in den Fehler verfallen, von der formalen Beschreibbarkeit einer Gattung auszugehen. So wie wir den Begriff *Gattung* schon früh aufgeben mußten, um an das Phänomen überhaupt heranzukommen, so auch den literaturwissenschaftlichen Irrglauben, man könne eine rein formale Beschreibung ihrer Geschichte liefern. Essay und Essayistik sind untrennbar verknüpft mit den Inhalten, die sich über ihre Schreibweisen generieren. Die breite Nutzung essayistischer Entwürfe im kulturkonservativen Lager, vor allem in den zehner und zwanziger Jahren des 20. Jahrhunderts weitet den bildungsbürgerlichen Impuls zur subjektiv geprägten Darstellung von Wissensstoffen in die Entpolitisierung des Kulturbegriffs aus. Der Typus des Essayisten ist in Gestalt eines Rudolf Kassner oder eines Ernst Jünger ein Sendbote des Irrationalismus. Darin erfolgt die endgültige literarische Grablegung des klassischen Essays. Nur ganz wenige Autoren haben vom Standpunkt des Irrationalismus aus den Essay weitergeführt, in neue gedankliche Regionen und zu neuen Ausdrucksebenen. Der kulturkonservative Essay ist schon tot, als Hofmannsthal 1927 sein Bekenntnis zu einer konservativen Revolution leistet. Und dennoch ist Hofmannsthal vielleicht der einzige aus diesem Feld, dessen essayistische Schriften einen ästhetischen Glanz auch noch in unsere Zeit hineinstrahlen lassen. Einen Glanz, muß man hinzufügen, der jenes mild glänzende Licht des verflossenen monarchistischen Schönheitsideals konserviert, so daß man bei der Lektüre seiner Essays tatsächlich auf sinnliche Art und Weise eine längst untergegangene Zeit in sich aufnehmen kann. Darin liegt die unumstrittene Bedeutung von Hofmannsthals betrachtender Prosa bis heute.

Heinrich Mann und Thomas Mann: Der Kampf um die Moderne in Deutschland

Im Jahre 1911 erschien Heinrich Manns Essay *Geist und Tat* in der von Alfred Kerr geleiteten Zeitschrift *Pan*. Mann läßt damit sein Verhaftetsein im Ästhetizismus der Jahrhundertwende, der sich noch einige Jahre zuvor in seinem breit angelegten Roman *Göttinnen* niedergeschlagen hatte, endgültig hinter sich. Zugleich formuliert er ein neues Ideal des Intellektuellen, das sich nicht mehr an der deutschen Geistestradition orientiert, sondern sich auf die französische Kultur und die dort sich abzeichnende Rolle des Literaten als einer im demokratischen Sinne politischen, wachsamen und wirksamen Kraft bezieht. Besondere Hervorhebung erfährt in diesem Kontext der französische Romancier Émile Zola, der mit seinem 1898 publizierten Artikel *J'accuse* aktiv auf die aktuelle Politik eingewirkt hatte und der sogenannten Dreyfus-Affäre eine neue Richtung zu geben vermochte. Heinrich Mann entwirft ein für deutsche Verhältnisse ungewohntes Selbstverständnis des Dichters. In *Geist und Tat* fordert er mehr indirekt als direkt und mit unüberhörbarem Pathos dessen Verantwortlichkeit für das ihn umgebende Zeitgeschehen ein und damit eine Abkehr von der in Deutschland zementierten Trennung von Politik und Geist. Für die jüngere Generation von Lyrikern und Schriftstellern, die sich später als *expressionistisch* titulieren sollte, bekam dieser Essay die Bedeutung einer Initialzündung.

Sowohl der deutsche Naturalismus als auch der Ästhetizismus hatte auf der Vorstellung beharrt, die Kunst müsse von den Kämpfen des Tages freigehalten werden; beide Bewegungen zielten letztlich, auch wenn sie in der Bewertung dessen, was sie für Wirklichkeit hielten, einander diametral entgegenliefen, auf einen spiritualistisch autonomen Wert ihrer Produktionen ab. Heinrich Mann nun signalisiert schon im Titel seines Essays den Aufbruch in eine andere Richtung. Geist, wie er den Begriff jetzt versteht, meint die Selbstermächtigung des denkenden Menschen zur Tat. Geist und Tat sollten und durften keine getrennten Ebenen mehr darstellen, vielmehr sollte Geist die Tat nach sich ziehen. Mann prägte in diesem Sinne den Begriff des ›geistigen Menschen‹ als des Geist und Tat endlich verbindenden Phänotyps einer neuen Zeit.

Die expressionistische Generation nahm diese Sichtweise mit Begeisterung auf. Allein die Titel einiger Aufsätze, die in den nachfolgenden Jahren in den unterschiedlichsten Publikationsorganen des deutschen Expressionismus erschienen sind, belegen eine intensive Durcharbeitung des Begriffs des ›geistigen‹ Menschen im Sinne eines politisierten Intellektuellen.[32] Diese provokante Perspektive eröffnete einen regelrechten Kampf, der unter dem Signum des Expressionismus geführt wurde und der nun nicht mehr wie in der vorhergegangenen Kunstbewegung lediglich eine formgeschichtliche Umwälzung nach sich zog. Vielmehr setzte der Expressionismus ein revolutionär-apokalyptisches Potential frei, das sich nicht nur in Lyrik und Prosa niederschlug, sondern vor allem auch in Streitschriften, aktivistischen Aufrufen und politischen Manifesten.[33] Bezeichnend ist bei alldem jedoch, daß der auf einer hohen Ebene angesetzte Begriff des geistigen Menschen immer eine leitende Funktion behielt. Diese Ebene wurde erst vom Dadaismus torpediert. Am Expressionismus aber entzündete sich die Dynamik der kulturellen Moderne in Deutschland, die dann von unzähligen einander übertrumpfenden Ismen aufgenommen und forciert worden ist. Heinrich Manns Essay von 1911 entwarf nicht bloß ein scharf konturiertes Bild des Intellektuellen, über das sich diskutieren ließ, er spaltete vielmehr die kulturelle Szene in unterschiedliche Lager, in denen man sich nicht mehr auf den Ewigkeitswert der Kunst berufen konnte, sondern die eigene Haltung einem Legitimationsdruck unterworfen sah. Jetzt hatte man sich zu entschieden, ob man sich zu den Geistesmenschen rechnete, die einen regelrechten Kulturkampf auf ihre Fahnen geschrieben hatten, oder ob man sich dem restaurativen Flügel einer die Transzendenz des Geistes gegenüber den Kämpfen der Epoche hochhaltenden Elite zuzuzählen gedachte. Die Tatsache, daß die Front sich so unausweichlich darstellte, zeigt, daß mit dem Aufbruch zum Expressionismus in Deutschland eine Kulturdynamik eingesetzt hatte, die Kunst und Literatur direkt in die gesellschaftlichen Dispute mit einbezog. Die kulturellen Diskurse waren damit endgültig ins Stadium der Moderne eingetreten. Es versteht sich von selbst, daß gerade zu diesem Zeitpunkt viele Autoren *gerade* die Transzendenz des Geistes gegenüber einer kulturellen Modernität einzufordern begannen.

Will man heute den Streit nachvollziehen und begreifen, der nach 1915 zwischen den Brüdern Mann über die Rolle des Dichters und des Intellektuellen entbrannt ist und der die Entwicklung ihrer jeweiligen Essayistik wie nichts sonst bestimmen sollte, so muß man sich den Gesinnungsdruck in Fragen des Ästhetischen vor Augen halten, der während und nach dem Ersten Weltkrieg in Deutschland geherrscht hat. In dieser Situation wurde bei Heinrich wie bei Thomas Mann das Verfassen von Essays zu einer die eigentliche Dichtung nicht nur begleitenden Tätigkeit, sondern zu einer Leitfunktion im Streit der intellektuellen und ideologischen Positionen.

Thomas Mann unterbrach seine Arbeit am *Zauberberg*-Roman für Jahre, um zwischen 1915 und 1918 seinen Großessay *Betrachtungen eines Unpolitischen* zu verfassen. Dort legt Thomas Mann seine poetisch-ästhetische Stellung als die eines über den politischen Tageskämpfen befindlichen Dichters klar, der der deutschen Geistestradition und hier vor allem der Romantik verpflichtet ist. In seinem *Lebensabriß* von 1930 notiert der Autor trotz nun deutlich spürbarer Distanz gegenüber den *Betrachtungen*: »... möge auch das Buch seinen geistesgeschichtlichen Sinn und Wert vor allem als letztes, großes und nicht ohne Bravour geführtes Rückzugsgefecht romantischer Bürgerlichkeit vor dem ›Neuen‹ behalten.«[34]

Das dokumentiert die Richtung dieses mitten im Krieg verfaßten Riesenwerkes. Was Thomas Mann sich selbst dabei abverlangte, war eine deutliche und von Grund auf darzulegende Haltung für oder gegen das ›Neue‹. Dieses aber wurde nicht zuletzt durch seinen Bruder Heinrich verkörpert. Der wird zwar in den *Betrachtungen* nirgends namentlich erwähnt, erfährt aber unter der pejorativ gebrauchten Bezeichnung *Zivilisationsliterat* permanent polemische Zuwendung. Wobei *Zivilisation* und *Literat* im Verständnis Thomas Manns Gegenpole bilden zu *Kultur* und *Dichter*. Der Verfasser der *Betrachtungen* bezieht damit unverkennbar Position, gegen die französisch geprägte Spielart des gesellschaftlich engagierten Intellektuellen und für die Tradition des deutschen Dichtertums. Die Forschung hat mehrfach betont, daß nicht nur der im November 1915 in den von René Schickele herausgegebenen *Weißen Blättern* von Heinrich Mann publizierte Essay *Zola* den Anlaß für Thomas Manns exzessive Auseinandersetzung mit den Positionen des Bruders dargestellt haben dürfte.[35] Der ›Bruderkrieg‹, der sich in diesen Jahren entsponnen hat und den die beiden Manns nie wieder ganz beilegen konnten, ist nicht zuletzt auch Ausdruck einer für diese ambitionierten und ehrgeizigen Schriftsteller traumatischen Konkurrenzsituation. Jeder mußte sich gegen den anderen abgrenzen, und dazu kamen die Extrempositionen, die sich in den Begriffen *Literat* hier und *Dichter* dort festmachen ließen, wie gerufen. Die gesamte Auseinandersetzung wäre längst in Vergessenheit geraten, stünden sich dabei nicht zwei irreduzible Haltungen gegenüber, angesichts derer das Terrain der Literatur in zwei gegensätzliche Sektoren gespalten wird. Was sich darin abspielt, ist der Kampf um die Moderne in Deutschland, und zwar nicht auf einer aktivistisch-pamphletistischen Ebene, sondern unter dem äußersten Kunstanspruch. In dieser Tatsache kann die eigentliche Bedeutung der Essayistik der beiden Mann-Brüder gesehen werden. Keiner ihrer Essays wurde verfaßt, um sich einer literarischen Form zu bedienen, die es neben den sogenannten Hauptformen auch noch zu beherrschen galt. Die Brüder wußten beide, daß es im Essay um die Positionsbestimmung ging, die ihre Identität als Schriftsteller insgesamt prägen sollte. Es ging nicht zuletzt, wie Hans Mayer bemerkt, um »zwei Möglichkeiten einer deutschen politischen Identität.«[36] Der Kokon des Schönen, in den sich Hofmannsthal noch einspinnen konnte, war endgültig zerrissen. Thomas und Heinrich Mann begegneten dem Schock, der damit einherging, auf ganz und gar konträre Art und Weise.

Im Jahre 1931, als die Krise der Weimarer Republik auf ihren

Höhepunkt zusteuerte, veröffentlicht Heinrich Mann seine wohl wichtigste Essaysammlung, die wiederum den Titel *Geist und Tat* trägt. Der Untertitel lautet *Franzosen 1780–1930*. In diesem Band versammelt H. Mann acht Aufsätze zur französischen Literatur, die jeweils einen bestimmten Autor behandeln. Die wichtigsten dieser Essays stammen aus den Jahren 1905 bis 1915. Mann greift im Jahre 1931 also auf ältere Texte zurück und komplettiert sie durch einige im Laufe der Zeit hinzugekommene. Damit dokumentiert er seine Entwicklung als demokratischer deutscher Autor von den Ursprüngen (bei ihm in den ersten Jahren des neuen Jahrhunderts) an und von dem geistigen Einfluß her, der ein fast ausschließlich französischer gewesen ist. Mit Choderlos de Laclos, Stendhal, Flaubert, Hugo und Zola stehen dabei Autoren im Zentrum des Interesses, deren Literatur die Umbrüche im zeitgeschichtlichen Rahmen des 19. Jahrhunderts repräsentiert. Es sind jeweils Autoren, die sich an einer Schwelle befunden haben, politisch und bewußtseinsmäßig. Flauberts Ästhetizismus wird durch die dem praktischen und politischen Leben gegenüber sich öffnende George Sand und ihrer Freundschaft zu dem Einsiedler von Croisset konterkariert. Victor Hugo wird als der große Dichter des aufsteigenden Bürgertums gezeichnet, mit all den Widersprüchen und Schwierigkeiten seiner eigenen Klasse gegenüber. Und schließlich erblickt Mann in Zola den eigentlichen Heroen einer demokratischen Entwicklung in Frankreich, die sich in seinem Werk bis zur Selbstverklärung steigert.

Der identifikative Gestus im *Zola*-Essay ist unübersehbar. Heinrich Mann will nicht nur eine Darstellung der Leistungen des großen Romanciers geben, er erzählt von Anfang an ein Leben, das einen unbeirrbaren Kampf für das Schaffen, die Kunst, aber auch für die Ideale einer Humanität, die in der Gestalt Zolas zu sich selbst kommen sollte, dokumentiert. »Da das Werk Sendung und Pflicht war, war es Kampf.«[37] Solche Sätze finden sich in dem Essay zuhauf. Man sollte sie nicht als expressionistisches Gestikulieren und hohle Pathetik abqualifizieren. Heinrich Mann verfolgt mit seiner Darstellung Zolas ein genau kalkuliertes Ziel. Er versucht, die radikal demokratische Haltung eines Autors mit dem genialischen Martyrium des großen Künstlers zu verbinden, im Grunde ein paradoxes Unterfangen, für dessen Umsetzung jedoch kein anderer Autor in der Literaturgeschichte so geeignet erscheint wie eben Zola: er, der in der Perspektive Heinrich Manns noch die Reste des »romantischen Empfindungsprunk(s)«[38] eines Flaubert hinter sich zu lassen wußte, der also auch noch dem resignativen Ästhetizismus eine deutliche Absage erteilt, und mit *L'Assommoir* einen echten Volksroman zu schreiben verstanden habe, der in der Öffentlichkeit als Skandal empfunden wurde. Zola führt also den äußersten Kunstanspruch auf die Ebene jenes Kampfes zurück, der im Zeichen des Humanismus seit der Renaissance geführt worden ist und der jetzt endlich auf der untersten Stufe des Elends und des Ekels, damit aber auch im Stadium des totalen Aufbegehrens angekommen ist: »Dem bürgerlichen Leser ward geschmeichelt in seinem Haß auf das Volk und in seiner Lust am Gemeinen. Das Buch, in allen Bürgerhänden, ward von der bürgerlichen Kritik mit allen Dingen verglichen, die man nicht anfaßt.«[39]

Mann nennt dies eine »Poesie der Demokratie«,[40] doch er erkennt nicht, welch problematischen Begriff er damit aufgestellt hat. Dieser politisch sich radikalisierende Schriftsteller, der 1915 schon auf ein umfangreiches Werk zurückblicken kann, warum wendet er sich nicht den Schriften eines Karl Marx und damit dem unmittelbaren politischen Kampf zu, sondern wiederum einem Dichter? Was bedeutet diese Überstilisierung eines sich bis zur Heiligsprechung des eigenen Werkes selbst unendlich stilisierenden *Poeten des Volkes*? Zolas Werk, das zuletzt zu einem Evangelium des Naturalismus geworden ist, und sein Stellenwert in der politischen und sozialen Landschaft der Zeit werden von Mann keiner wirklich kritischen Betrachtung unterzogen. Statt dessen ist es dem Essayisten um die Glorifizierung der Arbeit zu tun, um das Schaffen einer vermeintlich demokratischen Kunst, welche sich in Riesenromanen präsentierte, die für das Bürgertum geschrieben waren und die das Bürgertum im Höchstfall ein wenig zu provozieren vermochten. Heinrich Manns Zola-Bild, weit davon entfernt, literaturkritische Impulse umzusetzen, trägt religiöse Züge, und zwar in einem messianischen Sinne. Und es trägt Züge der identifikativen Selbstglorifizierung des Essayisten durch das Bild Zolas hindurch.

Dies dürften die Punkte gewesen sein, die dazu geeignet waren, Thomas Mann vollkommen aus der Fassung zu bringen. Mit *Zola* schickte sich sein Bruder Heinrich an, gleichzeitig zwei bedeutende Felder durch seine eigene Person zu besetzen, nämlich das progressive Feld der demokratischen Gesinnung, also die humanistisch-soziale Haltung von morgen, und das heroische Feld des künstlerischen Märtyrers, der sein Leben und Schaffen ganz der Durchsetzung dieser Gesinnung hingibt. Damit wäre für Thomas Mann tatsächlich nur noch der Rang eines anspruchsvoll unterhaltenden Produzenten von gut lesbaren Romanen übriggeblieben (den er für den Großteil seiner Leserschaft inzwischen auch eingenommen hat). Heinrichs Essay verbannte Thomas ins angestrengte Mittelmaß. Das konnte nicht unbeantwortet bleiben. Die Antwort jedoch, die Thomas zu geben hatte, die Ausarbeitung der *Betrachtungen eines Unpolitischen* mit ihrem gigantischen Aufwand an zitiertem und kommentiertem geistesgeschichtlichem Material, erreichte nicht ihr Ziel. Sie blieb krampfhafte Restauration von kulturell überkommenen Werten und vermochte es nicht, die elegante Verve zu entwickeln, mit der Heinrich auf knapp hundert Seiten Maßstäbe gesetzt hatte.

Dieser Aspekt des *Zola*-Essays, die Verbindung von politischer Fortschrittlichkeit und künstlerischer Glorie, ist in der explosiven Wirkung, die er in seiner Zeit gefunden hat, heute nur noch schwer verständlich. Man betrachtet heute Politik und Kunst als wiederum völlig voneinander getrennte Bereiche, jetzt aber nicht mehr aus Gründen ästhetizistischer Exklusivität. Wir nehmen das vielmehr nüchtern als gesellschaftliches Faktum zur Kenntnis, über dessen Notwendigkeit uns die Systemtheorie wortreich aufzuklären versteht. Heinrich Manns Haltung aber war 1915 durchaus neu in Deutschland; gerade im Wilhelminismus, in dessen Bannkreis sie sich allmählich herausbildete. Kaiser Wilhelm II., der sich in Fragen der Kunst für absolut zuständig ansah, zementierte noch einmal ein zutiefst undemokratisches Kunstverständnis auf breiter Linie. Die entpolitisierte Schönheitswelt des Ästhetizismus spiegelte sich in den pomphaften Gesten der selbsternannten imperialen Großmacht, der Wilhelm II. vorstand. Wer begehrte dagegen auf? Hauptmann oder Wedekind etwa? Sie sorgten mit der ein oder anderen Publikation für Aufsehen, letztlich aber vermochten sie keine neuen Perspektiven aufzuzeigen. Im Grunde war man in Deutschland auf eine Änderung der politischen Richtung in gar keiner Weise vorbereitet. Das zeigt sich allein schon in Heinrich Manns jahrzehntelanger Auseinandersetzung mit französischer Kultur, die ihm überhaupt erst Maßstäbe für eine demokratische Sicht liefern mußte. Was wäre überhaupt unter einer den in Deutschland zutiefst verwurzelten Autoritätsstrukturen zuwiderlaufenden demokratischen Kunst zu verstehen gewesen?

Für Heinrich Mann war klar, daß es in Deutschland in dieser Hinsicht so gut wie keine Tradition gab. Seine schon im Kindesalter erwachte Liebe zu Frankreich und zur französischen Literatur führte ihn auf eine andere Spur. Bereits in seinem Essay über Choderlos de Laclos (1905) zeichnet er ein von einem Literaten aktiv gestaltetes Bild des Übergangs vom Ancien Régime zur Revolution. Stendhal steht für die nachnapoleonische Zeit und ihre Unsicherheit angesichts der Frage, wohin das Projekt der Freiheit und Gleichheit steuern würde. Mit Zola dann mündet das Auf und Ab der Hoffnungen und Befürchtungen, der Fortschritte und des Stagnierens ins Licht einer großen Verheißung. Über Zolas Spätwerk spricht Mann im Sinne einer künstlerisch erzeugten Utopie der Menschheit: »Les Quatre Evangiles, Entwurf des neuen Erdenbundes, begonnen mit dem Loblied der Fruchtbarkeit, erweiterten sich nun zum dargestellten Wunder der Arbeit, dem Heldengedicht ihrer Kraft und Herrlichkeit. Aber aus Arbeit die Idee, so hatte er es erfahren. Fécondité und Travail zogen nach sich Vérité und Justice. Durch Wahrheit zur Gerechtigkeit, dies war sein Weg, es mußte der Weg der Menschheit sein.«[41]

Zola ist ein Essay, der das Genre des historischen Porträts, das seit Bacon fest zum Repertoire der Essayisten dazugehörte, zu einer messianischen Verheißung umformt. Wobei das messianische Potential durchaus auch dem Porträtierten selbst zukommt. In Zolas Besessenheit dem eigenen Werk gegenüber liegt ein Zug von religiösem Wahn. Heinrich Mann arbeitet dieses Moment jedoch nicht kritisch heraus, sondern überhöht es identifikativ. Keine andere Schreibweise hätte ihm dies in solch ausufernder Art und Weise gestattet wie die essayistische. Immer wieder hat die Forschung die politisch progressiven Elemente an Heinrich Manns Essayistik herausgestellt, und in gewisser Hinsicht wird er heute zu Recht als Galionsfigur eines anderen, demokratischen Deutschlands betrachtet (wenn auch kaum gelesen). Neben dem Aspekt des Engagements sticht der artistische Anspruch der Essayistik Heinrich Manns ins Auge. Seine Essays sind selbständige Sprachschöpfungen, er pflegt den Essay als dichterische Form. Jedoch, nimmt man beides zusammen und fragt, was dabei eigentlich zur Darstellung kommt, so ist es gerade diese Mischung aus progressivem Denken und dichterischer Verklärung, die aus seiner Essayistik eine Schreibweise werden läßt, die sich zwischen allen Stühlen befindet. In Heinrich Manns Isolation, dem Unverstandensein, welches das Bild der biographischen Persönlichkeit bis ins Alter hinein prägt, liegt etwas von dieser nicht aufgearbeiteten Unklarheit und der gerade deswegen nie aufgegebenen Hoffnung auf den Intellektuellen als wegweisende Institution.[42] Selbst in den ersten Jahrzehnten der Bundesrepublik Deutschland war dieser Traum vom Intellektuellen als einer über der Tagespolitik stehenden Instanz noch vorhanden. An der Essayistik Heinrich Manns kann man nachverfolgen, aus welchen Quellen sich dieses intellektuelle Selbstverständnis gespeist hat.[43] Es war im Kern der romantische Traum vom weltlichen Messianismus, der den Dichter dahin geführt hat, den Horizont einer demokratischen Kunstauffassung anzusteuern und ihn unmittelbar romantisch zu verklären. Dieser Traum fand in der Realität des 20. Jahrhunderts bald schon keinen Widerhall mehr. Er hatte jedoch in der Form, wie Heinrich Mann ihm zum Ausdruck verholfen hat, eine längere Lebenserwartung als das messianische Getöse der expressionistischen Lyriker.

Noch in seinem in den dreißiger Jahren verfaßten Roman über den französischen Bürgerkönig Henri IV., der zur Legende geworden ist, weil er das sonntägliche Suppenhuhn für jeden Franzosen forderte, treten der König und Montaigne als Gewährsleute eines gegenüber den mittelalterlichen Dogmen der Macht menschlichen Denkens auf: der volksnahe Herrscher und der skeptische Vertreter humaner Immanenz als die zwei Garanten einer andere Politikausübung. Sie stehen für ein humanes Denken, das immer mehr zu sich selbst kommen möge. Heinrich Mann hat diese Wunschvorstellung lebenslang nicht aufgegeben und hat versucht, sie historisch abzufedern. Seine Essays spiegeln diese Wunschrealität als Sprachschöpfungen wider. Sie behalten die Form des ›klassischen Essays‹ bei, unterlegen sie jedoch mit einer deutlich expressiven Tendenz. Sie bringen das subjektive Moment nicht in der Pose des Kulturräsoneurs ein, sondern in der Kampfstellung des politischen Utopisten mit höchstem Kunstanspruch.

Als die gerade gegründete DDR Heinrich Mann 1950 als Hofpoeten auf der Wartburg installieren wollte, starb dieser während seines Aufbruchs nach Deutschland in Santa Monica. War es ihm nicht vergönnt, die Bildung eines sozialistischen Staates auf deutschem Boden zu erleben, oder blieb es ihm erspart? Die Geschichte ist denn doch anders verlaufen, als es der Dichtertraum des Essayisten vorzeichnen konnte. Auch in Westdeutschland konnte er sich aus vielerlei Gründen nicht mehr etablieren. Nach dem Zweiten Weltkrieg war man kaum aufgelegt zu Utopien und messianischen Visionen. Man hatte das alles gerade hinter sich, und zwar in Form einer Katastrophe.

So kam es, daß nicht der demokratische Vorkämpfer Heinrich Mann, sondern sein Bruder Thomas den Ruf eines dichterischen Gewissens der Deutschen erwarb und eine große Leserschaft auf sich ziehen konnte. Am Ende hatte der Unpolitische sich durchgesetzt, und zwar nicht zuletzt dadurch, daß er unablässig auch nach 1918 an der Profilierung der eigenen Position gefeilt hatte. Während Heinrich Mann im *Zola*-Essay sein Credo in nuce und für die Zukunft zugrunde gelegt hatte, setzte Thomas Mann das Essayschreiben dafür ein, sein Bild von sich selbst in permanenter Veredelung und in vielfach differenzierter Abstufung auszuarbeiten. Dazu bediente auch er sich der Auseinandersetzung mit der literarischen Tradition sowie, als einzigem zeitgenössischen Wissenschaftsmodell, der Psychoanalyse. Durch das permanent in den Essays betriebene Abarbeiten an herausragenden Gestalten vor allem des 19. Jahrhunderts wie Goethe, Schopenhauer, Tolstoi und Wagner schuf sich Thomas Mann eine Form der Selbstpräsentation, in der er in eigener Gestalt als Gipfelpunkt dieser monumentalen Reihe in Erscheinung treten konnte. Dies jedoch, ohne den eigentlichen Gipfel, Goethe, auch noch zu überragen. Goethe war Thomas Manns unantastbares Identifikationsmedium. Er selbst spricht verschiedentlich von einer *imitatio* Goethes, die sein Selbstverständnis mehr und mehr bestimme.

Thomas Manns Essays sind deshalb bemerkenswert, weil in ihnen sich das mit aller Konsequenz selbstinszenierte Werden eines klassischen Autors abzeichnet, der sich durch seine dichterischen Werke hindurch als bereits fertige Gestalt präsentiert. Wie in seinen Tagebüchern der Gang des täglichen Leben bis in die Einzelheiten dokumentiert ist, so in den Essays die Selbstbildung der eigenen Gestalt als Dichter. Das ist gewiß einzigartig innerhalb der Geschichte des Essays. Thomas Mann nimmt den klassischen kulturgeschichtlichen Essay in seiner bildungsbürgerlichen Form auf, um sich selbst als summatives Phänomen in dieses historische Feld einzuschreiben.

In seinem *Lebensabriß* vermerkt Thomas Mann: »Ich werde meine dichterische Arbeit, soviel dankbarer sie sei, wohl niemals vor argen Unterbrechungen und Verzögerungen durch eine essayistische, ja polemische Neigung schützen können, die weit zurückreicht, die offenbar ein unveräußerliches Ingrediens meines Wesens bildet, und bei deren Erfüllung ich des Goetheschen Selbstgefühls ›recht zum Schriftsteller geboren zu sein‹, vielleicht erregender teilhaftig werde als beim Fabulieren.«[44] In der Anfang der neunziger Jahre erschienenen sechsbändigen Ausgabe der Essays in der Fassung der Erstdrucke von Thomas Mann vermerken die Herausgeber, daß das gesamte essayistische Werk dieses Autors einen Umfang von über 6000 Seiten aufweise. Davon wurden in den vorgelegten sechs Bänden etwa 2000 Seiten aufgenommen.[45] Dieses Zahlenverhältnis spricht für sich. Gerade das essayistische Werk Thomas Manns ist nahezu unüberschaubar. Und das, obgleich der Dichter sich vom Essay als Form bei jeder Gelegenheit distanziert. Statt der Bezeichnung Essay verwendet Thomas Mann lieber den Ausdruck ›Bemühungen‹, ebenso wie ›Aufsatz‹ und ›Versuch‹. Daraus spricht Manns kulturkonservativer Grundimpuls, der den Begriff ›Essay‹ entweder im Bereich journalistischer Oberflächlichkeiten ansiedelt oder ihn anderen, seiner Ansicht nach weniger gediegenen Autoren zuweist. Worauf diese Spaltung gegenüber dem Essay jedoch gewissermaßen unbewußt abzielt, ist folgendes: Mann verfaßt keine ›Essays‹, die womöglich bloß unterhaltenden oder informativen Charakter haben. Seine gesamte nichtfiktionale Prosa – auch die Reden – ist auf den Aufbau seines Lebenswerkprojektes bezogen. Insofern sind auch seine nichtfiktionalen Schriften als Kunst anzusehen und eben nicht als ihr Neben- oder Abfallprodukt. Es kann nicht verwundern, daß gerade ein Autor wie Thomas Mann die allergrößten Probleme mit der Bezeichnung ›Essay‹ gehabt hat.

Was Thomas Mann als Essayist betreibt, ist eine auf allen Ebenen des literarischen, politischen und gesellschaftlichen Lebens inszenierte Abwehrschlacht gegen die Zersetzungstendenzen der Moderne. Die utopische Kraft seines Essayismus ist ganz auf den

Aufbau und die Abdichtung des eigenen Werkes ausgerichtet. Mann steuert unbeirrt auf den modernen Anachronismus des lebensgeschichtlichen Gesamtkunstwerkes zu. Das zeigt sich gerade an seinen Altersproduktionen. Nicht nur führt er den früh aufgegriffenen Faust-Stoff zuletzt in die Form eines monumentalen Alterswerk über, er bringt darüber hinaus sogar noch den ebenso früh entwickelten, dann aber fallengelassenen *Felix Krull*-Roman im hohen Alter zu einem Abschluß. Und gerade hier, im *Felix Krull*, treffen der mythische Plan des abgeschlossenen Lebenswerkes mit dem durchaus autobiographisch zu begreifenden Bekenntnis zur Hochstapelei zu einem humoristischen und vielleicht auch selbstironischen Höhepunkt zusammen. Das ist eine Selbstironisierung, die Goethe in seinem Alterswerk nicht mehr aufzubringen vermochte. Der Weg Thomas Manns dorthin wird geformt von den vielfältigen Auseinandersetzungen in den essayistischen Schriften: »Das essayistische Schreiben erweist sich damit nicht als Nebenübung des Autors Thomas Mann, vielmehr hat es begründeten Anteil an einem Selbstentwurf, der den ästhetischen Text und seine Transformationen, seine analytische und seine produktive Kraft ermöglicht.«[46]

Thomas Mann war als Dichter zeitlebens ein alle erreichbaren Themen und Thesen amalgamierender Theoretiker. Seit dem *Zauberberg* liegen seinen Romanen unverkennbar große kulturgeschichtliche Modelle zugrunde. Seine Vorliebe zur synthetischen Konstruktion von mythisch-kulturhistorischen Zusammenhängen, die im Roman epische Breite und Plastizität gewinnen sollten, verleiht Manns Werk den Charakter einer als Kunstanspruch umgesetzten Künstlichkeit. Darin fließen religiöse, mythologische, philosophische und politische Elemente zu einem literarischen Gebäude zusammen, das von Anfang an immer nur eines zu sein beanspruchte: epochal. Mann hatte keine Scheu, seinen oftmals gewagten theoretischen Konstruktionen das Erscheinungsbild einer metaphorischen Dichte zu verleihen, in der jede Figur und jedes Vorkommnis semiologisch bis ins Äußerste aufgeladen ist. So wurde er zu einem literaturwissenschaftlichen Kultautor. Endlos läßt sich bei ihm spekulieren, welche Bedeutung einem bestimmten Element in seinem Bild- und Gedankenkosmos zuzuweisen wäre. Und man kann zudem sicher sein, daß im Endeffekt das in Dienst genommene theoretische Modell, sei es nun von Schopenhauer, Nietzsche, Freud oder Adorno entlehnt, die literarische Selbständigkeit des Textes ebenso neutralisieren mußte wie die literarische Sphäre die Ebene der Theorie. In seinem epischen Werk verwertet Mann die Theorieansätze der Moderne mit den erzählerischen Mitteln der Vormoderne und meint so, den Ästhetizismus in Richtung auf eine literarisch sich vermittelnde humanistische Ethik überwinden zu können. Diese Art der über den Dingen stehenden Deutung des Werkes als Metaposition gegenüber den ästhetischen und ideologischen Kämpfen der Zeit enthebt den Autor wie seinen Leser jeglichen ideologischen Verdachts und läßt schließlich Thomas Manns stetig herausgearbeiteten Humanismusbegriff glaubhaft erscheinen. Diese Verneinung der Moderne als Zerfallsprozeß humanistischer Wertbegriffe beherrscht die Essays bis in die Einzelheiten ihrer inhaltlichen Ausformung. Im Zuge dessen gelangt Thomas Mann von einer wertkonservativen zu einer strukturkonservativen Vorstellungswelt. Werden in den *Betrachtungen eines Unpolitischen* die alten Werte deutschen Dichter- und Denkertums noch gegen den Ansturm demokratischer Relativierungen aufgefahren, so setzt in den zwanziger Jahren vor allem unter Manns Rezeption der Schriften Sigmund Freuds die Wende zu einer strukturell vertretenen Verteidigung humanistischer Werte gegen den Irrationalismus und die Geistwidrigkeit der Moderne ein. In seinem Essay *Die Stellung Freuds in der modernen Geistesgeschichte* schreibt Mann: »Das Geistwidrige als Revolution, – die Finte ist möglich, weil es tatsächlich eine Revolution wider den Geist gibt: die neue Wissenschaft, den neuen Tiefsinn, eben jene intuitionistische Lebensforschung, welche, mit Nietzsche zu reden, ›die Vernunft unter das Gefühl hinabzudrücken‹ bestrebt ist, indem sie die Botschaft des Seelenuntersten, des Unbewußten, der Triebdynamik, der Sinnlichkeit [...] verkündet und vor dem Throne des Lebens über den Geist eine sowohl anklägerische wie abschätzige Sprache führt.«[47]

Der Essayist Mann sieht in Freud und seiner Psychoanalyse den eigentlichen Ort, an dem über das Unbewußte angemessen verhandelt werde. Freud steht, anders als der Irrationalismus in der Nachfolge des Expressionismus und des George-Kreises, in der besten Tradition der Aufklärung. Dies jedoch unter Aufnahme der Erkenntnisse, die die deutsche Romantik beigesteuert hat. So heißt es über Freud: »Wenn er von der im Wesen konservativen Natur der Triebe spricht und das Leben als ein Zusammen- und Gegeneinanderwirken von Eros und Todestrieb bestimmt, – so klingt das Alles wie eine Umschreibung des Aphorismus des Novalis: ‚Der Trieb unserer Elemente geht auf Desoxydation. Das Leben ist erzwungene Oxydation.«[48]

Thomas Mann konstruiert somit eine geistesgeschichtliche Linie, die den radikalen und extremen Umwälzungsprozessen der intellektuellen Moderne zuwiderläuft und die dennoch in seinen Augen das eigentliche Maß des modernen Lebens zu liefern vermag. Der Autor leistet damit eine eigentümliche Schubumkehr der konservativen Energien. Aus der Haltung des Wertebewahreres wird die eines Verkünders *eigentlicher* Modernität. Gerade der eklektizistische Umgang auch mit den Thesen und Theorien Freuds ermöglicht es Mann, in der Psychoanalyse eine Trutzburg der Humanität zu erblicken. Deren Höhepunkt verortet er im 19. Jahrhundert und hier vor allem bei Goethe. In seinem Beitrag zum Goethe-Heft der Neuen Rundschau vom April 1932, der den Titel trägt *Goethe als Repräsentant des bürgerlichen Zeitalters*, gelingt es Mann, seine Identifikation mit dem historischen Phänomen Goethe und eine Darstellung des Weimarer Dichters als – vor allem in seinem Alterswerk – hochaktuelle Erscheinung zu verbinden. Mann deutet Goethes Altersroman *Wilhelm Meisters Wanderjahre* als die utopische Vorwegnahme eines Gemeinschaftssinnes und einer geistig-emotionalen Nüchternheit, denen gerade für das 20. Jahrhundert wegweisende Bedeutung zukämen.[49] Wieder erkennt man den Zug zur Traditionsbildung als Form der eigenen Positionsbestimmung und vor allem der Abgrenzung gegen eine in ihrer Radikalität unberechenbare Modernität.

Literaturästhetische und identifikatorische Essayistik verschwimmen zu einem Konzept, das für Mann ein unabdingbares Instrument zur Selbststabilisierung darstellt. Das gilt nicht zuletzt auch für den Essay *Leiden und Größe Richard Wagners* aus dem Jahre 1933. Durch die Charakterisierung von Gestalten wie Goethe und Wagner hindurch kann man in den Essays eine zweite Bedeutungsebene mitlesen, die eine Selbstcharakterisierung des Autors transportiert. Wagners Idee vom Gesamtkunstwerk bestimmte das Werkbewußtsein Thomas Manns zeitlebens. Und Goethes Überhöhung der eigenen Biographie durch die konstruktive Totalität seines Werkes war und blieb das höchste Vorbild durch alle Schaffensphasen Manns hindurch. Bezeichnend aber ist, daß solche identifikatorischen Momente nicht einfach gesetzt werden konnten, sie mußten erarbeitet und in gewissem Sinne dichterisch entworfen werden. Denn Thomas Manns Vorgehensweise in den Essays entspricht derjenigen in den Romanen haargenau. Eine Fülle von Material wird gesammelt und studiert, um daraus die für das fiktionale Prozessieren im Schreibvorgang verwertbaren Elemente zusammenzustellen. Diese Stoffmassen synthetisiert der Autor durch seinen betrachtenden Essaystil, in dem er alles auf seinen ureigenen Ton einstimmt. Dadurch gewinnen seine Essays, vor allem seine größeren, eine klassische Dimension. Indem er den Essay stilistisch der Tonlage seines Erzählens angleicht, erreicht Mann in vielen Fällen eine künstlerische Gestaltung, die den Leser zu bannen vermag. Der Essay steht so wiederum im Lichte einer umfassenden Ästhetisierung. Thomas Mann erweist sich darin als ein Adept des Novalis und seines Programms einer Ästhetisierung der Welt durch die Schrift, die Novalis ›Romantisierung‹ genannt hat. Doch geht Mann dabei die Gefahr des Dilettantismus, der in der spezialisierten Intellektualität der Moderne an allen Ecken lauert, bewußt ein. Für ihn stellt das Dilettieren keine echte Gefahr dar, verschmilzt doch alles Amalgamierte im raunenden Beschwörungston des ›Zauberers‹ zu einer ästhetischen Illusion. Für diese schriftstellerische Praxis, die sich in den Essays genauso niederschlägt wie in den erzählenden Texten Manns ist eine Passage wie die Anfangssentenz seines Essays *Schopenhauer* so aussagekräftig wie nichts sonst. Weder Schopenhauer noch ein anderer Philosoph des Idealismus, der ein System aufweisen konnte, hätte sie unterschrieben. Und doch ist Mann fest davon überzeugt, über das ästhetische Medium auch und gerade den Kern philosophischen Denkens zu treffen: »Die Freude an einem metaphysischen System, die Befriedigung, welche die geistige Organisation der Welt in einem logisch geschlossenen, harmonisch in sich ruhenden Gedankenbau gewährt, ist immer hervorragend ästhetischer Art; sie ist derselben Herkunft wie das Vergnügen, die hohe und im letzten Grund immer heitere Genugtuung, mit der das ordnende, formende, die Wirrnis des Lebens durchsichtig und übersichtlich machende Wirken der Kunst uns beschenkt.«[50]

Es ist die Frage, ob ein Roman wie Manns *Doktor Faustus*, der unmittelbar nach dem Zweiten Weltkrieg veröffentlicht worden ist, dazu geeignet war, die »Wirrnis des Lebens durchsichtig und übersichtlich« zu machen. Nicht einmal die Katastrophe, in die Deutschland die Welt gestürzt hatte, konnte den Romancier davon abbringen, ein dämonisierendes Großgemälde über das Verhängnis des deutschen Irrationalismus und seiner ästhetischen Ausprägungen auszuführen und dies als Ausdruck des Zeitgeistes zu propagieren. Wie sehr Mann von dem Projekt des *Doktor Faustus* überzeugt war, läßt sich an seinem längeren Essay *Die Entstehung des Doktor Faustus* ablesen. In diesem Entstehungsbericht legt er seine eklektizistische und amalgamierende Methode offen und belegt sie mit den Attributen eines avancierten Modernismus. Dieser »Greisen-Avantgardismus«, ein Wort, das der nach wie vor verbitterte Thomas Mann für seinen gerade verstorbenen Bruder Heinrich unmittelbar nach dessen Tod bereithielt,[51] hatte sich selbst als humanistische Institution eingeholt. Mann war nicht in der Lage, die in sich widersprüchliche Situation des modernen Geistes zu akzeptieren und kritisch zu beleuchten. Somit verkörpert sein Essayismus das letzte Rückzugsgefecht des Bildungsbürgertums in einem aussichtslosen und vermutlich sogar längst beendeten Kampf.

Die Unfähigkeit zur Selbsthinterfragung und das aus ihr entspringende Abwehrverhalten spiegelt sich noch einmal in der späten Zurückweisung Nietzsches, die Mann in dem Essay *Nietzsches Philosophie im Lichte unserer Erfahrung* (1947) vornimmt. Mann kann sich mit Nietzsche nur entweder identifikativ oder ablehnend auseinandersetzen, ein Durchdenken der durch Nietzsche ins 20. Jahrhundert ausstrahlenden Problematik nimmt er nicht vor. Nietzsche wird dem Ästhetizismus zugezählt und damit als ganz und gar historisches Phänomen abgestempelt: »Zuletzt gehört der Ästhetizismus, in dessen Zeichen die freien Geister sich gegen die Bürgermoral wandten, selbst dem bürgerlichen Zeitalter an, und dieses überschreiten, heißt heraustreten aus einer ästhetischen Epoche in eine moralische und soziale.«[52] Genau diesen Schritt vollzieht Thomas Mann jedoch nicht. Seine Begriffe von Moralität und Gesellschaft bleiben selbst rein ästhetische. Seine Essays arbeiten sich nicht aus dem Ästhetizismus vor in eine klar strukturierte Sphäre demokratischer Nüchternheit. Sie tragen vielmehr in erster Linie dazu bei, das eigene Leben als Werkgebäude zu konstruieren und zu legitimieren. Bezeichnend erscheint, daß sich Thomas Mann in seinen Essays praktisch gar nicht mit zeitgenössischen Autoren auseinandersetzt. Noch in seinen letzten Lebensjahren schrieb er die umfangreichen Aufsätze *Versuch über Tschechow* (1954) und *Versuch über Schiller* (1955). Aber Thomas Mann sah sich, auch das zeigen seine Essays, gerade darin als moderner Autor, daß er die Moderne in ihren Auswüchsen bekämpfte und sich auf historische Positionen zurückzog. Ebenso wie die bewunderten Vorbilder es für ihn geworden waren, wollte er selbst für eine humanistisch gesinnte Nachwelt zur bleibenden Gestalt werden. Sein Leben wie sein Werk sind in dieser Absicht in unvergleichbarer Dichte dokumentiert. Allerdings hat die Selbsthistorisierung, die Mann zu Lebzeiten vorgenommen hat, dazu geführt, daß er von der Nachwelt unmittelbar nach seinem Tode schon als total historisches Phänomen, als eine Figur, die in ihrem selbsterbauten Museum zu bewundern ist, wahrgenommen wurde. Während die Tagebücher den Historisierungsprozeß seines Lebenswerks vornehmen, liefern die Essays den lebenslangen Konstruktionsvorgang dieses Projektes. Damit hat Thomas Mann den Essay in der hergebrachten Gestalt des klassischen bildungsbürgerlichen Essays einer neuen, ganz auf die Konstruktion des Werkes gerichteten Funktion zugeführt. Auch bei Thomas Mann ist der Essay keine Gattung neben anderen, möglicherweise poetisch bedeutenderen. Seine Essayistik entspringt aus dem lebenslang virulenten Bedürfnis nach der Modellierung des eigenen Bildes. Damit übernimmt essayistisches Schreiben eine grundsätzlich produktionsästhetische Funktion.

Für Heinrich wie für Thomas Mann hat der Essay alle betrachtende Distanz, die noch seiner kulturkonservativen Spielart im späten 19. Jahrhundert eigen war, eingebüßt. Essayistische Schreibweisen werden jetzt zu Foren in der Auseinandersetzung um die Modernität der Literatur, also zu Prüfsteinen des Literarischen in einer ständigen Wandlungen unterworfenen gesellschaftlichen Situation. In diesem Kampf den Primat der Literatur und der Kunst gegenüber den zersetzenden Tendenzen der Zeit aufrechtzuerhalten, war die Zielsetzung einer bürgerlichen Literaturkonzeption, für die die beiden Brüder Mann exemplarisch einstehen.

Robert Musil und Hermann Broch: Essay und Roman

Seit seinen Anfängen bei Cervantes war der neuzeitliche Roman offen für Medien der Reflexion. Essayistisches läßt sich im Roman durchgehend finden, blickt man auf Cervantes selbst oder auf Sterne und Jean Paul. Die romantische Theorie des Romans, deren Grundgedanke darin bestand, den Roman als die Gattung zu proklamieren, die sich allen denkbaren Schreibweisen und Darstellungsformen gegenüber offen zeige, steuerte ohne Umschweife auf die bewußte essayistische Durchdringung der Romanform zu. Dieses Phänomen, das zunächst Friedrich Schlegel und Novalis exponiert haben, suspendiert die Gattungsgrenzen zugleich mit der Gattungsdiskussion. Literaturwissenschaftliche Studien, die sich mit dem Verhältnis von Essay und Roman im 18. und 19. Jahrhundert auseinandersetzen, gehen meist von einer problematischen Durchdringung der Gattungen aus, die im Grunde als getrennt zu denken seien.[53] Bei genauerer Betrachtung aber zeigt sich, daß der Roman in seinen spezifischen Erscheinungsformen seit der Mitte des 18. Jahrhunderts ohne ein grundlegendes essayistisches Element nicht mehr auskommt. Der daraus abzuleitende Schluß liegt auf der Hand. Roman und Essay tragen in ihrer engen produktiven Verknüpfung entscheidend zur Entwicklung innovativer Schreibweisen in den letzten zweihundertfünfzig Jahre bei. Solcher Schreibweisen vor allem, die dem Ineinanderwirken von Roman und Essay unmittelbar entstammen. Die »Labilität der Form, die beiden eigentümlich ist, dem Essay wie dem Roman«[54] ermöglichte eine gegenseitige Durchdringung. Essayistisches konnte solange problemlos in den Roman integriert werden, solange die jeweilige Konstruktion des Fiktiven eine Kohärenz zwischen beiden Ebenen herzustellen vermochte. Unter diesem Gesichtspunkt kann Thomas Mann als letzter Vertreter einer Romanpraxis gelten, die große Passagen wissenschaftlicher und kulturhistorischer Reflexion bruchlos in den fiktionalen Ablauf des Erzählens einzumontieren verstand. Vor allem im *Zauberberg* erreicht Thomas Mann mit diesem Kunstgriff eine gewisse Perfektion. Auch die epischen Großentwürfe seiner Spätzeit, der *Josephs*-Roman und der *Doktor Faustus*, schaffen es noch einmal, einen umfangreichen Wissensstoff so in den Roman einzufügen, daß kein innerer Bruch spürbar wird.

Jedoch bewegte sich Thomas Mann dabei an der Grenze des Möglichen. Nicht nur, daß er den Roman noch immer als synthetisierendes Medium von Wissenschaft, Kulturkritik und fabulierender Ausschweifung begriffen hat. Sein Glaube an die Integrationskraft des imperfektischen Beschwörungstons ist derart ungebrochen, daß der Roman das essayistische Element vollständig dessen Zauber unterzuordnen hat. Dem Essay wird dabei keine eigenständige Funktion zuerkannt, er vermag nicht die Potentiale freizusetzen, die wiederum produktiv auf die Romanform zurückstrahlen könnten. Vielmehr vergrößert das essayistische Moment nur das Maß epischer Breite, auf das es der Autor ohnehin abgesehen hat. Daher erscheint Thomas Manns Essayismus im Roman von vornherein als prunkendes Spiel mit einer überbordenden Masse angelesenen Wissens. Die Wechselbeziehung zwischen Essay und Roman unterlag bei Mann ganz der Steuerungskompetenz des großen Autors, der durchgehend demonstriert, daß er die Formen beherrscht.

Ganz anders stellt sich das Verhältnis von Essay und Roman bei Robert Musil und Hermann Broch dar. Hier werden Essay und Essayismus zu hochkomplexen Dispositionen, die sich wiederum gravierend auf die Form des Romans auswirken. Während es bei Broch zu einer schroffen Konfrontation des Romantextes mit einem Essaytext kommt, überlagert bei Musil die geistige Grundhaltung des Essayismus die gesamte Gestaltungssphäre des Erzählens im Roman. Bei Musil vollzieht sich der Durchbruch des Essayistischen durch die Grenzlinien literarischer Kategorienlehre. Musils radikaler Essayismus in seinem Werk *Der Mann ohne Eigenschaften* erfüllt, ohne darauf Bezug zu nehmen, das frühromantische Programm einer progressiv sich auf alle Ebenen des Narrativen und Reflexiven ausdehnenden Potenzierung der Romanform mit unvergleichlicher Konsequenz. Unter dem Eindruck einer zyklisch verlaufenden Prozeßhaftigkeit des Denkens sprengt der Roman seine ohnehin weit gesteckten und prinzipiell durchlässigen Grenzen und dringt zu einer unabschließbaren Maschine aus Schrift durch.

Diese Maschine aber ist auf die Sprengung des rein literarischen Mediums, in dem sie ursprünglich angesiedelt ist, angelegt. Der Essayismus soll von der Literatur aus auf die Wirklichkeit übergreifen, er ist eine zugleich phantastische und konkret-exakte Erscheinung, eine Utopie, die als permanent sich selbst prozessierendes Stilphänomen auftritt. Musil praktiziert Stil im Sinne permanenter und unabschließbarer Textemergenz. Die Utopie der Exaktheit entfaltet sich ganz in der Sprache und bewirkt eine umfassende Selbstorganisation der Romanmaschine. Der Eindruck springt vom Text auf den Leser über, daß die Lebenswelt eine Nebenerscheinung im Dienste eines Sich-Fortschreibens dieses Romans darstellt. Gerade mit den theoretischen Errungenschaften der Systemtheorie ließe sich Musils Roman als Inbegriff eines autopoietischen Textsystems identifizieren. Erstaunlich, daß diese Beobachtung in der Musil-Forschung bis heute noch kaum hervorgehoben worden ist. Statt dessen versucht man nach wie vor, anhand der Nachlaßschriften Musils die Abschließbarkeit des Romans zu prüfen und ein systematisches Denken im Sinne einer ›Philosophie‹ aus dem Werk zu extrahieren. Selbstverständlich steuerte Musil selbst die Abschließung seines Unternehmens an, jedoch in einer Form, in der eine werkhafte Vollendung *per se* unmöglich ist. Das ist ein Indiz für die Tatsache, daß das Werk seinem Autor aus der Kontrolle entglitten ist.

Die Verwirrung darüber, wie mit diesem Riesentext eigentlich umzugehen sei, stiftet der Text selbst. Zwar nennt er sich ›Roman‹, doch wird, was sich unter dieser Bezeichnung als narrative Linie ausgibt, von Anfang an in einen intellektuellen Perspektivismus aufgelöst. Dieser Perspektivismus organisiert sich im Roman als ein sich selbst immer wieder reflektierender Essayismus. In der unendlichen Metamorphose des narrativen Rahmens in einen essayistischen liegt der Ausgangspunkt für die Selbstorganisation des Textes als polyvalentes System. Mit Musils *Mann ohne Eigenschaften* tritt die Vision Friedrich Schlegels von einer essayistisch und perspektivistisch durchdrungenen Romanorganisation in voller Ausgestaltung auf den Plan. Damit gelangt der Essay mit all seinen von der Frühromantik an in die ästhetische Diskussion eingebrachten Projektionen und Implikationen zu seinem wahren Durchbruch.

An mehreren Stellen des *Mann ohne Eigenschaften* kommt es zu einer Reflexion des Essayismus auf seine eigenen Möglichkeiten und Gegebenheiten, durch die Figur Ulrichs hindurch. Eine Textstelle, die das Phänomen des Essayismus in einen großen Kontext mit beinahe allen im Roman angesprochenen Ebenen stellt, findet sich in Kapitel 116 des ersten Buches. Dort heißt es:

Und alles, was Ulrich im Laufe der Zeit Essayismus und Möglichkeitssinn und phantastische, im Gegensatz zur pedantischen Genauigkeit genannt hatte, die Forderungen, daß man Geschichte erfinden müßte, daß man Ideen- statt Weltgeschichte leben sollte, daß man sich dessen, was sich nie ganz verwirklichen läßt, zu bemächtigen und am Ende vielleicht so zu leben hätte, als wäre man kein Mensch, sondern bloß eine Gestalt in einem Buch, von der alles Unwesentliche fortgelassen ist, damit sich das Übrige magisch zusammenschließe, – alle diese, in ihrer ungewöhnlichen Zuspitzung wirklichkeitsfeindlichen, Fassungen, die seine Gedanken angenommen hatten, besaßen das Gemeinsame, daß sie auf die Wirklichkeit mit einer unverkennbaren, schonungslosen Leidenschaftlichkeit einwirken wollten.[55]

In dieser Passage klingt die gesamte Komplexität des Unternehmens an. Ulrichs Essayismus, gibt er sich nun in der Gestalt der Dichotomie von Möglichkeitssinn und Wirklichkeitssinn oder als *Utopie des exakten Lebens* zu erkennen, erweist sich als zugleich wirklichkeitsfeindlich und leidenschaftlich auf die Wirklichkeit bezogen. Ulrichs Illusion, als eine Gestalt in einem Buch zu leben, wird von dem Wunsch konterkariert, im Medium dieser Gestalt zuletzt auf die Wirklichkeit unmittelbar einzuwirken. Hier lagert das Grundparadox dieses Romans. Die literarisch prozessierte Utopie zielt direkt auf Realität ab, strebt vehement aus dem Buch hinaus auf einen ›anderen Zustand‹ zu, der kein literarischer mehr wäre, jedoch allein mit literarischen Mitteln anzusteuern ist.

Ulrich, der Mann ohne Eigenschaften, die Hauptfigur im Roman, ist gleichzusetzen mit dem Unternehmen des Romans selbst, mit dem *Mann ohne Eigenschaften*. Nicht zufällig kommt es auf der Ebene des Titels zu dieser Übereinstimmung. Er ist als Figur das eigentliche Konstrukt des Autors, angesiedelt in einer Umwelt, die mit einem solchen Konstrukt nicht rechnet. Der Roman spielt im letzten Jahr vor Ausbruch des Ersten Weltkrieges und setzt ein an einem Augusttag des Jahres 1913. Im Rahmen der in ihren eigenen Kulissen nurmehr leerlaufenden Habsburger Gesellschaft bildet sich mit und in Ulrich vom Ausgangspunkt eines pragmatischen Nihilismus her ein utopisches Potential aus, dessen Durchdringen zum Bewußtsein und zur Realität mit den handlungsmäßigen und stilistischen Bewegungen des Romans zusammenfällt. Der Essayismus ist daher nicht nur eine Methode oder eine schriftstellerische Ausdrucksebene, sondern zugleich die innere Haltung der Figur Ulrich dem Leben gegenüber. Diese Doppelfunktion des Essayismus signalisiert eine neue Stufe im Verhältnis von Roman und Essay. Nicht mehr überlagert die epische Gravidität des Erzählens das essayistische Moment, das in den Roman eindringt oder vom Autor in diesen eingeschleust wird. Vielmehr wird das Essayistische in Form des Essayismus zum grundlegenden Antriebsmoment des Romans selber. Damit haben sich die Kräfteverhältnisse umgekehrt. Ziel des Romans ist nicht mehr – wie stets bei Thomas Mann – die werkhafte Abgeschlossenheit der ausgebreiteten fiktiven Welt. An deren Stelle tritt das perspektivisch potenzierte Sich-Fortschreiben des Romans ins Unendliche hinein. Die Spekulationen darüber, wie und auf welche Weise Musil aus der Notizenmasse, in die der *Mann ohne Eigenschaften* schließlich ausgeufert ist, einen ›fertigen‹ Roman hätte formen können, sind von der Konzeption des Ganzen her und vor allem aufgrund der sich selbst organisierenden Prozeßhaftigkeit des Textes als unsinnig zu beurteilen. Es geht im engeren Sinne gar nicht mehr um die Fähigkeiten und Möglichkeiten des Autors, zu einem Abschluß zu kommen. Die mystische Dimension, auf die der Essayismus für Musil von vornherein abzielt, übersteigt den Autorwillen und die Autorkontrolle unmittelbar. Musil realisiert im Roman wie in den Schriften, die seine Entstehung flankieren, eine Poetik des *mystischen Essayismus*, die Praxis und Theorie seines Schaffens zugleich ist. So heißt es etwa in einer frühen Tagebuchnotiz:

> Der Gedanke ist nicht etwas, das ein innerlich Geschehenes betrachtet, sondern er ist dieses innerlich Geschehene selbst. Wir denken nicht über etwas nach, sondern etwas denkt sich in uns herauf. Der Gedanke besteht nicht darin, daß wir etwas klar sehen, das sich in uns entwickelt hat, sondern daß sich eine innere Entwicklung bis in diesen hellen Bezirk hineinerstreckt. Darin ruht das Leben des Gedankens.[56]

Wie im Tagebuch so reflektiert Musil auch in seinen eigentlichen Essays über diese Form des Denkens und schreibt sie grundsätzlich der intellektuellen Disposition des Essayismus zu. In den fragmentarischen Notizen *Über den Essay* aus dem Jahre 1914 bemerkt Musil: »Dies plötzliche Lebendigwerden eines Gedankens, dieses blitzartige Umschmelzen eines großen sentimentalen Komplexes (eindringlich versinnlicht in der Pauluswerdung des Saulus) durch ihn, so daß man mit einemmal sich selbst und die Welt anders versteht: Das ist die mystische Erkenntnis im mystischen Sinn. In kleinerem Maße ist es die ständige Bewegung des essayistischen Denkens. Gefühle, Gedanken, Willenskomplexe sind daran beteiligt. Es sind keine Ausnahmefunktionen, sondern die normalen. Aber der Faden des Gedankens reißt die andren aus ihrer Lage und ihre – wenn auch nur sehr virtuellen Umlagerungen bedingen das Verständnis, das Klingen, die zweite Dimension des Gedankens.«[57]

Das 62. Kapitel von *Der Mann ohne Eigenschaften* bringt in dieser Hinsicht eine Art Synopse. Es trägt den eigentümlichen Titel *Auch die Erde, namentlich aber Ulrich, huldigt der Utopie des Essayismus*. Dieser Titel, so umständlich er auf den ersten Blick anmuten mag, enthält verdichtet die selbst wiederum mystisch zu nennende Konzeption des Romans. Nicht nur Ulrich, der ›Held‹ des Buches, entwickelt in sich die Utopie des Essayismus, vielmehr soll die ganze Erde diesem Prinzip unterworfen sein. Dieser Umstand wird in dem so benannten Kapitel ausgeführt. Es geht darum zu zeigen, daß die Utopie des Essayismus nicht das Resultat einer privatistischen Phantasie sei, sondern ein globales Gesetz, eine Art Weltformel, die affektive, rationale und naturhafte Phänomene gleichermaßen mit einschließt. Im Essayismus, wie Musil den Begriff ausbaut, wäre ein Innewerden dieser Gesetzlichkeiten, die weder wissenschaftlich noch auf irgendeine andere Weise der rationalen (oder, wie Musil sagt, *ratioïden*) Methoden des Ordnens und Verstehens zu erfassen sind, unmittelbar möglich. Das ist es, was Musil unter ›tagheller Mystik‹ versteht. Essay und Essayismus rücken somit in den höchsten Rang einer Erkenntnissphäre, die die Prinzipien der Aufklärung hinter sich zu lassen sucht, indem sie sie radikalisiert. Hier nun, im *Mann ohne Eigenschaften* dringt die literarische Nebensache ›Essay‹ auf die Bedeutungsstufe einer zentralen anthropologischen Kategorie vor. Gemäß der von Musil durchgehend betriebenen autoreflexiven Darlegung seines Vorgehens, bringt er im 62. Kapitel des Romans eine regelrechte Definition des Essays, wie er nun, in dieser zentralen historischen und anthropologischen Bedeutung zu begreifen wäre:

Die Übersetzung des Wortes Essay als Versuch, wie sie gegeben worden ist, enthält nur ungenau die wesentlichste Anspielung auf das literarische Vorbild; denn ein Essay ist nicht der vor- oder nebenläufige Ausdruck einer Überzeugung, die bei besserer Gelegenheit zur Wahrheit erhoben, ebensogut aber auch als Irrtum erkannt werden könnte [...]; sondern ein Essay ist die einmalige und unabänderliche Gestalt, die das innere Leben eines Menschen in einem entscheidenden Gedanken annimmt. Nichts ist dem fremder als die Unverantwortlichkeit und Halbfertigkeit der Einfälle, die man Subjektivität nennt, aber auch wahr und falsch, klug und unklug sind keine Begriffe, die sich auf solche Gedanken anwenden lassen, die dennoch Grenzen unterstehn, die nicht weniger streng sind, als sie zart und unaussprechlich erscheinen.[58]

Es handelt sich für Musil um nichts weniger als um den Versuch, das abendländische Denken in eine neue Synthese zu überführen. Daß dies unter dem Signum des Essayismus geschieht, offenbart den Zug zur bewußten Profilierung des Essay-Komplexes im Rahmen eines hochambitionierten Intellektualismus. Bezeichnenderweise spricht Musil vom *Mann ohne Eigenschaften* als von dem »Bildungsroman einer Idee«.[59] Diese Idee findet sich in Ulrich verkörpert, dessen Gestalt wiederum synonym ist für die Progressionsstruktur des Romans. Für Musil steht fest, »daß die Struktur der Welt und nicht die seiner Anlagen dem Dichter seine Aufgabe zuweist, daß er eine Sendung hat.«[60] Dieses Sendungsbewußtsein arbeitet im Hintergrund der Romanmaschine, die in der Tat darauf angelegt ist, über die Schrift hinauszuschießen und in die Wirklichkeit verändernd einzugreifen – und das auf grundlegende Art und Weise, nämlich von der Konstitution des Bewußtseins her. Die Utopie des Essayismus ist keine bloße Prophetie, sondern harte Arbeit; sie steuert auf den ›anderen Zustand‹ zu, auf ein ›Tausendjähriges Reich‹ und ist insofern schon eine Projektion, die eschatologische und chiliastische Elemente mit einschließt. Aber Musils Zielsetzung ist keine religiöse im engeren Sinne; er versucht mit und durch den Roman etwas Ungeheuerliches. Er steuert in einem unendlichen Prozeß auf den Punkt zu, an dem das literarische Werk seine Literalität durchbrechen und ins Leben umschlagen möge. Diese Radikalisierung des Essayismus als Realutopie mußte in einer Sackgasse enden. Der *Mann ohne Eigenschaften* repräsentiert sich zuletzt als mystische Schizophrenie, als eine Spaltung des Bewußtseins in zwei Welten, die nicht identisch werden können, aber in der Schrift als potentiell identisch suggeriert werden.

Im Inzest der sich im dritten Teil des Romans findenden Geschwister Ulrich und Agathe erlangt die aporetische Anlage des Romans ihren kulminativen Ausdruck. Die sexuelle Vereinigung der Geschwister bildet einen Tabubruch, ein, wie es im Roman heißt, ›Verbrechen‹, und aktiviert damit das äußerste Überschreitungspotential des Utopischen. Einerseits ist der Inzest Ausdruck der totalen geistigen und ethischen Freiheit; zugleich repräsentiert er die Vereinigung des männlichen und des weiblichen Prinzips, die beide in einer Art hermaphroditischem Wechselspiel eine leitende Funktion im gesamten Erzählablauf einnehmen. Andererseits tritt in diesem Akt die totale Selbstbezogenheit und Selbstreferenz des Essayismus zutage, wie Musil ihn beschreibt, mithin die autorekursive Neutralisierung seiner Potentiale. Ulrichs und Agathes Durchbruch zum ›anderen Zustand‹ beschwört die Implosion des Utopischen und damit das notwendige Ende des Essayismus als Gang des Denkens und als Rahmen aller den Roman durchziehenden Diskurse. Es erscheint bezeichnend, daß sich Musil bis zu diesem Punkt nicht vorarbeiten konnte. Ein Abschluß des Romans, so skizzenhaft er angesichts der Textlage auch in Erscheinung treten mag, hätte zugleich, mit einem Schlag gewissermaßen, die Widerlegung des gesamten Romankonzepts bedeutet.

Es erscheint mehr als gewagt, angesichts dieser Aporie die Möglichkeit einer ›glücklichen‹ Lösung erblicken zu wollen. Der Wille zur Transzendierung des Literarischen auf Wirklichkeit hin kann nicht einfach dadurch zurückgedrängt werden, daß man den Protagonisten, der sich im Text gegen jede Art von schriftstellerischer Tätigkeit sträubt, zum Schriftsteller werden läßt, wie dies ein Interpret vorgeschlagen hat: »Ulrich müßte, um sich und den Roman zum Erzählen hin erlösen zu können, zum Schriftsteller werden. [...] Mit dem geplanten Nachwort Ulrichs wäre beides erreicht. Die gewonnene Identität des Schreibenden fiele zusammen mit der Liquidierung des Protagonisten.«[61]

Solche Sichtweisen lassen erahnen, wie unkritisch ein großer Teil der Musil-Forschung mit den wesentlichen Problemen, die dieser Autor aufgeworfen hat, umgeht. Das betrifft auch und vor allem den Aspekt des Essayismus, zumal in ihm ein tragender Pfeiler der Musilschen Schreibpraxis zu erblicken ist. Nur ein geringer Teil der Forschung beschäftigt sich mit dieser eigentümlichen Praxis, die doch letztlich alle inhaltlichen Komponenten des Romans bedingt. Essayismus nämlich – das wird dabei durchgehend verkannt – ist ein Zustand und keine Methode: »Und so wenig man aus den echten Teilen eines Essays eine Wahrheit machen kann, vermag man aus einem solchen Zustand eine Überzeugung zu gewinnen; wenigstens nicht, ohne ihn aufzugeben, so wie ein Liebender die Liebe verlassen muß, um sie zu beschreiben.«[62] Das bedeutet, der Essayist hat keine Themen, vielmehr erwachsen seine Themen aus dem Zustand des Essayismus, in dem er sich befindet und der mit ihm identisch ist. Demnach ist das Problem des Romans nicht inhaltlich zu lösen, nicht in der Reflexion auf den ›anderen Zustand‹ oder auf andere heilsutopische Horizonte, die aufgerufen werden. Das Problem des Romans ist das seiner sprachlich-artistischen Verfaßtheit und also das Problem des Essayismus selbst. Beide kennen in dieser wechselseitigen Verschlungenheit keinen Abschluß; letztlich verzweifelt der Roman an sich selbst.

Was Musil über den Essay sagt, trifft daher auf den Roman mit derselben Präzision zu. Ein Roman, der die Utopie des Essayismus ausbreitet, ist unabschließbar. Musil geht es um das Fluktuieren des Denkens auf einen mystischen Punkt zu. Die *unio mystica* des ›anderen Zustandes‹, die von den Geschwistern Ulrich und Agathe ganz bewußt als mystisches Phänomen in den Blick genommen wird, führt zu einer virtuellen Transzendierung der literarischen Diskurse, die der Roman perspektivisch ausbreitet. Dabei erhebt sich nicht nur die Frage, »was Musil durch das Konstrukt des anderen Zustands gewinnt und worin er über andere, konkurrierende mystische Diskussionsmodelle hinausgeht.«[63] Zu fragen wäre ferner, *wie* dieser Umschlag in die Mystik im literarischen Medium erfolgen soll. Wenn Musils Essayismus auf diese paradoxe Zielvorgabe zusteuert, dann strandet das essayistische Gestaltungsmoment an diesem Paradox. Es dient nun nicht mehr dazu, die Diskursformationen innovativ und produktiv aufzubrechen, obgleich es in dieser Funktion ursprünglich von Musil eingesetzt wird. Im Verlauf des Romanprozesses aber gerät die gesamte vom Essayismus gespeiste Diskursmasse ins Fahrwasser eines das literarische Medium virtuell übersteigenden Sinnstiftungsunternehmens. Darin kommt der Versuch einer Bündelung der Diskurslinien auf eine Er-Lösung des Romans als eines all diese Linien tragenden Gesamttextes zum Vorschein.[64]

Bei Musil ist der Essayismus einer umfassenden Instrumentalisierung ausgesetzt. Deren Zugriff bildet sich im Prozessieren des Romans schrittweise gerade auf der Basis des Essayismus selbst aus. Es wäre daher verfehlt, von einem artistischen Irrweg Musils zu sprechen. Er prägt den Essayismus in seinem Roman im Sinne einer diversifizierenden Diskursstrategie aus, die dem Polyperspektivismus der Moderne gerecht werden soll. Aber in Ulrich, dem personifizierten Antriebsmoment des Romans, entfaltet sich ein Denken, das mittels des Essayismus genau diese Vielschichtigkeit zu überwinden strebt. Wir haben es demnach mit einer Doppelstrategie, in Musils Worten, mit einer ›Parallelaktion‹ zu tun. In diese Parallelisierung ist der Essayismus bei Musil eingebunden, das heißt, er bindet sich selbst, von seiner eigenen Dynamik her darin ein. Hierin dürfte auch die Erklärung dafür liegen, daß derselbe Autor, der im Roman das Essayistische zu einer nie zuvor erreichten Komplexität treibt, den eigentlichen Essay als schriftstellerische Form ganz unspektakulär und beinahe schon ein wenig trocken und uninspiriert ausübt. Allein im Roman erlangt das Essay-Element bei Musil die Kraft zur Aufsprengung von Denken und Phantasieren. Als bloß diskursiv-argumentative Schreibweise wird der Essay zu einer mühsamen Pflichtübung.

Solange Musil eine rein formale Beschreibung des Essays gibt, scheint daran nichts außergewöhnlich Bemerkenswertes, auch kaum Innovatives zu sein. Er beschreibt den Essay als eine Form neben anderen.[65] Erst als es um die mystische Erkenntnisdimension geht, zu der die essayistische Denkweise durchbrechen möge, erlangt der Essayismus seine herausgehobene Bedeutung. Darin wandelt sich die Bedeutung von Essay und Essayismus von einer die Systeme unterlaufenden Strategie zu einem alle Systeme in sich aufnehmenden Prozeß. Angesichts der Moderne als eines Bewußtseinsphänomens findet sich die Literatur der Aufgabe gegenüber, eine Synthetisierung der in autonome Einheiten sich aufspaltenden Sinnsysteme zu leisten. Prinzipiell überfordert diese Aufgabe die Möglichkeiten der Literatur. Sich ihr dennoch mit literarischen Mitteln zu stellen, bildete seit Nietzsches fatalem Werk *Also sprach Zarathustra* die ambitionierteste Zielsetzung auf dem intellektuellen und philosophischen Sektor. Musils Nähe zu Nietzsche ist eine Tatsache, die gerade auch im *Mann ohne Eigenschaften* eine nicht zu unterschätzende Rolle spielt.[66] Der Roman beinhaltet in seiner äußersten Ambitioniertheit auf die geistigen Grundfragen der Epoche hin nicht weniger Wille zur Umwertung der Wirklichkeit als Nietzsches vermeintliches Meisterwerk. Beiden Schriften eignet ein unverkennbarer Zug zum Größenwahn als Prinzip, das sich bei Nietzsche schicksalshaft-pathetisch und bei Musil selbstironisch zum Ausdruck bringt. Und hinter beiden Schriften steht das unumwundene und radikale Bekenntnis ihres Autors zum Essayismus. Dieser wird als eine Denkweise ergriffen, die den maroden Systemzwang der Philosophie genauso hinter sich läßt wie das positivistische Objektivierungsgehabe der Wissenschaften und, darüber hinaus, auch die pseudoromantische Subjektivität der zeitgenössischen Dichtung. Der Essayismus wäre also, bei Nietzsche wie bei Musil, als eine genuin moderne Geisteshaltung zu verstehen, die dazu geeignet sein soll, über die charakteristischen Ausprägungen der Moderne, über den Partikularismus ihrer Sprachen und Systeme hinauszugelangen, auf eine neue Synthese zu.

Essayismus steht damit im Zeichen des Heroischen. Musils Ekstasen des Stils kann man als Höhepunkt der erzählenden Prosa dieses Jahrhunderts ansehen, man kann in ihnen aber auch wie Peter Handke »ein bis in die einzelnen Sätze größenwahnsinniges und unerträglich meinungsverliebtes Werk«[67] erblicken. Unstrittig ist allerdings die Tatsache, daß Musil sich nicht weniger im eigendynamischen Selbstbezug seines Werkes verloren hat als Nietzsche. Der *Mann ohne Eigenschaften* bildete schließlich eine regelrechte Manie und eine Art Privatideologie aus, die Musil permanent nach allen Seiten zu verteidigen wußte.[68] Darin befindet sich Musil nun aber tatsächlich am anderen Ende der Skala, die mit Montaigne ihren Anfang genommen hatte. Während dieser durch seine Praxis des Essays umfassende Distanz zu sich selbst, seiner Zeit, aber auch zu seinem Werk herzustellen vermochte, wurde jener von der forttreibenden Gewalt seines eigenen Schreibens regelrecht verschlungen. Die Synthetisierungsgewalt des Werkes sog letztlich das gesamte Lebenspotential des Autors auf, ohne doch aus sich selbst heraus eine heilsutopisch relevante Synthetisierung leisten zu können. Und so trifft auf Musils Textmaschine ein Satz zu, der im Roman

Walter, einem Freund Ulrichs, zugeschrieben wird und der diesem einfällt, als er Ulrich zu charakterisieren versucht: »Als er fertig war, hatte er erkannt, daß Ulrich nichts ausdrücke als dieses aufgelöste Wesen, das alle Erscheinungen heute haben.«[69]

Beinahe noch problematischer als bei Musil gestaltet sich die Verbindung von Essay und Roman bei Hermann Broch. Die beiden österreichischen Autoren waren als Altersgenossen miteinander bekannt und standen in einem – nicht sehr umfangreichen – Briefwechsel. Ihr Verhältnis ist im Wesentlichen vom Mißtrauen geprägt, das Musil dem jüngeren Broch entgegenbrachte. Das ging so weit, daß Musil in Brochs Aufsatz *Das Böse im Wertsystem der Kunst* ein Plagiat seines Essays *Literat und Literatur* meinte sehen zu müssen. Obwohl Broch in einem Brief an Musil den Plagiatsvorwurf plausibel zu entkräften verstand, ging dieser nicht von seiner Behauptung ab. Das zeigt, daß ein Auskommen mit Musil auf schriftstellerischer Ebene mehr als schwierig gewesen sein muß.[70] Musil war ein absoluter Einzelkämpfer mit einem maßlosen Anspruch aufs Totale. Auf Broch könnte dasselbe zutreffen, müßte man nicht einschränken, daß er eine etwas andere Art von Selbsteingenommenheit entwickelt hat. Anders als bei Musil hatten bei Broch konkurrierende ästhetische Unternehmungen ihre Berechtigung und wurden von ihm prinzipiell akzeptiert. Er stand in regem internationalen Briefkontakt und galt als ein offener, einfühlsamer Mensch.[71] Er verschanzte sich keineswegs hinter seinem Werk. Dafür prägte Broch einen Zug zur Identifizierung seiner Arbeiten mit der, wie er selbst meinte, äußersten Form literarischer Avantgarde, die ihn ebenso gegenüber Kritik immunisierte wie Musil. Es geht dabei, konkret gesprochen, um die von Broch als kongenial angesehene Nähe seines Werkes zu James Joyce.

Hermann Broch trat erst vergleichsweise spät als Autor hervor. Seine Romantrilogie *Die Schlafwandler* nahm er erst mit zweiundvierzig Jahren in Angriff. Sie erschien 1931/32. Im Ablauf der drei Romane *Pasenow oder die Romantik*, *Esch oder die Anarchie* und *Huguenau oder die Sachlichkeit* spielt der Essay eine bedeutende, wenn nicht entscheidende Rolle. Das Konzept der Romane, die handlungsmäßig, aber auch formal eng miteinander zusammenhängen, ist gemäß Brochs eigener Veranlagung stark philosophisch und im eigentlichen Sinne geschichtsphilosophisch geprägt. Im Prozeß der Bewußtseinsstadien der Romantik über die Anarchie zur Sachlichkeit kommt es zur Erhellung eines Zerfalls der Werte in einem gesellschaftlichen Rahmen. Schon die Romantik beinhaltet diesen Zerfall, nur kann er dort noch rituell überdeckt oder durch einen Eskapismus in heile Weltbilder verdrängt werden. Letztlich ist Pasenows Zustand der einer religiösen Sehnsucht, die keine Entsprechung in der Wirklichkeit findet und die gerade durch die Unmöglichkeit solcher Entsprechung in dramatische Höhen getrieben wird. Esch, dem Broch den Zustand der Anarchie zuschreibt, steht in einem noch beunruhigenderen Sinne als Pasenow zwischen dem Wunsch nach einer Ordnung und der Einsicht in ihre Unmöglichkeit. Was Pasenow im Spirituellen sucht, vermeint Esch auf körperlichem Gebiet, in der Verabsolutierung des Erotischen finden zu können. Gleichzeitig entwickelt Esch einen manischen Haß auf den Industriellen Bertrand, in dem er die Quelle allen Übels meint erblicken zu müssen. Auch Esch steht auf verlorenem Posten und fällt durch einen leeren Raum, in dem er Werte sucht und sich ihrer geradezu physisch versichern will, ohne sie doch finden zu können. Der Protagonist des dritten Romans, Huguenau, hat sich von diesen Problemen verabschiedet. Er kennt als Geschäftsmann nur noch egoistische Antriebe und Ziele. Während der Romantiker Pasenow verrückt wird, findet Esch, der Anarchist, durch Huguenaus Hand den Tod. Dieser jedoch übersteht auch den Ersten Weltkrieg, weil er sich den neuen Verhältnissen optimal angepaßt hat. Diese neuen Verhältnisse beruhen für Broch auf einem umfassenden Zerfall der Werte, der mit dem Krieg seinen Höhepunkt erreicht. Dieser Zerfall kündigt sich in den Typologien des Romantikers und des Anarchisten an, um in Huguenaus ›sachlicher‹ Lebenshaltung zu kulminieren. Damit einher geht die Destruktion einer im ersten Roman noch intakten realistischen Erzählhaltung, die immer deutlichere Zersetzungserscheinungen aufweist. Dieser Vorgang geht soweit, daß im dritten Roman unterschiedliche diskursive Systeme miteinander konkurrieren oder einander ergänzen. Die eigentliche Handlung des Huguenau-Romans wird immer wieder unterbrochen von der *Geschichte des Heilsarmeemädchens in Berlin* und von den zehn in die Handlung eingeschobenen Textteilen des Essays *Zerfalls der Werte*. Hier nun, im Essay, wird die ohnehin stark geschichtsphilosophisch konstruierte Romanhandlung ganz einer diskursiv argumentierenden Ebene überantwortet. Man könnte das so interpretieren, als habe der Roman damit abgedankt und als sei eine Darstellung der zeittypischen Problematik nurmehr essayistisch möglich. Das ist aber nur halb richtig, läuft doch die Romanhandlung neben der Ausfaltung des Essaytextes weiter. Zudem zersplittert Broch das Erzählen in viele unterschiedliche Stil- und Darstellungsebenen, so daß nicht nur ein Kontrast zwischen Roman und Essay entsteht, sondern zudem einer zwischen Gedichtformen und Parabeln, zwischen philosophischem Dialog und innerem Monolog. Dennoch bleibt der Bruch zwischen fiktivem Erzählen und geschichtsphilosophischer Essayistik der gravierendste in diesem Werk.

Der Essay *Zerfall der Werte* kombiniert in sich selbst ebenfalls mehrere gedankliche und historische Perspektiven. Diese sollen die Zentralthese eines umfassenden Wertezerfalls von allen möglichen Richtungen her vor Augen führen. Broch geht von der Prämisse aus, daß sich das Denken jeder Epoche in ihrem jeweiligen Stil am untrüglichsten zum Ausdruck zu bringen vermöge. Dabei stellt sich zuletzt die Frage, worin der Stil der gegenwärtigen Epoche zu erblicken sei. Diese Frage kann in einem bündigen Sinne keine Antwort finden. Der Stil der Gegenwart, so Broch, sei der Un-Stil. Genau darin aber drücke sich die totale Zersplitterung des Denkens und des Bewußtseins aus.

Der Vorgang leitet sich aus einer langen geschichtlichen Entwicklung ab. Bereits in der Scholastik setzte, so Broch, eine Abkehr von der platonistischen Transzendenz hin zu einem positivistischen Objektbezug ein. Die »Bankrotterklärung der scholastischen Dialektik und darauffolgend die – wahrhaft kopernikanische – Wendung zum unmittelbaren Objekt« habe die irreversible »Atomisierung der Wertgebiete«[72] eingeleitet. Diese Atomisierung greife nach und nach auf alle Bereiche aus, so daß am Beginn des 20. Jahrhunderts nur noch ein selbstreferentieller Wertbezug der je einzelnen Subsysteme festzustellen sei, jedoch ein übergreifender Werthorizont sich aufgelöst habe. Das Katastrophale dabei liegt im Verlust der Fähigkeit zur Verständigung untereinander, über die einzelnen Teilzonen des Lebens hinweg; schwerer jedoch als dies wiegt für Broch der Verlust einer metaphysischen Orientierung des Menschen in der Welt.

Man muß den erzählerischen und gedanklichen Aufwand, mit dem Broch sein Unternehmen vorträgt, auf diese Problemebene zurückführen. Anders kann man sich nicht erklären, wie eine

Situation, die inzwischen durch Luhmanns Systemtheorie eine umfassende Versachlichung erfahren hat, um das Jahr 1930 herum derartige Anstrengungen herausfordern konnte, wie Broch sie geleistet hat. Im Gegensatz zu Broch geht es bei Luhmann nicht mehr um Werte, sondern lediglich um Systeme. Dieser Unterschied ist essentiell. Dem Begriff des Wertes liegt bereits eine wertende Vorentscheidung zugrunde, die der neutrale Hinweis auf die Selbstorganisation des Systems nicht mehr kennt. Genau darin aber liegt die von Broch herausgestellte Haltung der Sachlichkeit, wie sie im dritten Roman Huguenau vertritt. Ihr entgleitet jegliche Form der Ethik. Um diese Diskussion geht es bis heute in der Auseinandersetzung mit der Systemtheorie. Brochs Werttheorie klagt letztlich ethisch-metaphysische Werte ein, die zu setzen nicht mehr möglich erscheint. Das soll in der *Schlafwandlern* gerade durch ein ästhetisches Verfahren erwiesen werden, nämlich durch die Koppelung von Roman und Essay. Wenn der Stil der Zeit der Un-Stil ist, dann wäre ästhetisch gesehen der Zerfall aller Stileinheit die notwendige Konsequenz. Genau dies betreibt Broch.

Aber Brochs geschichtsphilosophisches Denken ist selbst romantisch unterfüttert, geht er doch von der Annahme aus, »das Mittelalter besaß das ideale Wertzentrum.«[73] Danach setze der Zerfall der Werte ein. Nichts anderes hatte Novalis in seinem Essay *Die Christenheit oder Europa* verkündet. Und ähnlich wie der Romantiker sieht Broch in einem ästhetischen Akt den Horizont der Restituierung eines Wertzentrums als möglich an. Es geht ihm um die »Utopie eines einheitlichen, universalen und nicht zu hinterfragenden Super-Systems, wie es zuletzt [...] die monastische Kultur des Mittelalters dargestellt hat.«[74] Eine solche Utopie ist deshalb nur ästhetisch einzuholen, weil allein dort die Zersplitterung der Werte in eine wertschaffende Tätigkeit überführt werden kann. Broch sah in dem 1922 erschienenen Roman *Ulysses* von James Joyce mehr als nur einen Ansatz dazu vollbracht. Hinter der Joyce-Verehrung Brochs steht die erfolgreiche Suche nach einem Propheten. Dies verwundert um so mehr als sich Joyces Werk wie seine Person jeglicher Instrumentalisierung verweigern. Der *Ulysses* ist so undeutbar, wie es unmöglich ist zu ermitteln, was Joyce damit sagen wollte. Worauf es dem Iren ankam, war die völlige Autonomie, ja Autarkie seines Sprachwerks. Diese Tatsache verkennt Broch auf der ganzen Linie. In einem überlieferten Entwurf zu einem Verlagsprospekt, in dem die *Schlafwandler* angekündigt werden sollten, bemerkt Broch abschließend: »Der Rhein-Verlag stellt mit aller Verantwortung dieses deutsche Werk neben das des großen irischen Revolutionärs Joyce, stellt neben die Monumentalität des *Ulysses* die *Schlafwandler* Hermann Brochs.«[75]

In diesem Werbetext läßt Broch seine Intention den Roman betreffend unverhohlen durchblicken, wenn er schreibt: »Um den ›Zerfall der Werte‹ rankt sich das Geschehen des Romans, eigentlich mehrerer Romane auf verschiedenen Bewußtseins- und Darstellungsebenen, die, aufsteigend vom rein Lyrischen bis zum rein Kognitiven in genauer Kontrapunktik sowohl die Motive der beiden vorhergegangenen Teile aufnehmen, als auch, ineinander verwoben, das Thema des im Wertzerfall vereinsamten und von der Weltangst erfaßten Menschen abwandeln, um schließlich in gewaltiger Zusammenfassung die Ahnung des kommenden Ethos aufleuchten zu lassen.«[76] Worin dieses neue Ethos bestehen soll, läßt der Roman nur indirekt erkennen. Man muß schon die harmonisierenden Tendenzen des Erzählverlaufs in diese Richtung interpretieren, um einen neuen Horizont aufleuchten zu sehen. Bei Joyce jedoch sieht Broch diese Aussicht bereits voll verwirklicht. Für Broch steht fest, daß mit dem *Ulysses* »tatsächlich ein ›Ausdruck‹ der Epoche geschaffen worden ist«.[77] In Joyce künstlerischer Leistung erkennt Broch den »Brennpunkt der anonymen Kräfte der Epoche und eine mythische Aufgabe, mythisch im Geheimnis ihres Tuns, mythisch in der Versinnlichung, in der Versinnbildlichung der im Chaos geheimnisvoll wirkenden Kräfte, mythisch als Leistung und mythisch als Wirkung.«[78] Zwar fragt sich Broch in seinem Essay zu Joyce, »ob eine Welt ständig zunehmender Wertzersplitterung nicht schließlich überhaupt auf ihre Totalerfassung durch das Kunstwerk verzichten muß und somit ›unabbildbar‹ wird.«[79] Doch glaubt er, im *Ulysses* sei gerade diese Leistung vollbracht worden. Broch zeichnet ein Bild der künstlerischen Moderne, die allmählich die Zusammenhänge auflöste, um zur Darstellung der totalen Zersplitterung zu gelangen. Die eigentliche Aufgabe des Dichters setzt genau an diesem Punkt an und weist über den Zustand der Zersplitterung hinaus: »Und es ist dies der Punkt, an dem die Mission des Dichterischen einsetzt, Mission einer totalitätserfassenden Erkenntnis, die über jeder empirischen oder sozialen

Bedingtheit steht und für die es gleichgültig ist, ob der Mensch in einer feudalen, in einer bürgerlichen oder in einer proletarischen Zeit lebt, Pflicht der Dichtung zur Absolutheit der Erkenntnis schlechthin.«[80]

Eine derartige Euphorie auf Erkenntnis hin dürfte Joyce wesensfremd gewesen sein. Wir haben es hier mit einer unverkennbaren Überinterpretation zu tun. Diese sagt kaum etwas über den *Ulysses*, aber alles über Broch selbst. Der ethisch-metaphysische Anspruch, den er an die Dichtung heranträgt, wirkt in einem katastrophalen Sinne überzogen. Die »Pflicht der Dichtung zur Absolutheit der Erkenntnis« restituiert als Imperativ, was die Romantiker durch Beschwörung hervorlocken wollten. Joyce war gerade darin genial, daß er solche Pflichten nicht kannte.

Zu fragen bliebe, was diese Disposition für den Essay bedeutet. Anders als bei Musil bildet der Essay bei Broch keine autonome Sphäre im Sinne des Essayismus aus, die allen anderen Darstellungsebenen überlegen wäre. Dennoch bündeln sich in dem Fortsetzungsessay *Zerfall der Werte* die vielfältigen und in vielgestaltiger Weise ausgebreiteten Gehalte des Romans zu einer Quintessenz. Daraus zu schließen, daß der Essay als Form noch leisten könne, was der realistisch-psychologische Roman sich versagen muß, liegt nahe. Dennoch haben wir es auch bei Broch keineswegs mit einer Hochschätzung der Schreibweise *Essay* zu tun. Dies verwundert vor allem deshalb, weil er neben dem epischen Werk und dem Briefwerk ein theoretisch-essayistisches Werk in gleichberechtigter Weise in Angriff genommen und vorgelegt hat. Doch erfolgt bei Broch keine wirkliche Klärung der eigenen Haltung gegenüber dem Essay. Zwar bedient er sich seiner Schreibweisen, will sich aber nicht mit dem Titel ›Essayist‹ identifizieren. Er ist für ihn mit dem Verdikt des bloß artistischen Spiels belegt, das keine ethische Verantwortlichkeit ausstrahlt, sondern für den Tagesbedarf an Unterhaltung produziert wird. Damit schließt sich Broch einer verschwommenen Argumentation an, die der Ratlosigkeit des Zeitgeistes gegenüber dem literarischen Phänomen *Essay* entspricht.

Man könnte also sagen, Broch habe den literarischen Essay zu einer bestimmten theoretischen Höhe geführt, ohne sich explizit als Essayist zu begreifen. Doch ist er genau besehen vor seiner Bedeutung als epischer Dichter und vor seiner Leistung als Theoretiker der *Massenpsychologie* in erster Linie Essayist. Und zwar ist er es darin, daß sich sein ästhetisches Schaffen auf einer Reihe von Thesen und Theorien aufbaut, auf die es selbst immer wieder zusteuert. Diese Thesen und Theorien sind aber – sieht man einmal von der unvollendeten Studie zur Massenpsychologie ab – nirgends wirklich begründet. Sie flottieren zwischen essayistischer Ausbreitung und künstlerischer Verarbeitung. Sie proklamieren im Horizont des Gedankens ein Absolutes, das sie nur ästhetisch einholen können.

Als ergiebigste Phase in Brochs essayistischem Schaffen können die Jahre zwischen 1931 und 1936 gelten. In diese Zeit fallen Arbeiten wie *James Joyce und die Gegenwart* (1932) *Das Weltbild des Romans* (1933), *Das Böse im Wertsystem der Kunst* (1933) sowie *Geist und Zeitgeist* (1934). Alle diese Schriften setzten sich von irgendeiner Ebene her mit Brochs Werttheorie auseinander, bleiben also im Bannstrahl seines geschichtsphilosophischen und daher monokausalen Denkens gefangen. Man kann bei Broch kaum von einer Essayistik sprechen, die sich als autonome künstlerische Form gegenüber bestimmten anderen Ausdrucksformen durchsetzte. Auch das ist ein Problem. Die Hochschätzung der Dichtung als Kunst kann nur überzeugen, wenn sie sich im Essay herleiten läßt. Der Roman bleibt in seiner avanciertesten, bei Joyce vorgeprägten Spielart für Broch die Textform, in der allein sich wahre Dichtung verwirklichen könne.

Bis zum Jahre 1945 arbeitete Broch an seinem Roman *Der Tod des Vergil*, in dem er die Umsetzung der von ihm an Joyce so bewunderten mythischen Dimension versucht hat. Im *Tod des Vergil* wie in der Zeit seiner Entstehung spielt der Essay keine so bedeutende Rolle mehr für Broch wie vorher. Auch schon in den *Schlafwandlern* wird *Zerfall der Werte* nicht ausdrücklich als Essay bezeichnet, eher sieht Broch darin eine traktathafte theoretische Aufarbeitung dessen, worauf der Roman handlungsmäßig und bildlich hinführt. Das Verdikt nun, das Broch im *Tod des Vergil* gegen das Phänomen des Ästhetischen insgesamt verhängt, trifft den Essay, wie er ihn praktiziert, nicht. In dieser Phase strebt seine Essayistik immer stärker zur strengen Theorie hin, ohne diese doch letztlich zu erreichen.

Broch war ein Typus zwischen allen Ebenen des schriftstellerischen Ausdrucks. Dem rein Dichterischen durch den theoretischen Überhang mehr als nur entfremdet, konnte er sich doch auch nicht auf die reine Theorie beziehen, ohne deren Perspektive durch die Kunst überhöhen zu müssen. Letzten Endes hält sein hoher ethisch-ästhetischer Anspruch die auseinanderstrebenden Linien Dichtung und Theorie zusammen und vereinigt sie unter dem Signum eines Absoluten, das für seine Zeit längst verloren war. Das Erscheinungsdatum des *Tod des Vergil*, 1945, bildet zusammen mit dem Roman einen bizarren Anachronismus aus. Denn im Jahre des endgültigen Zusammenbruchs der abendländischen Wertgeschichte hypostasiert Broch noch einmal den absoluten Wert in einer nicht-ästhetischen Kunst. Mit der Öffnung der Konzentrationslager waren aber alle Diskussionen um ein Absolutes hinfällig geworden, auch wenn dies die Zeitgenossen nicht sofort wahrhaben wollten.

Vielleicht hat Broch seinen wichtigsten Essay erst im Jahre seines Todes, 1951, fertiggestellt, also im Zuge eines Überdenkens seiner Ansprüche an die Literatur. In der weitausgreifenden Schrift *Hofmannsthal und seine Zeit* läßt Broch nicht nur das Habsburgerreich und seinen ästhetischen Nachlaßverwalter Hofmannsthal hinter sich, sondern, als Österreicher, der Broch war, auch ein bedeutendes Teil von sich selbst. Dieser Essay ist neben einer historischen Durchleuchtung der Regierungszeit Franz Josephs I. und neben einer Fundamentalkritik an Hofmannsthals Ästhetizismus eine tiefgreifende Auseinandersetzung mit dem Verhältnis von Roman und Kunst. Wenn Broch bei Hofmannsthal »die gegenseitige Durchtränkung von Lebensrealität und Traumrealität«[81] konstatiert, dann reflektiert er kritisch einen Kunstanspruch, der zu Hofmannsthals Zeit schon problematisch, jetzt aber unhaltbar geworden war. Hofmannsthal ist für Broch der Dichter, den die nach dem Ersten Weltkrieg überall durchbrechende Sachlichkeit lebenslang unberührt ließ. Darin war er bei aller Abgehobenheit noch ein Künstler, der der Zersplitterung des modernen Lebens in der Kunst einen letzten unveräußerlichen Wert entgegengehalten hat. Gegen Hofmannsthals Ästhetik steht der Roman als eine Form, die im 20. Jahrhundert immer mehr ihren Kunstanspruch einbüßen mußte, weil sie sich unmittelbar mit der totalen Dissoziation des Lebens konfrontiert sah. In diesem Kontext exponiert Broch das für ihn ungelöste Verhältnis von Roman und Kunst als untergründige Thematik des Hofmannsthal-Essays.

Zum ersten Mal wohl versucht Broch hier nicht, zu einer alle

Probleme aufsaugenden Synthese zu kommen. Er läßt die Fragen, die er aufgeworfen hat, weitgehend offen. Auch die nach der Wirkung eines Kunstwerks auf die Massen, die man bis vor kurzem noch unter dem Begriff des *Volkes* zusammengefaßt hat. Broch realisiert, daß der hohe Anspruch an ein mythisches Kunstwerk unter den realen Umständen der Zeit rein abstrakter Natur sein kann. Er erkennt: »Das Volkskunstwerk der Gegenwart ist Massenware industrieller Beschaffenheit.«[82] Es soll nicht behauptet werden, Broch habe seine Standpunkte zuletzt noch relativiert. Aber sein Hofmannsthal-Essay hat gerade deshalb vielleicht mehr Erkenntnisgehalt und zugleich mehr ästhetischen Reiz als sein sonstiges essayistisches Schrifttum, weil er die Fragen, die er behandelt, nicht aus einer einzigen Wurzel zu erklären versucht.

Gottfried Benn

Bei der Betrachtung von Essay und Essayismus als primärer Ausdrucksebene, die sich nicht darin erschöpft, bereits Geformtes zu reflektieren, sondern eine eigenständige schöpferische Dimension annimmt, tritt mit Gottfried Benn die in dieser Hinsicht zugleich widersprüchlichste und schillerndste Gestalt des 20. Jahrhunderts auf den Plan. Benn begreift den Essay ganz als Ausdruckskunst, und selbst dort, wo er scheinbar nur Fakten referiert oder Autobiographisches zusammenfaßt, betreibt er primäre Sprachschöpfung. Mit Benn wird der Essaystil endgültig aus seiner begleitenden und kommentierenden Nebenrolle herausgeführt und bestimmt zuletzt das gesamte Prosaschreiben als dessen zentrale Wurzel. Stärker noch als für Musil wird Essayismus für Benn zu *dem* existentiellen Medium überhaupt. Dies kann gelten, obwohl Benn den Begriff *Essayismus* nicht benutzt. Während sich Musils Essayismus in der Endlosschleife eines ›Romans‹ verliert, der alle traditionellen Kennzeichen der Gattung Roman tilgt, greift Benn den Begriff Roman nur noch deshalb auf, um ihn mit dem zentrumslosen Perspektivismus seines Essaystils auszufüllen. Das ist Benns Standpunkt im Jahre 1943, bei der Abfassung seiner Prosa *Roman des Phänotyp*. Benn geht es auch nicht mehr am Rande um die Frage, was einer Gattung gemäß sei oder was sie genuin leisten könne. Auch der Roman hat in dieser Hinsicht abgedankt. Benn hypostasiert im Medium des Essayismus eine metaphysische Dimension, die seiner Ansicht nach nur noch in der ausdruckshaften Kraft des Wortes hervorgerufen werden kann. Darin besteht die einzige Aufgabe des Dichters, wenn hier überhaupt noch von einer Aufgabe zu sprechen wäre. Statt dessen sieht Benn in den Evokationen der Versatzstücke alter Transzendenzlehren ein quer zu den Tendenzen der Zeit laufendes Widerstandsunternehmen. Inbegriff des Zeitbewußtseins ist für ihn die Nivellierung und der Zerfall aller Wertbezüge. Benn begreift Nihilismus nicht mehr nur wie Nietzsche als geistesgeschichtliches Phänomen, dem sich eine Kultur zu stellen habe, sondern als ein den ganzen Menschen physisch wie psychisch ruinierendes Syndrom. 1921 schreibt der Fünfunddreißigjährige: »Wie soll man da leben? Man soll ja auch nicht. Vasomotorisch labil, neurotisch inkontinent, ecce am Kadaver und ecce an der Apokalypse, Schizotymien statt Affekte, statt Fruchtbarkeit Aborte in alle Himmelstriche, autopsychisch solitär, faulig monokol [...]; fünfunddreißig Jahre und total erledigt, ich schreibe nichts mehr – man müßte mit Spulwürmern schreiben und Koprolalien.«[83]

Der Dichter als Arzt, das ist das Thema der frühen Jahre, das Thema der Rönne-Prosa, die Benn zwischen 1915 und 1921 verfaßt und in deren Zentrum das halluzinatorische Schweifen des Arztes Rönne steht, der immer wieder in eine Bewußtseinsspaltung abtaucht und so zu einer mythischen Vertiefung des Ich gelangt.[84] Eine absolut gesetzte Prosa, die keinen Zugang schafft, die direkt den Leser konfrontiert, vielleicht auch schockiert, die nicht mehr erzählt, sondern Ausdruck schafft. Hier schon ist in unübersehbarer Weise der Trennung zwischen Fiktionalem und Essayistischem aufgehoben. Benns Phantasma der »Ausdruckswelt«[85] wurzelt in einem zentralen Ideenkomplex, der sich um die psychisch-physiologische Beschaffenheit des Ich herum lagert. Anfang der zwanziger Jahre versucht Benn diesen Komplex nicht mehr nur halluzinativ zu umkreisen, sondern begrifflich zu erschließen. Damit beginnt die Phase seiner eigentlichen Essayistik. In Schriften wie *Das moderne Ich* (1920), *Medizinische Krise* (1926), *Zur Problematik des Dichterischen* (1930) und *Der Aufbau der Persönlichkeit* (1930) skizziert Benn eine Theorie der poetischen Steigerung durch den Ausdruckskomplex, wobei die begriffliche Darlegung von der sprachschöpferischen Praxis vielfach überlagert wird.

Der Blick geht in die phylogenetische Frühzeit des Menschen, vor die Entwicklung des Bewußtseins, der sogenannte Hirnstammtypus wird anvisiert. An diesem affektiven Urzustand macht Benn die Möglichkeiten der Sprache fest, die dichterisch überhaupt noch in Betracht kommen. Hier erblickt der Dichter das Zusammenwirken von Körper und Geist in einem primären Sinne. So heißt es über den Geist: »In der Persönlichkeit ist er für immer mit dem Körper verbunden, in ihrer Geschichte für immer mit dem Körper zur Gestaltung des Seins vereint, – immer stoßen wir auf diesen Körper, seine unheimliche Rolle, das Soma, das die Geheimnisse trägt, uralt, fremd, undurchsichtig, gänzlich rückgewendet auf die Ursprünge, beladen mit Erbgut rätselhafter und unerklärlicher Zeiten und Vorgänge, ewig raumsicher, ewig fundiertes Erlebnis und ewig natürlicher Regulator der Norm«.[86]

Man sieht, wenn man Benns essayistische Texte über eine längere Strecke verfolgt, unmittelbar, daß die sprachliche Gestaltung das Hauptgewicht trägt und von den Aussagegehalten nicht zu trennen ist. Dabei vermischen sich mehrere Ebenen auf unverwechselbare Art und Weise. Von dem Essay *Das moderne Ich* an verbindet Benn einen summarisch dargelegten Geschichtspessimismus mit einer auf phylogenetischer Basis erarbeiteten Theorie des Ich zu einem Perspektivenhorizont, aus halb naturwissenschaftlicher und halb phantastischer Anthropologie bestehend. Das vollzieht sich in der Montage von Begriffsreihen, einer Hypertrophierung des Substantivstils. Deren Ziel ist keineswegs wissenschaftliche Grundlegung, sondern artistische Überhöhung. Was Benn damit ansteuert, ist die Behauptung einer transzendenten Potenz des Wortes, genauer: der Kunst. Darin konstituiert er seine geistige Welt. Basis und Zielpunkt dieses Irrationalismus ist die magische Blendung durch das Wort. Damit schafft Benn das stärkste intellektuelle Narkotikum der Moderne überhaupt. In ihm ist noch einmal die metaphysische Sehnsucht ganzer Epochen als Erlebnisform aufgehoben. Zum letzten Mal, wie man konstatieren kann. Benns Bedeutung in der Kulturgeschichte besteht ohne Zweifel darin, daß es ihm vorbehalten war, dieses ›letzte Mal‹ mit aller Konsequenz zum Ausdruck zu bringen.

Geradezu grotesk erscheint die Tatsache, daß Benn seinen Vortrag über das moderne Ich, bevor der Text 1920 in einer Zeitschrift gedruckt erschien, vor Kriegsversehrten des Ersten Weltkriegs hielt. Was konnten diese Davongekommenen mit ihren Glasaugen und Gehprothesen – beides spricht Benn gleich zu Beginn des Vortrags an – was konnten diese in den Schützengräben und Gefechtsständen bis zum Wahnsinn geschundenen Männer mit Benns spiritualistischem Wortzauber anfangen?[87] Benn spricht von Anfang an die Sprache des in sich gewendeten Mystikers, der die Gottesidee aus den Hitzegraden seiner eigenen Reden destilliert. Das ist die Methodik des *Selbsterregers*. Der Widerstand des apokalyptischen Sehers expressionistischen Zuschnitts gewinnt die Konturen einer kulturellen Sendung. Benn hat sich immer zu seinen expressionistischen Anfängen bekannt – auch im Jahre 1934 bekennt er sich gegen die törichten Angriffe des stramm rechts gesinnten Junkers Börries von Münchhausen dazu. Benn trägt damit den ursprünglich expressionistischen Impuls in die nur scheinbar versachlichte Situation der Weimarer Republik hinein. Lag Stefan Georges Reich bis zu seinem Tod im Jahre 1933 im homophilen Jenseits der Zeitereignisse, in einer selbstgewählten und neurotisch übersteigerten Exilsituation inmitten der deutschen Kulturlandschaft, so greift Benn als spiritueller Seher direkt auf die politische Front über. Sein Duktus ist nicht der herrisch verachtende Georges, sondern ein aristokratisch aggressiver in der Jüngerschaft Nietzsches. Benn stellt sich in seinen Essays und Prosaschriften der zwanziger Jahre, ohne daß er jemals auf eine tagespolitische Ebene abgezielt hätte, quer zum Demokratisierungsunternehmen Weimarer Republik und begreift darin sein schriftstellerisches Wirken als ein gewissermaßen metapolitisches. 1933 schließlich ist der Punkt erreicht, an dem diese radikal metaphysische Haltung in die politische Katastrophe umschlagen mußte. Benns anfängliche Übereinstimmung mit der nationalsozialistischen Ideenwelt beruhte ebenso auf einem Mißverständnis wie sie in der Konsequenz der von ihm betriebenen Sache lag. Sehr schnell stellte sich heraus, daß Benns metaphysische Perspektivik den neuen Machthabern von Grund auf unverständlich war. Sein Artistentum als metapolitische Front einer kulturellen Erneuerung war gescheitert. Noch im Jahre 1931 hat er in seiner Rede zu Heinrich Manns sechzigstem Geburtstag ein umfassendes Bekenntnis zu seiner Konzeption von Artistik abgelegt.

Essay und Rede auf Heinrich Mann – in vielen Passagen fast identisch – lassen deutlich werden, auf welchem Terrain sich Benn bewegte. Benn rühmt Mann über die Maßen als den Inaugurator eines artistischen Kunstverständnisses in Deutschland, wie es zuvor nur Nietzsche repräsentiert habe. Was er an Heinrich Manns Werk bewundert, ist »Der Einbruch der Artistik, die neue Kunst.«[88] Daß er dies im Jahre 1931 und dazu noch in der Geburtstagsrede so darstellt, muß besonders verwundern, versuchte Heinrich Mann doch gerade zu diesem Zeitpunkt durch die Publikation seiner Essay-Sammlung *Geist und Tat* seinen Weg vom reinen Ästheten Flaubertscher Prägung zu einem Autor zu dokumentieren, der sich in einer aktiv zu gestaltenden demokratischen Verantwortung sieht. Benn jedoch beharrt auf dem metapolitischen Impuls des Artistischen. In Heinrich Manns Leistung erblickt er einen »Zug der Hilfe gegen dies schlimme deutsche Gefühl, daß auf dem Gierigen, dem Unersättlichen, dem Mörderischen der Mensch ruht, ein Gegenzug der Ordnung, der räumlich-geistigen Ordnung, der erarbeiteten Formen, der Gestalt, der Diesseitigkeit, der Latinität«.[89] Dabei entwickelt er einen Kunstbegriff von äußerster klassizistischer Kälte.[90] Und er macht deutlich, daß sein Traum eine nationale und damit politische Ausweitung erfährt, wenn er von »einem so artistisch verwandelten Land«[91] spricht. All das war zu diesem Zeitpunkt schon längst nicht mehr Heinrich Manns Perspektive, und man muß hinzufügen, sie war es so nie gewesen. Nicht nur unterschlägt Benn das politische Engagement des Jubilars, er verkennt seine gesamte Entwicklung. In Kenntnis der Hintergründe dieser Rede kann es einem so vorkommen, als betreibe Benn eine fast gewaltsame Umbiegung von Heinrich Manns Werdegang ins Artistische. Auch daran läßt sich ablesen, wie radikal der Festredner seine Haltung verteidigt, wie sehr er sich als in einen regelrechten Kulturkampf verstrickt begreift.

Benn geht zu dieser Zeit einen kompromißlos antidemokratischen Weg, den er auch nach dem Zusammenbruch des Nazireiches nicht verlassen wird. In dieser Konstanz, die jeder als eine bis zur Verachtung reichende Abwehr zu spüren bekam, der etwas anderes von Benn verlangte, beweist sich seine eigentümliche Position, die er nicht zuletzt in seinen essayistischen

Schreibformen vertrat und umsetzte. Wie sich Benn 1933 in nicht zu überbietender Engstirnigkeit und Kleinmütigkeit gegen die deutschen Emigranten wendete, ebenso radikal war nach 1934 seine Abkehr vom NS-Staat, für deren Repräsentanten er nurmehr Verachtung übrig hatte. In dieser Phase erwuchs ihm der Bremer Kaufmann Friedrich Wilhelm Oelze zum zentralen, ja man muß sagen, zum einzigen und letzten Gesprächspartner. Gleich zu Beginn seiner Korrespondenz mit Oelze macht Benn deutlich, welche Position er vertritt. Im ersten ausführlichen Brief, den Benn an Oelze richtet, heißt es unter dem Datum des 27. Januar 1933:

> Die Wissenschaft läuft, sabbert staatsgeschützt, pensionsberechtigt, mit Witwen- u Waisenversorgung ausflussartig dahin, wagt gar keine Entscheidung, keine Wertung, ist so begnügsam, methodisch verweichlicht, empirisch angezäumt, fürchtet das Allgemeine, flieht die Gefahr. Das wahre Denken aber ist immer gefährdet u gefährlich. Der Gedanke u das Wort kam ja nicht in die Welt, um die Wissenschaft u den Sozialismus u. die Krankenkassen zu rechtfertigen, sondern als die furchtbarste Waffe, die grausamste Schneide, der blutigste Morgenstern dem waffenlosen Menschen in der grausamsten aller Welten zu helfen. Davon ein Rest blieb dem Gedanken, der wirklich denkt, der nicht wissenschaftlich denkt, sondern visionär, zwanghaft unter eingeborenen Ideen. Davon ein Rest blieb in der Kunst, im halluzinatorischen Denken, im Ausdrucksdenken.[92]

Benn weiht Oelze fundamental in seine Gedankenwelt ein und sichert sich dadurch in dem Bremer Kaufmann ein Gegenüber, dem er seine unveränderlichen Ansichten über die absolute Stellung des Geistes, der sich mit der Welt nicht verbinde, anvertrauen, den er zudem auf diese Vorstellungen einschwören kann. Schon in seinem Essay *Dorische Welt* war Benn im Jahre 1934 von seiner Ansicht abgerückt, sein Kunstglaube ließe sich mit der Kulturpolitik der Nazis in eine produktive Verbindung bringen. *Dorische Welt* ist ein Dokument des Übergangs, voll von faschistischer, ins antike Griechenland projizierter Mythologie, aber auch bereits von der Gleichschaltung des künstlerischen Bewußtseins mit dem Politisch-Totalitären abweichend. Über das Verhältnis von Macht und Kunst schreibt Benn dort: »Der Staat macht das Individuum kunstfähig, aber übergehen in die Kunst, das kann die Macht nie. Sie können beide gemeinsame Erlebnisse mythischen, volksnahen, politischen Inhalts haben, aber die

Kunst bleibt für sich die einsame hohe Welt. Sie bleibt eigengesetzlich und drückt nichts als sich selber aus.«[93]

Damit war das Tischtuch zwischen Benn und den Nazis zerschnitten, auch wenn beide Seiten sich noch nicht sofort darüber bewußt waren. Benn mußte in die Reichswehr ›emigrieren‹, 1938 wurde ein ›Schreibverbot‹ über ihn verhängt. Ihm blieb nur sein Briefpartner Oelze, mit dem er seine einsame, kalte Kunstwelt zelebrieren konnte, in der der Geist beheimatet sei, ein Geist, der keinerlei Gemeinsamkeit mit dem Leben aufweise. Wenn Oelze Bedenken gegen eine solche Form der radikalen Transzendenz spiritueller Ebenen anmeldet, wird er brüsk zurechtgewiesen: »Wollen Sie bitte Ihren Einwand, der Geist sei ein Anhängsel des Lebens, weil er nur mit dem Leben zusammen auftrete, als völlig materialistisch nochmals durchdenken!«[94]

Der Essaystil ist in diesem Kampf von ausschlaggebender Bedeutung. Denn nur im Essay entfaltet sich das Funkeln und Glitzern der Ausdruckswelt, sieht man einmal vom Gedicht ab. Das ›faszinierende‹ Montieren von sprachlichen Versatzstücken, von dem Benn verschiedentlich spricht, ist kein postmodernes Spiel, sondern schamanische Beschwörung. In Benn treten der moderne Mediziner und der mythische Medizinmann zum vielleicht einzigen Mal in der Geschichte gemeinsam und gleichzeitig auf. In dieser Symbiose kristallisiert sich das Aufeinandertreffen zweier Welten. Der im Geiste des Positivismus ausgebildete Naturwissenschaftler und der transzendenzsüchtige Spiritualist verschmelzen zu einer Gestalt. Das Ergebnis dieser Konfrontation ist Benns Werk, das in der Prosa radikalere Ausprägungen erfährt als in der Lyrik. Insbesondere im Essaystil kann bei Benn realisiert werden, was die anderen Diskursformationen offen oder latent unterdrücken: die metaphysische Transzendenz des Wortes, insbesondere des Substantivs.

Nach 1934 verändert sich die Lage von Grund auf. Benn ist aus dem öffentlichen Kulturbetrieb verbannt, Oelze sein letzter Vertrauter. Die geistige Haltung, die Benn in den Briefen an Oelze ausarbeitet, führt ihn schließlich zu einer Schreibweise, die fiktionale und essayistische Momente vollkommen zur Verschmelzung bringt. *Weinhaus Wolf* ist der erste Text, der diesen Durchbruch anzeigt. Benn schrieb ihn im Jahre 1936 in Hannover, wo er als Stabsarzt stationiert war. Der Autor zementiert hier seine statische Geist-Position bis zum Dogmatismus: »Ich sah im Weinhaus einen Traum. Ein sehr ruhiger Tierwärter führte menschliche Lebewesen weißer Hautfarbe im Kreis herum, bis sie sich verfärbten. Dann sperrte er ihnen das Gebiß auf und schrie: Geist oder Leben, – Verwirklichung von Geist im Leben ist nicht mehr.«[95]

Noch immer geht es Benn um das Schicksal der ›weißen Rasse‹, die inzwischen abgewirtschaftet und ihren Führungsanspruch eingebüßt habe. Die totale Transzendenz des Geistes sei deren letzte Bastion, einsehbar nur für diejenigen, die sich gegen das Prinzip des handelnden und für das Prinzip des betrachtenden Menschen entschieden. Es gebe in dieser Sichtweise nur zwei Typen, Krieger und Mönche, und beide lebten in zwei unvereinbaren Welten.

In *Weinhaus Wolf* finden sich die Prosaanstrengungen Benns thematisch und gedanklich neu zentriert, eine Tendenz, in der die kämpferische Dynamik seiner Essayistik, die bis etwa 1934 zu datieren ist, allmählich in einen anderen Aggregatzustand überführt wird. Der Visionär weiß nun, daß er nicht mehr verändernd in die Welt eingreifen kann und überläßt das Terrain des Handelns den Kriegern. Sein Rückzug aus der öffentlichen Diskussion ist so radikal wie nur vorstellbar. Benn läßt das utopische Potential, das auch seinen Essayismus befeuert hat, zugunsten einer statischen Position fahren. Damit hat aber auch der argumentierende Essay als artistisch-kämpferische Schreibweise ausgedient. Gerade in dieser Lage jedoch verschärft Benn seine schriftstellerische Haltung in die Richtung eines seine gesamte Prosa überdeckenden Essayismus. In dieser Koinzidenz ist kein Widerspruch zu sehen, sondern erneut eine Radikalisierung. Der Essayismus nimmt jetzt die Stelle ein, die zuvor eine Aufspaltung der erzählenden, dokumentierenden und argumentierenden Prosaformen repräsentiert hat. Solche Diversifizierung ist für Benn obsolet geworden. Er stellt seine unverrückbare Sichtweise den kulturell eingeübten Rollen des Ausdrucks schroff gegenüber. Benns Essayismus wird unter diesen Voraussetzungen die antimetaphysischen Relativierungsvorgänge des Denkens mit einer Kompromißlosigkeit und einem Anspruch auf Absolutheit vortragen, der selbst unverkennbar einer metaphysischen Epoche entstammt.

Hinter der Wendung, die sich im Verlauf der späten dreißiger Jahre vollzieht, steht Benns allmähliche Abkehr von einem monistischen Prinzip, das er um 1936 noch mit der Vokabel *Geist* umfaßt. Das Geist-Prinzip, das bemerkt er recht bald, ist nicht zu halten. Benn schlägt den Weg der Relativierung seiner denkerischen und ästhetischen Wurzeln ein. Vom *Roman des Phänotyp* an ist der gesamte poetische Horizont des Prosaausdrucks essayistisch geprägt, und das bedeutet, dezentralistisch im Sinne des Essayismus als letzter Bewußtseinsstufe des abendländischen Denkens. Auch in seiner sogenannten späten Prosa schlägt Benn somit den Rückzug auf eine letzte autoritative Bastion ein. Nur erblickt er diese nicht mehr in einem noch außerhalb des Stils angesiedelten transzendenten Prinzip, sondern in der Selbststeuerungskapazität des Stils.

Der Phänotyp, den Benn beschreibt, ist statisch und stammhirnorientiert, er ist aber vor allem *existentiell*. Benn greift dieses Zauberwort der Nachkriegsära in einem dezentrierten Verständnis auf. Sein Text, den er Roman nennt, ist eine prismatische Schau auf Perspektiven des status quo, die sich nicht zu einer Gesamtsicht abrunden lassen. Noch immer spricht er von der Kunst als etwas Reinem, Abgehobenem, aber eben nicht mehr monistisch, nicht mehr totalitär. Der Phänotyp betreibt »summarisches Überblicken«[96] ohne Resümee. Gegenüber Oelze spricht er von einer ›absoluten Prosa‹: »In jedem Satz: *Alles*. Dies Prinzip der *absoluten* Prosa, in der kein Satz im Zusammenhang mit psychologischen und erkenntnismäßigen Herkunftsäußerungen mehr steht, war das Princip, das mir wahrhaft erschien. In jedem Satz Alles. Solche Sätze sind nicht zu verstehen, sie enthalten nur sich selbst.«[97]

Im Behaupten einer ›absoluten Prosa‹ liegt für Benn noch immer das transzendente Prinzip der Kunst beschlossen. Er wird es bis zuletzt nicht preisgeben. Was er jedoch aufgegeben hat, ist gerade der in seiner früheren Essayistik ausgebreitete utopische Horizont, der sich durch die Kunst eröffnet. Kunst und Geist können nach dem Zweiten Weltkrieg nur ex negativo in die Prosa hineingenommen werden, nicht mehr in pochenden Sätzen als monolithische Zielpunkte, sondern im spielerischen Changieren der Perspektiven. An die Stelle umfassender kultureller Erneuerung im unbeirrbaren Aufbau eines Werkes tritt das Prinzip der Dekomposition. Der Begriff der Dekomposition ist vielleicht der zutreffendste Ausdruck, um die Erscheinungsweise von Benns später Prosa zu kennzeichnen. Zugleich benennt er den Grad von Essayismus, der sich nun in Benns gesamtem Denken ausbreitet. Die Prosa nach 1943, dem Entstehungsjahr des *Roman des Phänotyp*, ist eine Ruinenschrift, die Hieroglyphik des ausgesungenen und ausgeträumten Abendlandes. Das Dekompositionsverfahren ist noch einmal eine Variante auf dem für Benn in seinem grundsätzlichen Bestand invarianten Terrain des Artistischen. Seine späten Essays und Reden belegen das, noch mehr aber *die* Stücke, die man gemeinhein nur als ›späte Prosa‹ bezeichnet. Diese spröde Bezeichnung rührt nicht zuletzt auch daher, daß der *Roman des Phänotyp* (1943), *Der Ptolemäer* (1947) und *Der Radardenker* (1949) gattungsgeschichtlich alle Kategorien sprengen. Als einzige Beschreibungskategorie kann hier eigentlich nur die Definition der Gattung akzeptiert werden, die keine ist, deren Manifestationen vielmehr zentral dazu beigetragen haben, die Gattungsgrenzen in der Prosa aufzulösen: des Essays. In seiner Rede *Nietzsche nach fünfzig Jahren* (1950) konstatiert Benn: »Aber in diesen 50 Jahren sahen wir seltsame Bewegungen, das Absterben und das Aufglimmen neuer Dinge, vor allem: die Erledigung der Wahrheit und die Fundamentierung des Stils.«[98]

Stil sei der Wahrheit überlegen, betont Benn immer wieder, ohne jedoch einzugestehen, daß er seine letzte, für ihn unhintergehbare Wahrheit gerade im Stil erblickt. Benns Essayismus exponiert noch einmal sein artistisches Credo, das jetzt zwar nicht mehr *pur sang* aus der platonischen Höhle dringt, dafür aber um so selbstgewisser eine letzte Bastion von Wahrhaftigkeit behauptet. So heißt es im *Ptolemäer* etwa: »Der Künstler ist der einzige, der mit den Dingen fertig wird, der über sie entscheidet. Alle anderen Typen nässen die Probleme weiter, durch Jahrhunderte, bis sie stagnieren und faulen [...].«[99]

Noch einmal wird der Künstler hier aufgerufen, der Glaube an seine metaphysische Potenz, ein Glaube, der von Benn ausgehend noch einige Jahre die Nachkriegszeit bestimmen wird. Vielleicht war das Künstlerische die einzige metaphysische Glaubensebene, die der Nationalsozialismus nicht gänzlich zertrümmern konnte, weil die Künste aus dem Dritten Reich verbannt waren und an ihre Stelle manieristische Surrogate traten. Die Moderne war aus Deutschland emigiriert, Benn war ihr einziger verbliebener Vertreter, der, tief verschüttet, unter den Ruinen hervorkam und noch einmal seine Kunstlehre ausbreiten konnte, jetzt aber in neuer Dimensionierung.

Die späte Prosa Benns zelebriert im Stile eines finalen Essayismus die Abdankung aller Glaubensinhalte und Wertbegriffe, bis auf den einen einzigen, den des Ausdrucks. Stil im Sinne eines primären Essayismus wird darin absolut selbstbezüglich, und letztlich ist es das, was Benn mit ›absoluter Prosa‹ meint. Die Methode seines Schreibens nennt der Ptolemäer »prismatischen Infantilismus«.[100] Darin liegt die Überwindung des Pessimismus und auch des Nihilismus begründet. Es ist ein metaphysischer Selbstbefreiungsakt: »Nein, ich bin kein Pessimist –, woher ich stamme, wohin ich falle, das ist alles überwunden. Ich drehe eine Scheibe und werde gedreht, ich bin Ptolemäer.«[101]

In Benns letzten Prosatexten erreicht der Essayismus als Essaystil und damit als Ausdruckskunst einen regelrechten Endzustand. Die utopische Aufgeladenheit des Essays, die ihm in Deutschland seit der Romantik zugekommen ist, versprüht hier ihre letzten Funken. In der Selbstbezüglichkeit des Stils kristallisiert sich das gesamte auf die Kunst projizierte Hoffnungspotential eines immanenzgerichteten metaphysischen Denkens. Man sollte es angesicht dessen kaum für möglich halten, daß zu eben der Zeit, da Benn seine Finalismen ventiliert, zwei andere Autoren den Essay als Schreibweise und Form erneut mit einem Höchstmaß an utopischer Kraft aufladen, um gerade über diese Schiene eine neue kulturkritische Dynamik ins Leben zu rufen. Die Rede ist von Walter Benjamin und Theodor W. Adorno. Dabei muß allerdings die Frage offen bleiben, ob bei ihnen nicht ein Impuls noch einmal stilisiert wird, der in Benns Denken seinen konsequenten Abstieg erlebt hat. Die Vermutung bleibt also, daß das tatsächliche Ende der Metaphysik durch den kritischen Essayismus von Benjamin und Adorno, der nicht nur in Deutschland für Aufsehen gesorgt hat, bloß um einige Jahrzehnte hinausgezögert worden ist.

Walter Benjamin und Theodor W. Adorno: Rettende Kritik und negative Utopie

Die hervorstechendsten essayistischen Schreibweisen, die sich im 20. Jahrhundert herausgebildet haben, repräsentieren die Auseinandersetzung des metaphysischen Denkens mit einem komplex elaborierten Bewußtsein von Stil. Stil ist dabei alles andere als ornamentale Zugabe zur Argumentation. Vielmehr übernimmt die Sprachgestaltung jeweils zentrale Aufgaben der philosophischen Diskurse. In diesem Kontext erlangt der Essay eine entscheidende Bedeutung bei der Beantwortung der Frage, wie die Dimension des Metaphysischen mit einem sich in dramatischer Beschleunigung verändernden Zeitbewußtsein kompatibel zu machen sei. Essayismus ist bis hin zu Adorno als eines der Avantgardeprojekte des Denkens zu begreifen, das in der spezifischen Situation der Moderne adäquate Ausdrucksebenen jenseits der ideologischen Verblendung sucht. In exakt diesem Sinne erscheint das Syndrom bereits bei Walter Benjamin. Wobei Benjamin und Adorno nicht in eine allzu enge Genealogie zueinander gestellt werden sollen. Auch kommt es nicht darauf an, Einflüsse des Älteren auf den Jüngeren darzulegen. Es geht statt dessen, wie gesagt, um das Syndrom ›Essay‹ und seine Entfaltung. Und hierin bilden Benjamin und Adorno in ihrer denkerischen Nähe und in den grundsätzlichen Brüchen, die sich zwischen ihnen auftun, noch einmal einen Höhepunkt. Während Benjamin, ausgehend von einer mystisch-metaphysischen Sprachauffassung, in all seinen Schriften nichts so sehr umkreist und beinahe beschwört wie eine die verschütteten Spannungen des Bewußtseins in Geschichte und Gegenwart aufsprengende Prosa, widmet Adorno dem *Essay als Form* an zentraler Stelle in seinem Werk eine grundsätzliche, utopistisch ausgerichtete Erörterung. Dabei versteht Adorno den Essay als das spezielle Medium einer ›Abweichung von der Norm‹ und damit als die eigentliche Möglichkeit sprachlich-stilistisch den ›Verblendungszusammenhang‹ des Ideologischen aufzubrechen.

Was beide, Benjamin und Adorno, voneinander unterscheidet, ist die jeweilige denkerische Ebene, auf der das Syndrom des Essayistischen einer entschiedenen Radikalisierung zugeführt werden soll. Während Adorno eine dialektisch-materialistische Argumentation auf hohem Abstraktionsniveau durchführt, ohne noch auf Beispiele aus dem Gattungsbereich ›Essay‹ angewiesen zu sein, bleibt für Benjamin das mystische Moment einer rettenden Kritik im Vollzug der Versenkung in die Gegenständlichkeit des Semantischen Ausgangspunkt und Zielpunkt seiner Essayistik. Das betrifft die Rolle des Kunst- und Literaturkritikers in einem elementaren Sinne. Nicht in der herkömmlichen Kunstgeschichte, die nur eine letztlich beziehungslose Reihe von Werken darlegt, kommt es nach Benjamins Ansicht zu einer angemessenen Behandlung der Texte der Vergangenheit. Deren eigentlicher existentieller Fond ist nur in der Freilegung ihres ästhetischen Schleiers zu sehen, der die in ihnen aufgehobenen Intensitäten zugleich verhüllt und durchscheinen läßt. Dem Kritiker fällt nun die Aufgabe zu, diese Verhülltheit dergestalt in seiner Kritik aufzuheben, daß der Schleier, den das Kunstwerk gegenüber der Wahrnehmung des Rezipienten aufrechterhält, nicht zugleich zerstört wird. Es geht also darum, das Geheimnis der Werke in einer Tiefenstruktur zu ermitteln, ohne jedoch dieses Geheimnis auf eine destruktive Art und Weise zu lüften.

Ein Brief Benjamins an Florens Christian Rang vom 9. 12. 1923 erhellt diese Sichtweise in für Benjamin charakteristischen Formulierungen:

Dieselben Gewalten nämlich, welche in der Welt der Offenbarung (und das ist die Geschichte) explosiv und extensiv zeitlich werden, treten in der Welt der Verschlossenheit (und das ist die der Natur und der Kunstwerke) intensiv hervor. [...] die Ideen sind die Sterne im Gegensatz zu der Sonne der Offenbarung. Sie scheinen nicht in den Tag der Geschichte, sie wirken nur unsichtbar in ihm. Sie scheinen nur in der Nacht der Natur. Die Kunstwerke nun sind definiert als Modelle einer Natur, welche keinen Tag also auch keinen Gerichtstag erwartet, als Modelle einer Natur, die nicht Schauplatz der Geschichte und nicht Wohnort der Menschen ist. Die gerettete Nacht. Kritik ist nun im Zusammenhang dieser Überlegung [...] Darstellung einer Idee. Ihre intensive Unendlichkeit kennzeichnet die Ideen als Monaden. Ich definiere: Kritik ist Mortifikation der Werke. Nicht Steigerung des Bewußtseins in ihnen (Romantisch!) sondern Ansiedlung des Wissens in ihnen.[102]

Dieses längere Zitat mag verdeutlichen, welche im Grunde theologische Bedeutung Benjamin seinem Begriff der Kritik von vornherein zugemessen hat. Der Brief an Rang entstand im Umfeld des Essays über Goethes *Wahlverwandtschaften*, den Benjamin im Jahre 1922 fertiggestellt hatte, ohne jedoch sogleich einen geeigneten Publikationsort zu finden. Schließlich konnte Rang eine Vermittlung zu Hugo von Hofmannsthals *Neuen Deutschen Beiträgen* herstellen. Dort erschien der Essay dann in zwei Abteilungen 1924 und 1925. Benjamin hat in dieser Schrift gleichsam ein praktisches Exempel seiner Auffassung von Kritik dargeboten. Zugleich katapultiert er den Begriff des Essays auf eine hochkomplexe Stufe.

Benjamins von der Auseinandersetzung mit der Frühromantik abgeleitete Auffassung von Kritik zeigt sich in einem entscheidenden Punkt gegenüber ihrer romantischen Erscheinungsweise etwa bei Friedrich Schlegel modifiziert. Während die Romantiker durch die Kritik der Kunstwerke hindurch die Potenzierung des Bewußtseins anstrebten, geht es Benjamin um eine Durchdringung von magischer und intellektueller Sphäre, also um die Ansiedlung des Wissens in den Werken und des Gehalts der Werke im Wissen. Wie Benjamin in seiner Berner Dissertation *Der Begriff der Kunstkritik in der deutschen Romantik* (1920) bereits argumentiert, ist die romantische Kritik keineswegs »eine Beurteilung, eine Meinungsäußerung über ein Werk. Sie ist vielmehr ein Gebilde, das zwar in seinem Entstehen vom Werk veranlaßt, in seinem Bestehen jedoch unabhängig von ihm ist. Als ein solches kann sie vom Kunstwerk nicht prinzipiell unterschieden werden.«[103]

Während aber die Romantiker einen im Artistischen wurzelnden geschichtsphilosophischen Zielhorizont anvisierten, also gewissermaßen historisch extensiv dachten, verlegt Benjamin den Kern seiner Kritik in eine intensive Beziehung zwischen einem utopischem Denken und dem ästhetischen Geheimnis der Werke. Die Werke bewahren demnach einen geschichtsphilosophischen Gehalt, den die Kritik in ihnen zum Vorschein bringt, ohne allerdings das verschleierte Wesen dieses Gehalts zu eliminieren. Diese Sichtweise offenbart unmittelbar ihren messianisch-mystischen Charakter. Der Kritiker rettet den intensiven Gehalt der Geschichte, die als zeitlich extensives Szenario der Offenbarung betrachtet wird, in den Werken, die als dem ›Gerichtstag‹ der Offenbarung entzogen in der ›Nacht der Natur‹ existieren. Damit arbeitet er in zentraler Stellung an der heilsgeschichtlichen Vollendung der Geschichte, an der Kristallisation ihrer messianischen Komponente. Er ist davon überzeugt, daß in den Kunstwerken, in ihrer auratischen Verfaßtheit im Sinne eines Geheimnisses, das nicht zu lüften ist, die messianische Kraft des Geschichtsprozesses gewissermaßen naturhaft aufgehoben sei.

Das ist eine äußerst originelle Verknüpfung von romantischem Kunstglauben und jüdisch-theologischer Heilserwartung. Auf sie gründet Benjamin seine extrem elitäre Ausrichtung des Begriffs der Kritik und ihrer essayistischen Schreibweisen. Wiederum im Zusammenhang der Veröffentlichung des *Wahlverwandtschaften*-Essays schreibt er zur Erläuterung seiner Ideen an Hofmannsthal: »Jene Überzeugung nämlich, daß jede Wahrheit ihr Haus, ihren angestammten Palast, in der Sprache hat, [...] und daß der so gegründeten Wahrheit gegenüber die Einsichten der Einzelwissenschaften subaltern bleiben, solange sie gleichsam nomadisierend, bald hier, bald da im Sprachbereiche sich behelfen, befangen in jener Anschauung vom Zeichencharakter der Sprache, der ihrer Terminologie die verantwortungslose Willkür aufprägt.«[104]

Der Begriff der Kritik hat bei Benjamin eine fundamental theologische Ausrichtung. Er entspricht den in den Wissenschaften virulenten Vorstellungen von Sprache ebensowenig wie den Zielsetzungen der Wissenschaft insgesamt. Entsprechend esoterisch gestalten sich seine Manifestationen. Das läßt sich am *Wahlverwandtschaften*-Essay nachvollziehen. Der Text ist in drei Teile gegliedert, wobei dieser Aufbau der dialektischen Abfolge von These, Antithese und Synthese entspricht. Die drei Teile verhalten sich zueinander wie drei Spielarten von Kritik, die einander ergänzen: 1. Kritik und Kommentar; 2. Kritik und Biographik; 3. Kritik und Philosophie.[105] Benjamins Absicht besteht darin, methodische Grundüberlegungen mit der inhaltlichen und formalen Betrachtung von Goethes Roman zu verschmelzen. So gewinnt der Essay den Charakter des Grundsätzlichen, um es drastischer, aber vielleicht treffender zu sagen, des Fundamentalistischen. Was Benjamin dialektisch entfaltet, ist ein spiritueller Fundamentalismus von Kunst und Kritik. Die bis zur völligen Verschmelzung vorangetriebene Verbindung zwischen Kunstwerk und Kritik kündigt sich schon in den ersten Sätzen an, wenn es heißt: »Die Kritik sucht den Wahrheitsgehalt eines Kunstwerks, der Kommentar seinen Sachgehalt. Das Verhältnis der beiden bestimmt jenes Grundgesetz des Schrifttums, demzufolge der Wahrheitsgehalt eines Werkes, je bedeutender es ist, desto unscheinbarer und inniger an seinen Sachgehalt gebunden ist.«[106]

Es kann nicht verwundern, daß Benjamin gerade in den *Wahlverwandtschaften* von Goethe ein für seine Konzeption von Kritik ideales Werk gesehen hat. Die kryptische Undeutbarkeit dieses

Romans übertrifft wohl alle vergleichbaren Manifestationen der Gattung. In den *Wahlverwandtschaften* scheint die Substanz des Wahrheitsgehalts so tief und fest verschlossen zu sein, wie in keinem anderen erzählenden Werk der deutschen Literatur. Benjamin legt sich jedoch keinerlei Rechenschaft über diese Vorentscheidung des Kritikers hinsichtlich seines Gegenstands ab. Vielmehr erblickt er gerade in der Verschlossenheit des Wahrheitsgehalts der *Wahlverwandtschaften* das geeignete Objekt für die Tiefendimension von Kritik, die er anvisiert. Benjamin sieht den Sachgehalt, dem sich der erste Teil des Essays widmet, im Begriff des Schicksals verwurzelt als dem »Schuldzusammenhang von Lebendigen«.[107] Demnach wäre der Sachgehalt des Romans im Mythischen zu erblicken.[108]

Der zweite Teil des Essays entfaltet eine andere Schicht, nämlich die der Beziehung des Autors zu seinem Text. Hier tritt Benjamin als entschiedener Gegner der biographistischen Literaturwissenschaft auf, wie sie vor allem durch Friedrich Gundolf vertreten worden ist. Nicht die heroische Erscheinung des Olympiers Goethe kann nunmehr das Ergebnis der Kritik sein, sondern die Verschlingung von Autor und Werk in einem wiederum schicksalhaften lebensgeschichtlichen Sinne: »Vielleicht weil seine Jugend aus der Not des Lebens allzu oft behende Flucht ins Feld der Dichtkunst ergriffen hatte, hat das Alter in furchtbar strafender Ironie Dichtung als Gebieterin über sein Leben gestellt. Goethe beugte sein Leben unter die Ordnungen, die es zur Gelegenheit seiner Dichtungen machte.«[109]

Der dritte Teil des Essays entfaltet die für Benjamins Darstellung fundamentale Perspektive auf den Wahrheitsgehalt des Werkes im Horizont der Kritik. Von der Kritik heißt es: »Sie läßt im Kunstwerk das Ideal des Problems in Erscheinung, in eine seiner Erscheinungen treten. Denn das, was sie zuletzt in jenem aufweist, ist die virtuelle Formulierbarkeit seines Wahrheitsgehaltes als höchsten philosophischen Problemes.«[110] Benjamin erblickt in der Figur der Ottilie das Bild, das in seiner Scheinhaftigkeit sich auf der Handlungsebene dem Geliebten ebenso entrückt wie auf einer strukturellen Ebene der Wahrheitsgehalt dem Leser. Ottilie ist für Benjamin die Verkörperung des Wahrheitsgehalts in dessen Entrückung durch den Schein. Benjamin nennt diese Dimension des Kunstwerks *das Ausdruckslose*. »Das Ausdruckslose ist die kritische Gewalt, welche Schein vom Wesen in der Kunst zwar nicht zu trennen vermag, aber ihnen verwehrt, sich zu mischen.«[111]

Diese komplexe Verfaßtheit des Begriffs der Kritik am Beispiel der *Wahlverwandtschaften* birgt philosophisch wie literaturwissenschaftlich tiefgreifende Implikationen, die hier jedoch nicht erörtert werden können. Bezogen auf den Begriff des Essays lassen sich aber schon auf der Grundlage des bisher Ausgeführten bestimmte Folgerungen ziehen. Der Essay ist die Schreibweise, die sich aus der von Benjamin geforderten Verfassung der Kritik ergibt. Im Essay kann ein Umgang mit den zu betrachtenden Objekten gepflegt werden, der das Ineinandergleiten unterschiedlichster Gedanken und Gefühlsebenen ermöglicht. So bezieht der *Wahlverwandtschaften*-Essay grundsätzliche literaturtheoretische Überlegungen, strukturelle und inhaltliche Fragen, Fragen des Textes (Sachgehalt) und eine theologisch-mystische Ebene der Deutung (Wahrheitsgehalt) in einer Weise aufeinander, daß der Gesamttext eine gedankliche und ideengeschichtliche Erweiterung des Goetheschen Romanhorizontes darstellt. Diese Erweiterung hat das Ziel, im Roman die intensiven Dimensionen des Werkes zu Bewußtsein zu bringen. Damit sollen nicht die Kunst und ihre Gehalte in eine philosophisch-analytische Sprache übersetzt werden, vielmehr geht es um die Rettung der eigenständigen, unersetzbaren Kunst als eines zugleich verbergenden und entbergenden Phänomens von Wahrheit.[112]

Wenn demnach der Essay als Schreibweise in die Zone der Kunst im Sinne einer ›Hülle des Verhülltesten‹ vorstößt, kommt ihm in Benjamins Verständnis von Kritik oberste Bedeutung zu. Darin sieht sich der Autor durchaus in der Tradition der deutschen Romantik, er weitet die Zielsetzung seines Verfahrens jedoch ins Mystisch-Heilsutopische aus. Die Kunstwerke sind der Geschichte und ihrer Ausrichtung auf die messianische Offenbarung entzogene Phänomene. Sie sind in der ›Nacht‹ situiert und bergen somit durch ihre Aura den intensiven Wahrheitsgehalt des im Vergehen der Zeit versunkenen geschichtlichen Materials. Diesen Gehalt muß der Kritiker ansteuern und das Werk durch die Kritik ebenso erweitern wie die Ansätze der Kritik durch das Werk.

So offen theologisch hatte sich Literaturkritik bis hin zu Benjamin noch nicht präsentiert. Ebensowenig war der Essay als Form oder Schreibweise jemals derart metaphysisch und heilsutopisch belastet gewesen. Die Kulmination dieses Phänomens dürfte nicht zuletzt auf das apokalyptische Krisenbewußtsein der Intellektuellen nach dem Ersten Weltkrieg insgesamt zurückzuführen sein. Es sollte als gärendes Element des geistigen Lebens die Weimarer Republik prägen und letztlich aushöhlen. Nichts mehr scheint hier von der skeptischen Grundlegung der ›Gattung‹ *Essay* bei Montaigne übrig geblieben zu sein. Benjamin nimmt nicht die Stellung des sich selbst befragenden, von den Weltläufen zurückgezogenen Subjekts ein, sondern versucht die Rolle des Propheten als Kritiker zu besetzen. Dennoch ist das ganz Persönliche, Intime auch bei ihm im Essay aufgehoben. Der Aufsatz über Goethes *Wahlverwandtschaften* schreibt in die literaturtheoretischen, philosophischen und theologischen Ebenen seiner Textur zugleich eine ganz private Lebenserfahrung seines Autors ein. Diese annonciert sich einzig in der Widmung, die einer gewissen Jula Cohn gilt. In Jula Cohn erblickte der zum Zeitpunkt der Niederschrift verheiratete Benjamin das Objekt einer Liebe, deren Erfüllung für ihn ausblieb, ein Faktum, das er als schicksalhaft erlebt haben muß. Zugleich näherte sich seine Frau Dora einem gemeinsamen Freund gefühlsmäßig in ähnlich starkem Maße an, so daß die problematische Viererkonstellation aus Goethes *Wahlverwandtschaften* in Benjamins privatem Leben im Jahre 1921 gegeben zu sein schien. Das Wesentliche dabei aber war die Vergeblichkeit seiner Zuneigung zu Jula Cohn. In dieser Unglückserfahrung ist die intime Tiefenschicht des *Wahlverwandtschaften*-Essays zu erblicken. Bernd Witte bringt das auf den Text hin implizierte Phänomen in eine prägnante Formulierung, wenn er schreibt: »Benjamin verwandelt die Geliebte in einen Text und den Text in die eigentliche Geliebte. Diesen geliebten Gegenstand vermag nur das unendliche Studium näherzubringen. Gleichzeitig hält es ihn in ehrfürchtiger Distanz, um ihn nicht in der Banalität zu vernichten.«[113]

Die Ebenen des privaten Empfindens und die Idee des Kunst werden damit zur Deckungsgleichheit gebracht. Damit hat sich der Kritiker selbst als Subjekt in seinen Text eingeschrieben und ihn um eine esoterische Schicht erweitert. Kein Leser, der Benjamins biographische Umstände nicht genau kennt, würde sie aus dem Text herauslesen, und dennoch ist es gerade der Text, durch den hindurch diese privaten Gegebenheiten zu einer Heilsperspektive in der Spiritualisierung der Liebe ausgestaltet werden sollen. Daraus läßt sich eine Folgerung ableiten, die auf Benjamins gesamtes weiteres Schreiben zutrifft. Die interpretierbare Dimension eines Texte ist nur die eine, offen zutage liegende Seite. Jeder Text hat aber noch eine andere, verschlossene und durch Interpretation nicht zu erschließende Seite. Genau diese Doppelung der exoterischen und der esoterischen Verständnisebenen, in der sich Benjamins Konzeption der Kunst als der ›Hülle des Verhülltesten‹ auf der Ebene der Kritik wiederholt, charakterisiert seine Essayistik in der Tiefenstruktur. Aufgrund dieser Strukturierung nach innen hin, in die Tiefe der textuell aufgehobenen Dimensionen, bei gleichzeitiger Versenkung und Abschottung der subjektiv-intimen Schichten in der Architektur des Textes, rückt Benjamin sein Schreiben kompositorisch in die Nähe des Traktats. Der Essay und der Traktat treffen sich bei ihm in der Architektonik des verbergenden Entbergens der Textur. In seinem Buch *Einbahnstraße* (1928) gibt Benjamin eine Charakterisierung des Traktats, in der sich sein eigenes Ideal von einem kritischen Text spiegelt:

> Der Traktat ist eine arabische Form. Sein Äußeres ist unabgesetzt und unauffällig, der Fassade arabischer Bauten entsprechend, deren Gliederung erst im Hofe anhebt. So ist auch die gegliederte Struktur des Traktats von außen nicht wahrnehmbar, sondern eröffnet sich nur von innen. Wenn Kapitel ihn bilden, so sind sie nicht verbal überschrieben, sondern ziffernmäßig bezeichnet. Die Fläche seiner Deliberationen ist nicht malerisch belebt, vielmehr mit den Netzen des Ornaments, das sich bruchlos fortschlingt, bedeckt. In der ornamentalen Dichtigkeit seiner Darstellung entfällt der Unterschied von thematischen und exkursiven Ausführungen.[114]

Vor allem der letzte Satz birgt gleichsam eine poetologische Verdichtung des Konzepts des Essayistischen bei Benjamin, wie überhaupt der gesamte Aphorismus, der mit dem Titel *Innenarchitektur* überschrieben ist, eine Abbreviatur von Benjamins Idee eines kritischen Textes darstellt. Das Ineinanderspielen von thematischen und exkursiven Momenten kann als typisch für die Form des Essays seit seinen Anfängen gelten. Das damit angesprochene Ornamentale verweist bei Benjamin nun aber nicht mehr auf das Spielerische im Umgang mit einem Thema und damit auf einen dem Autorsubjekt zuzuschreibenden intentionalen Überschuß, sondern – analog zum orientalischen Phänomen der Arabeske – auf die strenge kompositorische Struktur des Textes als solche. In diesem filigranen Mikrobereich von Textgestaltung vollzieht sich die Transformation der ›Serenitas‹ des bildungsbürgerlichen Essayisten in Engagement.[115] Die kommunikativ-unterhaltende Funktion des Essayistischen tritt ganz hinter eine Gestaltungsabsicht zurück, die darauf angelegt ist, das Kontinuum der kulturellen Diskurse aufzubrechen.

Vom Ausgangspunkt der Literaturkritik aus kommt es bei Benjamin nach dem Scheitern seines Habilitationsvorhabens im Jahre 1925 zu einer Ausweitung des Begriffs der Kritik und seiner Praxis auf die politischen und kulturellen Lebensumstände. Gemeinhin wird dieser Umbruch mit dem Erscheinen des Buches *Einbahnstraße* im Jahre 1928 als vollzogen angesehen. Man meint darin die Wende des theologisch-metaphysischen Philosophen zu einem materialistischen Theoretiker erblicken zu können. Das Buch ist einer gewissen Asja Lacis mit folgenden Worten gewidmet: »Diese Straße heißt Asja-Lacis-Straße nach der die sie als Ingenieur im Autor durchgebrochen hat.«[116] Die russische Regisseurin, die Benjamin im Jahre 1924 auf Capri kennengelernt hat, dürfte diesen eindrücklich mit den Grundideen des Marxismus und des dialektischen Materialismus bekanntgemacht haben. Dennoch liegt in dieser Begegnung nicht die einzige Ursache für jene charakteristische Wende in Benjamins Schaffen. Zumindest ebenso stark dürfte Benjamins Lektüre des 1923 erschienenen Buches *Geschichte und Klassenbewußtsein* von Georg Lukács dazu beigetragen haben, seinem Denkhorizont eine neue Dimension hinzuzufügen. Denn eine grundlegende Abkehr von der noch im Essay über die *Wahlverwandtschaften* erkennbaren Haltung ist nicht festzustellen. Vielmehr dürfte gelten, was Hermann Kähler schreibt, »daß sich die späteren Thesen wie Jahresringe um die früheren legen«.[117]

Gleichgültig, ob man in *Einbahnstraße* ein Hauptwerk oder eher eine Nebenarbeit von Benjamin erblicken mag, festzuhalten bleibt, daß dem Buch eine Sonderstellung im Entwicklungsgang dieses Autors zukommt. Kähler bezeichnet es als »die erste seiner größeren Unternehmungen [...], die einen rein essayistischen Charakter besaß.«[118] Benjamin radikalisiert seine bis 1925 hin entworfenen Schreibformen und bezieht den Essay zentral in diesen Vorgang mit ein. Gegenüber Essayisten wie Kassner oder Pannwitz, die die bildungsselige Unverbindlichkeit hergebrachter Essaystile nur fortsetzen, – wenn auch im Medium einer wolkigen Esoterik – bringt Benjamin den Essay in unmittelbaren Funktionszusammenhang mit der grundsätzlich parteiergreifenden Haltung des, wie er schreibt, »Kritiker[s] als Stratege im Literaturkampf«.[119]

Benjamin plädiert für eine schonungslose Kritik, die rücksichtslos Partei ergreift, also alles andere als auf Ausgleich bedacht ist. Der Kritiker schreibt in seinem Verständnis für andere Kritiker, nicht für das Publikum und auch nicht für die Nachwelt. Die Grundhaltung des Kritikers ist die Polemik. In dem Manifest *Die Technik des Kritikers in dreizehn Thesen* heißt es dazu: » Polemik heißt, ein Buch in wenigen seiner Sätze vernichten. Je weniger man es studierte, desto besser. Nur wer vernichten kann, kann kritisieren. [...] Echte Polemik nimmt ein Buch sich so liebevoll vor, wie ein Kannibale sich einen Säugling zurüstet.«[120]

Diese martialisch klingenden Thesen zeigen Benjamins Eintritt auf die Ebene des Kulturkampfs an, der die Weimarer Republik durchzogen hat und von allen politischen Richtungen aus geführt worden ist. Erst auf dieser Stufe von Kritik ergibt sich für Benjamin ein Grad von intellektueller Verbindlichkeit, die durch den Kampf der Literaten und der Literatur hindurch auf den ›Lebenskampf‹ insgesamt zielt. Das gesellschaftliche und kulturelle Leben soll wie ein literarischer Text gelesen und von der Kritik in die Durchleuchtung gestellt oder in die Erkenntnis gehoben werden können. Die dabei von Benjamin entwickelten Schreibweisen konvergieren in einem Begriff, dem zentrale Bedeutung für die Kennzeichnung seiner Essayistik nach 1925 zukommt, dem *Denkbild*. Damit ist die auf überschaubarem Raum vorgenommene äußerste sprachliche Verdichtung gemeint, durch die bestimmte Zustände, Beobachtungen, Erfahrungen oder Gedankengänge gleichsam ins Bild gebannt werden. Die Denkbilder bringen in einem Zug zwei geradezu einander widerstreitende Phänomene zum Ausdruck, die jedoch in ihrem gemeinsamen Auftreten in diesen Texten eine für Benjamins weitere Arbeit entscheidende Rolle spielen, nämlich einerseits das Moment der Meditation und andererseits das des Schocks.

Beide Momente – Meditation und Schock – bilden innerhalb den Benjaminschen Denkbildes eine integrative Bewegung von Kontraktion und Extension. Die ins Bild gebannten Intensitäten halten dort die Energien ihrer Aufsprengung bereit und übertragen diese doppelte Potenz durchgehend auf den Leser. Benjamin selbst charakterisiert die innere Disposition des Denkbildes mit der Metapher des Fächers, wenn er schreibt: »Das Vermögen der Phantasie ist die Gabe, im unendlich Kleinen zu interpolieren, jeder Intensität als Extensivem ihre neue gedrängte Fülle zu erfinden, kurz, jedes Bild zu nehmen, als sei es das des zusammengelegten Fächers, das erst in der Entfaltung Atem holt und mit der neuen Breite die Züge des geliebten Menschen in seinem Innern aufführt.«[121]

Eine einleuchtende Definition des Denkbildes bei Benjamin hat Adorno in seinem kurzen Text über die *Einbahnstraße* gegeben. Adorno schreibt über die Denkbilder: »Sie wollen nicht sowohl dem begrifflichen Denken Einhalt gebieten als durch ihre Rätselgestalt schockieren und damit Denken in Bewegung bringen, weil es in seiner traditionellen begrifflichen Gestalt erstarrt, konventionell und veraltet dünkt.«[122] Benjamin geht es darum, den Geschichtsprozeß ins Bild zu fassen, um seine verschütteten oder vergessenen Möglichkeiten erkennbar werden zu lassen, schockhaft erkennbar in einer Weise, die die Befreiung dieser Intensitäten in einer heilsgeschichtlichen Perspektive provoziert. Literaturkritik und Theologie verhalten sich dabei zueinander wie Löschblatt und Tinte, wie eine spätere Bemerkung Benjamins wiederum im Sinne eines Denkbildes festhält: »Mein Denken verhält sich zur Theologie wie das Löschblatt zur Tinte. Es ist ganz von ihr vollgesogen. Ginge es aber nach dem Löschblatt, so würde nichts, was geschrieben ist, übrig bleiben.«[123] Im Löschblatt erscheinen die Schriftbilder spiegelverkehrt, zudem hat das Löschblatt die Tendenz, die gesamte Tinte, mit der die Schrift geschrieben ist, aufzusaugen. Der Kritik kommen somit zwei Aufgaben zu, die sich im Bild des Löschblattes zentrieren. Einerseits die Entzifferung der Spiegelschrift und andererseits das Aufsaugen des materiellen Substrats der Schrift (Tinte) als dem Inbegriff des Materials der Geschichte.[124]

Man sieht an diesen kurzen Ausführungen bereits, wie ambitioniert Benjamins Vorstellung von Kritik in einem messianischen Sinne auf den Geschichtsprozeß ausgerichtet ist. Der Zuwachs durch den Theoriehorizont des Marxismus konnte hier nur eine Erweiterung und Verschärfung bedeuten. Vorherrschend bleibt die theologische Ausrichtung. In diesem Kontext ist nicht zuletzt auch Benjamins Essay über Franz Kafka zu dessen zehntem Todestag (1934) zu begreifen. Benjamin interpretiert Kafka nicht im Sinne eines strikt theologisch-kabbalistisch grundierten Judentums – ein Interpretationsstrang, der vehement von Max Brod vertreten worden ist – vielmehr sieht er in Kafka den Beschwörer einer abhanden gekommenen theologischen Substanz, deren noch vorhandener Vorschein nicht mehr zu entziffern ist. Benjamins Arbeit bestünde nun gerade in einer Entzifferung des messianischen Vorscheins im Trümmerfeld der Geschichte. Auch hier, bei Kafka, greift sein Konzept von Kritik zentral an.

Noch wichtiger in diesem Zusammenhang wird jedoch für Benjamin die Auseinandersetzung mit Charles Baudelaire und dessen Entwurf der Moderne. Die Arbeiten über Baudelaire stehen im Zusammenhang mit Benjamins Projekt über die Pariser Passagen, das er seit 1927 bis zu seinem Tod im Jahre 1940 als eine Urgeschichte der Moderne in Angriff genommen hatte.[125] In den Schriften über Baudelaire gelangt Benjamins Essaypraxis noch einmal im Sinne des Traktathaften zur vollen Ausprägung. Nun scheint Benjamins Begriff der Kritik sein ureigenstes Thema gefunden zu haben, jedoch bereits bedrängt von der Materialmasse, in der das *Passagen*-Projekt bald schon zu ersticken drohte.

Benjamins vielleicht berühmtester und folgenreichster Aufsatz, *Das Kunstwerk im Zeitalter seiner technischen Reproduzierbarkeit* (1936), ist nur noch bedingt als Essay ansprechbar. Der Schritt vom metaphysischen Traktat zur kulturpolitischen Kampfschrift scheint in dem Augenblick vollzogen, da Benjamin den *Kunstwerk*-Aufsatz im Sinne einer »Formulierung revolutionärer Forderungen in der Kunstpolitik«[126] im Vorwort kennzeichnet. Die Feststellung, unter den Bedingungen moderner Produktionsverhältnisse verliere das Kunstwerk seine Aura und werde zu einer reproduzierbaren Ware, forciert einen materialistischen Kurzschluß zwischen Warenproduktion und Kunstverständnis, der kaum noch als dialektisch im marxistischen Sinne zu bezeichnen ist. Mit der *Aura* des Kunstwerks führt Benjamin einen hochgradig spekulativen Begriff auf der Ebene von materialistischen Argumentationszusammenhängen ein, ohne die problematische Konstellation zwischen ideeller Spekulation und materialistischer Geschichtsschreibung zu thematisieren. Im Fortgang einer marxistischen Sichtweise der Kunst soll gerade deren idealistischer Charakter als verlorene Dimension reklamiert werden. Was Benjamin mit der *Aura* anspricht, ist der zentrale Problemknoten der bürgerlichen Kunst, in dem sich die Idee vom genialischen Schöpfer mit dem Phantasma des auratischen Kunstwerks und seiner vorindustriellen Produktionsbedingungen zu einem Idealkonstrukt verwirrt, das zur Formulierung revolutionärer Thesen in einem dialektisch-materialistischen Sinne kaum geeignet sein dürfte. Ähnliches gilt für das *Passagen*-Werk. Die Problematik der unmöglichen Verarbeitung von empirischen Stoffmassen zu einem geschichtskritischen Werk, wie es Benjamin vorgeschwebt haben muß, scheitert an dem vom Autor unreflektierten Konvergenzpunkt von idealistisch-theologischer Spekulation und geschichtsphilosophischem Materialismus. Letztlich steht dahinter der Wille, das Geschichtsmaterial ins Denken aufzuheben und dort ins Licht seiner messianischen Potenz zu stellen. Es versteht sich, daß der Essay auf dieser Stufe von theologischem Sehertum keine Geltung mehr erhalten konnte.

In dieser vielleicht äußersten Anstrengung, die das metaphysische Denken im 20. Jahrhundert unternommen hat, hat der Essay zuletzt tatsächlich keinen Ort mehr. Wie bei Musil, wie bei Broch, wie insgesamt in der metaphysischen Indienstnahme des Essayismus bei den maßgeblichen Autoren des 20. Jahrhunderts, kommt es zu einer Überforderung der Möglichkeiten essayistischer Schreibweisen und in der Folge zu ihrer Auflösung in einer größeren Programmatik. Der Essay wird nicht mehr als existentielles Korrektiv angesehen, sondern als das ideelle Sprungbrett des Utopischen. Ähnliches ließe sich auch auf Ernst Bloch hin sagen, der in seinem 1930 erschienenen Buch *Spuren* ein den Benjaminschen Denkbildern verwandtes Prosaverfahren präsentiert, dessen prophetische Potenz indes unzweifelhaft auf das große Gesamtwerk, das *Prinzip Hoffnung*, vorausweist. Hier hat der Essay alles, was ihn von alters her ausgezeichnet hat, verloren, seine Distanz, seine Ironie, seine spielerischen Momente, seinen skeptischen Grundgehalt insgesamt. All dies muß der Essay dem Willen zu einem metaphysisch-totalitären Utopismus hingeben. Das zeigt sich auch noch beim alten Gottfried Benn, der sich zwar vom Totalitären und Absoluten verabschiedet hat, aber durch seine essayistischen Stile hindurch gerade diese Abstandnahme als ein Absolutum des Stils behauptet. So gesehen erweist sich das 20. Jahrhundert tatsächlich als die Epoche der Grablegung von Essay und Essayismus in einer von Montaigne her übermittelten, in der Frühromantik exponierten und bei Nietzsche ins Paradox getriebenen Denk- und Lebenshaltung. Sie war unter den Bedingungen der Moderne einer Beschleunigung und Dynamisierung ausgesetzt, durch die ihre relativistischen Potentiale als letzte Handlungsmöglichkeit des Subjekts und seines heilsutopischen Erwartungshorizonts gleichsam zur Explosion gebracht worden sind.

Benjamins Selbstmord auf der Flucht im September 1940 galt lange als Fanal einer vom politischen Totalitarismus gewaltsam abgebrochenen Bewußtseinsgeschichte der Moderne. Damit ist er zu einer Legendengestalt für die Nachmoderne geworden. Gerade Adorno und dessen Nachlaßverwalter haben das Erbe Benjamins in dieser Art und Weise exponiert. In einem Interview mit Peter Szondi aus dem Jahre 1966 bemerkt Adorno über sein Verhältnis zu Benjamin: »Als ich in New York im Herbst 1940 die Nachricht von seinem Tod empfing, hatte ich wirklich und ganz buchstäblich das Gefühl, als ob durch diesen Tod, der den Abschluß eines großen Werkes unterbrach, die Philosophie um das Beste gebracht worden wäre, was sie überhaupt hätte erhoffen können. Seit der Zeit habe ich es als eine sehr wesentliche Aufgabe betrachtet, nach meinem schwachen Teil alles zu tun, um das, was von seinem Werk vorhanden und gegenüber seinen Möglichkeiten nur ein Fragment ist, so weit jedenfalls herzustellen, daß eine Ahnung von einem solchen Potential doch wieder erweckt wird.«[127]

Das Verdienst, letzteres geleistet zu haben, kommt Adorno und seinen Mitarbeitern unbestreitbar zu. Auffallend ist jedoch, daß Adorno selbst mit seinem Schreiben nach 1945 an dem Punkt ansetzt, der bei Benjamin als Höhepunkt seiner essayistischen Darstellungsformen gelten kann, beim *Denkbild*. Die 1951 erschienenen *Minima Moralia* können als eine Fortführung des in der *Einbahnstraße* von Benjamin umgesetzten Essaystils auch von seiner strikt denkerischen Ausrichtung her gelten. Jedoch konfrontiert Adorno das meditative Verfahren Benjamins, dessen eigentlicher Zielpunkt der Schock ist, mit einem hegelianischen Muster von Dialektik, das die Ebene des Bildes hinter der des Begriffs zurücktreten läßt. Adornos schon im Jahre 1938 gegenüber Benjamin vorgebrachte Kritik an seinem Verfahren, es versenke sich bloß ins Material und parallelisiere die kulturellen Phänomene mit ihrer ökonomischen Basis, ohne diese Elemente einer echten Dialektik zuzuführen, schlägt nach dem Zweiten Weltkrieg in Adornos Essaystil voll durch.[128] Hinzu kommt die geschichtliche Erfahrung der Shoa, durch die sich Adornos Denken noch mehr radikalisieren mußte. Nach diesem historisch beispiellosen Verbrechen war der in der Geschichte aufbewahrte messianische Gehalt mehr als in Frage gestellt. Aber nicht nur das. Geschichte als Konzept und Kontinuum war insgesamt fragwürdig geworden. Phänomene wie Subjektivität, Originalität oder auch Utopie konnten in Adornos Augen in einem undialektischen, gleichsam positiven Verständnis keinerlei Geltung mehr beanspruchen. Daher sein Insistieren auf dem Begriff im Hegelschen Sinne.

Entsprechend findet sich Benjamins Denkbild in den *Minima Moralia* Adornos gleichsam zu einem Standbild des Begriffs modifiziert. Mit diesem Buch und seinem essayistischen Grundduktus beginnt die Schreibweise, die für Adorno charakteristisch werden sollte. Die Sätze Adornos kulminieren nicht in der semantischen Meditation des Bildhaften und seiner Schockqualität, sondern präsentieren sich selbst dort noch als Verdichtung einer Abstraktion, wo rein bildlich gesprochen zu werden scheint. Das aufscheinende Bildmaterial, entnommen den unterschiedlichen Szenarien des kulturellen Lebens – von der Kulturindustrie bis zur Psychoanalyse –, wird einer Art dialektischer Einfärbung unterzogen, aus der jeweils ein bestimmter Erkenntniswert aufsteigen soll. Beispiele müssen an dieser Stelle als obsolet gelten, gibt es doch keinen Satz aus den *Minima Moralia*, der nicht diesem Prozeß unterworfen wäre und ihn somit nicht repräsentieren würde. Adornos dialektische Begriffs-Stelen, die man problemlos einzeln aus den Texten herauslösen und wie negative Losungen plakatieren könnte, generieren einen Essayismus auf höchstem abstrakten Niveau. Es ist, als sei das Material der Geschichte durch bestimmte geschichtliche Erfahrungen und durch seine simulatorische Aufbereitung in der Kulturindustrie, die letztlich eine Bewußtseinsindustrie ist, einzig noch auf diese denkerische Ebene verwiesen, auf der es vor allem anderen seine eigene Negation erfährt. Der Begriff des Negativen, der später bei Adorno in seinem philosophischen Hauptwerk, der *Negativen Dialektik*, zentrale Bedeutung erlangen sollte, ist in den

Minima Moralia bereits vollständig vorhanden. Er bezeichnet hier die Anihilierung der Phänomene, die in ihrem Auftreten im Alltag bereits als von der Kulturindustrie zugerüstete erscheinen. Er bezeichnet ferner die Aufhebung dieser Phänomene in den dialektischen Prozeß des Denkens. Damit wird eine letzte Bastion des Denkens gegenüber dem Totalitarismus des ›falschen Bewußtseins‹ behauptet. In Adornos Sicht kann es ein ›wahres Leben‹ im falschen nicht geben; alles kann erst im Vollzug der negativen Dialektik Authentizität beanspruchen.

In diesem Problemfeld erlangt der Essay eine exponierte Bedeutung. Adorno stellt den *Noten zur Literatur* seine Schrift *Der Essay als Form* voran. Diese Positionierung dürfte nicht zufällig zustande gekommen sein. Adorno erklärt den Essay zu der adäquaten Form eines antiideologischen Schreibens, das jeglichem Zugriff, sei es dem des politischen Totalitarismus oder den Vereinnahmungstendenzen des Kulturbetriebs zuwiderläuft. Dabei erweist sich der Essay als die Ausdrucksform schlechthin, die im Nichtidentischen die eigentlichen Potentiale des Denkens bewahrt hält und zu aktivieren versteht. »Er trägt dem Bewußtsein der Nichtidentität Rechnung, ohne es auch nur auszusprechen; radikal im Nichtradikalismus, in der Enthaltung von aller Reduktion auf ein Prinzip, im Akzentuieren des Partiellen gegenüber der Totale, im Stückhaften.«[129]

Adorno liefert keine Textarbeit, die sich auf Beispiele stützte. Der Essay als empirisch vorkommendes Phänomen ist nicht sein Thema. Auf dem Abstraktionsniveau, das Adorno bewußt betritt, gelangt vielmehr eine idealtypische Schreibweise zum Durchbruch. Man könnte sie die Schreibweise des Nichtidentischen nennen, womit zugleich erklärt wäre, weshalb im Essay die Art und Weise der Darstellung wichtiger wird als die Sache, die er verhandelt: »Das Bewußtsein der Nicht-Identität von Darstellung und Sache nötigt jene zur unbeschränkten Anstrengung. Das allein ist das Kunstähnliche des Essays.«[130] Letztlich erblickt Adorno im Essay eine wesentliche Ausformung des Hegelschen Anspruchs an das Denken, auch wenn sie deren anderes Extrem darstellt. Diese unvermutete Verwandtschaft besteht in einer gewissermaßen spontan dialektischen Umgangsweise mit dem Verhältnis von Form und Inhalt. In diesem Punkt, so Adorno, berührten sich die beiden Extreme des absoluten Wissens auf der einen und des Essays auf der anderen Seite.[131]

Auch Adorno verweist auf das utopische Potential des Essays, jedoch nur ganz vorsichtig, im Sinne des denkerischen Verfahrens selbst und nicht seiner Instrumentalisierung für das Utopische. So scheint es, als liege hier, im Essay als Form, der letzte denkbare Ausblick auf Utopie. Das ist bemerkenswert. Insbesondere deshalb, weil Essay und Essayismus seit der Romantik durchgehend mit dem Utopiebegriff konfrontiert worden sind. In Adornos Perspektive vollzieht sich jedoch ein paradigmatischer Wechsel auf dieser Ebene. Es ist nun tatsächlich so, daß die Instrumentalisierung des Essays als *Medium* einer geschichtsphilosophischen Idealität von Adorno aufgelöst wird. Jetzt wird der Essay *als Form* selbst zum Inbegriff dieser Idealität. Adorno versteht den Formwillen des Essayisten nicht mehr nur im Horizont einer literarische Schreibweise, sondern als philosophische Haltung in dem leeren Raum, in dem einmal das Utopische angesiedelt war. Die Form des Essays ist jetzt das Entscheidende innerhalb eines Geschichtsprozesses, dessen inhaltliche Dimensionen ausgeschöpft sind. Essayistisch zu schreiben bedeutet nun, ein Bekenntnis zur eigenen Position abzulegen, einzugestehen, daß es kein messianischer Horizont ist, in dem wir uns bewegen, sondern der letzte Grund der Hoffnungslosigkeit. Die Abständigkeit des Essays von der Wahrheit ist der Garant seiner Virulenz: »Im emphatischen Essay entledigt sich der Gedanke von der traditionellen Idee von der Wahrheit.«[132] Hierin scheint das Essayistische wieder dort angekommen zu sein, von wo es seinen Ausgang genommen hat. Im Nachklang einer Weltenkatastrophe erweist es sich als die letzte und einzige Form des Sprechens.

Der ›emphatische Essay‹, das ist Adornos Zentralidee. *Essay* als letzte historische Möglichkeit des Ausdrucks und des Ausblicks in einer korrumpierten Welt. Korrumpiert ist die Geschichte ebenso wie der Kulturbetrieb; die Philosophie als Universitätsfach bleibt in ihren eigenen Zwängen gefangen und wagt keinen Ausbruch, die Wissenschaften erheben dazu noch den Anspruch einer Totalkontrolle aller Abläufe. So faßt es Adorno am Ende seines Essays über den Essay zusammen. Noch einmal wird der Essayismus beschworen, als letzte Form von denkerischer Authentizität, als Möglichkeit des Durchbrechens der festgefügten Strukturen auf allen Gebieten, als Aktionsform des Nichtidentischen. Das ist der Punkt, an dem Essay und Essayismus am weitesten in die reine Abstraktion vorangetrieben worden sind. Von dieser Warte aus, kann es keine Innovationen mehr geben, sondern nurmehr Variationen und Wiederholungen. Vor allem Adornos unvollendet gebliebene *Ästhetische Theorie* versuchte eine Art permanenten Essayismus umzusetzen, der jener »musikalischen Logik«[133] unterliegt, von der der Philosoph in *Der Essay als Form* spricht.

Dieser Versuch blieb in seiner Bedeutung einzigartig und formal unnachahmlich. Zuletzt ist auch Adornos essayistisches Sprechen im Sinne des Nichtidentischen zu einem Jargon geworden, zu einer Mode und zu einem Manierismus. Wenn bei Montaigne der Essay aus der konzentrierten und spontanen Auseinandersetzung des Subjekts mit sich selbst auf einer lebensweltlichen Ebene entsprungen ist, so ist er bei Adorno zu einem Monument der Abstraktion geworden. Zu einer Idealform, die nicht einzuholen ist, zu einem Versäumnis der Geschichte auch, das nicht mehr nachgeholt werden kann. Der Essay nämlich als die Hoffnung auf eine nur durch die subjektive Urteilskraft gestützte Selbstbefreiung des Denkens von den Systemgewalten der Religionen und der Ideologien und schließlich von den Gewalten einer Modernität, die den Menschen einem Bündel von Zwängen unterwirft, die er kaum noch zu benennen weiß. An der Geschichte des Essays läßt sich ablesen, wie umstritten das Terrain war, auf dem sich seine Formen zu manifestieren suchten. Möglicherweise kann man darin eine Gattung *sui generis* erblicken, von deren Verständnis aus die Deutung der Literatur der vergangenen fast vierhundert Jahre wesentliche Dimensionen hinzugewinnen kann.

Schwierig und an dieser Stelle nicht zu beantworten bleibt die Frage, was aus den Potentialen des Essayistischen seit Adorno geworden ist. Gleichgültig, welche Beispiele aus den letzten dreißig Jahren man auswählen würde, um darüber zu urteilen, eines jedenfalls wird dieser Geschichte eines Syndrom in gar keiner Weise gerecht: ein Essay im Sinne einer Unterhaltungsschriftstellerei, die unbeschwert und selbstgenügsam die Simulation seiner Formen multipliziert.

Anmerkungen

Einleitung

1 Vgl. Rohner, Der deutsche Essay; Berger, Der Essay.

Essay und Essayismus

1 Mit der Ableitung von mittellat. *exagium*, das ebenfalls meist mit *Versuch* übersetzt wird und ins Französische mit *essai*, sowie ins Italienische mit *saggio*, was vielleicht am besten mit *Probe* zu übersetzen wäre, eingegangen ist. Antike Vorformen werden in Dialog, Diatribe, Exemplum und Brief gesehen, wobei die Dialoge Platons als Vorlauf problematisch und nur sehr bedingt mit einem neuzeitlichen Essay in Vergleich gebracht werden können. Vor allem die römische Epistolarliteratur (Cicero, Seneca etc.) mag noch am ehesten essayistischen Charakter aufweisen, doch scheint es nicht ganz verfehlt, mit Montaigne im späten 16. Jahrhundert einen Schnitt zu setzen und den Essay als ein genuin neuzeitliches Phänomen zu behandeln.

Vgl. zu Etymologie und Vorgeschichte des Essay: Weissenberger, Der Essay.

2 So eröffnet Klaus Günther Just seinen Beitrag *Essay* in dem Kompendium *Deutsche Philologie im Aufriß* von 1960 mit der folgenden Feststellung: »Die Nichtbeachtung dieser literarischen Gattung kann durch die Schwierigkeit einer gültigen Definition des vieldeutig schillernden Begriffs ›Essay‹ weder erklärt noch entschuldigt werden; vielmehr spricht aus dieser Vernachlässigung ein bedauerlicher Mangel an Kontakt zwischen den avantgardistischen Gruppen aus dem wissenschaftlichen Bereich einerseits, dem literarischen Bereich andererseits. Gerade der Essay stellt ein schmales, aber überaus bedeutsames Gebiet *zwischen* reiner Literatur und strenger Wissenschaft dar...« (Just, Essay, Sp. 1897).

3 Gemeint ist das Buch von Ludwig Rohner, Der deutsche Essay.

4 Rohner, Der deutsche Essay, S. 619f.

5 Wolfgang Müller-Funk betont in seinem Buch *Erfahrung und Experiment* die Tatsache, daß der heutige Essayismus »ubiquitär« geworden sei, da die ›Modalform‹ (Luhmann) der modernen Gesellschaft die Kontingenz sei. »Kontingenz meint nicht Beliebigkeit, doch eine Vielfalt von Möglichkeiten, den Verlust zwingender Notwendigkeit. Abwägen, Beobachten und Multiperspektivität werden dabei zu zeitgemäßen intellektuellen Tugenden und der Essayismus zum Modell dieser Kontingenz.« (S. 281) – Ich wage zu bezweifeln, ob diese Perspektive weit genug reicht, um die Bedingungen der Möglichkeit oder Unmöglichkeit des Essays in heutiger Zeit auszuloten. Das Verhältnis der Subjekte zu ihren Medien hat sich in den letzten zwanzig Jahren so grundlegend gewandelt, daß offensichtlich die Kontinuität des essayistischen Verhaltens gerade jetzt und hier unterbrochen worden ist. Wir werden diese Frage im Auge behalten.

6 Vgl. Baumgart, Die Jünger des Interessanten.

7 Vgl. Grünbein, Falten und Fallen, sowie Grünbein, Den Teuren Toten.

8 Diese »Endlösungsmentalität« in den Diskursen der allumfassenden Mediengesellschaft dürfte unverkennbar sein, wird aber auch zumeist als unumgänglich empfunden, sofern man bedenkt, daß das altehrwürdige Subjekt auch bloß ein Medium gewesen ist, nämlich eines der bürgerlichen Epoche, dessen Leistungsfähigkeit sich nunmehr erschöpft hat und das jetzt von anderen, auf die Masse wirkenden Medien ersetzt wird. Gerade dagegen aber steht der Essayismus, um den es in der vorliegenden Arbeit zu tun ist. Der Essay zeigt, meine ich, daß das Subjekt zwar keine »anthropologische Konstante« darstellt, daß es sich aber erhält, indem es sich verwandelt und insbesondere eines nicht preisgibt: den kritischen Selbstbezug als skeptischen Außenbezug.

Zur Stellung des Essays in der Medienwelt vgl. den Aufsatz von Stanitzek in: Weimarer Beiträge 4 (1992), S. 506-528.

9 Just, Essay, Sp. 1902.

10 Hofmannsthal, Ein Brief, in: Prosa II, S. 7-20, hier S. 12.

11 Hofmannsthal, Prosa II, S. 19.

12 Hofmannsthal, Prosa II, S. 20.

13 Vgl. auch Just, Essay, Sp. 1912f.

14 Montaigne selbst zählte sich in der Frage nach der Möglichkeit oder Unmöglichkeit der Wahrheitsfindung zu den sogenannten Pyrrhonisten. Jean Starobinski bemerkt dazu: »Die Pyrrhonisten sind diejenigen, die sich in den täglichen Vorkommnissen ›ohne irgendeine eigene Meinung oder Urteil‹ leiten lassen. Das ist die Schule, die für Montaigne am meisten ›Wahrscheinlichkeit und Nützlichkeit‹ hat.« (Starobinski, Montaigne, S. 202)

15 Auch wenn das die Systemtheorie zweifellos anders sieht, da sie wie alle Supertheorien einen Anspruch aufs Ganze erhebt, um dadurch den Einwand zu verdrängen, auch sie sei wieder nur eine Theorie neben anderen.

16 Vgl. Musil, Der Mann ohne Eigenschaften, S. 247-257.

17 Vgl. Müller-Funk, Erfahrung und Experiment.

18 Vgl. Rohner, Der deutsche Essay, S. 612.

19 Johann Wolfgang Goethe, Werke, Hamburger Ausgabe [HA], Bd. 13, S. 37.

20 Vgl. Montaigne, Essais, Livre I, Au Lecteur: »Je veus qu'on m'y voie en ma facon simple, naturelle et ordinaire, sans contantions et artifice: car c'est moi que je peins.« (S. 35)

21 Goethe, HA 13, S. 38.

22 Goethe, HA 13, S. 10-20.

23 Goethe, HA 13, S. 55.

24 Goethe, HA 13, S. 55.

25 Benn, Goethe und die Naturwissenschaften, in: ders., Essays und Reden, S.175-206, hier S. 203.

26 Vielleicht muß nicht mehr eigens betont werden, wie sehr Nietzsche mit seinen Schreibweisen dazu beigetragen hat, die deutsche Geisteslandschaft bis zu Heidegger hin in einen fundamentalistischen Nebel zu hüllen, in dem niemand mehr nüchtern bleiben konnte. Dies erscheint um so gravierender, weil in seinem Werk tatsächlich eine Potenz zur Überwindung des ›Nihilismus‹ gelegen hätte – nur eben nicht die, die er selbst philosophisch anstrebte. Erst die Postmoderne erlangte einen Blick für die Diversifizierung der Schreibweisen,

die Nietzsches Denken auszeichnet, jene *Stile Nietzsches*, wie sie Derrida herausgestrichen hat. In ihnen kann man heute zu Recht einen Auf- und Durchbruch zu einem Denken jenseits der monokausalen Ansprüche auf Wahrheit und Authentizität sehen, zu einem Denken der Differenz. Nur muß man zugeben, daß Nietzsche dasselbe Phänomen als totales Scheitern erlebt hat und eben nicht als Durchbruch.

27 Vgl. hierzu Haas, Studien zur Form des Essays und seinen Vorformen im Roman. Man muß gar nicht so schematisch vorgehen, wie Haas dies tut, um die Durchdringung der traditionellen Formen durch den Essay zu erkennen. In Deutschland kann man zumindest von Lessing an nachvollziehen, wie gerade das essayistische Moment des Selbstdenkens alle regelpoetischen Gattungskonzepte hinter sich läßt und die Fortentwicklung der Gattungen – auch des Dramas und der Lyrik – seinen freien Rhythmen unterstellt. Der Essayismus wäre somit der in den Schreibvorgängen versteckt wirkende *spiritus rector* einer Selbststeuerung der Schrift, die die alten Begründungszusammenhänge aufgegeben hat.

28 Fontane, Herman Grimm: Goethe, in: ders., Sämtliche Werke, S. 481-490, hier S. 481.

29 Fontane, Herman Grimm: Goethe, S. 482.

30 Fontane, Herman Grimm: Goethe, S. 482f.

31 Grimm, Aus den letzten fünf Jahren, S. VIII.

32 Grimm, Aus den letzten fünf Jahren, S. VIII.

33 Lukács, Über Wesen und Form des Essays. Ein Brief an Leo Popper (1910), in: Deutsche Essays. Prosa aus zwei Jahrhunderten, Bd. 1 Essays avant la lettre, München 1972, S. 27-47, hier S. 35.

34 Lukács, Über Wesen und Form des Essays, S. 35.

35 So schreibt er etwa: »Der moderne Essay hat den Lebenshintergrund verloren, der Platon und den Mystikern ihre Kraft gab und auch der naive Glaube an den Wert des Buches und was darüber zu sagen ist, ist ihm nicht mehr gegeben. Das Problematische der Lage hat sich fast zu einer notwendigen Frivolität im Denken und im Ausdruck zugespitzt.« (Über Wesen und Form des Essays, S.44)

36 Lukács, Über Wesen und Form des Essays, S. 47.

37 Vgl. zur frühen Nietzsche-Rezeption in Deutschland: Nietzsche und die deutsche Literatur, 2 Bände, hrsg. von Bruno Hillebrand.

38 Dieter Bachmann (Essay und Essayismus, S. 10f.) bemerkt zu dieser Tendenz: »Die Form des Essays ändert sich mit der Ausbreitung des Essayismus. Während im 19. Jahrhundert die Form für den deutschen Sprachraum erst einmal geschaffen werden mußte, ist sie in diesem entscheidend verändert worden. Es gibt wenige Essayisten der Gegenwart, die den klassischen Essay pflegen, und sie gehören ausnahmslos dem konservativen Lager an. Während der Essayist klassischer Prägung, der ›Kulturschriftsteller‹ ausstirbt – Max Rychner, Rudolf Kassner sind unter den letzten Vertretern, [...] –, finden essayistische Formen immer größere Verbreitung (Traktat, Aufsatz, kurze Abhandlung). Serenitas, Gesellschaftlichkeit, Spieltrieb sind am Essay immer wieder gerühmt worden: alle diese Qualitäten hat der moderne deutsche Essay verloren.« Mir scheint diese Diagnose, die Bachmann vor dreißig Jahren getroffen hat, nun selbst allerdings äußerst konservativ disponiert. Auch er betrachtet, wie eben die sogenann-

ten Kulturschriftsteller, den Essay als festgefügte Form, die in der Gegenwart äußerst stiefmütterlich behandelt werde. Doch liegt der Erstarrung des Essays als Kulturprogramm eben diese Sichtweise zugrunde. Evolutionsgeschichtlich betrachtet wäre der kulturkonservative Großessay als ein Entwicklungszweig anzusehen, der mächtig heranwuchs, jedoch, von seiner eigenen Masse erdrückt, recht bald ausgestorben ist. Andere Zweige wuchsen dünner heran, blühten und blühen dafür aber um so schöner.

In dieselbe Kerbe wie Bachmann schlägt auch Bruno Berger (Der Essay. Form und Geschichte, S. 191), wenn er schreibt: »Der echte Essayist ist ein Grandseigneur des Geistes [...] Wie der ständische Grandseigneur der feudalen Zeit ist er Gerichtsherr, führt jedoch den Prozeß nicht selbst: er zieht die urteilende Summe und trifft die Entscheidung.« Unverkennbar hat sich in den sechziger Jahren die Literaturwissenschaft um den Essay bemüht, jedoch in der ihr eigenen Gutsherrenart und mit der Verallgemeinerung jenes kulturkonservativen Impulses, der den Essay auf die Maße der Zunft und des Zünftigen zurechtschneidern wollte.

39 Adorno, Der Essay als Form, in: Deutsche Essays. Prosa aus zwei Jahrhunderten, S. 68.

40 »Der Essay muß an einem ausgewählten oder getroffen partiellen Zug die Totalität aufleuchten lassen, ohne daß diese als gegenwärtig behauptet würde.« (Adorno, Der Essay als Form, S. 76).

16. und 17. Jahrhundert

1 Ich bin Mensch und behaupte, daß nichts Menschliches mir fremd ist (Terenz, Heautontimorumenos, I, 1.).

2 Lange Zeit wurde Lord Bacon als die Gestalt gehandelt, die als der mutmaßliche Verfasser jener Werke anzusehen sei, die unter dem Namen *Shakespeare* Weltberühmtheit erlangt haben. Gerade auch Nietzsche etwa scheint dieser These zuzuneigen, weil sie seiner Imagination des Philosophen als Schauspieler und Dramatiker Nahrung gibt. Heute nimmt man jedoch von Bacon als dem möglichen Autor der Werke Shakespeares weitestgehend Abstand. Die Aufmerksamkeit richtet sich gegenwärtig – zumindest in dem Lager, das nicht an die Autorschaft eines William Shakespeare glaubt – auf den Lord of Oxford, Edward de Vere (vgl. Klier, Das Shakespeare-Komplott).

3 Vgl. etwa die Bemerkungen von Rohner dazu: »Geht das Essayistische als schriftstellerisches Verfahren auf Montaigne zurück, so auf Bacon, und zwar gleichen Rechts, der Essay als literarische Form.« (Rohner, Versuch über den Essay, in: ders. (Hrsg.), Deutsche Essays. Prosa aus zwei Jahrhunderten, Band 1, S. 7-22, hier S. 11).

4 Ein Text, der seit 1992 wieder greifbar ist und bis 1998 die im Buchhandel einzig erreichbare Gesamtausgabe der Essais Montaignes in deutscher Sprache dargestellt hat: Michel de Montaignes Essais (Versuche) nebst des Verfassers Leben nach der Ausgabe von Pierre Coste ins Deutsche übersetzt von Johann Daniel Tietz, Zürich 1992 (Leipzig 1753/54).

5 Michael de Montaignes Gedanken und Meinungen über allerley Gegenstände. Ins Teutsche übersetzt von Johann Jakob Bode. 7 Bände, 1797. – Diese

Ausgabe wurde von Otto Flake und Wilhelm Weigand im Jahre 1915 noch einmal unter dem Zusatz *Historisch-Kritische Ausgabe* herausgegeben. Es ist jedoch nicht einzusehen, weshalb die Herausgeber diese Bezeichnung hinzugefügt haben, da es sich allein um die geringfügig veränderte Fassung Bodes handelt, der selbst auf eine unzureichende französische Originalausgabe zurückgegriffen hat (vgl. dazu Hugo Friedrich, Montaigne, S. 382).

6 Friedell, Kulturgeschichte der Neuzeit, S. 397.

7 Friedell, Kulturgeschichte der Neuzeit, S. 398.

8 Goethe, HA 14, S. 90.

9 Nietzsche, Sämtliche Werke. Kritische Studienausgabe [KSA], Bd.1, S.348.

10 Vgl. etwa jenes von Matthias Greffrath aus jüngster Zeit: »Montaigne steckte im Hinterhirn als eine Art Onkel, den ich gern gehabt hätte: einer dem man seine Lebensweisheiten abnähme, obwohl man, kämen sie von andern, rebellisch würde. [...] Einer, zu dem man geht, wenn man Probleme mit den anderen hat: den Eltern, der Akademie, der ›Gesellschaft‹.« (Greffrath, Montaigne. Ein Panorama, S. 7).

11 Michel de Montaigne, Essais, Auswahl und Übersetzung von Herbert Lüthy [Montaigne (Lüthi)], S. 369. – Ich zitiere aus dieser deutschsprachigen Ausgabe, weil es, obgleich unvollständig, bis vor kurzem diejenige gewesen ist, die dem heutigen Gebrauch des Deutschen am ehesten angenähert erscheint. Kurz vor Abschluß des Manuskripts erschien *Michel de Montaignes Essais*. Erste moderne Gesamtübersetzung von Hans Stilett, Frankfurt/M. 1998. – Bei allen Verdiensten, die dieser neuen Übersetzung zugesprochen werden müssen, für unseren Zweck der Geschichte des Essays erbringt sie gegenüber der Ausgabe von Lüthy nichts wesentlich Neues. Es wird daher im folgenden Montaigne weitgehend nach Lüthy zitiert.

12 Montaigne (Lüthy), S. 369.

13 Montaigne (Lüthy), S. 383.

14 Montaigne (Lüthy), S. 324.

15 Montaigne (Lüthy), S. 568.

16 Uwe Schultz formuliert hierzu treffend: »Faszinierend und nicht nur irritierend ist die Figur Montaignes in der Geschichte des Individualismus vor allem deshalb, weil die philosophische Ausformung des Individuums nicht abstrakt in philosophischer Systematik geschah und zugleich die konkret-private Persönlichkeit zum philosophischen Programm wurde.« (Schultz, Montaigne, S. 43).

17 Er faßt die Einzigartigkeit seiner Freundschaft mit La Boétie in seinem Essay *Über die Freundschaft* folgendermaßen zusammen: »So wünschte ich zu Menschen zu reden, die das erfahren hätten, wovon ich spreche. Allein, da ich weiß, wie fern vom gewöhnlichen Weltlauf eine solche Freundschaft abliegt und wie selten sie ist, erwarte ich keinen guten Richter. Denn sogar die Meinungen, die das Altertum uns über diesen Gegenstand hinterlassen hat, kommen mir seicht vor, gemessen an dem Gefühl, das ich davon habe.« (Montaigne (Lüthy), S. 228.

18 Montaigne (Lüthy), S. 225.

19 Richtungweisend in der Frage nach dem Verhältnis Montaignes zu den Alten ist noch immer das Buch von Hugo Friedrich, Montaigne, S. 68-90. Überhaupt erscheint Friedrichs Darstellung als der mit Abstand informativste Bei-

trag der Forschung, ausgearbeitet mit der Gründlichkeit des Philologen, der das Phänomen erschöpfend darzustellen versucht, und zudem ein Lesegenuß.

20 Diese Feststellung findet sich bereits bei Michel Butor, der schreibt: »Montaigne, à cause de l'extraordinaire éducation que lui avait donné son père, ayant eu le latin comme langue maternelle, s'est consideré comme un Romain exilé dans la France du XVI. siècle«. (Butor, Essais sur les essais, S.64).

21 Greffrath, Montaigne, S. 269.

22 Greffrath, Montaigne, S. 279.

23 Vgl. hierzu: Croquette, Pascal et Montaigne.

24 Vgl. zu dieser Geschichtsauffassung und zu einer denkbaren Aktualität Montaignes in Moderne und Postmoderne: Toulmin, Kosmopolis. Die unbekannten Aufgaben der Moderne.

25 Montaigne (Lüthy), S. 541.

26 Montaigne (Lüthy), S. 219f.

27 Vgl. Butor, Essais sur les essais, S. 44: »Dans ce tombeau, il ne s'agit nullement de raconter des anecdotes concernant La Boétie, mais de faire entendre son œuvre majeure comme parfait exemple, à l'intérieur du portrait exemplaire du gentilhomme français.«

28 Starobinski, Montaigne, S. 103f.

29 Butor, Essais sur les essais, S. 59. »Es handelt sich keineswegs darum zu zeigen, daß La Boétie ein bestimmtes Amt dieser oder jener Größe am Hof hätte einnehmen können, daß er der literarische Angestellte eines Adligen hätte sein können, sondern im Gegenteil, daß er vermittels seiner Schriften an der Stelle dieses Großen hätte sein müssen.« [Übers. vom Verf.].

30 Sein Vater regt Montaigne zu seiner ersten literarischen Leistung an, der Übersetzung der *Theologia naturalis* des Raimundus Sebundus, die 1569 in Paris erscheint.

31 Montaigne (Lüthy), S. 124.

32 Vgl. Montaigne (Lüthy), S. 137f.: »Das unablässige Werk eures Lebens ist, euren Tod zu wirken. Ihr seid im Sterben, dieweil ihr im Leben seid. Denn ihr habt den Tod hinter euch, wenn ihr ausgelebt habt.«

33 Montaigne (Lüthy), S. 129.

34 Zum Thema Montaigne und die französische Moralistik siehe: Hugo Friedrich, Montaigne, S. 167-172.

35 Friedrich, Montaigne, S. 312.

36 Montaigne (Lüthy), S. 709.

37 Montaigne (Lüthy), S. 819.

38 Vgl. Montaigne (Lüthy), S. 678: »Nach dem Sinne der Hugenotten, die unsere vertrauliche Ohrenbeichte verwerfen, beichte ich in aller Öffentlichkeit, gewissenhaft und ohne Hehl.«

39 Montaigne (Lüthy), S. 678.

40 »Im übrigen habe ich es mir zur Vorschrift gemacht, daß ich alles auszusprechen wage, was ich zu tun wage, und sogar Gedanken, die ich nicht öffentlich kundtun könnte, sind mir widerwärtig.« (Montaigne (Lüthy), S. 677).

41 Montaigne (Lüthy), S. 745f.

42 Vgl. Montaigne (Lüthy), S. 771: »Ich schreibe mein Buch für wenige Menschen und für wenige Jahre. Wäre es zur Dauer bestimmt, so hätte ich es einer

dauerhafteren Sprache anvertrauen müssen. Wer kann, nach der unaufhörlichen Veränderung zu schließen, der die unsere bis auf den heutigen Tag unterliegt, wohl hoffen, daß ihre gegenwärtige Form in fünfzig Jahren noch gebräuchlich sein wird.«

43 Die pyrrhonistische Skepsis geht zurück auf den griechischen Philosophen Pyrrhon von Elis (360–270 v. Chr.), der als Gründer der philosophischen Skeptikerschule gilt. Diese zeichnete sich besonders durch den konsequenten Verzicht auf jedes Urteil und jede Meinung aus. Ziel dieser Philosophie war die absolute Seelenruhe.

44 Max Horkheimer, Montaigne und die Funktion der Skepsis, S. 243.

45 Es ist dieselbe Art von Engagement, von der denn auch, 350 Jahre später, Jean-Paul Sartre gesprochen hat; ein Hinweis mehr, wie tief sich die Haltung Montaignes in das schriftstellerische Bewußtsein in Frankreich eingeprägt hat.

46 Francis Bacon, Das Neue Organon (Novum Organon), S. 47.

47 In den Essays schreibt Bacon dazu: »Ich könnte eher alle Märchen der Heiligenlegende, des Talmud und des Koran glauben, als daß das Weltall unbeseelt sei. Gott hat deshalb auch keine Wunder bewirkt, um den Unglauben zu widerlegen, weil seine Werke in der Natur schon dazu hinreichen.« (Francis Bacon, Essays oder praktische und moralische Ratschläge, S. 53).

48 Vgl. Reinhard Brandt, Über die vielfältige Bedeutung der Baconschen Idole: »Die Idole sind pathologische Erscheinungen im Erkenntnisvermögen (mens, mind); sie verdecken, beflecken, färben oder verzerren das wahre Bild der Gegenstände des Erkennens und bzw. oder sie herrschen in illegitimer Weise über das Subjekt und hindern es daran, die Erkenntnis in eigenmächtigem Handeln zu vollziehen.« (S .42f.).

49 Vgl. Novum Organon § 70: »Im wahren Lauf der Erfahrung und zur Schaffung neuer Werke muß man sich ganz und gar die göttliche Weisheit und Ordnung zum Vorbild nehmen. Gott hat aber am ersten Schöpfungstage nur das Licht erschaffen und hat diesem Werke einen vollen Tag gewidmet; an diesem Tag hat er kein materielles Werk geschaffen. Ähnlich ist bei jeder Erfahrung zunächst auf die Erforschung der Ursachen und wahren Grundsätze einzugehen; es sind die lichtbringenden, nicht die fruchtbringenden Experimente zu suchen.« (Bacon, Das Neue Organon, S. 75).

50 Müller-Funk, Erfahrung und Experiment, S. 101.

51 Bacon, Das Neue Organon, S. 136.

52 So heißt es zu Beginn ihrer Ausführungen unter Bezug auf Francis Bacon: »Der Verstand, der den Aberglauben besiegt, soll über die entzauberte Natur gebieten. Das Wissen, das Macht ist, kennt keine Schranken, weder in der Versklavung der Kreatur noch in der Willfährigkeit gegen die Herren der Welt. [...] Technik ist das Wesen dieses Wissens. Es zielt nicht auf Begriffe und Bilder, nicht auf das Glück der Einsicht, sondern auf Methode, Ausnutzung der Arbeit anderer, Kapital.« (Max Horkheimer / Theodor W. Adorno, Dialektik der Aufklärung., S. 10).

53 Bacon, Das Neue Organon, S. 50.

54 Die Tatsache, daß Bacon seine 1597 erstmals erschienenen Essays im Jahre 1625 in stark erweiterter Form wieder auflegen läßt, bedeutet nicht, daß er im Essay eine adäquate Ausdrucksform seiner Inhalte und Anliegen gesehen hätte, sondern ist wohl am ehesten mit dem Wunsch nach Komplettierung seines schrift-

stellerischen Ruhms zu erklären. Andererseits erfüllt in seinem Werk der Essay eine bestimmte Grundfunktion, die durchaus selbständig neben dem Hauptwerk bestehen kann.

55 Es ist bezeichnend, daß die Darstellungen der Baconschen Philosophie, sogar die auf Überblick bedachte werkbiographische Darstellung von Wolfgang Krohn, darauf verzichten, auf die Essays als eigenständige Abteilung der Werke Bacons einzugehen. Die Philosophie erscheint fast immer abgelöst von den Formfragen des Essayistischen, weil darin keine philosophische Fragestellung gesehen wird. Dies ist auf Bacon bezogen ebenso richtig wie falsch. Richtig, weil man sein wissenschaftliches und erkenntnistheoretisches Denken auch ohne die Essays verstehen kann, falsch hingegen, weil ohne das Tastende und Prüfende der Essays sowohl der auf dem Anspruch autonomen Denkens basierende Ausgangspunkt wie ein Hauptcharakteristikum Bacons unterschlagen wird, nämlich das des Versuchenden, Erkundenden, von Unsicherheiten Durchdrungenen (vgl. dazu die Werke von Wolfgang Krohn, Benjamin Farrington und Charles Whitney).

56 Manfred Buhr bemerkt im Vorwort seiner Ausgabe des *Novum Organon* über die Essays: »Sie sind eine der wenigen psychologischen Schriften der Zeit, in denen die Frage nach dem Wesen des Menschen oder dem Sinn des Lebens keine Rolle spielt. [...] Bacon verzichtet bewußt auf jeden Idealismus und jede Theorie in Fragen der Moral, um so Platz zu gewinnen für die möglichst widerspruchsfreie Ausgestaltung seiner neuen Denkmethode.« (Bacon, Das Neue Organon, S. XVI.)

57 Bacon, Essays, S. 22.

58 Bacon, Essays, S. 23.

59 Diese Bemerkung findet sich in dem von Bacon 1608 abgefaßten *Commentarius solutus*, einer Art ›Sudelbuch‹ für alle möglichen Gedanken und Ziele, die dem Autor am Herzen lagen. Diese Notizen waren nicht für die Öffentlichkeit bestimmt. Entsprechend findet sich in ihnen das ganze Ausmaß der Baconschen Verschlagenheit und seines Machthungers (vgl. Nachwort, in: Bacon, Essays S. 230).

60 Bacon, Essays, S. 33.

61 Vgl. Michel Foucault, Die Ordnung der Dinge, S. 78-113.

62 Bacon, Essays, S. 6.

63 Vgl. Bacon, Essays, S. 8.

64 Vgl. Philippe Ariès, Geschichte des Todes.

65 Bacon, Essays, S. 89.

66 Bacon, Essays, S. 93.

67 Vgl. Bacon, Essays, S. 96.

68 Bacon, Essays, S. 32.

69 Müller-Funk, Erfahrung und Experiment, S. 96.

70 Dies gilt zumindest für die zweite Fassung von 1625, in der die Mehrzahl der insgesamt 58 Essays hinzugefügt wurde. Die erste Fassung von 1597 umfaßte nur zehn Essays.

71 Müller-Funk, Erfahrung und Experiment, S. 102.

72 Rohner bemerkt: »Von der unterschiedlichen Wertung hängt es meistens ab, ob die ästhetische Diskussion in Montaigne oder Bacon den Vater des Essays sehen will, ob sie an den Essays des einen oder des andern den Grundtypus zu

erkennen glaubt und historisch den Begriff der Gattung und die Struktur der essayistischen Prosa ableitet.« (Rohner, *Der deutsche Essay*, S.58).

73 Vgl. Ruth Schirmer-Imhoff, Montaigne und die Frühzeit des englischen Essays.

18. und 19. Jahrhundert

1 Die Entwicklungen gingen nicht so weit, daß die Öffentlichkeit das politische Leben kontrollieren konnte. Die Debatten im Unterhaus wurden weder öffentlich abgehalten, noch waren die Parlamentarier Repräsentanten der Aristokratie. Dennoch bildete sich mit der kritischen Presse bald ein Gegengewicht zur politischen Klasse heraus, das immer mehr Bedeutung erlangen sollte. Vgl. dazu Jürgen Habermas, Strukturwandel der Öffentlichkeit.

2 Es handelt sich dabei um die Preisschrift der *Königlich preussischen Akademie* in Berlin für das Jahr 1755, in der Leibniz' *Tout est bien* als philosophische Grundlage Popes nachgewiesen werden sollte. Lessing antwortete darauf mit einer öffentlichen Stellungnahme unter dem Titel *Pope ein Metaphysiker!*, die 1755 in Danzig erschien. Lessing versucht das genuin Poetische an Popes Versessay herauszustellen und verweist auf die grundsätzlichen Unterschiede zwischen philosophischem und dichterischem Schreiben.

3 Den Zeitraum zwischen dem Tod Ludwigs XIV. im Jahre 1715 und dem Tod von Philippe d'Orléans, der den noch minderjährigen Ludwig XV. vertrat, im Jahre 1723 bezeichnet man als die Zeit der *Régence*.

4 In seiner Würdigung des *Französischen Geistes* schreibt Gustav René Hokke im Jahre 1938 über den französischen Essay: »So stark das Persönliche Form und auch Inhalt bestimmen mögen, Begrenzung finden sie immer in politisch-sozialen Gebilden. Das letzte und höchste Attribut der Essayistik ist das Gesellschaftliche. Der anarchische Individualismus kann sich in Traktaten und Programmen austoben. Der Essay setzt gesellschaftlich-geistige Umgangsformen voraus. Er darf nie Monolog sein, er soll das Gespräch, das wissende, kunstvolle Gespräch zum Ziel haben.« (Der französische Geist, hg. von G. R. Hocke, 1938, S. 16.) – Damit mag Hocke grundsätzlich recht haben, gerade auch bezogen auf das 18. Jahrhundert. Seine Bestimmung der französischen Essayistik bleibt jedoch insofern statisch, als er den Essay als Bestandteil des französischen Nationalcharakters auffaßt und preist. Er betont durchgehend den urbanen und dialogischen Grundzug des Essays, gleichsam von Montaigne bis ins 20. Jahrhundert. Die innere Entwicklung des Essayistischen, die mit der Autonomisierung des Literarischen zu einer ganz eigenständigen Bewußtseinssphäre korreliert, muß dabei unberücksichtigt bleiben. Damit aber wird vielleicht das wesentliche Charakteristikum des Essays, auch und gerade des französischen, verfehlt, nämlich seine Rolle als Triebfeder innerhalb der neuzeitlichen Literatur, die ihren Begriff und ihre Formen in eine spezifische Modernität hinein erweitert.

5 Vgl. zu diesem Zusammenhang der exemplarischen Entstehung des Intellektuellen in der Gestalt Voltaires die instruktive Darstellung von Pierre Lepape, Voltaire oder die Geburt des Intellektuellen im Zeitalter der Aufklärung.

6 Die *Lettres philosophiques* erschienen 1733 zuerst in England unter dem

Titel *Letters concerning the English Nation*, unter dem sie ebenfalls geführt worden sind.

7 Diese Zeugnisse beschränken sich weitgehend auf die Briefe Diderots an seine spätere Geliebte Sophie Volland und an die Überlieferungen durch Diderots Tochter (vgl. Diderot, Briefe an Sophie).

8 Denis Diderot, Lettre sur les aveugles à l'usage de ceux qui voient, in: Diderot; Œuvres, 1951, S. 811-872, hier S. 813.

9 »On appelle *idéalistes* ces philosophes qui, n'ayant conscience que de leur existence et des sensations qui se succèdent au dedans d'eux mêmes, n'admettent pas autre chose: système extravagant qui ne pouvait, ce me semble, devoir sa naissance qu'à des aveugles; système qui, à la honte de l'esprit humain et de la philosophie, est le plus difficile à combattre, quoique le plus absurde de tous.« (Diderot, Œuvres, S. 836f.).

10 Diderot, Œuvres, S. 839.

11 Diderot, Œuvres, S. 842.

12 Der Begriff des *Theatralen* erfaßt wohl am besten die Gesamtdimension dessen, was Diderot hier neu in den Essay einführt. Denn indem der Essay sich ganz und gar von einer monologisch-deduktiven Ebene entfernt und auf einen Dialog ausgeht – in der Inhalts- wie in der Rezeptionsstruktur also den Dialog zwischen den Figuren und zwischen Text und Autor inszeniert –, tritt das Moment des Rollenspiels deutlich in den Vordergrund. Hinter der Schrift stehen Denken und Wissen nicht mehr als Blöcke, sondern als *dramatis personae* in einem Rahmen ständig möglicher Metamorphosen.

13 Vgl. zu der Theorie einer »originellen Prosa«: Heinrich Künzel, Essay und Aufklärung.

Künzel bezieht sich gerade auf Diderot als den Inaugurator eines antidogmatischen Prosastils, der dann stark ins Deutsche einwirken konnte, vor allem über die Vermittlung Lessings.

14 d'Alembert / Diderot u. a., Enzyklopädie, S.130.

15 Vgl. dazu die Bemerkungen d'Alemberts in der *Vorrede*: »Das Werk [...] verfolgt zwei Zwecke: Als Enzyklopädie muß es die Ordnung und Verkettung des menschlichen Wissens soweit wie möglich darlegen, als theoretisch begründetes Lexikon der Wissenschaften, der Künste und der Gewerbe muß es über jede Wissenschaft und über jede Kunst, sei sie frei, sei sie mechanisch, allgemeine Grundsätze, die ihre Basis sind, und die wichtigsten Details, die deren Gegenstand und deren Gehalt bilden, enthalten.« (d'Alembert / Diderot, Enzyklopädie, S. 53).

16 R.-R. Wuthenow, Diderot zur Einführung, S. 26.

17 Über die genauen Umstände der Auffindung und Erschließung von *Rameaus Neffe* kann man sich ausführlich informieren im Kommentarteil des Werkes: Johann Wolfgang Goethe, Leben des Benvenuto Cellini.

18 Vgl. G. W. F. Hegel, Phänomenologie des Geistes, S. 362-390.

19 Hegel zitiert bestimmte Passagen aus Diderots Dialog, in denen er das Auseinanderfallen eines dem Guten und Wahren in freier Selbstbestimmung verpflichteten Bewußtseins sich ereignen sieht und faßt die daraus entspringende Rede mit den Worten Diderots zusammen als »›eine Faselei von Weisheit und Tollheit, als ein Gemisch von ebensoviel Geschick als Niedrigkeit, von ebenso richtigen als falschen Ideen, von einer so völligen Verkehrtheit der Empfindung,

so vollkommener Schändlichkeit als gänzlicher Offenheit und Wahrheit.‹« (Hegel, Phänomenologie des Geistes, S. 387). Der Horizont der Versöhnung, den Hegels Philosophie zielstrebig ansteuert, scheint ihm gerade hier, im Medium des sich entfremdenden Geistes, am weitesten entfernt zu sein. Jedoch die Tatsache, diese Gebrochenheit als solche darzustellen und ihr nicht das utopische Versprechen einer alles versöhnenden Totalität des Geistes beizugeben, muß als Diderots genuine Leistung in diesem Dialog begriffen werden. Auch darin erweist er sich als Urvater aller modernen Essayisten.

20 Rudolf Kassner, Denis Diderot, S. 31.

21 Kassner bemerkt dazu: »Es ist sein Ruhm, als erster vom Genie nicht allegorisch, uneigentlich gesprochen, sondern es in unmittelbarer Verbindung mit der Natur gesehen zu haben, für ihn ist das Genie natürlicher als der gewöhnliche Mensch.« (Kassner, Diderot, S. 32).

22 Denis Diderot, Paradoxe sur le comédien, in: ders., Œuvres, 1003-1058, hier: S. 1042 (»Derjenige also, der diese äußeren Zeichen des bestkonzipierten Idealmodells am besten kennt und am vollkommensten wiedergibt, ist der größte Schauspieler.« Übersetzung C.S.).

23 Friedrich Schlegel, Über Lessing, in: ders., Schriften zur Literatur, S. 215-249, hier S. 215.

24 Kennzeichnend für dieses Lessingbild ist zweifellos das Lessing-Kapitel in Wilhelm Diltheys Buch Das Erlebnis und die Dichtung. Lessing, Goethe, Novalis, Hölderlin, Göttingen 1985 (zuerst 1905).

25 *Rhetorizität* nennt R. Specht den spezifischen Sprachduktus Lessings in den Polemiken, vor allem im *Anti-Goeze*, der auf die Grundelemente der klassischen Rhetorik zurückgreift und sie erweitert. Vgl.: Rolf Specht, Die Rhetorik in Lessings »Anti-Goeze«.

26 Aus diesen Gründen wurde und wird Lessing als einer der wenigen deutschen Literaten angesehen, der die Freisetzung des Stilistischen in der Literatur im Kontext einer permanenten Auseinandersetzung mit der Öffentlichkeit erkämpft hat. Sein Ansatz liegt noch vor den Autonomiepostulaten der klassisch-romantischen Epoche. Jedoch, weil dieser Kampf mit einer gewissen Verbissenheit geführt werden mußte, bleibt Lessings Sprache zum großen Teil funktionsbestimmt, vergleicht man sie etwa mit dem Spätwerk Diderots. In Frankreich war Diderot eben nicht der Einzige, der das ästhetische Moment in den Diskursrahmen der Aufklärung und ihrer emanzipativen Bestrebungen einbringen wollte. In Deutschland dagegen stand Lessing so gut wie allein da und sah sich umgeben von einer Vielzahl von Gegnern, zu denen er zuletzt auch noch die Stürmer und Dränger rechnete, deren dramatische Neuansätze ihm zu weit gingen.

27 F. Schlegel, Schriften zur Literatur, S. 215.

28 F. Schlegel, Schriften zur Literatur, S. 216.

29 F. Schlegel, Schriften zur Literatur, S. 219.

30 F. Schlegel, Schriften zur Literatur, S. 226.

31 F. Schlegel, Schriften zur Literatur, S. 227.

32 Zu *Emilia Galotti* bemerkt Schlegel: »Man muß es bewundern, dieses in Schweiß und Pein produzierte Meisterstück des reinen Verstandes; man muß es frierend bewundern, und bewundernd frieren; denn ins Gemüt dringts nicht und kanns nicht dringen, weil es nicht aus dem Gemüt gekommen ist.« (F. Schlegel, Schriften zur Literatur, S.231).

33 F. Schlegel, Schriften zur Literatur, S. 241.
34 F. Schlegel, Schriften zur Literatur, S. 242.
35 F. Schlegel, Schriften zur Literatur, S. 245.
36 F. Schlegel, Schriften zur Literatur, S. 247.
37 F. Schlegel, Schriften zur Literatur, S. 248f.
38 F. Schlegel, Schriften zur Literatur, S. 39.
39 Aus guten Gründen wird in dieser Darstellung das Essayistische vom Aphorismus klar getrennt gehalten. Der Aphorismus kommt aus einer anderen Quelle als der Essay – aus der Salonkonversation – und hat den Witz und die Überraschung als Kern. Der Essay, setzt man ihn mit Montaigne für die Neuzeit an, entspringt von Anfang an einem ganz andersgearteten Bedürfnis, einem Impuls zur Privatheit, der nach außen drängt. Entsprechend differieren die Schreibweisen von Essay und Aphorismus, wenn auch eine mentalitätsgeschichtliche Nähe beider Gattungen unbestreitbar ist.
40 Lore Hühn, Das Schweben der Einbildungskraft. S. 576.
41 Kritische Friedrich Schlegel-Ausgabe (KFSA), I. Abteilung, Bd. 3, S.100f.
42 In der älteren Forschung wurde gerade das frühromantische Fragment als eigentliche Vorform des Essays in der Moderne ausgemacht. Die Fragmente des Jenaer Kreises wurden stets angeführt, wenn es darum ging, die Vorformen des ›großen‹ Essays in Deutschland aufzurufen. So konstatiert etwa Bruno Berger Mitte der sechziger Jahre: »Was also Schlegel über die Gattung des Fragments aussagt, trifft in der Verbindung von Kunst und Wissenschaft, mit der Zielsetzung der ethischen Verantwortung und der Forderung nach Universalität weitgehend mit den Richtungen zusammen, auf die hin der Essay orientiert ist.« (Bruno Berger, Der Essay, S. 48).
43 F. Schlegel, Schriften zur Literatur, S. 36.
44 Vgl. Friedrich Schlegel, Literary Notebooks 1797–1801, Nr. 1804, Nr. 1760 und Nr. 2079.
45 F. Schlegel, Lucinde. Ein Roman, in: KFSA, I. Abteilung, Bd. 5, Dichtungen, hrsg. von Hans Eichner, S. 13.
46 Friedrich Schleiermacher, Vertraute Briefe über Friedrich Schlegels ›Lucinde‹, S. 106.
47 F. Schlegel, Über die Unverständlichkeit, in: ders.: Schriften zur Literatur, S. 332-342, hier: S. 333.
48 F. Schlegel, Schriften zur Literatur, S. 335.
49 F. Schlegel, Schriften zur Literatur, S. 339.
50 F. Schlegel, Schriften zur Literatur, S. 340.
51 A. W. Schlegel an F. Schleiermacher, 22. 1. 1798, in: Aus Schleiermachers Leben, S. 71.
52 Friedrich Schlegel, Literary Notebooks 1798–1801, S. 59.
53 W. Müller-Funk bemerkt zum Enzyklopädie-Projekt des Novalis: »Es ist essayistisch, insofern es sich als ein Kompendium von Einleitungen versteht, die einen Weg zeigen, das Ganze aufscheinen zu lassen, nämlich am Beispiel eines Konkretums und seiner qualitativen Relationen zum Anderen und zum Allgemeinen.« (W. Müller-Funk, Erfahrung und Experiment, S. 138).
54 Novalis, Werke, Bd. 2, S. 574f.
55 Novalis, Werke, Bd. 2, S. 484.
56 Wie man sich überhaupt fragen könnte, ob Novalis auch nur einen einzi-

gen Essay geschrieben hat. Vielleicht steht der als *Rede* titulierte Text *Die Christenheit oder Europa* der landläufigen Bezeichnung *Essay* am nähsten. Doch geht es hier nicht darum, irgendwelche vagen Verwirklichungen einer unklar definierten Gattung aufzuspüren. Vielmehr gilt es, konkret darzulegen, welche Manifestationen Essay und Essayismus in der Geschichte aufweisen. In diesem Sinne stellt Novalis sicherlich eines der ungewöhnlichsten Phänomene dar.

57 Novalis, Werke, Bd. 2, S. 511.

58 Vgl. dazu die Darlegungen von H.-J. Mähl: »Die ›Idee‹ der Enzyklopädie läßt sich durch Äußerungen verhältnismäßig genau bestimmen. Ihm geht es um eine Grundlegung aller Wissenschaften als ›System des wissenschaftlichen Geistes‹, die das Verbindende zwischen den verschiedenen Zweigen und Sachgebieten der Wissenschaften aufsucht und diese auf ihre tiefere Einheit zurückführt. [...] Die Enzyklopädistik soll daher Verhältnisse, Ähnlichkeiten, Gleichheiten und Wirkungen der Wissenschaften aufeinander spüren lassen und darstellen.« (Hans-Joachim Mähl, Novalis und Plotin, S. 485).

59 Novalis, Werke, Bd. 2, S. 485.

60 Novalis, Werke, Bd. 2, S. 609.

61 So etwa neuerdings W. Müller-Funk, Erfahrung und Experiment, S.136-157.

62 B. Berger, Der Essay, S. 216.

63 Man muß hier jedoch einschränkend bemerken, daß solche skeptischen und geradezu bekenntnishaften Züge die späten Gedichte Heines bestimmen, ebenso den autobiographischen Rückblick der *Memoiren*.

64 Ansätze dazu liefert die Arbeit von Peter Bürger, Der Essay bei Heine; und neuerdings: Heinrich Heine. Artistik und Engagement.

65 Vgl. Rohner, Der deutsche Essay, S. 116-131.

66 Ich bin nicht der Ansicht von Just, der meint: »Eine künftige ausführliche Geschichte des deutschen Essays wird für diesen Zeitraum ein Kapitel ›Die erste Blütezeit des wissenschaftlichen Essays‹ anzusetzen haben.« (Just, Essay, Sp. 1928). Der sogenannte klassische deutsche Essay ist vielfach eine Ausformung klassizistisch stilisierter Belesenheit, die gerade die Wegbereiter des modernen Essays wie Nietzsche, Wilde oder Hofmannthal torpediert haben. Für die Geschichte des deutschen Essays ist der sogenannte ›klassische Essays‹ der zweiten Hälfte des 19. Jahrhunderts eher nur von marginaler Bedeutung.

67 Rohner, Der deutsche Essay, S. 119.

68 Zu Karl Hillebrand vgl.: Heinrich Homberger, Karl Hillebrand (1884), in: Deutsche Essays, S. 240-269. – Hermann Uhde-Bernays, Joseph und Karl Hillebrand, Vater und Sohn, in: Karl Hillebrand, Unbekannte Essays, S. 283-397.

69 Ralph Waldo Emerson, Die Natur, in: ders., Die Natur. Ausgewählte Essays, S. 83-142, hier: S. 85.

70 Emerson, Ausgewählte Essays, S. 86.

71 Emerson, Ausgewählte Essays, S. 96.

72 Emerson, Ausgewählte Essays, S. 96.

73 Emerson, Ausgewählte Essays, S. 104.

74 Emerson, Ausgewählte Essays, S. 106f.

75 T. Krusche bemerkt dazu: »In Emersons Weltsicht überwindet das platonische Element im Puritanismus alle gegen den Intuitionismus aufgestellten Schranken. Emersons Ich ist der wiedergeborene Mensch, dessen Vernunft zu

intuitiver Gotteserkenntnis regeneriert ist; der puritanischen Auffassung von der Wiedergeburt entspricht im Transzendentalismus Emersons der visionäre Moment des Aufgehens alles Fragmentarischen im Ganzen.« (Thomas Krusche, R. W. Emersons Naturauffassung und ihre philosophischen Ursprünge, S. 46).

76 E. Friedell, Kulturgeschichte der Neuzeit, Bd. 2, S. 1198.

77 E. Friedell, Kulturgeschichte der Neuzeit, Bd. 2, S. 1201.

78 R. W. Emerson, Der Dichter, in: ders., Ausgewählte Essays, S. 231-261, hier: S. 260f.

79 Vgl. zu dieser These Sacvan Bercovitch, The Puritan Origins of the American Self.

80 R. W. Emerson, Die Kunst, in: ders., Essays. Erste Reihe, S. 269-286, hier S. 282.

81 R. W. Emerson, Selbstvertrauen, in: ders., Ausgewählte Essays, S. 143-178, hier S. 148.

82 R. W. Emerson, Ausgewählte Essays, S. 149.

83 Ein Verzeichnis der zwischen 1858 und 1897 erschienenen Essays von Herman Grimm findet sich in: Herman Grimm, Fragmente,Bd. 2.

84 Herman Grimm, Ralph Waldo Emerson, in: Deutsche Essays, Bd. 3, S. 80-95, hier: S. 85.

85 H. Grimm, in: Deutsche Essays, S. 89.

86 H. Grimm, in: Deutsche Essays, S. 88.

87 H. Grimm, in: Deutsche Essays, S. 95.

88 H. Grimm, in: Deutsche Essays, S. 95.

89 Vgl. Stanley Hubbard, Nietzsche und Emerson.

90 Friedrich Nietzsche, Sämtliche Werke [KSA], Bd. 3, S. 447.

91 Vgl. etwa Mazzino Montinari, Nietzsche lesen.

92 Nietzsche, KSA 6, S. 300.

93 Ein Titel übrigens, den Nietzsche bereits etwa ein Jahr vor seinem geistigen Zusammenbruch, also schon 1888, fallen läßt und den erst seine Schwester Elisabeth Förster, in der Absicht, ein Hauptwerk ihres Bruders zusammenzustellen, wieder aufgreifen sollte. Vgl. dazu: Karl S. Guthke, Die Geburt des Nietzsche-Mythos aus dem Ungeist Elisabeths.

94 Nietzsche, KSA 1, S. 401.

95 Nietzsche, KSA 1, S. 14.

96 Nietzsche, KSA 1, S. 880f.

97 Nietzsche, KSA 1, S. 884.

98 Zuletzt von Vivetta Vivarelli, Montaigne und der »Freie Geist«.

99 Nietzsche, KSA 6, S. 285.

100 Nietzsche, KSA 11, S. 657.

101 Nietzsche, KSA 11, S. 266.

102 Vgl. Jörg Salaquarda, Die *Fröhliche Wissenschaft* zwischen Freigeisterei und Neuer »Lehre«, S. 169.

103 Nietzsche, KSA 8, S. 229. – Nietzsche war offenbar davon überzeugt, daß hinter dem Namen Shakespeare sich Lord Bacon verbergen mußte. Das war damals eine verbreitete These in der Forschung.

104 Vgl. Vivarelli, Montaigne und der Freie Geist.

105 Nietzsche, KSA 3, S. 468.

106 Nietzsche, KSA 3, S. 468.

107 Nietzsche, KSA 3, S. 468f.

108 Volker Gerhardt, Die Perspektive des Perspektivismus, S. 260.

109 Nietzsche, KSA 3, S. 608.

110 Nietzsche, KSA 3, S. 637.

111 Das hat V. Gerhardt in seinem oben zitierten Aufsatz deutlich gemacht: »Will ich als Betrachter meine *eigene Perspektive* erfassen, muß ich sie *verlassen*. Jedes anschauliche Vergegenwärtigen einer Perspektive verlangt einen Standpunkt außerhalb derselben. Das gilt auch für *die* Perspektive, in der ich eine *Perspektive als perspektivisch* erfasse: Wer über die Perspektivität einer Position etwas aussagen will, muß über sie hinaus.« (Gerhardt, Die Perspektive des Perspektivismus, S. 265).

112 Giorgio Colli, Nach Nietzsche, S. 209.

113 Vgl. dazu den Aufsatz von Ernst Behler, Nietzsche und die Frühromantische Schule. Behler stellt fest, »daß Schlegel und Novalis mit dieser Kunst der Reflexion eine Vision gehabt haben, die gegen Ende des 19. Jahrhunderts von Nietzsche in die Tat umgesetzt wurde [...]. Natürlich vollzog sich das Wiederaufleben dieser denkerischen Haltung in Nietzsche nicht ohne beträchtliche Modifikation. Die Pole, zwischen denen Nietzsches Denken alternierte, waren nicht mehr der romantische Dualismus von Enthusiasmus und Skepsis, sondern der intensivere Gegensatz von Vitalität und Dekadenz.« (S. 83).

114 Nietzsche, KSA 5, S. 62f.

115 Nietzsche, KSA 5, S. 58.

116 Vgl. Jacques Derrida, Sporen. Die Stile Nietzsches, in: Nietzsche aus Frankreich, S. 129-168.

117 Nietzsche, KSA 13, Nachwort der Herausgeber, S. 656.

118 Nietzsche, KSA 5, S. 142.

Das 20. Jahrhundert

1 An dieser Unmöglichkeit, den Essay als Gattung zu fassen, verzweifeln auch neuere, sich durchaus ambitioniert gebende Arbeiten, die den historisch vorhandenen und an der Gestalt Nietzsches relativ genau festzumachenden Bruch zwischen klassischem Essay und modernem Essayismus nicht wahrnehmen (vgl. Georg Stanizeck, Abweichung als Norm?). Neben der gattungsgeschichtlichen Forschungsrichtung kann man eine gleichsam einflußphilologische erkennen, die jedoch noch unbesorgter über historische Bruchstellen hinweggeht und die Kontinuität der Einflußsphären über alles stellt (vgl. dazu Franz Link, Denkversuche).

2 Hermann Broch, Hofmannsthal und seine Zeit, in: ders., Schriften zur Literatur 1. Kritik. S. 111-284, hier S. 222.

3 Broch, Schriften zur Literatur, S. 210.

4 Ernst-Otto Gerke, Der Essay als Kunstform bei Hugo von Hofmannsthal, S. 31.

5 Broch, Schriften zur Literatur, S. 190.

6 Hugo von Hofmannsthal, Prosa I, S. 263.

7 Vgl. Hofmannsthal, Prosa I, S. 284f. (*Über ein Buch von Alfred Berger*): »Es ist töricht zu denken, daß ein Dichter je aus seinem Beruf, Worte zu machen,

herausgehen könnte. Eher könnte ein Stein aus eigener Kraft seinen Schwerpunkt verändern. Man hat sich darin gefallen, in Goethes wissenschaftlichen Bestrebungen ein solches Hinausgehen zu sehen. Wie aber zieht die Vorrede zur ›Farbenlehre‹ den Leser mit geheimnisvoller Kraft in den tiefsten Kreis dichterischer Anschauung!«

8 Hermann Kähler, Von Hofmannsthal bis Benjamin, S. 44.

9 Hofmannsthal, Prosa II, S. 20.

10 Hofmannsthal, Prosa II, S. 230.

11 Hofmannsthal, Prosa II, S. 243.

12 Hofmannsthal, Prosa II, S. 257.

13 Vgl. Hofmannsthal, Prosa II, S. 259.

14 Hofmannsthal, Prosa II, S. 260f.

15 Hofmannsthal, Prosa II, S. 261.

16 Hofmannsthal, Prosa II, S. 94.

17 Gerke, Der Essay als Kunstform bei H. v. Hofmannsthal, S. 100.

18 Vgl. H. von Hofmannsthal, Aufzeichnungen, S. 367.

19 Hofmannsthal, Prosa IV, S. 413.

20 Hofmannsthal, Aufzeichnungen, S. 368.

21 Bernd Witte, Walter Benjamin – Der Intellektuelle als Kritiker, S. 100.

22 Bachmann, Essay und Essayismus, S. 45. – Bei Bachmanns kritischem Blick auf Kassner verwundert eine Bemerkung wie die folgende: »Kassner ist der echteste deutsche Essayist unseres Jahrhunderts (der einzige deutsche Nachfahre Montaignes), wenn darunter sowohl der Charakter essayistischer Denkbewegung wie die Erfüllung der kanonischen essayistischen Form verstanden werden soll.« (S. 46). Diese Sichtweise ist allein auf den reduzierten Begriff von Essay und Essayismus zurückzuführen, den Bachmann seinen Untersuchungen zugrunde legt. Schon bei ersten Blick fällt auf, daß es kaum einen Essayisten geben dürfte, der sich weiter von Montaigne entfernt hat als Kassner. Eine »kanonische essayistische Form«, das dürfte die vorliegende Arbeit erwiesen haben, ist ohnehin nicht feststellbar, schon gar nicht bei Montaigne.

23 Bachmann, Essay und Essayismus, S. 50.

24 Hofmannsthal, Prosa IV, S. 397f.

25 Hofmannsthal, Prosa IV, S. 399.

26 Hofmannsthal, Prosa IV, S. 402.

27 Hofmannsthal, Prosa IV, S. 412.

28 Hofmannsthal, Prosa IV, S. 407.

29 Die Hochschätzung Jüngers, die er in den letzten Jahren seines Lebens von vielen Seiten erfahren hat, trug dazu bei, die Monstrosität seines frühen und seines mittleren Werkes herunterzuspielen. Was von *In Stahlgewittern* (1920) bis hin zu *Auf den Marmorklippen* (1936) dem Leser allein sprachlich geboten wird, ist, kurz gesagt, haarsträubend. Vom Inhaltlichen muß man gar nicht erst reden. Das Mißverständnis, Jünger als einen der bedeutendsten deutschen Dichter des 20. Jahrhunderts einzustufen, sollte – auch in Frankreich – noch einmal überprüft werden. Vielleicht hat ihm sein in biblische Dimensionen reichendes Alter (Jünger starb im Februar 1998 im Alter von 102 Jahren) zu einer späten Popularität verholfen, die ihm aufgrund seines Werkes kaum zustehen dürfte. Es erscheint bezeichnend, daß gerade Theoretiker wie Karl-Heinz Bohrer in Jünger einen Vertreter einer die Moderne fortschreibenden Autonomisierung des Äs-

thetischen erblicken, ohne die Genießbarkeit dieses Ästhetischen auch nur zu prüfen (vgl. Karl-Heinz Bohrer, Die Ästhetik des Schreckens).

30 Richard Herzinger, Werden wir alle Jünger?, S. 105f.

31 Ernst Jünger, Der Kampf als inneres Erlebnis, in: ders., Sämtliche Werke. Bd. 7, Essays I, S. 11-104, hier S. 74.

32 Vgl. etwa René Schickele, *Die Politik der Geistigen*, 1913, Rudolf Leonhard, Die Politik der Dichter, 1914, oder Carl Einstein, An die Geistigen, 1919. (Vgl. dazu: Expressionismus. Der Kampf um eine literarische Bewegung, hrsg. von Paul Raabe).

33 Vgl. Michael Stark, Für und wider den Expressionismus.

34 Thomas Mann, Essays Bd. 3: Ein Appell an die Vernunft. 1926–1933, S.207.

35 Vgl. Hermann Kurzke, »Betrachtungen eines Unpolitischen«, in: Thomas-Mann-Handbuch, S. 678-695, hier S. 688f.

36 Hans Mayer, Französisch-Deutsche Spannungen: Heinrich und Thomas Mann, S. 29.

37 Heinrich Mann, Zola, in: ders., Geist und Tat. Franzosen 1780–1930. Essays, S. 119-203, hier S. 132.

38 H. Mann, Geist und Tat, S. 137.

39 H. Mann, Geist und Tat, S. 139.

40 H. Mann, Geist und Tat, S. 139.

41 H. Mann, Geist und Tat, S. 197f.

42 Wilfried F. Schoeller schreibt zu diesem Punkt: »Die Vorstellung, daß die Literatur vorlebe, was aus der Gesellschaft werde, durch nichts und niemand anders zu gewinnende soziale Wahrheit sei, enthält ein Bewegungsmoment, das man niemals stärker als aus den Essays Heinrich Manns aus den zwanziger Jahren empfinden mag: der Intellektuelle konnte, sollte Lehrer über den Zeitläuften sein.« (Wilfried F. Schoeller, Zur deutschen Chronik des Essayisten Heinrich Mann. 1910–1933, S. 70).

43 Auch wenn von den deutschen Nachkriegsautoren kaum jemand auf Heinrich Mann als Vorläufer eigener Ideen und Haltungen hingewiesen hat. Was gegenüber eigenen Lektüreerfahrungen vorherrscht, sind Klagen darüber, daß niemand mehr Heinrich Mann liest. (Vgl. dazu die Äußerungen unterschiedlicher Autoren zu Heinrich Mann in *Akzente* 16 (1969), S. 403ff.

44 Thomas Mann, Essays, Bd. 3, S. 208.

45 Vgl. T. Mann, Essays, Bd. 1, S. 419.

46 Rolf G. Renner, Literaturästhetische, kulturkritische und autobiographische Essayistik, in: Thomas-Mann-Handbuch, S. 629-677, hier S. 676.

47 T. Mann, Essays, Bd. 3, S. 141.

48 T. Mann, Essays, Bd. 3, S. 150.

49 Vgl. T. Mann, Essays, Bd. 3, S. 339f.

50 T. Mann, Essays, Bd. 4, S. 253.

51 Vgl. T. Mann, Essays, Bd. 6, S. 189 (Ein Brief über Heinrich Mann).

52 T. Mann, Essays, Bd. 6, S. 91.

53 So insbesondere die im übrigen äußerst kenntnisreiche Arbeit von Gerhard Haas, Studien zur Form des Essays und zu seinen Vorformen im Roman.

54 Adolf Frisé, Roman und Essay. Gedanken u.a. zu Hermann Broch, Thomas Mann und Robert Musil, in: ders., Plädoyer für Robert Musil, S. 77-97, hier: S. 78.

55 Robert Musil, Der Mann ohne Eigenschaften [MoE], hg. von Adolf Frisé, Reinbek 1978, S. 592.

56 R. Musil, Tagebücher, S. 117f.

57 R. Musil, Essays und Reden, S. 1336f.

58 R. Musil, MoE, S. 253.

59 R. Musil, Tagebücher, S. 831.

60 R. Musil, Essays und Reden, S. 1029.

61 Ulf Eisele, Ulrichs Mutter ist *doch* ein Tintenfaß, S. 194.

62 R. Musil, MoE, S. 255.

63 Matthias Luserke, Robert Musil, S. 90.

64 Diese Beobachtung hat schon Müller-Funk (Experiment und Erfahrung, S. 206) hervorgehoben, wenn er schreibt: »Musils Roman ist Bestandteil jener modernen Sinnwiederherstellungsstrategie. Montaigne begriff den Essayismus als Versuch, diesen Diskurs konsequent zu durchbrechen. Unbeantwortet bleibt dabei aber die Frage, ob diese, Montaignes, Position unter den veränderten Vorzeichen einer ›heillosen‹, ›unwirklichen‹ Welt noch haltbar ist.«

65 So heißt es über den Essay in der schon zitierten Notiz von 1914: »Er hat von der Wissenschaft die Form und Methode, von der Kunst die Materie. [...] Er sucht eine Ordnung zu schaffen. Er gibt keine Figuren, sondern eine Gedankenverknüpfung also eine logische und geht von Tatsachen aus, wie die Naturwissenschaft, die er in Beziehung setzt. Nur sind diese Tatsachen nicht allgemein beobachtbar und auch ihre Verknüpfung ist in vielen Fällen nur eine singuläre. Er gibt keine Totallösung, sondern nur eine Reihe von partikularen. Aber er sagt aus und untersucht.« (R. Musil, Essays und Reden, S. 1335)

66 Vgl. insgesamt zum Verhältnis Musils zu Nietzsche: Aldo Venturelli, Die Kunst als fröhliche Wissenschaft. Zum Verhältnis Musils zu Nietzsche.

67 Peter Handke, in: *Die Zeit* vom 3. 3. 1989, S. 77.

68 Vgl. etwa die Darstellung des Autors Robert Musil von Elias Canetti in seiner Autobiographie: »Musil war – ohne daß es auffiel – immer zu Abwehr und Angriff gerüstet.« (Canetti, Das Augenspiel, S. 179).

69 R. Musil, MoE, S. 65.

70 Vgl. dazu: Karl Corino, Geistesverwandtschaft und Rivalität; sowie: Gudrun Brokoph-Mauch, Robert Musils und Hermann Brochs persönliches Verhältnis in ihrem Briefwechsel.

71 Broch gilt als einer der großen Briefeschreiber des 20. Jahrhunderts. Seine nicht in ihrem gesamten Umfang veröffentlichte Korrespondenz belegt dies. Vgl. Hermann Broch, Briefe 1913–1951.

72 Broch, Schlafwandler, S. 536.

73 Broch, Schlafwandler, S. 496.

74 Jürgen Heizmann, Neuer Mythos oder Spiel der Zeichen?, S. 514f.

75 Broch, Schlafwandler, S. 735.

76 Broch, Schlafwandler, S. 735.

77 Hermann Broch, Joyce und die Gegenwart, in: ders., Geist und Zeitgeist, S. 66-93, hier S. 66.

78 Broch, Geist und Zeitgeist, S. 67.

79 Broch, Geist und Zeitgeist, S. 69.

80 Broch, Geist und Zeitgeist, S. 87.

81 Broch, Schriften zur Literatur I, S. 190.

82 Broch, Schriften zur Literatur I, S. 247.

83 Gottfried Benn, Prosa und Autobiographie, S. 254.

84 Vgl. Benn, Prosa und Autobiographie, S. 364: »Rönne, der Arzt, der Flagellant der Einzeldinge, das nackte Vakuum der Sachverhalte, der keine Wirklichkeit ertragen konnte, aber auch keine mehr erfassen, der nur das rhythmische Sichöffnen und Sichverschließen des Ich und der Persönlichkeit kannte, das fortwährend Gebrochene des inneren Seins und der vor das Erlebnis von der tiefen, schrankenlosen, mythenalten Fremdheit zwischen dem Menschen und der Welt gestellt, unbedingt der Mythe und ihren Bildern glaubte.«

85 Vgl. Benn, Prosa und Autobiographie, S. 375.

86 Gottfried Benn, Essays und Reden, S. 122.

87 Greift man nur den letzten Abschnitt des Aufsatzes heraus, so muß man sich tatsächlich fragen, an wen diese Sätze eigentlich adressiert sind. Man könnte sie Kriegsversehrten ebenso predigen wie einer grasenden Schafsherde, denn letztlich spricht sie der Autor zu sich selbst, beabsichtigt er weder Trost noch Sinnstiftung, sondern Steigerung durch das Wort: »Narciß, Narciß, es schweigen die Wälder, die Meere schweigen um Schatten und Baum: – Du, Erde, Wolken, Meer, um deine Schultern, schreiend nach Zeugung, hungernd in den Fäusten, dir Stücke aus dem Leib der Welt zu reißen, sie formend und sich tief in sie vergessend, aus aller Not und Scham der Einsamkeit – dann: über die Lider des Baumes Hauch, dann: Gurren, dann: zwischen Asphodelen schaust du dich selbst in stygischer Flut.« (Essays und Reden, S. 46).

88 Benn, Essays und Reden, S. 432.

89 Benn, Essays und Reden, S. 434.

90 »... eine Handbreit Prosa in tagelanger Arbeit wie eine Statue zu meißeln, lückenlos die Seite, kühl der Satz.« (Essays und Reden, S. 434).

91 Benn, Essays und Reden, S. 435.

92 Gottfried Benn, Briefe an F. W. Oelze, Bd. 1. S. 28.

93 Benn, Essays und Reden, S. 305.

94 Benn, Briefe an Oelze, Bd. 1, S. 72.

95 Benn, Prosa und Autobiographie, S. 143.

96 Benn, Prosa und Autobiographie, S. 164.

97 Benn, Briefe an Oelze, Bd. 2, S. 194f.

98 Benn, Essays und Reden, S. 503f.

99 Benn, Prosa und Autobiographie, S. 215f.

100 Benn, Prosa und Autobiographie, S. 233.

101 Benn, Prosa und Autobiographie, S. 233.

102 Walter Benjamin, Gesammelte Briefe, Bd. II. 1919–1924, S. 393.

103 Walter Benjamin, Gesammelte Schriften [GS] I.1, S. 108.

104 Benjamin, Gesammelte Briefe, Bd. II, S. 409.

105 Vgl. Benjamin, GS I.3, S. 835f.

106 Benjamin, GS I.1, S. 125.

107 Benjamin, GS, I.1 S. 138.

108 Vgl. Benjamin, GS I.1, S. 140f.: »Das Mythische ist der Sachgehalt dieses Buches: als ein mythisches Schattenspiel in Kostümen des Goetheschen Zeitalters erscheint sein Inhalt.«

109 Benjamin, GS I.1, S. 165.

110 Benjamin, GS I.1, S. 173.

111 Benjamin, GS I.1, S. 181.

112 B. Witte hat diese Funktion der Kritik und ihre Zielsetzung im Horizont des Essays prägnant formuliert, wenn er schreibt: »Sie (die Kritik, C.S.) will und kann das Werk nicht enthüllen, das heißt in seiner Wahrheit eindeutig darstellen, da dieses die Hülle des notwendig Verhülltesten ist. Statt dessen bringt sie selbst die a priori als vorhanden angenommenen Gehalte durch ihr metaphorisches Verfahren in immer neue Bilder, die insgesamt auf das Unaussprechbare verweisen sollen. Das Ziel dieses Verfahrens besteht darin, die von Lukács als mystischen Inhalt des Essays beschriebene ›Bildlosigkeit der Bilder‹ zu evozieren. Anstatt die Intentionen des Autors aufzuklären, intensiviert es sie, fügt eine weitere Bildschicht hinzu und ist so selbst nichts anderes als das Kunstwerk auch; nämlich Hülle des Verhülltesten.« (B. Witte, Walter Benjamin. Der Intellektuelle als Kritiker, S. 96.)

113 Witte, Walter Benjamin, S. 44.

114 Benjamin, GS IV, S. 111.

115 Vgl. Bachmann, *Essay und Essayismus*, S. 117: »Verbindlichkeit: Nicht mehr länger wird ›gespielt‹ mit dem Gegenstand, wie es in der herkömmlichen Essayistik als topos gilt. Verlust der vielgepriesenen ›Serenitas‹ – was ihn verursacht, ist das *Engagement*. [...] Engagement, das heißt bei ihm (Benjamin, C.S.) Lebenskritik.«

116 Benjamin, GS IV, S. 81.

117 Kähler, Von Hofmannsthal bis Benjamin, S. 217.

118 Kähler, Von Hofmannsthal bis Benjamin, S. 226.

119 Benjamin, GS IV, S. 108.

120 Benjamin, GS, IV, S. 108.

121 Benjamin, GS IV, S. 117.

122 Theodor W. Adorno, *Benjamins Einbahnstraße, in: Über Walter Benjamin*, S. 55-61, hier: S. 56.

123 Benjamin, GS V, S. 588.

124 Selbstverständlich können innerhalb einer *Geschichte des Essays* nicht die vielfältigen Implikationen des Benjaminschen Begriffs von Kritik erörtert werden, wenngleich eine genauere Beleuchtung dieser Sachverhalte gerade hinsichtlich des Spätwerks unabdingbar erscheint. Es kann hier letztlich nur darum gehen, den Zusammenhang des Begriffs der Kritik mit bestimmten unzweifelhaft als essayistisch zu bezeichnenden Schreibweisen zu skizzieren. Eine ausführliche Betrachtung des Denkbildes und seines ideengeschichtlichen Umfelds im Horizont der Moderne findet sich bei Josef Fürnkäs, Surrealismus als Erkenntnis.

125 Es handelt sich dabei um die größtenteils fragmentarischen Texte *Das Paris des Second Empire bei Baudelaire*, *Über einige Motive bei Baudelaire* und *Zentralpark*. Lediglich *Über einige Motive bei Baudelaire* ist als selbständige, bewußt von seinem Autor aus dem Passagen-Werk herausgelöste Schrift zu verstehen, die im Januar 1940 als geschlossener Text in der Zeitschrift für Sozialforschung erschienen ist (vgl. Rolf Tiedemann, *Baudelaire. Zeuge gegen die Bürgerklasse*, in: Walter Benjamin, Charles Baudelaire. Ein Lyriker im Zeitalter des Hochkapitalismus, S. 189-210).

126 Benjamin, GS VII.1, S. 350.

127 Adorno, in: Über Walter Benjamin, S. 15.

128 Vgl. hierzu Adornos sogenannten Hornberger Brief an Benjamin vom 2. August 1935 sowie seinen Brief vom 10. 11. 1938 an denselben Adressaten (Adorno / Benjamin, Briefwechsel, S. 138-151 und 364-374).

129 Adorno, Der Essay als Form, S. 68.

130 Adorno, Der Essay als Form, S. 77.

131 Vgl. Adorno, Der Essay als Form, S. 78: »Darin berührt sich der Essay mit seinem Extrem, der Philosophie des absoluten Wissens. Er möchte den Gedanken von seiner Willkür heilen, indem er sie reflektierend ins eigene Verfahren hineinnimmt, anstatt sie als Unmittelbarkeit zu maskieren.«

132 Adorno, Der Essay als Form, S. 70.

133 Adorno, Der Essay als Form, S. 81.

Literaturverzeichnis

Adorno, Theodor W./Walter Benjamin: Briefwechsel 1928–1940, hg. von Henri Lonitz, Frankfurt/M. 1994

Adorno, Theodor W.: Der Essay als Form, in: Deutsche Essays. Prosa aus zwei Jahrhunderten, S. 61-83

d'Alembert, Jean Le Rond/Denis Diderot: Enzyklopädie. Eine Auswahl, hg. von Günter Berger, Frankfurt/M. 1989

Ariès, Philippe: Geschichte des Todes, München 1980

Aus Schleiermachers Leben, hg. von Wilhelm Dilthey, Bd. 3, Berlin 1861

Bachmann, Dieter: Essay und Essayismus, Stuttgart, Berlin u.a. 1969

Bacon, Francis: Das Neue Organon/Novum Organon, hg. von Manfred Buhr, Berlin 1962

Bacon, Francis: Essays oder praktische und moralische Ratschläge, Stuttgart 1970

Baumgart, Reinhard: Die Jünger des Interessanten, in: Merkur 11 (1957), S. 599-605

Benjamin, Walter: Gesammelte Schriften. Unter Mitwirkung von Theodor W. Adorno und Gershom Scholem hg. von Rolf Tiedemann und Hermann Schweppenhäuser, Frankfurt/M. 1974ff.

Benjamin, Walter: Charles Baudelaire. Ein Lyriker im Zeitalter des Hochkapitalismus, hg. von Rolf Tiedemann, Frankfurt/M. 1974

Benjamin, Walter: Gesammelte Briefe, Bd. II 1919–1924, hg. von Christoph Göde und Henri Lonitz, Frankfurt/M. 1996

Behler, Ernst: Nietzsche und die Frühromantische Schule, in: Nietzsche-Studien 7 (1978), S. 59-87

Benn, Gottfried: Gesammelte Werke in der Fassung der Erstdrucke. Vier Bände. Textkritisch durchgesehen und hg. von Bruno Hillebrand. Prosa und Autobiographie, Frankfurt/M. 1984. Essays und Reden, Frankfurt/M. 1989

Benn, Gottfried: Briefe an Friedrich Wilhelm Oelze, hg. von Harald Steinhagen und Jürgen Schröder. Erster Band: 1932–1945, Wiesbaden 1977. Zweiter Band: 1945–1949, Wiesbaden 1979

Bercovitch, Sacvan: The Puritan Origins of the American Self, New Haven, London 1975.

Berger, Bruno: Der Essay. Form und Geschichte, Bern 1964

Bohrer, Karl-Heinz: Die Ästhetik des Schreckens, München, Wien 1978

Brandt, Reinhard: Über die vielfältige Bedeutung der Baconschen Idole, in: Philosophisches Jahrbuch 83 (1976), S. 42-70

Broch, Hermann: Die Schlafwandler. Eine Romantrilogie, hg. von Paul M. Lützeler (= Kommentierte Werkausgabe Bd. 1), Frankfurt/M. 1978

Broch, Hermann: Schriften zur Literatur I. Kritik. Frankfurt/M. 1975 (= Kommentierte Werkausgabe Bd. 9.1), hg. von Paul M. Lützeler, Frankfurt/M. 1975

Broch, Hermann: Briefe 1913–1951 (= Kommentierte Werkausgabe Bd. 13. 1-3), hg. von Paul M. Lützeler, Frankfurt/M. 1981

Broch, Hermann: Geist und Zeitgeist. Essays zur Kultur der Moderne, hg. von Paul M. Lützeler, Frankfurt/M. 1997

Bürger, Peter: Der Essay bei Heine (Diss. masch.), München 1959

Butor, Michel: Essais sur les essais, Paris 1968

Canetti, Elias: Das Augenspiel. Lebensgeschichte 1931–1937, München 1985

Colli, Giorgio: Nach Nietzsche, Frankfurt/M. 1980

Corino, Karl: Geistesverwandtschaft und Rivalität. Ein Nachtrag zu den Beziehungen zwischen Robert Musil und Hermann Broch, in: Literatur und Kritik 54/55 (1971), S. 242-253

Croquette, Bernard: Pascal et Montaigne, Genf 1974

Der französische Geist. Die Meister des Essays von Montaigne bis zur Gegenwart, hg. von Gustav René Hocke, Leipzig 1938

Deutsche Essays. Prosa aus zwei Jahrhunderten, ausgewählt, eingeleitet und erläutert von Ludwig Rohner, 6 Bde., München 1972

Diderot, Denis: Œuvres, Paris 1951

Diderot, Denis: Briefe an Sophie, hg. von Hans Magnus Enzensberger, Frankfurt/M. 1984

Dilthey, Wilhelm: Das Erlebnis und die Dichtung. Lessing, Goethe, Novalis, Hölderlin, Göttingen 1985

Eisele, Ulf: Ulrichs Mutter ist *doch* ein Tintenfaß, in: Robert Musil, hg. von Renate von Heydebrand, Darmstadt 1982, S. 160-206

Emerson, Ralph Waldo: Essays. Erste Reihe, hg. von Harald Kiczka, Zürich 1983

Emerson, Ralph Waldo: Die Natur. Ausgewählte Essays, hg. von Peter Pütz, 2. Aufl., Stuttgart 1990

Expressionismus. Der Kampf um eine literarische Bewegung, hg. von Paul Raabe, München 1965

Farrington, Benjamin: The Philosophie of Francis Bacon, Liverpool 1964

Fontane, Theodor: Sämtliche Werke, hg. von Walter Keitel, Abteilung III: Aufsätze, Kritiken, Erinnerungen. Erster Band: Aufsätze und Aufzeichnungen, München 1969

Foucault, Michel: Die Ordnung der Dinge, Frankfurt/M. 1974

Friedell, Egon: Kulturgeschichte der Neuzeit. Die Krise der europäischen Seele von der schwarzen Pest bis zum Ersten Weltkrieg, 2 Bände, München 1976

Friedrich, Hugo: Montaigne, 2. Aufl., Bern 1967

Frisé, Adolf: Plädoyer für Robert Musil, Reinbek 1980

Fürnkäs, Josef: Surrealismus als Erkenntnis. Walter Benjamin – Weimarer Einbahnstraße und Pariser Passagen, Stuttgart 1988

Gerhardt, Volker: Die Perspektive des Perspektivismus, in: Nietzsche-Studien 18 (1989), S. 260-281

Gerke, Ernst-Otto: Der Essay als Kunstform bei Hofmannsthal, Lübeck 1970

Goethes Werke. Hamburger Ausgabe in 14 Bänden, hg. von Erich Trunz. Band 13: Naturwissenschaftliche Schriften I., München 1981. Band 14: Naturwissenschaftliche Schriften II., München 1981

Goethe, Johann Wolfgang: Leben des Benvenuto Cellini. Übersetzungen I, hg. von Hans Georg Drewitz und Wolfgang Proß (= J. W. Goethe, Sämtliche Werke, Briefe, Tagebücher und Gespräche. Vierzig Bände. I. Abteilung: Sämtliche Werke Bd. 11), Frankfurt/M. 1998

Greffrath, Matthias: Montaigne. Ein Panorama, Frankfurt/M. 1993

Grimm, Herman: Aus den letzten fünf Jahre. Fünfzehn Essays. Vierte Folge. Gütersloh 1890
Grimm, Herman: Fragmente, hg. von R. Steig, 2 Bände, Berlin 1899
Grünbein, Durs: Falten und Fallen. Gedichte. Frankfurt/M. 1994
Grünbein, Durs: Den Teuren Toten. 33 Epitaphe, Frankfurt/M. 1996
Guthke, Karl S.: Die Geburt des Nietzsche-Mythos aus dem Ungeist Elisabeths, in: Nietzsche-Studien 26 (1997), S. 537-550
Haas, Willi: Studien zur Form des Essays und zu seinen Vorformen im Roman, Tübingen 1966
Habermas, Jürgen: Strukturwandel der Öffentlichkeit. Untersuchungen zu einer Kategorie der bürgerlichen Gesellschaft, Neuwied, Berlin 1962
Hegel, Georg Wilhelm Friedrich: Phänomenologie des Geistes, Frankfurt/M. 1973
Heinrich Heine. Artistik und Engagement, hg. von Wolfgang Kuttenkeuler, Stuttgart, Weimar 1997
Heizmann, Jürgen: Neuer Mythos oder Spiel der Zeichen? Hermann Brochs literarästhetische Auseinandersetzung mit James Joyce, in: DVjs 72 (1998), S.512-530
Herzinger, Richard: Werden wir alle Jünger?, in: Kursbuch 122 (1995), S. 93-117
Hillebrand, Karl: Unbekannte Essays, hg. von Hermann Uhde-Bernays, Bern 1955
Hofmannsthal, Hugo von: Gesammelte Werke in Einzelausgaben, hg. von Herbert Steiner. Prosa I, Frankfurt/M. 1950. Prosa II, Frankfurt/M. 1951. Prosa IV, Frankfurt/M. 1953. Aufzeichnungen, Frankfurt/M. 1959
Horkheimer, Max/Theodor W Adorno, Dialektik der Aufklärung. Philosophische Fragmente, Frankfurt/M. 1969
Horkheimer, Max: Montaigne und die Funktion der Skepsis, in: ders, Die gesellschaftliche Funktion der Philosophie. Ausgewählte Essays, Frankfurt/M. 1979, S. 210-269
Hubbard, Stanley: Nietzsche und Emerson, Basel 1958
Hühn, Lore: Das Schweben der Einbildungskraft. Zur frühromantischen Überbietung Fichtes, in: DVjs 70 (1996), S. 569-599
Jünger, Ernst: Sämtliche Werke. Zweite Abteilung, Bd. 7, Essays I, Stuttgart 1980
Just, Klaus Günther: Essay, in: Deutsche Philologie im Aufriß, 2., überarbeitete Ausgabe, hg. von Wolfgang Stammler, Bd. II, Berlin 1960
Kähler, Hermann: Von Hofmannsthal bis Benjamin. Ein Streifzug durch die Essayistik der zwanziger Jahre, Berlin, Weimar 1982
Kassner, Rudolf: Sämtliche Werke, hg. von Ernst Zinn, Zweiter Band, Pfullingen 1974
Klier, Walter: Das Shakespeare-Komplott, Göttingen 1997
Kritische Friedrich Schlegel-Ausgabe, hg. von Ernst Behler u. a., München, Wien, Paderborn 1962ff.
Krohn, Wolfgang: Francis Bacon, München 1987
Krusche, Thomas: R. W. Emersons Naturauffassung und ihre philosophischen Ursprünge. Eine Interpretation des Emersonschen Denkens aus dem Blickwinkel des deutschen Idealismus, Tübingen 1987
Künzel, Heinrich: Essay und Aufklärung. Zum Ursprung einer originellen deutschen Prosa im 18. Jahrhundert, München 1969
Lepape, Pierre: Voltaire oder die Geburt des Intellektuellen im Zeitalter der Auf-

klärung. Aus dem Französischen von Gabriele Krüger-Wirrer, Frankfurt/M. 1996
Link, Franz: Denkversuche. Montaigne und Pascal, Emerson und Nietzsche, Postmoderne. Hommage à Max Müller, in: Literaturwissenschaftliches Jahrbuch 35 (1994), S. 343-386
Lukács, Georg: Über Wesen und Form des Essays. Ein Brief an Leo Popper (1910), in: Deutsche Essays. Prosa aus zwei Jahrhunderten, Bd. 1, S. 27-47
Luserke, Matthias: Robert Musil, Stuttgart, Weimar 1995
Mähl, Hans Joachim: Novalis und Plotin. Untersuchungen zu einer neuen Edition und Interpretation des ›Allgemeinen Brouillon‹, in: Jahrbuch des Freien Deutschen Hochstifts 1963; S. 139-250
Mann, Heinrich: Geist und Tat. Franzosen 1780–1930. Essays, hg. von Peter-Paul Schneider, Frankfurt/M. 1997
Mann, Thomas: Essays. Nach den Erstdrucken textkritisch durchgesehen, kommentiert und herausgegeben von Hermann Kurzke und Stephan Stachorski, 6 Bände, Frankfurt/M. 1993ff.
Mayer, Hans: Französisch-Deutsche Spannungen: Heinrich und Thomas Mann, in: Literaturmagazin 21 (1988), S. 20-38
Michel de Montaignes Essais (Versuche) nebst des Verfassers Leben nach der Ausgabe von Pierre Coste ins Deutsche übersetzt von Johann Daniel Tietz, Zürich 1992 (zuerst Leipzig 1753/54)
Michel de Montaignes Gedanken und Meinungen über allerley Gegenstände. Ins Teutsche übersetzt von Johann Jakob Bode, 7 Bände, o.O. 1797
Michel de Montaigne, Essais, Auswahl und Übersetzung von Herbert Lüthy, Zürich 1953
Michel de Montaigne, Essais, erste moderne Gesamtübersetzung von Hans Stilett, Frankfurt/M. 1998
Montinari, Mazzino: Nietzsche lesen, Berlin, New York 1983
Müller-Funk, Wolfgang: Erfahrung und Experiment. Studien zu Theorie und Geschichte des Essayismus, Berlin 1995
Musil, Robert: Der Mann ohne Eigenschaften, hg. von Adolf Frisé, Reinbek 1978
Musil, Robert: Essays und Reden (= Gesammelte Werke Bd.8), hg. von Adolf Frisé, Reinbek 1981
Musil, Robert: Tagebücher (= Gesammelte Werke Bd 7), hg. von Adolf Frisé, Reinbek 1983
Nietzsche, Friedrich: Sämtliche Werke. Kritische Studienausgabe in 15 Bänden (KSA), hg. von Giorgio Colli und Mazzino Montinari, München, Berlin, New York 1988
Nietzsche und die deutsche Literatur, 2 Bände, hg. von Bruno Hillebrand, Tübingen 1978
Nietzsche aus Frankreich, hg. von Werner Hamacher, Berlin 1986
Rohner, Ludwig: Der deutsche Essay. Materialien zur Geschichte und Ästhetik einer literarischen Gattung, Neuwied, Berlin 1966
Salaquarda, Jörg: Die »Fröhliche Wissenschaft« zwischen Freigeisterei und »Neuer Lehre«, in: Nietzsche-Studien 26 (1997), S. 165-183
Schirmer-Imhoff, Ruth: Montaigne und die Frühzeit des englischen Essays, in: Germanisch-Romanische Monatsschrift 34 (1953), S. 121-135

Schlegel, Friedrich: Literary Notebooks 1797–1801, hg. von Hans Eichner, London 1957
Schlegel, Friedrich: Schriften zur Literatur, hg. von Wolfdietrich Rasch, München 1970
Schleiermacher, Friedrich: Vertraute Briefe über Friedrich Schlegels ›Lucinde‹, in: F. Schlegel, Lucinde. Ein Roman, Frankfurt/M., Berlin, Wien 1980, S. 101-170
Schoeller, Wilfried F.: Zur deutsche Chronik des Essayisten Heinrich Mann. 1910–1933, in: Literaturmagazin 21 (1988), S. 56-74
Schultz, Uwe: Montaigne. Mit Selbstzeugnissen und Bilddokumenten, Reinbek 1989
Specht, Rolf: Die Rhetorik in Lessings »Anti-Goeze«. Ein Beitrag zur Phänomenologie der Polemik, Bern 1986
Stanitzek, Georg: Talkshow – Essay – Feuilleton – Philologie, in: Weimarer Beiträge 4 (1992), S. 505-528
Stanitzek, Georg: Abweichung als Norm? Über Klassiker der Essayistik und Klassik im Essay, in: Klassik im Vergleich. Normativität und Historizität europäischer Klassiken. DFG-Symposion 1990, hg. von Wilhelm Voßkamp, Stuttgart Weimar 1993, S. 594-615
Stark, Michael: Für und wider den Expressionismus. Die Entstehung der Intellektuellendebatte in der deutschen Literaturgeschichte, Stuttgart 1982
Starobinski, Jean: Montaigne. Denken und Existenz, Frankfurt/M. 1989
Thomas-Mann-Handbuch, hg. von Helmut Koopmann, Stuttgart 1990
Toulmin, Stephen: Kosmopolis. Die unbekannten Aufgaben der Moderne, Frankfurt/M. 1991
Über Walter Benjamin, Frankfurt/M. 1968
Venturelli, Aldo: Die Kunst als fröhliche Wissenschaft. Zum Verhältnis Musils zu Nietzsche, in: Nietzsche-Studien 9 (1980), S. 302-337
Vivarelli, Vivietta: Montaigne und der »Freie Geist«. Nietzsche im Übergang, in: Nietzsche-Studien 23 (1994), S. 79-101
Weißenberger, Klaus: Der Essay, in: Prosakunst ohne Erzählen. Die Gattungen der nicht-fiktionalen Kunstprosa, hg. von Klaus Weißenberger, Tübingen 1985, S. 105-124
Whitney, Charles: Francis Bacon. Die Begründung der Neuzeit, Frankfurt/M. 1989
Witte, Bernd: Walter Benjamin – Der Intellektuelle als Kritiker. Untersuchungen zu seinem Frühwerk, Stuttgart 1976
Witte, Bernd: Walter Benjamin. Mit Selbstzeugnissen und Bilddokumenten, Reinbek 1985
Wuthenow, Ralph-Rainer: Diderot zur Einführung, Hamburg 1994

Personenregister